Ausbilden und Führen im Beruf

Georg Möhlenbruch
Bernd Mäueler
Hartmut Böcher

2., völlig neu bearbeitete Auflage
84 Abbildungen
63 Tabellen

Inhaltsverzeichnis

Vorwort 4

1 Voraussetzungen für eine ordnungsgemäße Ausbildung klären 5

1.1 Eine Zielsetzung für die Ausbildung entwickeln 5
1.2 Die Ausbilderaufgabe in das Bildungssystem einordnen 13
1.3 Die Beteiligten (Lernorte) der Berufsausbildung kennen 28
1.4 Die rechtlichen Ausbildungsvoraussetzungen prüfen 35

2 Auszubildende einstellen 46

2.1 Auszubildende auswählen 47
2.2 Berufsausbildungsvertrag abschließen 50
2.3 Auszubildende im Betrieb einführen 60

3 Ausbildung planen 62

3.1 Bedingungen analysieren 62
3.2 Ausbildungsziele entwickeln 66
3.3 Die altersspezifischen Voraussetzungen berücksichtigen 73
3.4 Die lernpsychologischen Voraussetzungen berücksichtigen 91

4 Ausbildung durchführen 112

4.1 In der Ausbildung motivieren 112
4.2 Ausbildungsmethoden auswählen und anwenden 116
4.3 Lernhilfen einsetzen 126
4.4 Lernkontrollen durchführen 138
4.5 Auf Verhaltensschwierigkeiten reagieren 142

5 Die Ausbildung abschließen 154

5.1 Auf Prüfungen vorbereiten 154
5.2 Zur Abschlussprüfung anmelden 166
5.3 Das Berufsausbildungsverhältnis kündigen 167
5.4 Ein Zeugnis ausstellen 170
5.5 Über Fortbildungsmöglichkeiten beraten 171

6 Mitarbeiter führen 181

6.1 Eigenes Führungsprofil entwickeln 184
6.2 Motivieren 198
6.3 Beauftragen 201
6.4 Beurteilen 205
6.5 Fördern 217
6.6 Besprechungen organisieren 220
6.7 Ein Team bilden 224
6.8 Konflikte lösen 227
6.9 Mobbing vorbeugen 233

Service 237

Wichtige Adressen 237
Literaturverzeichnis 239
Stichwortverzeichnis 242
Bildquellen, Impressum 245

Vorwort

Die Qualifikation des Betriebsleiters und seiner Mitarbeiter nimmt entscheidenden Einfluss auf die Einkommenssituation im agrarwirtschaftlichen Betrieb. Um den sich ändernden Anforderungen im Berufsalltag gewachsen zu sein und komplexe Aufgaben kompetent zu bewältigen, müssen Betriebsleiter und Mitarbeiter intensiv auf ihren Beruf vorbereitet werden. Dabei geht es nicht nur darum, sie mit möglichst viel Wissen auszustatten, sondern das Wissen muss situationsorientiert eingesetzt und angepasst werden können. So wird als Ausbildungsziel das selbstständige Planen, Durchführen und Beurteilen von Handlungen vorangestellt wird. Gefragt sind Ausbilder, die Lernprozesse ganzheitlich gestalten und die Berufsausbildung inhaltlich und methodisch auf die Förderung beruflicher Handlungskompetenz ausrichten können.

Das Konzept dieses Buches nimmt diese Forderungen und die inhaltlichen Vorgaben der Ausbildereignungsverordnung von 2009 auf. Deshalb werden zur Gliederung der Kapitel und Unterkapitel typische Aufgabenstellungen aus dem Berufsalltag der Ausbilder herangezogen, die den chronologischen Ablauf einer Berufausbildung als roten Faden haben. Hierbei sind praktische Fallbeispiele, Probleme oder Fragen didaktischer Ausgangspunkt der Darstellungen.

In vielen Betrieben des Agrarbereiches sind Ausbildende und Ausbilder nicht nur für den Berufsnachwuchs, sondern auch für weitere Mitarbeiter verantwortlich. Deshalb schließt das Buch mit Aufgabenstellungen zur Mitarbeiterführung ab. Das Buch wendet sich an alle, die derzeit schon Verantwortung für die Berufsausbildung oder Mitarbeiterführung haben und an alle, die sich auf Prüfungen zur Ausbildereignung bzw. zum Betriebswirt, Techniker oder Meister vorbereiten.

Die Autoren wünschen sich, dass das Buch mit dazu beiträgt, die Auszubildenden von heute zu verantwortungsbewussten, selbstständig handelnden und mitdenkenden Mitarbeitern von morgen auszubilden. Der Beruf ist zwar Anlass der beruflichen Bildung, jedoch nicht ihr begrenzender Faktor. Bildung ist Ausdruck einer bestimmten Lebenshaltung und hat einen Wert an sich.

Die im Text durchgehenden Bezeichnungen „Auszubildender", „Ausbilder", „Schüler" usw. sind nicht ausschließlich und uniformierend gedacht, sondern wurden aus Gründen der Lesbarkeit verwendet.

Im Herbst 2012 *Die Autoren*

1 Voraussetzungen für eine ordnungsgemäße Ausbildung klären

1.1 Eine Zielsetzung für die Ausbildung entwickeln

1.1.1 Der Ausbilder und seine Ziele

Regelmäßig veröffentlicht der Bundesminister für Ernährung, Landwirtschaft und Forsten eine Aufstellung des Statistischen Bundesamtes zur Anzahl und fachlichen Eignung der Ausbildung im Bereich der Landwirtschaft. 2006 wurden in Deutschland 21.068 Ausbilder gezählt, 2.404 sind hiervon Ausbilderinnen. Bei der fachlichen Eignung überwiegt mit 61 % der Abschluss zum Meister. 11 % der Ausbilder besitzen einen Fachschulabschluss (4-semestrig), 20 % den Hoch- bzw. Fachhochschulabschluss, 4 % erhielten eine widerrufliche Zuerkennung durch die zuständige Stelle und zu 4 % der Ausbilder liegen keine genauen Angaben bezüglich der fachlichen Eignung vor. In der Tendenz ist die Gesamtzahl der Ausbilder in den vergangenen Jahren stabil.

Trotz Knappheit an Ausbildungsbewerbern beantragen auch heute noch Betriebsinhaber bzw. Betriebsinhaberinnen im Agrarbereich für ihren Betrieb bzw. Haushalt eine Anerkennung als Ausbildungsstätte. Bei Befragungen von Meisterkandidaten und Schülern von Fachschulen wird als Begründung für die Weiterqualifizierung auch stets der Erwerb der Ausbildereignung geäußert. So ist auch der Stellenwert des Faches „Personalwirtschaft" beziehungsweise „Berufs- und Arbeitspädagogik" bei Fachschülern nicht wesentlich geringer als der von produktionstechnischen oder betriebswirtschaftlichen Fächern, wie regelmäßige Umfragen immer wieder bestätigen.

Beispiel

Der Inhaber eines existenzfähigen Betriebes hat mit dem Ausbildungsberater einen Gesprächstermin vereinbart und stellt ihm nun folgendes Problem vor:
Klient: Ich beabsichtige, eventuell einen Auszubildenden einzustellen. Ich bin mir aber noch nicht sicher.
Berater: Die Aufnahme der Ausbildung muss heute gut überlegt sein, das ist richtig. Aber sie können sich noch nicht dazu entschließen?
Klient: Ja – ich bin noch am zweifeln. Vielleicht können Sie mir Hilfen geben, dass ich die Entscheidung, die Ausbildung aufzunehmen oder nicht, leichter treffen kann.
Berater: Jeder, der beabsichtigt, Jugendliche in seinem Betrieb auszubilden, sollte sich zunächst einigen grundsätzlichen Fragen der Berufsbildung zuwenden, bevor Einzelprobleme erörtert werden.
Klient: Welche Fragen, glauben sie, sind hierbei wichtig?
Berater: Klarheit sollte man sich zu den folgenden Problemen verschaffen:
- *Warum möchte ich Jugendliche ausbilden?*
- *Welche Einstellung habe ich zum Beruf, zu Jugendlichen und zur Ausbildung?*
- *Welchen Einfluss hat das Ausbilden auf meinen Betrieb?*
- *Welche Bedeutung hat die Ausbildung in meinem Betrieb für den gesamten Bildungsgang und speziell für die berufliche Ausbildung des Jugendlichen?*
- *Welche Aufgaben haben die verschiedenen Lernorte?*
- *Welche rechtlichen Voraussetzungen müssen Ausbilder und Ausbildungsbetrieb erfüllen?*

1.1.1.1 Die Rolle des Ausbilders

Obwohl viele Anzeichen dafür sprechen, dass die Aufgabe des Ausbildens mit viel Interesse und Idealismus seitens der Ausbilder verfolgt wird, klagen andererseits Jugendliche bzw. Jugendverbände öffentlich Missstände in der Ausbildung an. Trotz guter Vorsätze scheinen manche Ausbilder die an ihre pädagogische Tätigkeit gestellten Ansprüche nicht erfüllen zu können. Betriebsinhaber oder auch leitende Fachkräfte, die Ausbildungsaufgaben wahrnehmen, können durch das zusätzliche Aufgabengebiet „Ausbildung" überfordert werden.

In der Regel hat der Betriebsinhaber im Agrarbereich sowohl die leitenden Aufgaben eines Managers, wie zum Beispiel planen, koordinieren, organisieren, kalkulieren zu erfüllen, aber auch ausführende Tätigkeiten einer Fachkraft, wie zum Beispiel Maschinen bedienen, Pflanzen oder Tiere versorgen, Reparaturen durchführen. Als Ausbilder übernimmt er die Verantwortung für ein weiteres Aufgabengebiet, übernimmt er eine weitere Rolle. Als Rolle bezeichnet man in der Psychologie die Gesamtheit der mit einer sozialen Position – Aufgabengebiet – verknüpften Verhaltenserwartungen beziehungsweise -vorschriften. Jede Rollenanreicherung ist im Grunde konfliktträchtig, da ein Einpassen der zusätzlichen Rolle (Ausbilder) in das bestehende Gefüge (Manager und Fachkraft) notwendig ist, und das Abstimmen der Aufgaben untereinander umfangreicher wird.

So fragt der „Ausbilder" den „Manager", wie der Auszubildende bei den Erntearbeiten einzuplanen ist, oder der „Ausbilder" fragt die „Fachkraft", ob er selbst die Arbeiten ausführt oder der Auszubildende. Die Zeit für den „Ausbilder" geht dem „Manager" oder der „Fachkraft" verloren.

Der ausbildende Betriebsinhaber hat aber nicht nur interne (mit seiner Person verbunden) Konflikte zu lösen sondern auch externe (mit anderen Personen verbunden), eben mit dem Auszubildenden. Führt beispielsweise der Auszubildende sein Berichtsheft unregelmäßig und fehlerhaft, so sieht der verantwortungsvolle Ausbilder die Ausbildung gefährdet und setzt sich diesbezüglich mit seinem Auszubildenden auseinander. In einer anderen Situation verlangt der Auszubildende zwei Tage Urlaub. Der „Ausbilder" weiß, dass der Urlaub dem Auszubildenden zusteht und er ihn auch durch seine Leistungen verdient hat, andererseits hätte der „Manager" den Auszubildenden gerne in dieser Zeit für Instandsetzungsarbeiten eingesetzt. Ausbildende Betriebsinhaber vertreten einerseits die Interessen des Betriebes, andererseits auch die des Auszubildenden, sie nehmen somit in vielen Situationen eine so genannte „Scharnierposition" ein.

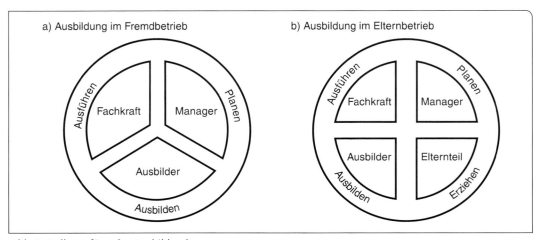

Abb. 1 Rollengefüge des Ausbildenden

Noch komplizierter als in der Fremdausbildung ist das Rollengefüge eines Ausbildenden in der Elternausbildung. Neben der Manager-, Fachkraft- und Ausbilderfunktion kommen die Erwartungen hinzu, die an seine Person als Elternteil gestellt werden. Aber auch der Auszubildende ist bei diesem Verhältnis nicht nur Arbeitnehmer sondern auch Kind. Fragt der Auszubildende in diesem Fall um zwei Tage Urlaub nach, so wird beim Ausbildenden nicht nur der planerische, ausführende und ausbildende Aspekt wichtig sondern auch der erzieherische. Als weiterer Bereich nimmt hier die Familie Einfluss. In vielen Situationen wird der Ausbildende nicht mehr unterscheiden können, ob er in der Rolle des „Betriebsleiters", „Ausbilders" oder „Elternteiles" reagieren muss, ob der Sohn ihn als Kind oder als Auszubildenden anspricht.

Das Rollengefüge des Ausbildenden bzw. Ausbilders im Agrarbereich macht deutlich, jeder Betriebsinhaber, der ausbildet, übernimmt damit zusätzliche Funktionen, sieht sich zusätzlichen Ansprüchen gegenübergestellt. Die Erwartungen an die verschiedenen Rollen lassen sich nicht immer leicht abgrenzen, dies gilt besonders in der Elternausbildung.

Um erfolgreich auszubilden, muss sich der Ausbilder über die mit dieser Aufgabe verbundenen Erwartungen und Ansprüche im klaren sein. Anforderungen an den Ausbilder formuliert die Gesellschaft in Wertvorstellungen und mit Hilfe von Gesetzen, stellt der Auszubildende in Abhängigkeit von seinen Bildungszielen, gegebenenfalls von seiner Vorbildung und seinem Alter. Anforderungen wird sich auch jeder Ausbilder selbst stellen, nämlich in Abhängigkeit seiner Beweggründe (Motive), warum er ausbildet.

1.1.1.2 Die Forderungen der Gesellschaft an den Ausbilder

Die Zukunft der Gesellschaft ist abhängig von der Qualität der Ausbildung. Die Auszubildenden von heute werden bald die Facharbeiter und Betriebsleiter von morgen sein. Ihre Fähigkeiten und Persönlichkeiten sind entscheidend für die Zukunftsperspektiven der Betriebe, der Familien und der Gesellschaft.

Da die Ausbildung nicht einen unerheblichen Anteil an dieser Qualifizierung trägt, ist die Gesellschaft an einer intensiven, bedarfsgerechten und ordnungsgemäßen Ausbildung sehr interessiert. Um diese Interessen abzusichern wurde in der Vergangenheit eine Vielzahl von Gesetzesgrundlagen für die Ausbildung erlassen. Die hierin im einzelnen angeführten Forderungen an den Ausbilder lassen sich in die folgenden vier Pflichten zusammenfassen:
- Ausbildungspflicht
- Erziehungspflicht
- Ordnungspflicht
- Schutzpflicht.

Neben dem beabsichtigten Eigennutz an einer guten Qualifizierung der zukünftigen Erwerbspersonen (Ausbildungs- und Ordnungspflicht) macht sich die Gesellschaft andererseits auch zum Fürsprecher der eher schutzbedürftigen Auszubildenden (Erziehungs- und Schutzpflicht).

Die vom Ausbilder zu bestehenden Genehmigungs- beziehungsweise Anerkennungsverfahren und Eignungsüberprüfungen durch die zuständige Stelle sind konkreter Ausdruck der gesellschaftlichen Forderungen. Aber auch die in der Ausbildung vorgeschriebenen Zwischen- und Abschlussprüfungen, in erster Linie natürlich um die Qualifikation der Auszubildenden festzustellen, empfindet nicht der Ausbilder sie als indirekte Kontrolle seiner Ausbilderpflichten?

Dass die Ansprüche der Gesellschaft nicht konstant sondern veränderlich sind, erfährt der Ausbilder durch die Neuerungen in den rechtlichen Grundlagen, zum Beispiel Neugestaltung der Ausbildungsordnung, überarbeitete Prüfungsanforderungen, Einführung eines zweiten Berufsschultages. Jedoch nicht nur die allgemein anerkannten, als verbindlich geltenden Regeln (Normen) ändern sich sondern auch das alltägliche Verständnis der Gesellschaft von dem, was als wertvoll zu erleben, anzustreben ist, das, was als „gut", „schön" bewertet wird, das, was als ideal, Leitbild, Glaubensüberzeugung beziehungsweise Vorliebe, als Werte bezeichnet wird.

Eine Beschleunigung dieses so genannten Wertewandels sehen Sozialwissenschaftler. In der Rangfolge der Werte stehen nicht mehr gesellschaftlich verantwortliche Pflichtwerte wie Disziplin, Ordnung, Pflichterfüllung oder Anpassungsbereitschaft sondern zunehmend mehr individuumsbezogene Selbstentfaltungswerte wie Emanzipation, Selbstverwirklichung, Ungebundenheit, Abenteuer, Genuss oder Eigenständigkeit. Dieser Wandel wird zuweilen als so rasch empfunden, so dass heute sogar von einer Wertunsicherheit gesprochen wird. So erlebt ein großer Teil der Bevölkerung die Welt als bedrohlich und sich selbst als orientierungslos. Hierfür hat man den Begriff der „Sinnkrise" gefunden.

Für die erfolgreiche Ausbildungspraxis bedeutet dies, dass der Ausbilder den geänderten gesellschaftlichen Anforderungen genügt, indem er einerseits die neuen gesetzlichen Maßnahmen umsetzt, andererseits den Wertewandel erkennt und reagiert. Das Ausbilden wird hierdurch schwieriger, da konflikträchtiger. Mit mehr Konflikten ist deshalb zu rechnen, da einerseits die „Werte" des Betriebes (Produktivität, positive Einkommensveränderung) „Werten" des Auszubildenden (Freizeitgestaltung, Selbständigkeit) gegenüberstehen, andererseits die Werte bei verschiedenen Auszubildenden auch unterschiedlich sind. Werte des Ausbilders werden vom Auszubildenden nicht mehr blind übernommen, sondern wollen in einem Auseinandersetzungs-, Überzeugungsprozess als Zeichen der Individualisierung, selbst entdeckt, selbst bestimmt werden.

Neue Forderungen der Gesellschaft an den Ausbilder ergeben sich auch durch veränderte ökonomische und ökologische Rahmenbedingungen. Die Wünsche der Gesellschaft spiegeln sich im Wirtschaftsleben als Marktgeschehen wieder. Die Unternehmen der Agrarwirtschaft sehen sich seit Jahren einer veränderten Marktsituation gegenübergestellt, die als Wandel von einem Angebots- zu einem Nachfragemarkt beschrieben wird. Die Betriebe sind dann erfolgreich, wenn sie in Produktion die Voraussetzungen für die Individualisierung am Markt sicherstellen – Marktnischen entdecken und ausfüllen – oder unmittelbar dem Verbraucher ihre Produkte oder Dienstleistungen individuell anbieten, z. B. Direktvermarktung. Sich im Leistungsangebot von Kollegen abzugrenzen, um Kunden zu werben, dies ist für viele Unternehmer neu. Die Marktperspektive bestimmt das Unternehmenskonzept und somit auch die einzelbetrieblich vermittelbaren Ausbildungsinhalte.

Das veränderte Umweltbewusstsein rückt besonders die Betriebe der Agrarwirtschaft in die Konfliktlinie Mensch und Natur. Auch von den „in der Natur" wirtschaftenden Agrarunternehmen wird ein partnerschaftliches Verhältnis erwartet. Natur als ausbeutbare Produktionsgrundlage wird vor dem Hintergrund von Lebensmittel- oder Rückstandsskandalen abgelehnt. Die Ökologisierung der Unternehmensziele setzt sich in den Ausbildungszielen fort.

1.1.1.3 Die Beweggründe des Ausbilders

2006 wurden 21.068 aktive Ausbilder im Agrarbereich gezählt, sehr groß ist die Zahl der Unternehmer oder Fachkräfte, die die Ausbildereignung besitzen, ca. 4.000 Meisterkandidaten und Fachschüler erwerben jährlich diese Qualifikation. Bei Befragungen junger Meister und Techniker nach den Beweggründen für die Ausbilderqualifikation erhält man häufig folgende Antworten:

- „ ... um mit jungen Menschen zusammenzuarbeiten."
- „ ... um jungen Menschen etwas zu vermitteln."
- „ ... um den Fachkräftenachwuchs im eigenen Betrieb zu fördern."
- „ ... um auf arbeitswirtschaftliche Problemsituationen im Betrieb vorbereitet zu sein."
- „ ... um später dem Betriebsnachfolger selbst ausbilden zu können."
- „ ... um bei einer eventuellen Stellensuche möglichst viele Qualifikationen vorzuweisen."
- „ ... um sich die Möglichkeit, später eventuell ausbilden zu dürfen, offen zu halten."
- „ ... um sich Ausbilder nennen zu können."

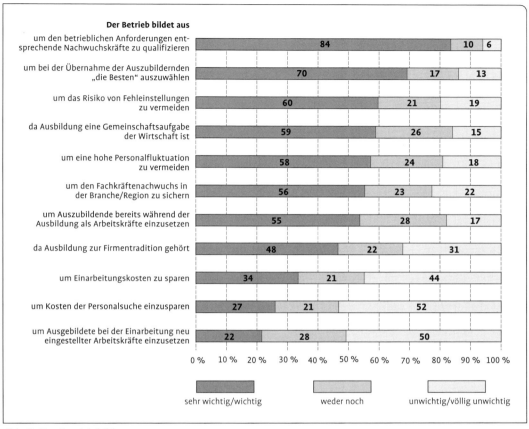

Abb. 2 Der Betrieb bildet aus.

Diese Auswahl an Begründungen deckt sich mit offiziellen Ergebnissen von Befragungsaktionen und zeigt die Spannbreite der Ausbildungsmotive, wo im Mittelpunkt der Auszubildende, der Betrieb oder der Ausbilder selbst steht. Letzteres – Ausbilden aus Sozialprestige – soll hier nicht weiter vertieft werden.

Es gehört zum Wesen der betrieblichen Ausbildung, dass sowohl pädagogische als auch betriebliche Beweggründe die Ziele des Ausbildens bestimmen. Dies trifft vielleicht auch besonders im Agrarbereich zu, wo häufig Unternehmer und Ausbilder die gleiche Person sind. Nur existenzfähige Betriebe können die Bildungsarbeit leisten, die Ausbildungskosten tragen. In Berufen, wie zum Beispiel in der Landwirtschaft oder im Handwerk, in denen die Ausbildung im „Produktionsprozess" stattfindet, sind die Nettokosten (Bruttokosten der Ausbildung minus Erträge durch den Auszubildenden) im Vergleich zu anderen Berufssparten günstig.

Diese Tatsache verführt zur trügerischen Annahme, in der Ausbildung von Jugendlichen eine Lösungsmöglichkeit betrieblicher Probleme zu sehen. Nicht der Auszubildende sondern einseitig der ökonomische Vorteil steht hier als Ausbildungsmotiv im Mittelpunkt. Dass dies der Qualität der Ausbildung nicht förderlich ist, liegt auf der Hand. Der Betrieb und seine Gegebenheiten stellen den Rahmen da,

- in dem die Bildungsprozesse stattfinden und beeinflusst werden,
- in dem der Ausbilder seine pädagogischen Motive verwirklichen kann,
- in dem der Auszubildende als Individuum gefördert wird.

Ausbilder werden immer wieder bei der Suche nach pädagogischen Ausbildungsmotiven auf diese Begründungsschwierigkeit treffen, da das pädagogisch Notwendige vom ökonomisch Möglichen abhängig ist (Arnold, 1997). Es können hierzu unterschiedliche Einstellungen von Ausbildern beobachtet werden:
- Ausbilder erkennen pädagogische Beweggründe an, glauben sie jedoch nicht im Betrieb umsetzen zu können und übertragen diese Verantwortung einzig dem Lernort Schule.
- Ausbilder begründen ihre Tätigkeit allein in der Verbesserung der methodischen Ausbildungsarbeit, ohne sich mit den Bildungszielen oder persönlichen Zielen des Auszubildenden auseinanderzusetzen.
- Ausbilder sehen in der Förderung der Anpassungsfähigkeit des Auszubildenden an die betrieblichen Gegebenheiten ihre Hauptaufgabe, ohne ihn auch zur Kritik zu befähigen.
- Ausbilder stellen die Entfaltung der gesamten Persönlichkeit des Auszubildenden als Ausbildungsmotiv in den Vordergrund.

Die Wirklichkeitsnähe und Umsetzbarkeit derartiger persönlicher Einstellungen soll an dieser Stelle nicht diskutiert werden (wäre jedoch in der Lerngruppe notwendig). Hilfreich für die Bestimmung des Ausbildungsmotives ist vielleicht das Ziel „Mitgestaltung":
- dass einerseits die Ausbildung den Betrieb mitgestaltet (zum Beispiel Überlassung von Produktionseinheiten für die Ausbildung),
- dass andererseits der Betrieb die Ausbildung mitgestaltet (zum Beispiel betriebliche Aufgabenstellungen sind Ausbildungsinhalte).

Dieser Ansatz verringert die Spannungslage zwischen rein ökonomischen und rein pädagogischen Motiven und ermöglicht die praktische Wirksamkeit pädagogischer Arbeit, zum Beispiel mit Hilfe von so genannten Betriebsprojekten.

Wer heute Ausbilder werden möchte, sollte sich bewusst sein:
- dass er eine Rollenvielfalt zu erfüllen hat, insbesondere dann, wenn Ausbildender und Ausbilder die gleiche Person sind, oder wenn der Jugendliche im elterlichen Betrieb ausgebildet werden soll,
- dass Anforderungen an den Ausbilder sich formal aus gesetzlichen Bestimmungen ergeben, aber auch aus Wertvorstellungen der Gesellschaft sowie ökonomischen und ökologischen Rahmenbedingungen,
- dass der Auszubildende selbst sich im Laufe der Jahre geändert hat (Alter, Vorbildung, Wertvorstellung), dass der Auszubildende die Ausbildung insgesamt als eine Option für die weitere Berufsentwicklung sieht und der Ausbildungsbetrieb die Grundlage bieten muss, die beruflichen Entwicklungsmöglichkeiten auszuschöpfen, Der Beruf steht somit im Spannungsfeld zwischen Arbeitsplatzseite (Anforderungen) und Arbeitskraftseite (Qualifikationen) und ist im Idealfall als die beiden Seiten ein und desselben Bildes zu sehen.
- dass seine Ausbildungsmotive stets in der Spannungslage zwischen pädagogischer Notwendigkeit und ökonomischer Möglichkeit liegen.

1.1.2 Der Einfluss des Berufes auf die Zielsetzung

Die Ausbildungsstatistik unterscheidet ca. 360 verschiedene anerkannte Ausbildungsberufe, für den Agrarbereich sind es derzeit 16.

Darüber hinaus werden verschiedene Berufe, wie zum Beispiel der des Gärtners oder des Pferdewirten, in so genannte Fachsparten oder Schwerpunkte untergliedert. Neben diesen anerkannten Berufsbezeichnungen finden sich in den Betrieben viele Tätigkeitsbereiche, die nicht einem Ausbildungsberuf zugeschrieben werden, wie zum Beispiel der des Schlepperfahrers, des Verkaufsfahrers, des Pferdepflegers. Welche Fähigkeiten einen be-

stimmten Ausbildungsberuf ausmachen und ihn dadurch von Tätigkeitsbereichen im Betrieb abgrenzt, dies wird in dem so genannten Ausbildungsberufsbild beschrieben:
Beispiel „Winzer" (u. a.):
- Kenntnisse zum Bau und Leben des Rebstockes,
- Erstellen einer Neuanlage,
- Arbeiten am Rebstock, Rebschutz,
- Bodenpflege und Düngung,
- Traubenlese,
- Verarbeiten der Trauben,
- Behandeln des Mostes und des Weines,
- Abfüllen und Vermarkten des Weines.

1.1.2.1 Der Berufsbegriff

Der Beruf bezeichnet die hauptsächliche Tätigkeit, die durch besondere Kenntnisse, Fertigkeiten, Einstellungen und Verhaltensweisen gekennzeichnet ist. Aus Sicht des Betriebes spiegelt der Beruf die arbeitsplatzbezogenen Anforderungen, aus Sicht des Beschäftigten seine personenbezogenen Qualifikationen wieder. Der Beruf steht somit im Spannungsfeld zwischen Arbeitsplatzseite (Anforderungen) und Arbeitskraftseite (Qualifikationen) und ist im Idealfall als die beiden Seiten ein und desselben Bildes zu sehen.

Veränderungen im Beruf bedeuten somit auch immer Veränderung der Arbeitsplatzanforderungen und bedingen eine Veränderung der Qualifikation. Zukunftsorientierte berufliche Handlungsfähigkeit umfasst nicht nur die Beherrschung fachlicher Kenntnisse und Fertigkeiten, sondern auch die Fähigkeit ihrer flexiblen Umsetzung auf wechselnde Aufgaben und Problemstellungen, die soziale Mitgestaltung des Betriebsklimas sowie personengebundene Fähigkeiten wie Kreativität, Teamfähigkeit oder Konfliktfähigkeit. In diesem Zusammenhang sprechen Betriebspädagogen von einer Entspezialisierung der Berufe, dass der „Beruf" nicht mehr die Merkmalskombination einer speziellen Technikanwendung beschreibt, sondern vielmehr ganzheitliche Formen beruflichen Handelns. Neue bzw. überarbeitete Ausbildungsverordnungen wie z. B. zur Fachkraft für Agrarservice oder zum Pferdewirt tragen dem Rechnung mit der Forderung, den Auszubildenden zur Ausübung einer qualifizierten beruflichen Tätigkeit zu befähigen, die selbständiges Planen, Durchführen und Kontrollieren einschließt.

1.1.2.2 Der Beruf und die betriebliche Ausbildung

Die Ausbilder sind hauptverantwortlich für die richtige Berufsvorbereitung der Jugendlichen. Diese Verantwortung setzt das Bewusstsein voraus für die grundlegenden Sachverhalte des Berufes, für die Auswirkungen des wirtschaftlichen, strukturellen, technischen und beruflichen Wandels sowie für die Berufserwartungen der Jugendlichen.

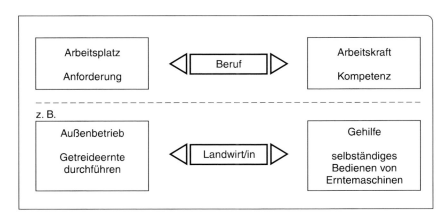

Abb. 3
Der Berufsbegriff

Veränderungen im Beruf bedingen neue Arbeitsplatzanforderungen und benötigen auch neue Qualifikationen. Es ist somit die Aufgabe des Ausbilders, nicht nur die Veränderung in der Arbeitswelt zu erkennen, sondern diesen Wandel angemessene Qualifikationen zuzuordnen sowie Ausbildungsmaßnahmen zu ergreifen, die den Erwerb dieser Qualifikationen fördern. Die Beschreibungen der heutigen und zukünftigen Arbeitswelt gehen davon aus, dass am Arbeitsplatz weniger routinemäßige Standardaufgaben zu lösen sind (das Bewältigen Roboter billiger), dass vermehrt offene und unstrukturierte, vielschichtige Problemstellungen und Situationen zu lösen sind, die selbst eine offene Qualifizierung der Mitarbeiter erfordern. Offene Qualifizierung meint nicht eine auf enge Handlungszwecke begrenzte Qualifizierung, sondern eine Befähigung, die über die reine Fachkompetenz hinausgeht. Sie ist zum Beispiel zu ergänzen durch Fähigkeiten wie:
- Lösungsstrategien entwickeln,
- Systemfehler systematisch eingrenzen,
- Pläne erstellen,
- Kreativitätstechniken anwenden,
- sachlich argumentieren,
- sich in die Teamarbeit einbinden,
- Hilfestellung geben,
- arbeitsteilig vorgehen.

Derartige Fähigkeiten, früher eher den so genannten Arbeitstugenden zugeordnet, werden heute als Handlungskompetenz bezeichnet. Der Arbeitsplatz „Betriebsleiter in der Landwirtschaft" verlangt heute, dass betriebsinterne Probleme nicht durch Rezepte, sondern nur durch betriebsspezifische Lösungen (Umstellungen, Einkommensalternativen, Einkommenskombinationen) zu beseitigen sind. Hierbei werden unter anderem die Qualifikationen „Kreativitätstechniken anwenden" oder „Lösungsstrategien entwickeln" notwendig. Garanten für die Erfüllung der Zielvorstellung sind:
- dass die Ausbildung in der Regel in existenzfähigen, sinnvoll produzierenden Betrieben durchgeführt wird,
- dass ein enges Verhältnis von Ausbilder zur Anzahl Auszubildender besteht,
- dass Ausbildung in der Produktion stattfindet,
- dass Auszubildende gut in die betriebs- oder Familiengemeinschaft integriert werden (Unterbringung und Verpflegung, Familienanschluss).

Den Zielvorstellungen entgegen sprechen könnte:
- dass die Ausbildung zuweilen unter Zeitdruck und Stress stattfindet,
- dass komplizierte, teure Produktionstechniken den Einsatz des Auszubildenden einengen,
- dass für manche Sparten des Agrarbereiches die Zukunftsaussichten ungünstig sind,

dass insbesondere in den neuen Bundesländern aus demographischen Gründen mit einem Bewerbermangel zu rechnen ist

Somit findet Lehren und Lernen im Betrieb immer im Spannungsfeld betriebswirtschaftlicher und pädagogischer Ziele statt und muss unter den Perspektiven von Gewinnorientierung und Bildungsorientierung organisiert und gestaltet werden (ARNOLD, 1997).

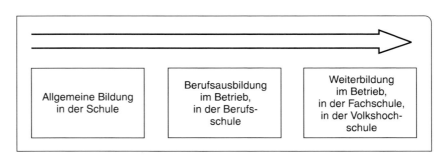

Abb. 4
Der Bildungsweg

1.2 Die Ausbilderaufgabe in das Bildungssystem einordnen

Unternehmer, die Jugendliche in ihren Betrieben ausbilden, sollten sich im klaren darüber sein, dass ihre Tätigkeit auf dem gesamten Bildungsweg des Jugendlichen eine Teilstrecke darstellt. So hat der Auszubildende vor der Lehre schon so genannte allgemeinbildende Schulen besucht, während der Ausbildung sind noch andere Bildungsträger beteiligt und nach der Ausbildung können sich berufliche Weiterbildungsmaßnahmen anschließen.

Die Arten der Bildungseinrichtungen, die Dauer der jeweiligen Bildungsphase, das Verhältnis der verschiedenen Bildungseinrichtungen zueinander sind die Hauptmerkmale eines Bildungswesens. Ausbilder, die die Persönlichkeit ihres Auszubildenden gezielt fördern wollen, müssen an vorhandenen Fähigkeiten anknüpfen, die Ausbildung individuell gestalten und für weiterführende Bildungsmaßnahmen motivieren können. Kenntnisse und Bewertungen des gesamten Bildungswesens sind hierfür unerlässlich.

Was ist Bildung?

„Bildung ist ein lebensbegleitender Vorgang, in den der Mensch sich nicht nur Wissen aneignet, sondern sich auch damit auseinandersetzt" (LENZ, 1982).

Ausgehend von der Tatsache, dass die Jahresabstände immer kürzer werden, in denen sich das Wissen verdoppelt, wird die Aufforderung zur Wissensaneignung zu einer unlösbaren Aufgabe. Das private wie auch das berufliche Leben verlangt jedoch nicht nur nach einer Wissensbereitstellung. Um die Probleme des Alltages zu lösen, um Krisen zu überstehen, ist eine Auseinandersetzung erforderlich, damit aus Bewertungen Entscheidungen getroffen werden und selbständiges, verantwortungsvolles Handeln ermöglicht wird.

„Gebildet wird jeder, der in der ständigen Bemühung lebt, sich selbst, die Gesellschaft und die Welt zu verstehen und diesem Verständnis gemäß zu handeln" (DEUTSCHER AUSSCHUSS FÜR ERZIEHUNG UND BILDUNG, 1960). Bildung wird somit sichtbar nicht nur in von der Gesellschaft anerkannten Qualifikationen, sondern auch in der Bildung von Persönlichkeit.

Um den alters-, lebens- oder berufsgemäßen Bildungsbedürfnis zu genügen, bieten der Staat und auch private Träger ein breites Bildungsangebot an. Nach dem Bildungsfinanzbericht 2010 übersteigen die Ausgaben für Bildung in Deutschland die 100 Milliarden Euro-Marke. Die Grundstruktur des Bildungs-

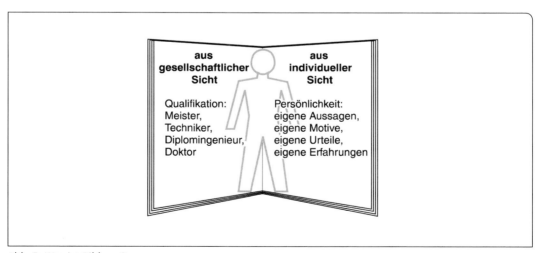

Abb. 5 Was ist Bildung?

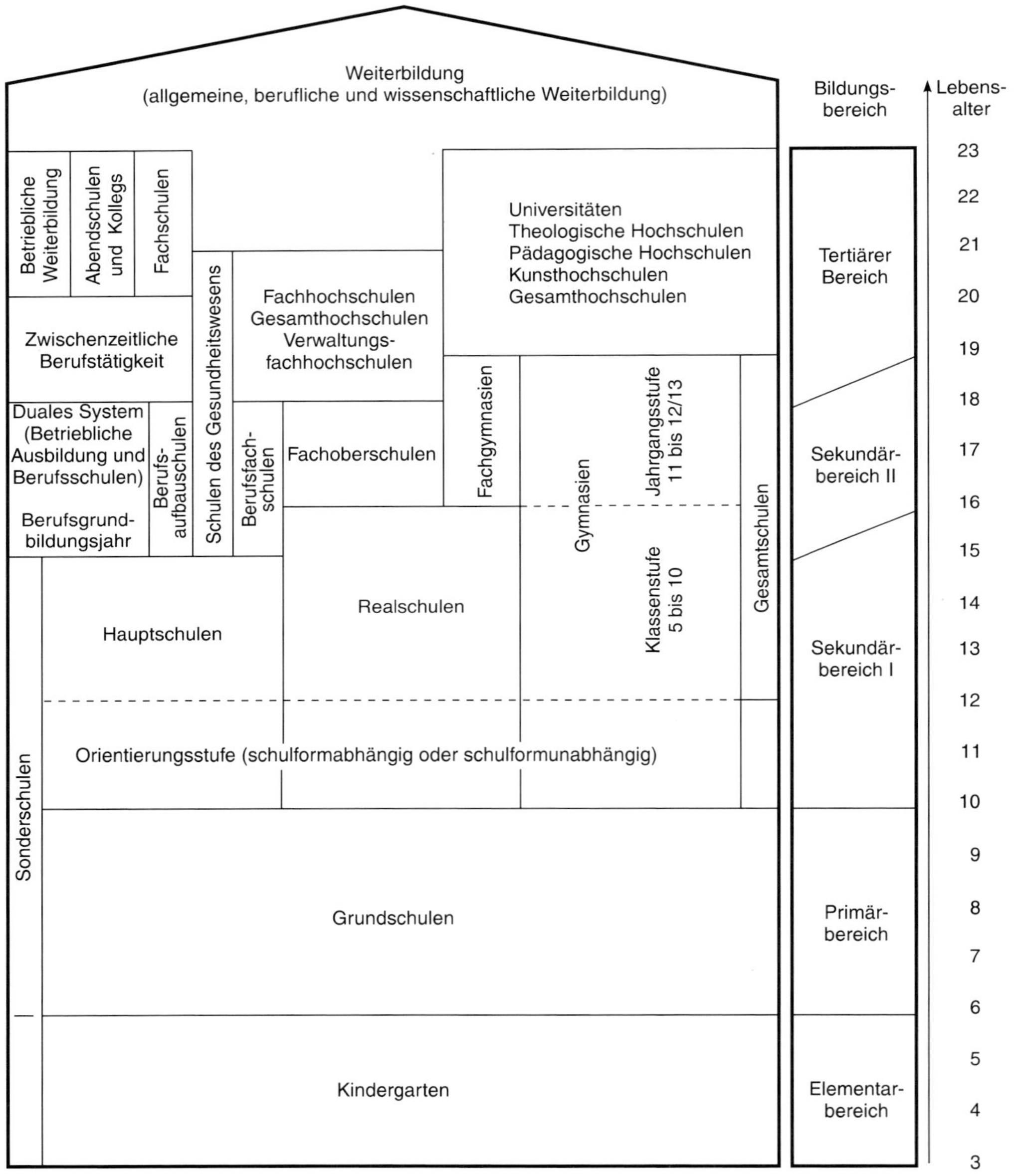

14 Voraussetzungen

| Bildungsbereich | Lebensalter |

Weiterbildung
(allgemeine, berufliche und wissenschaftliche Weiterbildung)

| Betriebliche Weiterbildung | Abendschulen und Kollegs | Fachschulen | | | Universitäten
Theologische Hochschulen
Pädagogische Hochschulen
Kunsthochschulen
Gesamthochschulen | Tertiärer Bereich | 23, 22, 21, 20 |

| Zwischenzeitliche Berufstätigkeit | | Schulen des Gesundheitswesens | Fachhochschulen
Gesamthochschulen
Verwaltungs-
fachhochschulen | | | | 19, 18 |

| Duales System (Betriebliche Ausbildung und Berufsschulen) | Berufsaufbauschulen | | Berufsfachschulen | Fachoberschulen | Fachgymnasien | Jahrgangsstufe 11 bis 12/13 | Gesamtschulen | Sekundärbereich II | 17, 16, 15 |
| Berufsgrundbildungsjahr | | | | | Gymnasien | Klassenstufe 5 bis 10 | | | 14 |

Sonderschulen

Hauptschulen   Realschulen

Sekundärbereich I — 13, 12

Orientierungsstufe (schulformabhängig oder schulformunabhängig) — 11, 10

Grundschulen — Primärbereich — 9, 8, 7, 6

Kindergarten — Elementarbereich — 5, 4, 3

Abb. 6 Grundstruktur des Bildungswesens

wesens in der Bundesrepublik Deutschland umfasst fünf verschiedene Bildungsbereiche.

In den einzelnen Bildungsbereichen wird teilweise eine Mehrzahl parallellaufender Bildungseinrichtungen (Schulformen) angeboten. Das Bildungswesen möchte hierdurch die folgenden drei Grundfunktionen sicherstellen:
1. Grundlegende Allgemeinbildung (Elementarbereich, Primarbereich, Sekundarbereich I, Sekundarbereich II – gymnasiale Oberstufe)
2. Berufsausbildung (Sekundarbereich II, Tertiärbereich)
3. Allgemeine und berufsbezogene Weiterbildung (Quartiärbereich, Weiterbildung)

Die Ausgestaltung dieser Grundstruktur kann in den einzelnen Bundesländern verschieden sein. Das es in Deutschland kein ganz einheitliches Bildungswesen gibt, dies ist ein Ergebnis der Schulrechtsgeschichte. Das Recht zur Gesetzgebung auf dem Gebiet des Schulwesens liegt bei den Bundesländern, denn bei der Gründung des Deutschen Kaiserreiches von 1871 blieb die Schulhoheit bei den damaligen Territorialstaaten. Schulgesetze des Bundes gibt es also nicht.

1.2.1 Die grundlegende Allgemeinbildung

Unter Allgemeinbildung wird im herkömmlichen Sinne die Grund-, Elementarbildung, die allen gemeinsame Bildung verstanden, die es dem Menschen ermöglicht, sich in seiner Welt zurechtzufinden. Insofern ist sie Gegenstand und Ziel der Grundschule sowie der weiterführenden allgemeinbildenden Schulen, wie Haupt-, Realschule und Gymnasium. 2004 befanden sich 8,3 Millionen Jugendliche in dieser Bildungsphase, ca. 800.000 Jugendliche beenden sie jährlich.

Allgemeinbildnerische Bemühungen lassen sich bis in die griechisch-römische Antike zurückverfolgen. Hier sind auch die Wurzeln zu finden für ein Verständnis von Allgemeinbildung, das als geistes- und allgemeiner Menschenbildung den beruflichen Aspekt eher ausschloss. Dies hatte zur Folge, dass sich

Tab. 1 Berufliche Ausbildung in Deutschland

Berufliche Ausbildung in Deutschland						
	Duales System	Schulberufssystem	Schulübergangssystem	Berufsqualifizierender Studienabschluss	Verwaltungs-, Beamtenausbildung im einfachen u. mittleren Dienst
Neuzugänge 2009	560.000	200.000	300.000	420.000	2.000
Rechtsgrundlage	BBiG, HwO	wie BBiG, HwO	nach Landesrecht	nach Bundesrecht	nach Landesrecht	nach Landes-, Bundes- oder EU-Recht	nach Landes- oder Bundesrecht
Lernorte	Betrieb, Berufsschule	Berufsschule	Fachschule	Fachschule	BVJ, BFS, Fachoberschule	Fachhochschule, Hochschule	Verwaltungsfachschule Behörde
Abschluss z. B.	Landwirt	Kosmetikerin, Hauswirtschafterin	Kinderpflegerin	Med. techn. Assistentin	Hauptschulabschluss Fachhochschulreife	Bachelor, Master	Inspektor

neben und außerhalb der allgemein bildenden Schulen insbesondere im letzten Jahrhundert ein differenziertes Berufsbildungssystem entwickelte. Viele Bildungsexperten von heute möchten diese Trennung im Bildungsverständnis von allgemein- und beruflicher Bildung nicht mehr sehen.

1.2.2 Die Berufsausbildung

Die Berufsausbildung hat eine breit angelegte berufliche Grundbildung und die erforderlichen fachlichen Kenntnisse und Fertigkeiten (Handlungskompetenz) zu vermitteln sowie den Erwerb von Berufserfahrungen zu ermöglichen. Dies geschieht sowohl im „Dualen System" mit dem berufsqualifizierenden Abschluss des Sekundarbereiches II (zum Beispiel als Landwirt, Gärtner etc.), in der rein schulischen Berufsausbildung, auch Schulberufssystem genannt (zum Beispiel Assistenten-Ausbildung) oder im Studium mit dem berufsqualifizierenden Studienabschluss des Tertiären Bereiches (zum Beispiel Bachelor, Master). Darüber hinaus bestehen noch einige Schulformen, die sowohl allgemeinbildende als auch berufsbezogene Inhalte und Qualifikationen vermitteln, sie wollen den Übergang in andere Bildungsgänge erleichtern (Übergangssystem). Sie zählen ebenfalls zum Sekundarbereich II.

Als Teil der beruflichen Bildung hat sich die Berufsausbildung auch deren Gesamtforderungen zu stellen:

Berufliche Kompetenz entscheidet als wesentliche Voraussetzung für hochwertige, innovative Güter und Dienstleistungen in hohem Maße mit über die Zukunft des Wirtschaftsstandortes Deutschland. Berufliche Bildung sichert zudem einen hohen sozialen Standard und gewährleistet somit Lebensqualität und Lebenschancen für jeden einzelnen. Sowohl die internationale Wettbewerbsfähigkeit der deutschen Wirtschaft als auch der erreichte soziale Standard werden auf Dauer nur erhalten und verbessert werden können, wenn es gelingt, das hohe Qualifikationsniveau der erwerbstätigen Menschen zu sichern und zu verbessern und wenn modern ausgebildete Fachkräfte in ausreichendem Maße nachwachsen. Berufliche Bildung gehört zu den bedeutsamsten Standortfaktoren.

Die aktuelle Lage der beruflichen Bildung ist jedoch durch eine Reihe von Problemfeldern wie mangelnde Versorgung mit Ausbildungsplätzen, nicht reibungsloser Übergang von der allgemein bildenden Schule in ein Berufsausbildungsverhältnis, Durchlässigkeit der Bildungssysteme oder Fachkräftemangel gekennzeichnet. Verbunden mit den Folgen des demographischen Wandels sowie den gestiegenen Anforderungen unserer Wissensgesellschaft wird der Bedarf an Unterstützungsmaßnehmen im System Berufsbildung zunehmen. Nicht nur, dass die Zahl der Jugendlichen zukünftig abnehmen wird, auch die Voraussetzungen, welche diese aufgrund ihres sozialen, familiären und schulischen Hintergrundes mitbringen, werden sich weiter verändern und den Zugang zu einer erfolgreichen Berufslaufbahn erschweren.

1.2.2.1 Die Berufsausbildung im Dualen System

Da die Berufsausbildung die Vermittlung beruflicher und persönlicher Handlungskompetenz zur Aufgabe hat, ist das System der Berufsausbildung durch die Zuordnung und das Verhältnis von Theorie und Praxis gekennzeichnet. Ein Nacheinander von Theorie und Praxis, also die Vermittlung der Kenntnisse in der Schule und danach die Praxis im Betrieb, wird als linear beziehungsweise einspurig bezeichnet. Eine lineare Berufsausbildung findet man häufig in der Hochschulausbildung, bei der zeitlichen Verteilung überwiegt meistens die schulische Ausbildung.

Berufsbildungssysteme, in denen Schule und Betrieb gleichzeitig sich um das gleiche Ziel bemühen, also zeitlich nebeneinander tätig sind, werden als dual beziehungsweise zweispurig bezeichnet.

In einigen europäischen Ländern (Dänemark, Niederlande) erfolgt die Berufsausbildung in thematisch begrenzten Teilabschnitten sog. Modulen. Der Anteil an Theorie und Praxis kann unterschiedlich sein, ebenso die Dauer der Module.

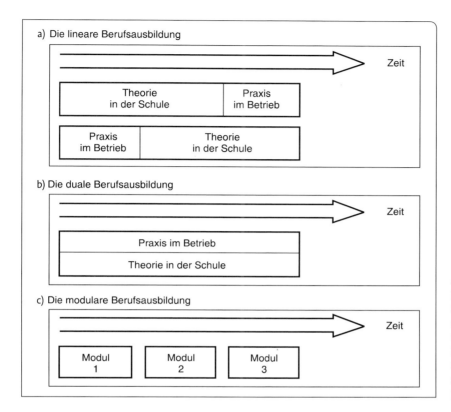

Abb. 7
Die Berufsausbildung
a) Die lineare Berufsausbildung,
b) die duale Berufsausbildung,
c) die modulare Berufsausbildung.

550.000 Jugendliche in Deutschland beginnen jährlich nach Beendigung der Schule einen staatlich anerkannten Ausbildungsberuf im dualen System, ca. 14.000 in den Ausbildungsberufen des Agrarbereiches (2010). Der Zugang dazu ist an keinen bestimmten Schulabschluss gebunden. Die Ausbildung im dualen System steht grundsätzlich allen Jugendlichen offen.

Das Lernen findet größtenteils nicht in der Schule (ein bis zwei Tage pro Woche), sondern in den Produktionsstätten und Dienstleistungsbetrieben der Wirtschaft oder in Haushalten (drei bis vier Tage pro Woche) statt. Der Lernende ist Auszubildender in einem Betrieb oder Haushalt, er wird zeitweise für den Besuch der Berufsschule freigestellt, ist also auch gleichzeitig Berufsschüler.

Kennzeichnend für das Duale System ist:
- Die Ausbildung im Betrieb findet unter Bedingungen und an Maschinen und Einrichtungen statt, die den Stand der Technik entsprechen.
- Die Ausbildung im Betrieb kann weitgehend an produktiven Arbeiten durchgeführt werden, das verstärkt die Lernmotivation und senkt die Ausbildungskosten.
- Für Betriebe, die nicht die ganze Breite und Vielfalt der Ausbildungsinhalte anbieten können, ist es möglich, durch ergänzende Lehrgänge in überbetrieblichen Ausbildungswerkstätten oder durch Ableistung von Ausbildungsabschnitten in anderen Betrieben eine vollwertige Ausbildung zu gewährleisten.
- Die Berufsschule begleitet die betriebliche Ausbildung. Die Verpflichtung der Auszubildenden zum Besuch der Berufsschule ergibt

sich aus den Schulgesetzen (Schulpflichtgesetz).
- Die Aufgabe des Berufsschulunterrichtes ist es, die betriebliche Ausbildung fachtheoretisch zu fördern und zu ergänzen sowie die Allgemeinbildung zu vertiefen und zu vervollständigen.

„Das Duale System der Berufsausbildung verknüpft unmittelbar. Praktische Erfahrungen bilden sich an gewonnenen Erkenntnissen und diese werden wiederum durch die betriebliche Erfahrung unterstützt" (BÜSCHER, 1989). Leider ist die Realisierung dieser Idealvorstellung mit Hindernissen verbunden. Die geplante inhaltliche Abstimmung muss unterbleiben, wenn zum Beispiel organisatorische Rahmenbedingungen wie Schulferienzeiten, überbetriebliche Lehrgänge Vorrang nehmen oder Vegetations- und Klimaschwankungen kurzfristig auftreten. Der zu vermittelnde Ausbildungsinhalt ist teilweise auch so komplex, dass die Zeit für die Vermittlung der Kenntnisse die Zeit für die praktische Umsetzung weit übertrifft (zum Beispiel Düngen nach Düngeplanung).

So bleibt es nicht verwunderlich, dass die Zukunftschancen des Dualen Systems der Berufsbildung unterschiedlich bewertet werden. Im Mittelpunkt der Diskussion steht die Frage, ob die Bewältigung der gesellschaftlichen und beruflichen Veränderungen durch ein anderes Berufsbildungssystem oder durch ein abgeändertes Duales System erreicht werden soll. Herausforderungen an das Duale System der Berufsbildung werden insbesondere gesehen in:
- veränderten Lebenserwartungen und Wertvorstellungen
  * andere Einstellung zur Arbeit
  * Bildungsabschlüsse müssen mit Privilegien verbunden sein und viele Optionen bereit halten,
  * ein möglichst hoher Bildungsabschluss wird als Voraussetzung gesehen für höheres Einkommen, gesellschaftliches Ansehen und geringes Beschäftigungsrisiko.
- veränderten Voraussetzungen seitens der Auszubildenden
  * Das Durchschnittsalter liegt bei 20 Jahren.
  * Der Anteil Auszubildender mit geringerer allgemeiner Vorbildung steigt.
  * Die Heterogenität der Auszubildenden wird größer und somit deren Forderungen vielfältiger.
- veränderten beruflichen Anforderungen
  * Schnelllebigkeit der Arbeitsinhalte und Arbeitsorganisationen,
  * sich ständig verändernden Berufsbilder,
  * eine Erwerbstätigkeit im erlernten Ausbildungsberuf wird immer schwieriger.
- Akzeptanz des Dualen Systems
  * Die Anzahl der Jugendlichen im Dualen System nimmt ab, der Studienanfänger nimmt zu.
  * Die Berufsausbildung ist eine „Vorschule" der beruflichen Weiterbildung.
  * Der Anteil Jugendlicher, die den direkten Übergang von der Allgemeinbildung in die Berufsausbildung nicht schaffen, ist mit 300.000 (2009) sehr hoch.

Diese berufsfeldunabhängig formulierten Herausforderungen lassen sich so auch auf den Agrarbereich übertragen, wobei noch einige weitere Problemfelder hier hinzukommen, wie zum Beispiel:
- die kritische Einstellung der Gesellschaft gegenüber dem Agrarbereich (Wahrung von Natur- und Umweltschutz),
- der fortschreitende Strukturwandel der Betriebe verbunden mit einer wirtschaftlichen Unsicherheit (in der Landwirtschaft geben durchschnittlich 15.000 Betriebe im Jahr auf),
- der fortschreitende Fachkräftemangel besonders in den neuen Bundesländern.

An der Entwicklung eines völlig neuen Berufsausbildungssystems mangelt es bislang, die meisten Berufspädagogen und Bildungspolitiker schlagen deshalb Maßnahmen vor, die das vorhandene System neu gestalten beziehungsweise aufwerten sollen, im einzelnen sind dies:

- die Intensivierung der Information von Eltern und Jugendlichen über Beruf, Berufsaufstiegschancen, Durchlässigkeit der Bildungswege, Berufsorientierung schon im Sekundarbereich I,
- die Stärkung des doppelt qualifizierenden Charakters der Berufsausbildung (zum Beispiel ein mit der Berufsausbildung verbundener Abschluss der Fachoberschulreife, ein mit der Techniker-Prüfung verbundener Abschluss der Fachhochschulreife),
- der schrittweise Abbau von Arbeitsteilung zu mehr Entscheidungsbefugnis für Facharbeiter im Betrieb,
- die Entwicklung von neuen Berufsperspektiven, Karrieremöglichkeiten und Aufstiegschancen von Facharbeitern im Betrieb,
- die Veränderung auf tarifpolitischer Ebene,
- der Erwerb von Handlungskompetenz durch Ausbildung nach Schlüsselqualifikationen,
- die Zusammenarbeit beziehungsweise eine neue Arbeitsteilung zwischen Lernorten,
- die Annäherung und Abstimmung von beruflicher Aus- und Weiterbildung,
- der Erwerb von Zusatzqualifikationen für lernstarke Auszubildende,
- die Einrichtung von Förderkursen für lernschwache Auszubildende
- die Neuordnung vorhandener Ausbildungsberufe beziehungsweise die regelmäßige Überprüfung der Ausbildungsinhalte,
- die Entwicklung neuer Ausbildungsberufe.

Die Darstellung der Ausbildungswege im Agrarbereich wird zeigen, inwieweit die empfohlenen Gegenmaßnahmen den Herausforderungen der Berufsbildung im Berufsfeld Landwirtschaft entsprechen können. 16 anerkannte Ausbildungsberufe werden im Agrarbereich unterschieden, darüber hinaus wird das Lernen am Lernort Schule durch Gesetze der 16 Bundesländer teilweise recht unterschiedlich bestimmt. Es würde somit den Rahmen dieses Buches überschreiten, wenn die geltenden Ausbildungswege für alle Berufe, in allen Bundesländern aufgezeigt würden. Die Darstellung beschränkt sich auf vielfach gültige Wege der zahlenmäßig wichtigsten Ausbildungsberufe. Es wird deshalb empfohlen bei Bedarf den geltenden Ausbildungsweg des Berufes bei der zuständigen Stelle des jeweiligen Bundeslandes nachzufragen.

Der Eintritt in die Ausbildung ist nicht an einen bestimmten Schulabschluss gebunden. Die Berufsausbildung im Berufsfeld Landwirtschaft dauert in der Regel drei Jahre. Der Jugendliche leistet als Auszubildender diese Zeit der betrieblichen Ausbildung im Betrieb ab und besucht parallel dazu Unter-, Mittel- und Oberstufe der Berufsschule. Der wöchentlich zu erteilende Berufsschulunterricht soll nach einem Beschluss der Kultusminister wenigstens 12 Stunden betragen, der an ein bis zwei Berufsschultagen erteilt wird. Nach dem ersten Jahr der betrieblichen Ausbildung findet die Zwischenprüfung, nach dem letzten Jahr der betrieblichen Ausbildung beziehungsweise an dessen Ende die Abschlussprüfung statt. Beide Prüfungen hält der Prüfungsausschuss der zuständigen Stelle ab. In einigen Bundesländern kann in der Berufsschule der so genannte Berufsschulabschluss erworben werden. Bislang findet dieser Abschluss noch keine Berücksichtigung in der Abschlussprüfung, jedoch können bei einem Notendurchschnitt von 2,5 Jugendliche mit Hauptschulabschluss die Fachoberschulreife erwerben, Jugendliche ohne Hauptschulabschluss wird bei erfolgreichem Abschneiden diese Qualifikation zugesprochen.

In manchen Bundesländern wird anstelle des ersten Ausbildungsjahres mit Besuch der Unterstufe das so genannte Berufsgrundschuljahr (BGJ) verpflichtend für Jugendliche ohne beziehungsweise mit Hauptschulabschluss und mit Fachoberschulreife vorgeschrieben. Das BGJ ist eine berufliche Vollzeitschule mit ein bis zwei Tagen Betriebspraktikum pro Woche.

In der Ausbildung zur Hauswirtschafterin wird in einigen Bundesländern auch die so genannte Berufsfachschule angeboten. Sie ist ebenfalls eine einjährige berufliche Vollzeitschule, die teilweise die Fachoberschulreife voraussetzt, aber auch in einer anderen Form die Fachoberschulreife vermittelt. An diesem ersten Jahr schließt sich entweder eine zweijährige betriebliche Ausbildung mit Berufsschulunterricht oder ein so genanntes zwei-

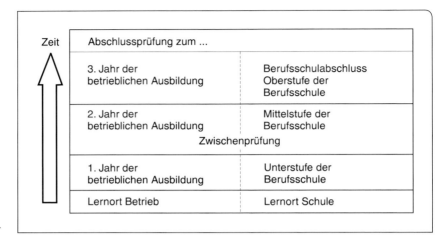

Abb. 8
Dreijährige Ausbildung in Bundesländern ohne Berufsgrundschuljahr

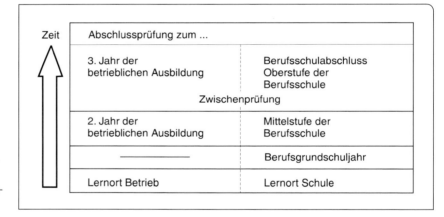

Abb. 9
Dreijährige Ausbildung in Bundesländern mit Berufsgrundschuljahr

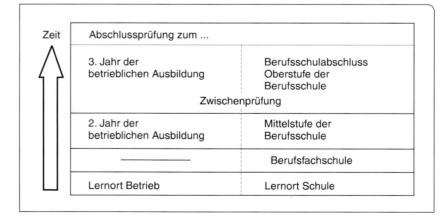

Abb. 10
Dreijährige Ausbildung mit Anrechnung der Berufsfachschule

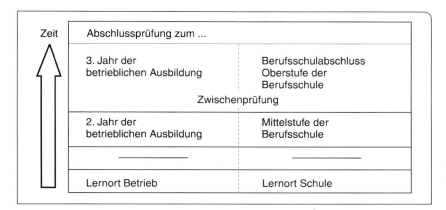

Abb. 11
Zweijährige Ausbildung bei Antrag auf Verkürzung

jähriges gelenktes Praktikum an. Die gesamte Ausbildung wird mit der Abschlussprüfung abgeschlossen.

Nicht immer beträgt die Ausbildungsdauer drei Jahre. Liegt ein Abschluss in einem anderen Ausbildungsberuf vor oder hat der Auszubildende einen Antrag auf Verkürzung der Ausbildungszeit gestellt, zum Beispiel bei Abiturienten, so kann die Ausbildung nur zwei Jahre dauern. Sie beginnt im zweiten betrieblichen Ausbildungsjahr, die Auszubildenden sind Berufsschüler der Mittelstufe, in der auch wesentliche fachliche Inhalte der Unterstufe Unterrichtsgegenstand sind.

Der Endpunkt aller gezeigten Wege der Dualen Ausbildung ist die Abschlussprüfung, früher Gehilfenprüfung genannt. Sie ist der Nachweis der Befähigung zu einer qualifizierten beruflichen Tätigkeit, die insbesondere selbständiges Planen, Durchführen und Kontrollieren einschließt. 11.200 Jugendliche haben im Agrarbereich 2009 diese Qualifikation erreicht, die Quote der nicht bestandenen Prüfungen lag durchschnittlich bei 23 Prozent.

1.2.2.2 Schulische Berufsausbildung und weitere berufliche Schulformen des Sekundarbereiches II

Die Entwicklung der schulischen Berufsausbildung ist zeitlich mit der des Dualen Systems gekoppelt. Während jedoch im 19. Jahrhundert sich für die Berufe im Handwerk und der Industrie die betriebliche Berufsausbildung für die männliche Bevölkerung entwickelte, wurden für Mädchen und Frauen sog. Bildungsanstalten für Frauenberufe gegründet, deren Bildungsgänge sich auf den Tätigkeiten entlang der Familienfunktion Erziehen, Pflegen, Ernähren und Gesunderhalten konzentrierten. Die hierdurch gefestigte geschlechtsspezifische Unterscheidung zwischen dem Dualen System und der schulischen Berufsausbildung besteht als geschichtliche Belastung noch heute fort.

Die schulische Berufsbildung ist ein sehr differenziertes System. Im Vergleich zur Dualen Ausbildung liegt es weitgehend außerhalb des Einflusses der Wirtschaft und hat in der Regel nur einen Lernort, die Schule. Sie kann einerseits die gleichen Berufsabschlüsse wie das Duale System nach BBiG bzw. HwO, wie zum Beispiel im Beruf Kosmetikerin oder Hauswirtschafterin, oder auch ihr eigene Abschlüsse nach Landes- oder Bundesrecht wie Kinderpflegerin, Kaufmännischer Assistent oder in Berufen des Gesundheitswesens vermitteln. Im Jahr 2006 schätze man die Anzahl der Neuzugänge in diesem System auf ca. 200.000, im Vergleich zum Dualen System von 560.000.

Neben dem Schulberufsystem existieren im Sekundarbereich II noch weitere Formen, die sowohl allgemeinbildende wie erste berufsbildende Inhalte vermitteln, jedoch zu keinem Berufsabschluss sondern in der Regel zu einer allgemeinbildenden Qualifikation führen und den Einstieg in eine Berufsausbildung erleichtern, genannt das Übergangssystem. Ihre Bezeichnungen sind leider nicht bundeseinheitlich, was nicht zur Orientierung beiträgt.

Die Berufsfachschule (BFS) – früher meistens zweijährig, heute häufig einjährig – vermittelt für Jugendliche mit Hauptschulabschluss die Fachoberschulreife. Es werden hier die für diesen Abschluss benötigten allgemeinbildenden Inhalte, aber auch erste Kenntnisse in einem bestimmten Berufsbereich (Landwirtschaft, Gewerbe, Handel, Sozialpflege) vermittelt. Die BFS steht somit vor Beginn der Berufsausbildung, ihr erfolgreicher Abschluss wird in der Regel mit einem Jahr auf die gesamte Ausbildungszeit angerechnet. Berufsfachschulen haben im Agrarbereich in dieser Form an Bedeutung verloren, während sie in anderen Bereichen weiterhin guten Zuspruch haben. In der Ernährungs- und Hauswirtschaft gilt der Besuch der BSF als Nachweis einer hauswirtschaftlichen Grundbildung und berechtigt nach Ableistung eines Praktikums zum Besuch der Fachschule für Ernährung- und Hauswirtschaft.

In den letzten Jahren haben sich in anderen Berufsbereichen so genannte „höhere Berufsfachschulen" durchgesetzt. Bekannt sind zum Beispiel die höhere Handelsschule oder die höhere Berufsfachschule für Wirtschaft und Verwaltung. Die dreijährigen höheren Berufsfachschulen mit gymnasialer Oberstufe vermitteln neben qualifizierten beruflichen Kenntnissen die allgemeine Hochschulreife.

Die Fachoberschule (FOS) vermittelt die Fachhochschulreife, das heißt die Studienberechtigung an einer deutschen Fachhochschule beziehungsweise Gesamthochschule. Dieses Ziel ist auf zwei verschiedenen Wegen möglich. Die Eingangsvoraussetzung ist die Fachoberschulreife (FOS-Reife).

Der zweiklassige Bildungsgang (Klasse 11 und Klasse 12) der Fachoberschule schließt unmittelbar an die Schule des Sekundarbereich I an. In der Klasse 11 lernen die Schüler an vier Wochentagen auf einem so genannten Praktikumsbetrieb, daneben erhalten sie zwölf Stunden Wochenunterricht in der Schule, und zwar acht Stunden im berufsübergreifenden, allgemeinbildenden Bereich und vier Stunden im berufsbezogenen Bereich. In der Klasse 12 wird Vollzeitunterricht erteilt, insgesamt 32 Wochenstunden, wobei das Schwergewicht auf dem berufsübergreifenden Bereich liegt.

Beim einklassigen Bildungsgang müssen die Schüler neben der Fachoberschulreife auch eine abgeschlossene Berufsausbildung nachweisen. Sie brauchen nicht die Klasse 11 zu besuchen, sondern absolvieren die Klasse 12 B (B = Schüler mit Berufsausbildung). Die Klasse 12 B ermöglicht somit Auszubildenden unter Umständen den Zugang zum Studium (Hauptschulabschluss – dreijährige Berufs-

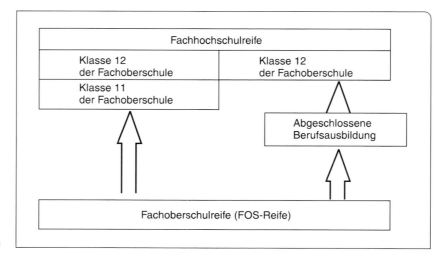

Abb. 12
Die Fachoberschule

ausbildung, Berufsschulabschluss mit Fachoberschulreife – Fachoberschule Klasse 12 B – Studium an einer Fachhochschule).

Da die Klasse 12 B auch teilweise in Teilzeitform angeboten wird und von Auszubildenden neben der Berufsschule besucht werden kann, ist eine Verkürzung des Weges zur Fachhochschulreife möglich (kaum Angebote im Agrarbereich).

Die Berufsaufbauschule vermittelt eine erweiterte Allgemeinbildung und eine vertiefte berufliche Fachbildung in verschiedenen Berufsbereichen (zum Beispiel Ernährungs- und Hauswirtschaft), sie schließt mit der Fachoberschulreife ab, bei einem bestimmten Notendurchschnitt kann auch die Berechtigung zum Besuch der gymnasialen Oberstufe erworben werden. In der Normalform wird diese Schule von Erwachsenen
besucht, die eine abgeschlossene Berufsausbildung nachweisen können. In der so genannten Kombinationsform (nicht im Agrarbereich) werden Auszubildende aufgenommen, die dann nach drei Jahren (zwei Jahre Teilzeitschule, ein Jahr Vollzeitschule) die Fachoberschulreife erhalten.

Das Berufsvorbereitungsjahr (BVJ) – in einigen Bundesländern auch Vorklasse zum Berufsgrundschuljahr genannt – wendet sich an Jugendliche, die keinen Hauptschulabschluss vorweisen können und keinen Ausbildungsplatz bekommen haben. Somit will das Berufsvorbereitungsjahr einerseits die Schüler ihren Neigungen und den Arbeitsmarktbedingungen entsprechend auf eine Übernahme in ein festes Ausbildungsverhältnis vorbereiten, andererseits kann ein dem Hauptschulabschluss gleichwertiger Abschluss erreicht werden. Zur Vermittlung außerschulischer Erfahrungen können auch Betriebspraktika vorgesehen werden. Wer das Berufsvorbereitungsjahr erfolgreich durchlaufen hat, erhält ein Abschlusszeugnis und die Berechtigung zum Besuch des Berufsgrundschuljahres. Gleichzeitig ist damit auch die Berufsschulpflicht erfüllt (gemäß Schulpflichtgesetz des Bundeslandes), sofern die Jugendlichen kein Berufsausbildungsverhältnis beginnen. Das Berufsvorbereitungsjahr ist somit eine von derzeit vielen Maßnahmen des sog. Übergangssystems, in dem 2009 300.000 Jugendliche ihre Berufslaufbahn begonnen haben. Auf Grund des demographischen Wandels und der Bereitstellung einer ausreichenden Anzahl an Ausbildungsplätzen rechnen Experten zukünftig mit einer deutlichen Abnahme an Jugendlichen im Übergangssystem.

1.2.2.3 Die Berufsausbildung mit berufsqualifizierenden Studienabschluss

Zur beruflichen Erstausbildung ist auch das Studium an einer Fachhochschule beziehungsweise Hochschule (Universität) zu zählen, im Bildungssystem gehören diese Möglichkeiten dem Tertiären Bereich an. Die Fachhochschulen in der Bundesrepublik sind im Agrarbereich häufig aus höheren Fachschulen entstanden. Sie haben die Aufgabe, eine praxisbezogene, auf wissenschaftlicher Grundlage beruhende fachliche Bildung für den Berufsbereich (Landbau, Gartenbau, Landespflege, Ernährungs- und Hauswirtschaft, Forstwirtschaft) zu vermitteln. Das Studium an der Fachhochschule beinhaltet zunächst einen Bachelor-Studiengang von 6 Semestern (3 Jahre), wobei in den ersten beiden Semestern landwirtschaftliches Basiswissen (z. B. Biologie, Tierernährung, allgemeine Betriebswirtschaftslehre) vermittelt wird. In den weiteren Semestern können Spezialisierungen wie Unternehmensführung, Pflanzen-, Tierproduktion oder Landtechnik gewählt werden. Eine Weiterqualifizierung ist an vielen Fachhochschulen über einen viersemestrigen Masterstudiengang möglich, in dem häufig anwendungsbezogen Produktionsmanagement und Unternehmensführung in Spezialgebieten kombiniert werden.

Die Aufnahmebedingungen sind in den Bundesländern unterschiedlich. Allgemeingültig ist der Nachweis der Fachhochschulreife und ein gelenktes Praktikum von sechs bis zwölfmonatiger Dauer. Die Fachhochschulreife kann erworben werden in allgemeinbildenden Bildungswegen wie zum Beispiel der Abschluss der Klasse 12 des Gymnasiums oder in berufsbildenden Bildungswegen, zum Beispiel Abschluss der Fachoberschule oder Abschluss der zweijährigen Technikerschule mit und ohne externen Prüfungen. Absolventen der Fachhochschule sind als Unternehmensleiter in Produktionsbetrieben, in Dienstleistungs- und Vermarktungsbereichen, im Agrarhandel, in der Ernährungswirtschaft, im gehobenen oder höheren Dienst der Agrarverwaltung, in der Beratung, in der Verbandsarbeit und in der Entwicklungshilfe tätig.

Die wissenschaftlichen Hochschulen im Agrarbereich (Forstwirtschaft, Gartenbau, Ernährungs- und Hauswirtschaft, Landwirtschaft) dienen sowohl der Forschung als auch der Lehre für die Ausbildung von künftigen Beratern, Lehrern, Wissenschaftlern und Führungskräften in agrarwirtschaftlich orientierten Bereichen der Wirtschaft und im höheren Dienst der öffentlichen Verwaltungen. Das insgesamt zehnsemestrige Studium teilt sich auf in eine erste, sechssemestrige Stufe zum Bachelor und in eine viersemestrige, zweite Stufe zum Master. Das Bachelorstudium beinhaltet in erster Linie eine breite Palette natur- und betriebswirtschaftliche sowie anwendungsbezogene Fächer mit einer geringen Spezialisierung. Im Masterstudium hat sich der Studierende in der Regel für eine Schwerpunktausbildung zu entscheiden, zum Beispiel in der Landwirtschaft zwischen Pflanzenproduktion, Tierproduktion, Wirtschafts- und Sozialwirtschaften, Landtechnik oder Umweltschutz.

Als Aufnahmebedingung gilt zur Zeit der Nachweis der Hochschulreife oder der erfolgreiche Abschluss der Fachhochschule. Darüber hinaus kann ein sechs- bis zwölfmonatiges Praktikum verlangt werden. Empfohlen wird ein mindestens zwölfmonatiges Praktikum mit Praktikantenprüfung, da einerseits viele spätere Tätigkeitsbereiche eine längere praktische Erfahrung erforderlich machen, andererseits zum „Zweiten Staatsexamen" (Assessor) dies eine Aufnahmebedingung ist. Das Studium schließt mit der Masterprüfung und führt in der Regel zu dem akademischen Grad „Master of science".

Die Absolventen der Hochschule werden tätig als Führungskräfte in der Produktion, im Vertrieb und in der Beratung, im Kredit- und Bankwesen, im ländlichen Genossenschaftswesen, im Agrarhandel, in der wissenschaftlichen Lehre und Forschung, in der Publizistik, in der Werbung, im öffentlichen Dienst als Fachlehrer und Berater sowie im Verwaltungsdienst bei Landwirtschaftsämtern, Landwirtschaftskammern und Fachministerien der Länder und des Bundes.

1.2.2.4 Die Finanzierung und Förderung der Berufsausbildung

Die Berufsausbildung ist geprägt durch das Zusammenwirken von Schule und Betrieb als den beiden Lernorten im Dualen System. Für den schulischen Teil werden öffentliche Mittel eingesetzt. Den Unterricht, das heißt in erster Linie die Personalkosten, finanzieren die Bundesländer, die Kosten für die Einrichtung und Unterhaltung der Berufsschulen tragen die Gebietskörperschaften (Landkreise, kreisfreie Städte).

Für den betrieblichen Teil der Berufsausbildung kommen die Betriebe auf. Diese Aufwendungen (Ausbildungsvergütung, Personalkosten, Investitionen für den Ausbildungsplatz, Kosten für Ausbildungsmittel) stellen für die Betriebe Kosten dar, die über den Preis der erzeugten Produkte, der angebotenen Dienstleistungen abgedeckt werden. Ein Teil der betrieblichen Ausbildungskosten (Bruttokosten) wird aus den Erträgen gedeckt, die von den Jugendlichen bei ihrer Ausbildung im Betrieb erwirtschaftet werden. Es bleiben die so genannten Nettokosten übrig. Diese Erträge wie auch die Kosten differieren nach Ausbildungsberuf, Betriebsgröße, Branche, Betriebsstruktur und der Ausbildungsorganisation.

Wie sind die Ertrags- beziehungsweise Kostenunterschiede zu erklären? Durch relativ hohe Investitionen in Lehrwerkstätten und Ausbildungspersonal sind in der Industrie die Kosten sehr hoch. Auch Ausbildungsplätze im öffentlichen Dienst sind häufig recht teuer. Das Handwerk kann einerseits mit geringen Kosten, andererseits mit besseren Erträgen der Auszubildenden rechnen. Nur geringe Nettokosten verbleiben in der Landwirtschaft und bei den freien Berufen. Unabhängig von den Ausbildungskosten glaubt die überwiegende Mehrheit der Unternehmen einer Befragung

Bruttokosten, Erträge und Nettokosten pro Auszubildenden und Jahr in Euro

Ausbildungsbereich	Bruttokosten −	Erträge =	Nettokosten
Öffentlicher Dienst	17.297	10.063	7.234
Industrie und Handel	16.739	12.133	4.607
Handwerk	13.334	10.820	2.513
Landwirtschaft	12.100	11.138	962
Freie Berufe	12.958	12.691	268

Stand: 2007

Abb. 13
Die Kosten der betrieblichen Ausbildung (Stand 2007)

des Institutes der deutschen Wirtschaft zur Folge, dass sich durch die Ausbildung im Betrieb die passenden Nachwuchskräfte gewinnen lassen, dass personelle Fehlentscheidungen vermieden werden und dass Einarbeitungskosten für betriebsfremde Arbeitskräfte eingespart werden können.

Trotz dieser positiven Grundeinstellung finden nicht immer alle Jugendliche einen Ausbildungsplatz, Hilfe und Unterstützung wird notwendig. Der Staat hat deshalb eine Reihe von unterschiedlichen Förderungsmaßnahmen für die Berufsausbildung geschaffen, sie dienen:
- der Unterstützung benachteiligter Jugendlicher,
- der Qualifizierung arbeitsloser Jugendlicher,
- der Förderung von Problemregionen,
- der Förderung der überbetrieblichen Ausbildung.

Förderung ist somit in der Regel nur in bestimmten Hilfssituationen möglich, sie trägt dazu bei, Engpässe zu überwinden und Jugendliche zu qualifizieren, die verminderte Ausbildungschancen haben. Als wesentliche Förderungsmaßnahmen für Jugendliche sind zu nennen:

Das Bundesausbildungsförderungsgesetz (BAföG)

Wird eine Schulausbildung oder der Besuch einer Hochschule erwogen, kann diese Förderung in Betracht kommen, insbesondere wenn der Schüler beziehungsweise die Unterhaltspflichtigen die erforderlichen Mittel für die Ausbildung und den Lebensunterhalt nicht aufbringen können. Zu dem geförderten Personenkreis gehören:
- Schüler an allgemeinbildenden Schulen,
- Schüler der Fachoberschule,
- Schüler der Berufsfachschule,
- Schüler des zweiten Bildungsweges,
- Schüler der Fachschulen,
- Studierende und Praktikanten.

Auszubildende können nach dem BAföG nicht gefördert werden. Über die Anträge entscheiden die Ämter für Ausbildungsförderung der Kreise beziehungsweise die Studentenwerke.

Berufsausbildungsbeihilfe

Die Berufsausbildungsbeihilfe wird während einer beruflichen Ausbildung sowie während einer berufsvorbereitenden Bildungsmaßnahme geleistet. Für Auszubildende wird sie gewährt, wenn durch außergewöhnliche Belastungen wie eigener Lebensunterhalt, hohe Fahrtkosten oder erhebliche Gebühren für Lehrgänge die netto Ausbildungsvergütung nicht mehr ausreicht. Die Beihilfe gibt es nur, wenn der Auszubildende außerhalb des Elternhauses wohnt. Sie wird als Zuschlag zur Ausbildungsvergütung vom Arbeitsamt ausgezahlt.

Florian ist ledig und wohnte bisher bei seinen Eltern in Bad Bramstedt. Hier fand er aber keine Ausbildungsstelle als Gärtner. Er hat sich deshalb für einen Platz in Kiel entschieden. Er hat ein Zimmer anmieten müssen (230 € Miete monatlich), seine Vergütung beträgt 420 €, seine Eltern können ihn nicht unterstützen. Vom errechneten Gesamtbedarf von 639 € wird das anzurechnende Einkommen von Florian von 362 € abgezogen, so dass er von der Agentur für Arbeit eine Beihilfe von 277 € erhält.

Für die Ausbildungsaufnahme können Berufsanwärter Zuschüsse des Arbeitsamtes erhalten, sofern sie nicht in der Lage sind, die erforderlichen Mittel für die Bewerbung, die Anreise, den Umzug, die Überbrückungszeit nicht selbst aufbringen können.

Förderungsmaßnahmen der Bundesländer

Im Rahmen ihrer Zuständigkeiten können die Bundesländer eigene Regelungen zur Förderung der Berufsausbildung treffen. Diese Maßnahmen wenden sich häufig an Jugendliche, die von Arbeitslosigkeit betroffen sind beziehungsweise nur schwer zu vermitteln sind wie zum Beispiel Jugendliche ohne Hauptschulabschluss oder Mädchen in sogenannten Männerberufen. Hierbei wird an den Betrieb ein Zuschuss zur Vergütung für die Dauer der Ausbildung gezahlt, der Ausbildende muss sich verpflichten, einen zusätzlichen Ausbildungsplatz zu schaffen. Ähnlich sind die Regelungen, wenn Betriebe in sogenannten strukturschwachen Regionen neue Ausbildungsplätze bereitstellen. Neben einem Zuschuss zur Ausbildungsvergütung kann hier auch die Investition für den Ausbildungsplatz gefördert werden.

Förderung der überbetrieblichen Ausbildung

Diese Förderung kann sowohl die Ausbildungsstätte selbst als auch den einzelnen Lehrgangsteilnehmer betreffen. So beteiligen sich Bund und Länder mit großem Aufwand an dem Ausbau und der Unterhaltung der überbetrieblichen Ausbildungswerkstätten. Eine unmittelbare Ausbildungsförderung für den Jugendlichen wird erreicht, indem die Lehrgangsgebühren ganz oder teilweise übernommen werden entweder vom Bundesland, von den Selbstverwaltungskörperschaften wie der Landwirtschaftskammer oder der Berufsgenossenschaft oder von Einrichtungen des Berufsstandes, wie zum Beispiel das Ausbildungswerk im Garten- und Landschaftsbau (AuGaLa). So wird zum Beispiel ein einwöchi-

Tab. 2 Beispiel für monatliche Berufsausbildungsbeihilfe Florian, Stand 2010	
Lebensunterhalt	Betrag in €
Grundbedarf	348
Miete	149
Mietzuschlag, wenn Miete > 149 €, höchstens	75
Bedarf Arbeitskleidung	12
Fahrtkosten Wohnung – Ausbildungsstätte	41
Familienheimfahrt, einmal monatlich	14
Gesamtbedarf für Lebensunterhalt	639
Anzurechnendes Einkommen minus Freibetrag von 58 €	−362
Beihilfe der Agentur für Arbeit (Gesamtbedarf minus anzurechnendes Einkommen)	277

ger DEULA-Lehrgang in NRW (Gebühr von insgesamt 444 €) durch Zuschüsse des Bundeslandes von 255 € und der Berufsgenossenschaft von 30 € reduziert auf einen Eigenanteil für den Ausbilder von 125 € und für den Auszubildenden von 34 € (Stand 2011).

1.2.2.5 Die Berufsbildung in anderen europäischen Staaten

Mit der Unterzeichnung des „Maastricher Vertrages" über die Europäische Union ist ab 1993 in Europa ein Raum ohne Binnengrenzen entstanden, in dem der freie Verkehr von Personen, Waren, Dienstleistungen und Kapital gewährleistet ist. Neben der politischen Union, der Wirtschaft- und Währungsunion wird auch eine vielfältige Bildungsunion entstehen. Spätestens seit dem Maastricht-Kommunique (2004) und der Helsinki-Erklärung (2006) spricht man vom „Berufsbildungsraum" Europa. Zur Verbesserung der Durchlässigkeit und gegenseitigen Anerkennung von Qualifikationen wurde inzwischen das Leistungspunktesystem ECVET (European Credit System for Vocational Education and Training) entwickelt.

Der Ausbildungsstand von Landwirten nimmt tendenziell zu. In Deutschland, dem Vereinigten Königreich und in Irland besaßen 1997 mehr als einer von zehn Landwirten eine höhere Ausbildung (17 %, 11 % bzw. 10 %) gegenüber einem Gemeinschaftsdurchschnitt von 6 %. Im Rahmen ihrer Arbeiten über die Umweltindikatoren in der Landwirtschaft hat die OECD den Ausbildungsgrad als Indikator angeführt mit dem Argument, dass allgemeine Übereinstimmung darin bestand, dass die Landwirte sich um so mehr mit Umweltaspekten beschäftigen, je höher ihr Ausbildungsgrad ist.

Die Grundstrukturen der Bildungssysteme in den EU-Mitgliedstaaten sind, von wenigen Ausnahmen abgesehen, wie das deutsche System in fünf Bildungsbereiche gegliedert. Unterschiede ergeben sich jedoch hierbei durch differenzierte Zielsetzungen, verschiedene Dauer einschließlich verschiedener Schulpflichtzeiten.

In der Berufsausbildung entstanden aufgrund gesellschaftlicher, politischer, technologischer, wirtschaftlicher und kultureller Entwicklungen und Situationen in den einzelnen EU-Ländern verschiedene Systeme mit differenzierten Strukturen. Nach der Organisationsform unterscheidet man vier Systeme:

- Berufsausbildung im Dualen System. Die Ausbildungsform umfasst die Ausbildung im Betrieb und in der Berufsschule. Rahmenlehrpläne für die Berufsschule und Ausbildungsrahmenpläne für die Betriebe bilden die Grundlage für die Berufsausbildung, Beispiele: Deutschland, Österreich, Schweiz.
- Berufsausbildung in Vollzeitschule (Schulmodell). Die gesamte Berufsausbildung in Theorie und Praxis wird in beruflichen Vollzeitschulen durchgeführt, Beispiele: Frankreich, Belgien, Schweden.
- Berufsausbildung in Betrieben (Marktmodell). Nach der allgemeinen Bildung im Sekundarbereich erfolgt die Ausbildung in einem Beruf ausschließlich beziehungsweise hauptsächlich in Betrieben (ohne beziehungsweise mit nur geringem Einfluss des Staates beziehungsweise rechtlichen Bestimmungen), Beispiele: England, Irland.
- Berufsausbildung in Mischsystemen. Die Berufsausbildung wird vollzeitschulisch mit innerbetrieblichen Ausbildungsmaßnahmen oder im Rahmen des Dualen Systems durchgeführt. Es gibt Länder, in denen alle drei Organisationsformen nebeneinander, nacheinander oder integriert bestehen, Beispiele: Griechenland, Italien.

Eine Berufsschulpflicht wie in Deutschland besteht nur noch in Dänemark.

Insgesamt betrachtet, braucht sich das Aus- und Weiterbildungsangebot in der Bundesrepublik Deutschland für den Agrarbereich im Ländervergleich nicht zu verstecken. Integration und Harmonisierung werden verstärkt auch die Bildungssysteme der EU-Mitgliedstaaten betreffen. Das Duale System der Berufsausbildung in Deutschland wird dabei auch auf den Prüfstand gestellt. Dies ist auch als Chance zu sehen, durch die Übernahme neuer Ideen bestehende Probleme abzubauen.

1.3 Die Beteiligten (Lernorte) der Berufsausbildung kennen

Im Dualen System der Berufsausbildung sind die Lernorte Betrieb und Schule Partner, sie verfolgen ein gemeinsames Ziel (ordnungsgemäße Berufsausbildung) zum gleichen Zeitpunkt (nebeneinander). Die Umsetzung des gemeinsamen Zieles erfolgt in den Lernorten mit verschiedenartigen Organisationsformen und mit zum Teil unterschiedlichen Lerninhalten und Lernmethoden. So sind in diesem System den Lernorten neben gemeinsamen auch bestimmte Aufgaben zugeteilt. Hieraus ergeben sich für den Lernort Schule teilweise andere Problembereiche als für den Lernort Betrieb. Das beide Lernorte über die Bewältigung ihrer stets eigenen Probleme das gemeinsame Ziel nicht vergessen, dies macht eine intensive Zusammenarbeit notwendig (Lernortkooperation).

1.3.1 Der Lernort Schule

Erste berufsschulähnliche Bemühungen lassen sich bis ins 19. Jahrhundert zurückverfolgen. Damals standen mehr oder weniger sozialkaritative Gesichtspunkte im Vordergrund, um der Landbevölkerung beziehungsweise den Arbeiterschichten in den Industrieregionen lebens- und berufsbegleitende Bildungsmaßnahmen zugute kommen zu lassen. Die Notwendigkeit und Sinnhaftigkeit berufsorientierten Lernens wird ernsthaft und systematisch um 1900 von der so genannten Arbeitsschulpädagogik verfolgt. Einer der namhaftesten Vertreter ist Georg Kerschensteiner, auch Vater der Berufsschule genannt.

Die landwirtschaftliche Berufsschule als anerkannter Lernort in der Berufsausbildung sowie die Verpflichtung zum Besuch der Berufsschule wurden im sog. Reichsnährstand in den Jahren 1938 bzw. 1941 von der damaligen nationalsozialistischen Regierung in Deutschland installiert.

Ein flächendeckendes Angebot von Berufsschulen wurde jedoch erst Ende der 1950er Jahre in Deutschland mit Hilfe finanzieller Regelungen der einzelnen Bundesländer sichergestellt. Das Berufsbildungsgesetz von 1969 bzw. 2005 nennt die Berufsschule ausdrücklich als Lernort in der Berufsausbildung. In Ergänzung hierzu verabschiedeten alle Bundesländer Schulpflichtgesetze, die den Besuch der Berufsschule verpflichtend vorschreiben. Damit die Regelungen in den verschiedenen Ländern nach Möglichkeit einheitlich gehalten werden, beschloss die Konferenz der Kultusminister mehrere Rahmenvereinbarungen.

1.3.1.1 Die Berufsschule

Die Berufsschule trägt mit Hilfe des Lernfeldkonzeptes und handlungsorientiertem Unterricht zum Erwerb einer beruflichen Handlungsfähigkeit bei und erweitert die vorher erworbene allgemeine Bildung. Die Berufsschule hat zum Ziel:

- eine Berufsfähigkeit zu vermitteln, die Fachkompetenz mit allgemeinen Fähigkeiten humaner und sozialer Art verbindet,
- berufliche Flexibilität zur Bewältigung der sich wandelnden Anforderungen in Arbeitswelt und Gesellschaft auch im Hinblick auf das Zusammenwachsen Europas zu entwickeln,
- die Bereitschaft zur beruflichen Fort- und Weiterbildung zu wecken,
- die Fähigkeit und Bereitschaft zu fördern, bei der individuellen Lebensgestaltung und im öffentlichen Leben verantwortungsbewusst zu handeln.

Die Berufsschule ist grundsätzlich folgendermaßen organisiert:

Sie gliedert sich häufig in die Grundstufe und die darauf aufbauende Fachstufe. Die Grundstufe ist das erste Jahr der Berufsschule. Sie kann in Ausbildungsberufen, die einem Berufsfeld (zum Beispiel Agrarwirtschaft) zugeordnet sind, als Berufsbildungsjahr in vollzeitschulischer Form oder als Berufsgrundbildungsjahr in kooperativer Form beziehungsweise als so genannte Unterstufe geführt werden. Der Unterricht an der Berufsschule erfolgt in der Regel als Teilzeitunterricht, der auch in Teilabschnitten zusammengefasst als Blockunterricht erteilt werden kann. Die Dauer des Bildungsganges der Berufsschule entspricht in der dualen Berufsausbildung der Dauer des Berufsausbildungsverhältnisses.

Dauer und Umfang der Schulpflicht bestimmen die Länder. In der Regel dauert die Berufsschulpflicht solange ein Berufsausbildungsverhältnis besteht, das vor Vollendung des 21. Lebensjahres begonnen worden ist. Auch Jugendliche ohne Berufsausbildungsverhältnis sind bis zum 18. Lebensjahr berufsschulpflichtig. Die Berufsschulpflicht ist hier auch erfüllt, wenn ein berufsbildendes Vollzeitschuljahr nachgewiesen werden kann.

Die Erfüllung des Bildungsauftrages erfordert die Einrichtung von Fachklassen. Der Unterricht soll grundsätzlich in Fachklassen eines Ausbildungsberufes oder verwandter Ausbildungsberufe erteilt werden. Bei geringer Anzahl Auszubildender werden regional übergreifende Bezirksfachklassen oder Landesfachklassen eingerichtet.

Der Unterricht der Berufsschule sollte mindestens zwölf Wochenstunden umfassen, der an ein bis zwei Tagen erteilt wird. Er besteht aus berufsbezogenem (berufsspezifische Fächer einschließlich Wirtschaftslehre) und berufsübergreifendem Lernbereich (Politik / Gesellschaftslehre, Deutsch / Kommunikation, Sport / Gesundheitsförderung, Religion), der sich nach den Lehrplänen der Länder richtet. Zur Vertiefung und Erweiterung können auch Wahlpflicht- beziehungsweise Wahlfächer (zum Beispiel Fremdsprachen) angeboten werden. Die Unterrichtsfächer (Pflanzliche Erzeugung) strukturieren die einzelnen Lernsituationen (Den Boden schonend und wirtschaftlich für die Aussaat vorbereiten) unter fachlichen Gesichtspunkten des jeweiligen Lernfeldes (Planung und Führung von Kulturen).

Die Berufsschule führt zu einem eigenständigen Abschluss, er umfasst berufliche und allgemeine Qualifikationen. Darüber hinaus ist der Berufsschulabschluss dem Hauptschulabschluss gleichwertig. Schülern, die vor Eintreten in die Berufsschule den Hauptschulabschluss erworben hatten, wird zusätzlich die Fachoberschulreife zuerkannt, wenn sie eine Berufsabschlussnote von mindestens 2,5 erreicht, die Berufsabschlussprüfung bestanden und die für die Fachoberschulreife notwendigen Englischkenntnisse nachgewiesen haben. Eine formelle Berücksichtigung der Qualifikationen des Berufsschulabschlusses in der Berufsabschlussprüfung findet bislang nicht statt.

1.3.1.2 Problembereiche des Lernortes Schule

Die geringe Anzahl Berufsschüler in einigen Ausbildungsberufen des Agrarbereiches bringt zunächst organisatorische Probleme für die Berufsschule. Die Anzahl der Fachklassen in den jeweiligen Jahrgängen muss reduziert werden, so dass bezüglich Vorbildung und betrieblicher Herkunft der Schüler heterogene Klassen entstehen. Auch die Auflösung von Berufsschulstandorten und die dadurch notwendige Bildung so genannter Bezirks- oder Landesfachklassen kann die Folge sein. Weite Anfahrtswege, hoher Zeitaufwand und hohe Schulwegkosten müssen in Kauf genommen werden, wenn man nicht zum Blockunterricht mit Internatsunterbringung oder zu berufsübergreifenden Fachklassen übergehen will. Aber auch diese Alternativen weisen Nachteile auf, so ist in der berufsübergreifenden Fachklasse ein Niveau angemessener Technologieunterricht in der Fachstufe nur im Kurssystem möglich, bei internatsmäßiger Unterbringung steigen nicht nur die Ausbildungskosten, sondern auch dem notwendigen Kontakt zwischen den Lernorten Schule und Betrieb wird jede Chance genommen. Da es zur standortnahen Fachklasse kaum eine bessere Wahl gibt, und um die Belastungen durch lange Anfahrtswege zu den Bezirksfachklassen für alle Schüler im vertretbaren Rahmen zu halten, versuchen die Bezirksregierungen möglichst viele Berufsschulstandorte zu erhalten, auch wenn die Mindestklassenstärken (16 Schüler) kaum erreicht werden.

Bei einer geringen Anzahl Schüler je Jahrgang ist in manchen Berufsbereichen eine stärkere Polarisierung nach der Vorbildung der Schüler zu beobachten. Dies führt zu Problemen in der Unterrichtsdurchführung. Zum einen befinden sich in der Klasse Schüler mit einer geringen Vorbildung, die ein eher angeleitetes Lernen, in kleinen Schritten, gezeigt an praktischen Beispielen und mit vielen Übungsphasen benötigen, zum anderen ist der Anteil der Schüler mit Hochschul- beziehungsweise Fachhochschulreife nicht zu vernachlässigen. Diese Lerngruppe stellt hohe Erwartungen an das Fachniveau, möchte selbständig und in komplexen Zusammenhängen lernen. Den verschiedenen Anforderungen versucht man seit einigen Jahren mit so genannten handlungsorientierten Lehrplänen und Unterrichtsmodellen zu genügen. Die Auswahl des Unterrichtsinhaltes richtet sich hierbei nach betriebsrelevanten Handlungsbereichen und nicht zu sehr nach der wissenschaftlichen Systematik. Durch die Anwendung von Unterrichtsmethoden wie Gruppenarbeit und Projektarbeit soll die Möglichkeit der stärkeren inneren Differenzierung genutzt und die Fähigkeit zum selbständigen Lernen besser gefördert werden.

Technischer und züchterischer Fortschritt, neue Produktionstechniken, Intensivierung der Informationsverarbeitung und -aufbereitung (EDV), komplexe betriebswirtschaftliche Strategien füllen die Liste möglicher Lerninhalte täglich neu auf. Um nicht an Attraktivität zu verlieren, muss sich die Berufsschule mit diesen aktuellen Fragestellungen auseinandersetzen. Dass dies ihr nicht immer gelingt, zeigt eine Umfrage bei 1200 Auszubildenden in der Landwirtschaft im Jahr 2010. Hier bekommt die Berufsschule die Durchschnittsnote 2,7. Lebendigkeit, Aktualität und Praxisnähe werden bemängelt. Bestimmte Betriebszweige wie Biogaserzeugung oder Geflügelhaltung sind nur Randthemen.

Mehr Zeit für selbständiges Lernen der Schüler einerseits, nicht nur die Vermittlung von Grundlagen sondern auch die Behandlung aktueller Fachthemen andererseits – um beides schülergemäß vermitteln zu können, erscheint auch im Agrarbereich die konsequente Einführung des zweiten Berufsschultages in allen Jahrgangsstufen notwendig zu machen. In einigen Teilen des Berufsfeldes stehen die Arbeitgeberverbände diesem Ansinnen eher skeptisch gegenüber, da die Zeit für die betriebliche Ausbildung dadurch reduziert wird.

Das ständig anwachsende Interesse an der beruflichen Weiterbildung wird auch Konsequenzen für die Berufsschule bringen. Berufliche Weiterbildung ist in erster Linie Fachbildung. Um Überschneidungen und Mängel zu vermeiden, müssen erst Ausbildung und Weiterbildung verzahnt werden. Die beruflichen Schulen sind an der Weiterbildung zu beteiligen, zumindest bedarf es eines engen Kontaktes zwischen Berufsschule und den Trägern der Weiterbildung.

1.3.2 Der Lernort Betrieb

Bis zum Ende des 18. Jahrhunderts fand die betriebliche Ausbildung ausschließlich im klassischen Handwerksmeisterbetrieb statt und die Zünfte bestimmten die Lehrlingsausbildung. Mit zunehmender Industrialisierung änderte sich dies. Sozialbewusste Unternehmer wie der Engländer Robert Owen gründeten so genannte „Fabrikschulen".

Anfänge einer geordneten betrieblichen Ausbildung in der Landwirtschaft sind mit dem Jahr 1905 verbunden. Damals gründete die Deutsche Landwirtschaftsgesellschaft den „Sonderausschuss für das Lehrlingswesen", der sich mit der Anerkennung von Ausbildungsbetrieben, den Formalien von Ausbildungsverträgen und dem Prüfungswesen befasste. Seit Ende des Ersten Weltkrieges sind die Landwirtschaftsämter beziehungsweise Landwirtschaftskammern für die Berufsausbildung im Agrarbereich zuständig. Wichtigste gesetzliche Grundlage ist das 1969 verabschiedete und 2005 novellierte Berufsbildungsgesetz (BBiG) des Bundes, auf dessen Grundlage die speziellen Ausbildungsordnungen und Regelungen für die verschiedenen anerkannten Ausbildungsberufe erlassen werden. Zur Zeit wird in ca. 20.000 Betrieben des Agrarbereiches aktiv ausgebildet, wesentlich höher ist die Zahl der anerkannten Ausbildungsbetriebe.

1.3.2.1 Die Ausbildung im Betrieb

Als 2010 Auszubildenden in der Landwirtschaft nach ihrem Urteil zur betrieblichen Ausbildung gefragt wurden, vergaben 71 Prozent die Note 1 und 2, weitere 18 % die Note 3. Die Attraktivität des Lernortes Betrieb liegt in der Möglichkeit, wirtschaftliche, technische und soziale Gegebenheiten des Berufes unmittelbar kennen zu lernen, sie liegt in dem Reiz, sich in der Realität wehren zu müssen, sie liegt in der

Genugtuung etwas Verwertbares produziert zu haben, sie liegt in der Aussicht, stets neue Erfahrungen in der Arbeitswelt sammeln zu können. Diese Merkmale weisen dem Betrieb als Lernort eine entscheidende Funktion für die berufliche Qualifikation zu.

In den meisten Berufen des Agrarbereiches findet die Ausbildung stets in der Produktion oder während der Dienstleistung statt.

Was spricht für den Lernort Arbeitsplatz?
- die Orientierung des Lernens am Ernstfall (learning by doing, Leistungsdruck),
- schnelle Anpassung an aktuelle technische und ökonomische Entwicklungen,
- das Hineinwachsen des Auszubildenden in den Betriebszusammenhang,
- die schrittweise Überleitung in das Berufsleben,
- die Weiterverwendung des Ausbildungsergebnisses,
- das Arbeiten im Team.

Der Arbeitsplatz als Lernort bringt auch Probleme mit sich:
- das Lernen findet oft unter Zeitdruck statt,
- eine mangelnde Sorgfalt und Vollständigkeit der vermittelten Fähigkeiten,
- ausbildungsfremde Tätigkeiten nehmen einen zu hohen Zeitanteil ein,
- erhöhtes Sicherheits- und Unfallrisiko.

Um diesen Nachteilen vorzubeugen, haben größere Unternehmen so genannte Lehr- oder Ausbildungswerkstätten eingerichtet. Hier steht ein Ausbilder einer Gruppe von 10 bis 16 Auszubildenden zur Verfügung. Wichtige betriebliche Fähigkeiten werden ohne Produktionsstress lehrgangsmäßig vermittelt. Aber auch diese Ausbildungsform ist mit Nachteilen verbunden (zum Beispiel Abkopplung vom Produktionsbetrieb, Qualifikation des Ausbilders), so dass seit geraumer Zeit hier der Ruf nach dem Lernen am Arbeitsplatz lauter wird, man spricht hier vom so genannten „dezentralem Lernen".

Wenn der Arbeitsplatz als Lernort genutzt wird, werden an ihn besondere Anforderungen gestellt. Der Lernort Arbeitsplatz muss:

- Lehr- und Lernprozesse ermöglichen,
- produktionsorientiertes beziehungsweise erfahrungsgeprägtes Arbeitshandeln mit berufspädagogisch systematischen Lernen verbinden,
- Fähigkeiten ermöglichen, die mit dem Berufsbild übereinstimmen,
- die individuellen Bildungsansprüche des Auszubildenden berücksichtigen,
- nicht nur die Vermittlung tätigkeitsbezogener Fähigkeiten gewährleisten, sondern auch Fragen der Arbeitsorganisation, des Technikeinsatzes, der betrieblichen Zusammenhänge oder des Umweltschutzes ermöglichen.

Der Arbeitsplatz wird als ganzheitliche und vielfältige Lernsituation verstanden, die in ausbildungsbezogene Inhalte und Methoden umgesetzt werden soll (DEHNBOSTEL, 1994). Die Aufgabe des Ausbilders ist es somit zu entscheiden, welcher Lernort zur Entwicklung welcher Kompetenzen die besten Voraussetzungen bietet, beziehungsweise wie die Lernorte unter dem Gesichtspunkt ihrer jeweiligen Lernpotentiale und Lernvorteile optimal zu kombinieren sind. Der Lerngehalt eines Arbeitsplatzes oder eines Arbeitsprozesses ist immer in Abhängigkeit auch vom Auszubildenden selbst zu sehen. So kann eine qualitativ anspruchsvolle Arbeit für qualifizierte Auszubildende von geringerem Lerngehalt sein, umgekehrt eine einfache Aufgabe für Berufsanfänger von hohem Lerngehalt.

Der Ausbilder muss auch erkennen, dass nicht alle Arbeitsplätze zum Lernen geeignet sind, zum Beispiel bei kapitalintensiven Arbeitssystemen (Bedienen von Spezialmaschinen), bei Arbeitssystemen mit hoher Störanfälligkeit, bei nicht absehbaren Schadensfolgen und unsachgemäßer Handhabung (Mähdrusch am Hang), bei der Notwendigkeit längerer ungestörter Übungsphasen. Aufgrund der Spezialisierung ergibt sich in manchen Betrieben eine weitere Einengung der arbeitsplatzbezogenen Lernmöglichkeiten, nicht alle geforderten Fähigkeiten können hier vermittelt werden.

Somit ist die betriebliche Ausbildung ausschließlich am Arbeitsplatz in den wenigsten Berufen des Agrarbereiches möglich, es bedarf weiterer Einrichtungen außerhalb des Betriebes.

1.3.2.2 Die Ausbildung außerhalb des Betriebes

Aus den im vorherigen Kapitel genannten Gründen kann zur Gewährleistung einer ordnungsgemäßen Ausbildung eine Bildungsmaßnahme außerhalb des Betriebes notwendig werden. Dies räumt der Gesetzgeber ausdrücklich ein, die Eignung der Ausbildungsstätte wird dadurch nicht automatisch in Frage gestellt. Um die in der Ausbildungsordnung geforderten Fähigkeiten in ihrer Vollständigkeit zu vermitteln, kann es sinnvoll sein, den Auszubildenden für einen begrenzten Zeitraum in einem anderen Betrieb auszubilden.

Nach Möglichkeit sollten diese Betriebe, in denen eine Teilausbildung für kurze Zeit stattfindet, ebenfalls anerkannte Ausbildungsbetriebe sein und mit dem verantwortlichen Betrieb in engem Kontakt stehen. Diese Ausbildungsmaßnahmen sollten zu Ausbildungsbeginn beziehungsweise bei Begründung des Berufsausbildungsverhältnisses vertraglich festgelegt werden.

> **Beispiel 1**
>
> Ein Pferdewirt des Schwerpunktes „Pferdehaltung und Service", der seine Ausbildung in einem Pensionspferdestall absolviert, verbringt die Abfohlsaison auf einem Gestüt.

> **Beispiel 2**
>
> Ein Auszubildender des Berufes Landwirt, dessen Ausbildungsbetrieb in der Tierproduktion den Betriebszweig Milchviehhaltung aufweist, eignet sich Fähigkeiten in der Rindermast auf einem Bullenmastbetrieb für zwei bis drei Monate an.

Eine weitere sinnvolle Ausbildungsmaßnahme außerhalb des Betriebes sind die im Agrarbereich seit längerem bekannten Lehrgänge der so genannten „überbetrieblichen Ausbildungsstätten" (Anzahl 86, Stand 2003)

- Lehrgänge in den Lehr- und Versuchsanstalten des Gartenbaues,
- Lehrgänge in den Lehr- und Versuchsanstalten für Tierproduktion,
- Lehrgänge in den Landesreit- und Fahrschulen,
- Lehrgänge in der DEULA (Deutsche Lehranstalt für Agrartechnik),
- Lehrgänge des Ausbildungswerkes im Garten- und Landschaftsbau (AuGaLa).

Derartige Lehrgänge sind keine Veranstaltungen der Berufsschule – wie viele glauben, nur weil immer ganze Klassen zum Lehrgang und die organisatorische Abwicklung über die Berufsschule erfolgt – sondern sie dienen der Ergänzung und der Vertiefung der betrieblichen Ausbildung. Das Urteil der Auszubildenden zur überbetrieblichen Ausbildung fällt positiv aus, 80 Prozent sehen hierin eine sinnvolle Ergänzung und vergeben die Note 1 oder 2.

Sinnvolle Ergänzung bedeutet für die Auszubildenden, Ausbildungsinhalte kennen zu lernen, die der Betrieb nicht vermittelt, die Möglichkeit berufsrelevante Fertigkeiten und Kenntnisse ohne Zeitdruck und Produktionsstress in Ruhe und selbständig kennen zu lernen und einzuüben. Darüber hinaus kann hier das fachliche Wissen vertieft werden, da diese Lehranstalten sowohl stets mehrere Alternativen der Arbeitssysteme bereitstellen können als auch neueste wissenschaftliche Erkenntnisse in der Praxis erproben und demonstrieren. Die Begegnung und der Erfahrungsaustausch mit anderen Auszubildenden und den Werkstattlehrern dieser Anstalten erweitern nicht nur die Fachkompetenz und sind Anlass für spätere Diskussionen im Betrieb sondern sie dienen auch der Persönlichkeitsentwicklung des Auszubildenden.

Damit die Aufgaben „Ergänzung und Vertiefung" erfüllt werden können, ohne dass es bei den Ausbildungsinhalten zu Überschneidun-

gen oder Lücken mit den Lernorten Betrieb und Schule kommt, ist es für die überbetriebliche Ausbildung notwendig:
- ständigen Kontakt mit den anderen Lernorten zu halten,
- die Lehrgangspläne den aktuellen Bedürfnissen der Ausbildung anzupassen,
- der individuellen Ergänzung des einzelnen Auszubildenden weitgehend Rechnung zu tragen (Kleingruppen- und Einzelarbeit, viele Übungsphasen).

Um dies zu gewährleisten, sollten einerseits die Ausbilder die Lehrgangspläne kennen oder sich direkt in den Lehranstalten informieren, andererseits die Werkstattlehrer auf den Ausbildertagungen den Kontakt mit den betrieblichen Ausbildern suchen.

1.3.2.3 Problembereiche des Lernortes Betrieb

Die geringe Anzahl der Auszubildenden in manchen Berufen des Agrarbereiches bzw. in manchen Regionen führt dazu, dass selbst sehr engagierte Ausbilder Probleme haben, Berufsnachwuchs einzustellen. Diese Sorge veranlasst einige Ausbilder, Jugendliche ohne längeres Einstellungsgespräch, ohne Abklärung der Ausbildungsmodalitäten und ohne Überprüfung der gegenseitigen Sympathie aufzunehmen. Die Folge ist leider nicht selten der Ausbildungsabbruch. Die Devise „Jeder wird genommen" ist auch bei Fachkräftemangel kurzsichtig.

Wird die Ausbildung aus Mangel an Bewerbern im Betrieb eingestellt, so hat dies häufig auch Änderungen in der Arbeitsorganisation zur Folge. Selbst wenn nach kurzer Pause Interessenten einen Ausbildungsplatz nachfragen, lehnen die Betriebsleiter dann ab, da aus arbeitsorganisatorischen Gründen Personal und Ausbildungsmittel nicht mehr bereitgestellt werden können.

Dem Umstand, dass in manchen Agrarberufen das Ausbildungsinteresse der Jugendlichen schwindet, lassen sich auch positive Seiten abgewinnen. So müssen die Betriebe um ihren Nachwuchs aktiv werben, weniger geeignete Betriebe oder auch die so genannte Elternlehre werden zur Befriedigung der Ausbildungsplatznachfrage nicht mehr benötigt. Ein günstiges Verhältnis von Ausbilder zur Zahl der Auszubildenden ist möglich, nicht zuletzt steht den überbetrieblichen Ausbildungsstätten jetzt mehr Zeit je Lehrgangsteilnehmer zur Verfügung.

Die Frage nach der Aktualität der Ausbildungsinhalte stellt sich dem engagierten Ausbilder permanent. Aus Erfahrung kann bestätigt werden, dass der Großteil der anerkannten Ausbilder zu jener Gruppe gehört, die relativ früh Neuerungen (technischer, arbeitsorganisatorischer oder betriebswirtschaftlicher Art) übernimmt. Hinsichtlich umweltrelevanter Produktions- und Verhaltensweisen ist dies differenzierter zu sehen, da hiermit nicht nur Veränderungen im Wissensstand sondern auch in den Meinungen und Einstellungen einhergehen müssen. Die Auffassungen zum Umweltschutz im Agrarbereich klaffen zwischen Jugendlichen und Ausbildern zuweilen sehr auseinander. Zur Konfliktvermeidung sollten sich die Ausbilder inhaltlich (Fachwissen) und methodisch (Gesprächsführung) gezielt vorbereiten. Grundsätzlich ist der Lernort Betrieb für eine problemorientierte und interdisziplinäre (fachübergreifend) Ausbildung von Fähigkeiten im Bereich Umweltschutz sehr geeignet.

Statistisch gesehen ist einerseits das Durchschnittsalter der Auszubildenden in vergangenen Jahren gestiegen, andererseits verfügen immer mehr Jugendliche entweder über einen höherwertigen oder geringwertigen allgemeinbildenden Schulabschluss. 83 % der Ausbilder sind der Meinung, dass die Streuung zwischen guten und weniger guten Auszubildenden zugenommen hat. Nicht ausbildungsreif, so beklagen sich immer häufiger Ausbilder bei Auszubildenden, die über keinen oder nur Hauptschulabschluss verfügen.

Die Ausbilder müssen sich mit diesen sehr unterschiedlichen personalen Voraussetzungen intensiver als früher auseinandersetzen, insbesondere in der Planung und Durchführung der Ausbildung entsprechende Ausbildungsmaßnahmen treffen, wenn es in der Ausbildung nicht zu Schwierigkeiten oder gar zum Ausbildungsabbruch kommen soll.

1.3.3 Die Lernortkooperation

Die Zusammenarbeit der Lernorte (Lernortkooperation) wird nach einer Umfrage des Institutes der Deutschen Wirtschaft von 85 Prozent der Betriebe mit ausreichend oder besser bewertet. Das Bundesinstitut für Berufsbildung stellte fest, dass 91 Prozent der Berufsschullehrer und 72 der Prozent der Betriebsleiter innerhalb eines Jahres persönlichen oder telefonischen Kontakt mit dem anderen Partner des Dualen Systems gehabt hatten.

An vielen Stellen dieses Kapitels wurde auf die Notwendigkeit der Zusammenarbeit der Lernorte hingewiesen. Die Ausbildungspraxis scheint dieser Forderung voll zu genügen – oder? Einen besseren Aufschluss dieses Problems erhält man, wenn die Möglichkeiten der Kooperation bestimmt werden. Hinsichtlich der Intensität können drei Stufen unterschieden werden:
- Kooperation als „Informieren"
- Ausbilder und Lehrer tauschen Informationen aus, zum Beispiel zu einem Sachthema oder über die Disziplinprobleme der Auszubildenden.
- Kooperation als „Abstimmen"
- Ausbilder und Lehrer stimmen sich in ihren Handlungen ab, zum Beispiel Festlegung von Prüfungsterminen, Prüfungsfragen.
- Kooperation als „Zusammenwirken"
- Ausbilder und Lehrer verfolgen gemeinsam vereinbarte Vorhaben, zum Beispiel Betriebsbesuche mit Auswertung in der Schule.

Die Zusammenarbeit kann grundsätzlich recht vielseitig gestaltet sein. Die Untersuchungen des Bundesinstitutes für Berufsbildung deuten jedoch eher auf eine Einseitigkeit der Zusammenarbeit hin.

Hiernach ist das „Informieren" über Lernschwierigkeiten und Disziplinprobleme der Auszubildenden sowohl bei den Ausbildern (75 Prozent) als auch bei den Berufsschullehrern (68 Prozent) am häufigsten. Es folgt das zeitlich/organisatorische „Abstimmen" (27 beziehungsweise 33 Prozent) und das inhaltliche „Abstimmen" (9 beziehungsweise 20 Prozent). Das „Zusammenwirken" in didaktisch/methodischen Fragen zur Erhaltung oder Verbesserung der Ausbildungsqualität kommt nur selten vor (3 beziehungsweise 15 Prozent). Die Zusammenarbeit der Lernorte befasst sich demnach in erster Linie mit verwaltungstechnischen und arbeitsorganisatorischen Fragen, der Auszubildende tritt hier als Problem oder als Verwaltungsfall auf. Die wichtige Frage der Ausbildung nach der Gestaltung der Ausbildungsprozesse in den Lernorten wird wenig gemeinsam bearbeitet.

Obwohl Ausbilder und Berufsschullehrer eine Ausweitung der Zusammenarbeit wünschen, findet sie in der Stufe des „Zusammenwirkens" wenig statt. Nach DIEPOLD ist für alle Kooperationen die Überzeugung Grundvoraussetzung, dass wichtige Probleme nicht aus eigener Anstrengung sondern nur mit Hilfe des Partners lösbar sind. Es muss also eine Notwendigkeit zum Kooperieren bestehen. Ist Kooperation nur wünschenswert, unterbleibt sie bei viel beschäftigten Menschen, denn zur Kooperation muss man sich Zeit nehmen – auch auf Kosten anderer Ziele.

Welches wichtige Problem in der Gestaltung der Ausbildung ist zur Zeit nur mit Hilfe des Partners lösbar?

Die Realisierung von selbst gesteuertem Lernen in der betrieblichen Ausbildung beziehungsweise die Durchführung von handlungsorientiertem Unterricht in der Berufsschule, also die Förderung von Handlungskompetenz in der Ausbildung ist ein wichtiger Anlass, der ein Zusammenwirken der Lernorte unumgänglich macht. So benötigt das selbst gesteuerte

Tab. 3 Anlässe für die Kooperation von Lehrern und Ausbildern

	Lehrer	Ausbilder
Lernschwierigkeiten	68 %	75 %
Disziplinprobleme	47 %	54 %
zeitl./org. Abstimmung	33 %	27 %
inhaltl. Abstimmug	20 %	9 %
Ausb./Unterr.methoden	15 %	3 %

Lernen häufig intensive Planungs- und Informationsphasen, die im Betrieb aus arbeitsorganisatorischen Gründen nur mit Problemen durchzuführen sind. Andererseits ist der handlungsorientierte Unterricht mit Hilfe von Projekten in der Phase der Durchführung auf die Erprobung des Geplanten in der Realität, das heißt im Betrieb, angewiesen.

Die Durchführung von Ausbildungsprojekten – zum Beispiel mit dem Ziel einer Betriebserkundung, einer Versuchsanstellung, einer Produktionsalternative oder eines Wettbewerbes – in der Berufsschule geplant, im Betrieb erprobt und kontrolliert sowie in der Berufsschule ausgewertet, wäre somit ein geeigneter Anlass, das Zusammenwirken von Betrieb und Schule einzufordern, damit eine gute Ausbildungsqualität erreicht werden kann.

1.4 Die rechtlichen Ausbildungsvoraussetzungen prüfen

1.4.1 Rechtlicher Rahmen der Berufsausbildung

Wer die rechtlichen Voraussetzungen für die Berufsausbildung im Betrieb klären will, sollte auch den rechtliche Rahmen kennen, der die Berufsausbildung regelt. Um diesen näher zu bestimmen, wird man nach Aussagen zum Berufsbildungswesen im Grundgesetz und in den Landesverfassungen der Bundesländer suchen, eine Zuordnung der Rechtsfragen zu einem bestimmten Rechtsgebiet vornehmen und bedeutende Einzelgesetze hervorheben.

1.4.1.1 Berufsausbildung im Grundgesetz und der Landesverfassung

Überraschender Weise sagt das Grundgesetz der Bundesrepublik Deutschland von 1949 zur Berufsausbildung recht wenig aus. Unmittelbar regelt es bezüglich Erziehung und Bildung nur das Elternrecht und einige Einzelfragen des Schulrechts.

Im Artikel 12 des Grundgesetz (GG) wird das Grundrecht der Berufsfreiheit garantiert. „(1) Alle Deutschen haben das Recht, Beruf, Arbeitsplatz und Ausbildungsstätte frei zu wählen. Die Berufsausbildung kann durch Gesetz oder auf Grund eines Gesetzes geregelt werden.
(2) Niemand darf zu einer bestimmten Arbeit gezwungen werden, außer im Rahmen einer herkömmlichen allgemeinen, für allen gleichen Dienstleistungspflicht.
(3) Zwangsarbeit ist nur bei einer gerichtlich angeordneten Freiheitsentziehung zulässig."

Berufsfreiheit umfasst demnach die freie Wahl des Berufes, des Arbeitsplatzes und der Ausbildungsstätte und schließt eindeutig die Zwangsarbeit aus. Ein rechtlicher Anspruch in einem bestimmten Beruf oder in einer bestimmten Ausbildungsstätte ausgebildet zu werden, lässt sich hieraus nicht ableiten. Einer unerwünschten Jugendarbeitslosigkeit, die insbesondere bei geburtenstarken Jahrgängen und gleichzeitigem knappen Ausbildungsplatzangebot auftritt wie in Zeiten von Wirtschaftskrisen, versucht der Staat durch Appelle an die Wirtschaft, mehr Lehrstellen zu schaffen, durch Ausbildungsförderungs- und schulische Überbrückungsmaßnahmen entgegenzuwirken, um das Grundrecht der Berufsfreiheit dennoch zu gewährleisten.

Konkreter als das Grundgesetz gehen die Landesverfassungen der 16 Bundesländer auf das Bildungsrecht und häufig indirekt auf das Berufsausbildungsrecht ein. Als Beispiele werden einige Artikel der Verfassung des Bundeslandes Nordrhein-Westfalen auszugsweise angeführt:

Artikel 6 (3)
Allen Jugendlichen ist die umfassende Möglichkeit zur Berufsausbildung und Berufsausübung zu sichern. Begabte Jugendliche sind besonders zu fördern.
Artikel 8 (1)
Jedes Kind hat Anspruch auf Erziehung und Bildung.
Artikel 9 (1)
Schulgeld wird nicht erhoben.
Artikel 24 (1)
Im Mittelpunkt des Wirtschaftslebens steht das Wohl des Menschen. Der Schutz einer Arbeitskraft hat den Vorrang vor dem Schutz materiellen Besitzes. Jedermann hat ein Recht auf Arbeit.

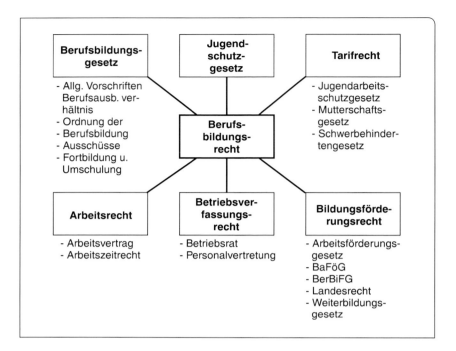

Abb. 14 Berufsbildung im Recht

Wir erkennen, dass die Rechtgrundlagen der Berufsausbildung sich auf das Grundgesetz und die Landesverfassungen zurückführen lassen, dass es das Anliegen des Staates ist, die Berufsfreiheit zu garantieren und für Jugendliche Berufsausbildungsmöglichkeiten zu sichern und zu fördern.

1.4.1.2 Einordnung des Rechtsgebietes

Im allgemeinen werden Fragen der Berufsbildung zum Rechtsgebiet des Arbeits- und Wirtschaftsrecht gezählt. Viele Gesetze dieses Gebietes befassen sich mit Rechtsfragen der Berufsausbildung, insbesondere mit dem Rechtsverhältnis zwischen Ausbildenden und Auszubildenden. Stellvertretend seien genannt:

- aus dem Tarifrecht: das Tarifvertragsgesetz, das Mutterschaftsgesetz, das Lohnfortzahlungsgesetz
- aus dem Arbeitsrecht: das Arbeitsförderungsgesetz, die Arbeitszeitordnung, das Berufsbildungsgesetz, das Jugendarbeitsschutzgesetz
- aus dem Betriebsverfassungsrecht: das Betriebsverfassungsgesetz, das Bundesdatenschutzgesetz, das Mitbestimmungsgesetz.

Für diese Gesetze ist der Bund zuständig, aber auch die einzelnen Bundesländer können zu diesem Rechtsgebiet Gesetze und Verordnungen erlassen, z. B. als Rechtsgrundlage für ländereigene Förderungsmaßnahmen. Bei der obigen Aufzählung befinden sich keine Gesetze, die die Schule bzw. Berufsschule, also das Verhältnis Lehrer zum Auszubildenden betreffen. Das Recht zur Gesetzgebung auf dem Gebiet des gesamten Schulwesens liegt nicht beim Bund sondern bei den einzelnen Bundesländern. Diese haben von ihrer Gesetzgebungskompetenz reichlich Gebrauch gemacht und eine Fülle, leider nicht immer miteinander harmonisierender, Schulgesetze verkündet. Seit einigen Jahren werden jedoch zwischen den Ländern und gemeinsam mit dem Bund Vereinheitlichungsbemühungen insbesondere auf dem Gebiet der Schulorga-

Tab. 4 Rechtsgrundlagen für Betrieb und Schule	
Rechtsgrundlage für den Lernort Betrieb z. B.:	Rechtsgrundlage für den Lernort Schule z. B. in NRW:
• Berufsbildungsgesetz • Arbeitsförderungsgesetz • Jugendarbeitsschutzgesetz • Ausbildereignungsverordnung	• Allgemeines Schulgesetz • Ausbildungs- und Prüfungsordnung Berufskolleg • Schulpflichtgesetz

nisation geführt. Maßnahmen, die angesichts des bestehenden EG-Binnenmarktes dringend erforderlich erscheinen.

Welche Auswirkungen ergeben sich bei dieser Einordnung des Rechtsgebietes für die Berufsausbildung?
1. Es besteht eine unterschiedliche Rechtgrundlage für die Lernorte Betrieb und Schule.
2. Es besteht eine unterschiedliche rechtliche Zuständigkeit für die Lernorte Betrieb und Schule:
   für den Lernort Betrieb – Bund (Bundesland)
   für den Lernort Schule – Bundesland
3. Die unterschiedliche rechtliche Zuständigkeit verlangt ein hohes Maß an Abstimmung und Zusammenarbeit, da rechtliche Maßnahmen zwar nur für einen Lernort gelten, aber stets auch Einfluss auf die Ausbildung in dem anderen Lernort nehmen.
   Beispiel: Mit der Einführung der Rechtsverordnung „Berufsschule" in NRW erhöhte sich der jährliche Berufsschulunterricht auf 480 Unterrichtsstunden. Die Zeit für den notwendig gewordenen zweiten Berufsschultag ging der betrieblichen Ausbildung verloren.
4. Rechtsstreitigkeiten in der betrieblichen Ausbildung sind häufig dem Arbeits- und Wirtschaftsrecht zuzuordnen und werden somit auch vor dem Arbeits- und Sozialgericht verhandelt.

1.4.1.3 Das Berufsbildungsgesetz (BBiG)

Die meisten der angeführten Gesetzesbeispiele haben als Ziele gemeinsam:
- die ordnungsgemäße Durchführung der Ausbildung,
- die Vereinheitlichung der Ausbildung,
- den Schutz des Auszubildenden,
- die Absicherung des Ausbildenden.

Ein Gesetz, das diese Ziele in besonderem Maße verfolgt und somit als die rechtliche Grundlage der beruflichen Bildung bezeichnet werden kann, ist das Berufsbildungsgesetz (BBiG).

Bedeutung und Aufbau des BBiG

Das Berufsbildungsgesetz trat erstmalig am 1.9.1969 in Kraft, es löste die bis dahin nur für einige Berufe und teilweise nur regional geltenden Vorschriften der Handwerks- und Gewerbeordnung, der Regelungen von Industrie und Handel oder der Landwirtschaftskammern sowie der Berufsverbände ab. Es wurde 2005 bzw. 2009 novelliert. Die Bedeutung des BBiG liegt in:
- der Vereinheitlichung der beruflichen Bildung
- der erhöhten Durchlässigkeit und Vergleichbarkeit der Ausbildung,
- der Ordnungsaufgabe des Staates in der Ausbildung,
- der Förderung der Ausbildung durch den Staat,
- der Unterstützung des dualen Ausbildungssystems
- der Aufwertung der Berufsausbildungsvorbereitung.

Der Aufbau des BBiG untergliedert sich in insgesamt sieben Teile mit Abschnitten und Unterabschnitten. Das BBiG enthält einerseits für alle Berufe gleich lautende Vorschriften andererseits auch berufsspezifische Regelungen.

Begriffsbestimmungen nach dem Berufsbildungsgesetz
Im ersten Teil, allgemeine Vorschriften, gibt das Berufsbildungsgesetz Antwort auf eine Reihe allgemeiner Fragen nach Begriffen.

Was ist nach dem BBiG unter Berufsbildung zu verstehen? (§ 1 (1) BBiG)
Berufsbildung umfasst sowohl die Berufsausbildungsvorbereitung, die Berufsausbildung, die berufliche Fortbildung und die berufliche Umschulung. Die berufliche Fortbildung und die Umschulung werden heute unter dem Oberbegriff Weiterbildung zusammengefasst.

Welches Ziel hat die Berufsausbildungsvorbereitung? (§1(2) BBiG)
Durch die Vermittlung von Grundlagen sollen Jugendliche, die nicht direkt eine Berufsausbildung durchführen können, hierzu befähigt werden.

Welche Aufgabe hat die Berufsausbildung? (§ 1 (3) BBiG)
Die Berufsausbildung hat durch die Vermittlung der notwendigen fachlichen Kenntnisse und Fertigkeiten auf eine qualifizierte berufliche Tätigkeit vorzubereiten. Die Auszubildenden sollen in der Lage sein, den aktuellen Anforderungen des Berufes, der Qualifikation eines Facharbeiters gewappnet zu sein, z. B. Maschinen für den Produktionsprozess richtig einstellen, sie bedienen und deren Arbeitsweise überwachen und kontrollieren. Da im Agrarbereich die Betriebe sich auf wenige Produkte oder Dienstleistungen spezialisieren, muss demgemäß auch für eine spezialisierte Tätigkeit ausgebildet werden.

Die Berufsausbildung hat auch den Erwerb der erforderlichen Berufserfahrungen zu ermöglichen. Auszubildende sollen den Berufsalltag, das Arbeiten im Produktionsprozess, die soziale Welt der Arbeit in der Ausbildungszeit erfahren können. Hierdurch wird erreicht, dass der Übergang von der Ausbildung zum Berufsleben möglichst problemlos erfolgt.

Welche Aufgabe hat die berufliche Fortbildung? (§ 1 (4) BBiG)
Die berufliche Fortbildung soll einerseits den Erhalt und die Erweiterung der beruflichen Kenntnisse ermöglichen, z. B. durch das Angebot von Vortrags- und Seminarveranstaltungen. Andererseits soll sie Maßnahmen durchführen, die den beruflichen Aufstieg zum Ziel haben, z. B. Abschluss zum Meister.

Was ist unter der beruflichen Umschulung zu verstehen? (§ 1 (5) BBiG)
Die berufliche Umschulung soll zu einer anderen Tätigkeit befähigen. Sie setzt schon eine andere berufliche Tätigkeit voraus. Umfang und Bedeutung der Umschulung sind angesichts der relativ hohen Arbeitslosigkeit und der ungünstigen Rahmenbedingungen in manchen Sparten des Agrarbereiches gestiegen.

Wo findet die Berufsausbildung statt? (§ 2 BBiG)
Das Berufsbildungsgesetz scheint, im Bereich der Ausbildung das duale System zu unterstützen, indem es als Bildungsorte

einerseits	Betriebe der Wirtschaft Einrichtungen des öffentlichen Dienstes Einrichtungen Angehöriger freier Berufe Haushalte
andererseits	berufsbildende Schulen besonders hervorhebt.

Unter einem Betrieb ist im Arbeitsrecht eine organisatorische Einheit zu verstehen, mit deren Hilfe jemand allein oder zusammen mit seinen Mitarbeitern unter Einsatz von sachlichen und geistigen Mitteln fortgesetzt einen bestimmten arbeitstechnischen Zweck verfolgt. Unternehmen im Agrarbereich zählen somit zu den Betrieben der Wirtschaft, Haushalte der Hauswirtschaft nennt das Gesetz eigens.

Als berufsbildende Schulen gelten z. B. die Berufsschule, die Berufsfachschule, die Berufsaufbauschule, die Fachoberschule oder die Fachschule.

Zu den Berufsbildungseinrichtungen können darüber hinaus auch noch die überbetrieblichen Ausbildungswerkstätten (z. B. Einrichtungen der DEULA), Berufsbildungswerke oder Fürsorgeheime gezählt werden.

Dass es bei den verschiedenen Lernorten zu Abstimmungsschwierigkeiten kommen könnte, sieht auch der Gesetzgeber. Deshalb weist er ausdrücklich auf die Lernortkooperation hin. In geringem Umfang kann die Ausbildung auch an ausländischen Lernorten erfolgen (bei dreijähriger Ausbildung bis zu 9 Monate).

Einrichtungen nach dem Berufbildungsgesetz
Das Berufsbildungsgesetz sieht für die Durchführung der Ausbildung Einrichtungen zur Überwachung, Förderung und Beratung vor. Nach dem Gesetz sind diese Aufgaben in erster Linie der zuständigen Stelle zugewiesen (§ 71, 76 BBiG). In den Berufen des Bereiches Landwirtschaft einschließlich der ländlichen Hauswirtschaft ist dies die Landwirtschaftskammer oder in Bundesländern ohne Kammern das Landwirtschaftsamt bzw. die Bezirksregierungen. Die zuständigen Stellen haben mit Hilfe ihrer Ausbildungsberater insbesondere folgende Aufgaben wahrzunehmen:
- die Durchführung der Ausbildung zu überwachen,
- Ausbildende und Auszubildende zu beraten,
- die Eignung des Ausbildungspersonals und der Ausbildungsstätte festzustellen und zu überwachen,
- ein Verzeichnis der Berufsausbildungsverhältnisse zu führen,
- Verkürzungen und Verlängerungen der Ausbildungszeit zu genehmigen,
- Zwischen- und Abschlussprüfungen durchzuführen.

Die Entscheidungen, welche die zuständige Stelle in Erfüllung ihrer Aufgaben trifft (z. B. Mängelfeststellung bei der Eignung der Ausbildungsstätte), sind Verwaltungsakte. Betroffene können diese vor dem Verwaltungsgericht überprüfen lassen. Die Rechtsaufsicht über die zuständige Stelle hat die nach Landesrecht zuständige Behörde. Dies kann das Landwirtschaftsministerium eines Bundeslandes sein oder der Direktor der Landwirtschaftskammer als Landesbeauftragter bzw. die Bezirksregierung. Die zuständige Behörde hat außerdem die Aufgabe, die Anerkennung als Ausbildungsbetrieb auszusprechen oder diese auch wieder zurückzufordern.

Neben der zuständigen Stelle als ausführende Einrichtung benennt das Berufsbildungsgesetz zwei mehr beratende Einrichtungen. Es sind dies Ausschüsse, die aus Vertretern aller an der Berufsausbildung beteiligten Gruppierungen bestehen.

Bei der Landesregierung eines jeden Bundeslandes wird der Landesausschuss für Berufsbildung eingerichtet (§§ 82, 83 BBiG). Ihm gehören zu je einem Drittel Beauftragte der Arbeitgeber, Beauftragte der Arbeitnehmer und Mitarbeiter der obersten Landesbehörden (Ministerien) an. Dieser Ausschuss hat die Landesregierung in Fragen der Berufsbildung zu beraten. Insbesondere sollen Lösungen zu Problemen, die sich aus den unterschiedlichen Zuständigkeiten der Lernorte ergeben, erarbeitet und vorgeschlagen werden.

Ähnliche Aufgaben besitzt der Berufsbildungsausschuss der zuständigen Stelle (§§ 77–80 BBiG). Er ist zu allen wichtigen Angelegenheiten der Berufsbildung zu hören. Darüber hinaus ist er auch Beschlussorgan der zuständigen Stelle. Erlässt die zuständige Stelle beispielsweise eine neue Prüfungsordnung, so hat der Berufsbildungsausschuss hierüber einen Beschluss zu fassen, der für sie bindend ist. Im Gegensatz zum Landesausschuss werden im Berufsbildungsausschuss insbesondere Probleme des betreffenden Berufsfeldes, also der Agrarwirtschaft, auf regionaler Ebene angesprochen.

Der Berufsbildungsausschuss setzt sich zusammen aus sechs Beauftragte der Arbeitgeber, sechs Beauftragte der Arbeitnehmer und sechs Lehrern an berufsbildenden Schulen, letztere jedoch nur mit beratender Stimme, es sei denn, die Beschlüsse haben Auswirkungen auf die Organisation des Lernortes Schule.

Zuständige Stellen für die Berufsausbildung im Agrarbereich finden sie im Anhang, Seite 237, 238.

1.4.2 Voraussetzungen zum Ausbilden

Alle Betriebsinhaber, die sich erstmalig wie in unserem Eingangsbeispiel für die Einstellung eines Auszubildenden interessieren, haben Fragen zu den Voraussetzungen:
- Wer darf ausbilden?
- In welchem Betrieb darf ausgebildet werden?
- Wie erfolgt das Verfahren, damit der Betrieb anerkannt wird?
- Kann die Ausbildungserlaubnis auch zurückgenommen werden?

1.4.2.1 Berechtigung zum Einstellen und Ausbilden (§§ 28–30 BBiG)

Das Berufsbildungsgesetz unterscheidet hinsichtlich der Voraussetzungen zwischen dem nur Einstellen und dem Ausbilden. Ein Betriebsinhaber, der Auszubildende einstellt (genannt der Ausbildende), diese selbst nicht ausbildet, muss persönlich geeignet sein. Sein Mitarbeiter, der diese Auszubildende betreut (genannt der Ausbilder), muss persönlich und fachlich geeignet sein. Diese Situation findet man zuweilen im Gartenlandschaftsbau. In Fällen, in denen der Betriebsinhaber sowohl einstellt als auch ausbildet (genannt der Ausbildende) wie in der Landwirtschaft, in der Hauswirtschaft, ist eine persönliche und fachliche Eignung erforderlich.

Im Normalfall wird man davon ausgehen können, dass jeder Ausbildende oder Ausbilder persönlich geeignet ist. So zählt das Berufsbildungsgesetz auch nur Fälle auf, wer die persönliche Eignung nicht besitzt:
- wer auf Grund strafrechtlicher Verurteilung Jugendliche nicht beschäftigen darf, z. B. bei der Verletzung der Fürsorge- und Erziehungspflicht, bei Misshandlung von Schutzbefohlenen, bei Straftaten gemäß Betäubungsmittelgesetz,
- wer wiederholt oder schwer gegen das Berufsbildungsgesetz oder die auf seiner Grundlage erlassenen Vorschriften und Bestimmungen verstoßen hat, z. B. bei Übertragung ausbildungsfremder Verrichtungen, Abhalten vom Besuch der Berufsschule, Ausbilden ohne Berechtigung.

Aber auch bei anderen Tatbeständen kann die persönliche Eignung fehlen wie z. B. bei Trunksucht, Steuerhinterziehung oder Unterschlagungen. Persönlich ungeeignet ist somit jeder, dessen Verhalten mit Grund befürchten lässt, dass Auszubildende charakterlich, sittlich oder körperlich gefährdet werden. Der Nachweis der persönlichen Eignung ist durch Vorlage eines aktuellen polizeilichen Führungszeugnisses möglich.

Für die fachliche Eignung müssen zwei Voraussetzungen erfüllt sein:
- Besitz der erforderlichen beruflichen Fertigkeiten und Kenntnisse,
- Besitz der erforderlichen berufs- und arbeitspädagogischen Kenntnisse.

Wer besitzt die erforderlichen beruflichen Fertigkeiten und Kenntnisse?
Das Berufsbildungsgesetz hat im § 30 allgemein festgelegt, dass eine Abschlussprüfung oder ein Hochschulabschluss vorliegen muss, es sei denn die zuständige Behörde spricht eine widerrufliche Zuerkennung aus. Für Berufe im Agrarbereich legt die Verordnung über die Anforderungen an die fachliche Eignung von 2005 entsprechende Qualifikationen für das Berufsfeld Landwirtschaft fest:

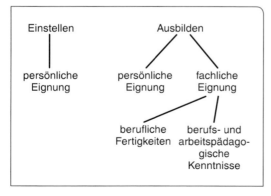

Abb. 15 Berechtigung zum Einstellen und Ausbilden

1. Meisterprüfung
2. a) Abschlussprüfung einer Hochschule und drei Jahre Praxis
   b) Abschlussprüfung einer Ingenieurschule und 3 Jahre Praxis
3. anerkannte Prüfung an einer deutschen Fachschule oder vor einer Prüfungsbehörde und drei Jahre Praxis, z. B. Staatlich geprüfter Agrarbetriebswirt.

Die berufs- und arbeitspädagogischen Kenntnisse umfassen die folgenden vier Sachgebiete:
- Ausbildungsvoraussetzungen prüfen und Ausbildung planen
- Ausbildung vorbereiten und bei der Einstellung mitwirken,
- Ausbildung durchführen,
- Ausbildung abschließen

Einzelheiten sind in der Ausbildereignungsverordnung (AEVO) von 2009 zu entnehmen. Diese Verordnung regelt auch, wer berufs- und arbeitspädagogische Kenntnisse besitzt:
1. Prüfungsabsolventen nach AEVO,
2. Meister,
3. Wer eine sonstige staatliche oder staatlich anerkannte Prüfung bestanden hat, z. B. Staatlich geprüfte Oecotrophologin oder Agrarassessor, kann von dem Nachweis befreit werden, wenn die Prüfungsinhalte denen der Ausbildereignungsverordnung entsprechen.
4. Die zuständige Stelle kann auf Fähigkeitsnachweise verzichten, wenn das Vorliegen der berufs- und arbeitspädagogischen Eignung auf andere Weise glaubhaft gemacht wird.

Der Nachweis der fachlichen Eignung erfolgt durch die Vorlage entsprechender Zeugnisse. Eine besondere Verleihung nach Berufsbildungsgesetz gibt es nicht. Wer fachlich geeignet ist, bleibt fachlich geeignet, auch dann, wenn die Lehrgänge oder Prüfungen Jahre zurückliegen. Eine spätere Überprüfung, ob die erforderlichen Kenntnisse tatsächlich noch vorliegen, erfolgt nur, wenn ein begründeter Verdacht vorliegt.

1.4.2.2 Eignung der Ausbildungsstätte

Neben der Eignung der an der Berufsausbildung beteiligten Personen stellt das Berufsbildungsgesetz auch Anforderungen an den Ort der Ausbildung, an die Ausbildungsstätte (§ 27 BBiG). Dies wird als notwendig erachtet, um den hohen Ansprüchen an eine umfassende und zeitgemäße Ausbildung zu genügen. Im Gesetz selbst werden diese Voraussetzungen sehr allgemein gehalten.

Auszubildende dürfen nur dort ausgebildet werden, wenn
1. die Ausbildungsstätte nach Art und Einrichtung für die Berufsausbildung geeignet ist,
2. die Zahl der Auszubildenden in einem angemessenen Verhältnis zur Zahl der Ausbildungsplätze oder zur Zahl der beschäftigten Fachkräfte steht. Es sei denn, dass andernfalls die Berufsausbildung nicht gefährdet wird.

Um sich genauer darüber informieren zu können, welche Anforderungen konkret an die Art und Einrichtung eines Betriebes gestellt werden, hat der Gesetzgeber eigenständige Verordnungen erlassen. Für einige Berufe des Agrarbereiches werden im Folgenden derartige Anforderungen stichwortartig dargestellt:

Anforderungen an die Eignung der Ausbildungsstätte:

Allgemeingültig für alle Berufe:
- Gewährleistung der Vermittlung der geforderten Fertigkeiten und Kenntnisse,
- Haupterwerbsbetrieb, selbständige Betriebseinheit oder Einrichtung der öffentlichen Hand
- Darstellung der betrieblichen Zusammenhänge,
- eine kontinuierliche Anleitung,
- Bewirtschaftung nach betriebswirtschaftlichen Grundsätzen,
- Vorhandensein der gültigen Ausbildungs- und Prüfungsordnung,
- Einhaltung der Vorschriften des Jugendarbeitsschutzes und der Unfallverhütung

Gültig für den Beruf Landwirt:
- landwirtschaftlicher Betrieb, der hauptberuflich bewirtschaftet werden muss,
- Vorhandensein einer Buchführung,
- mehrere Produktionszweige,
- Vorhandensein notwendiger Gebäude, baulicher Anlagen und technischer Ausstattung,
- ordnungsgemäßer Zustand der Produktionseinrichtungen, Betriebs-mittel, Geräte und Maschinen,
- Mindestgröße: das Vierfache einer Existenzgrundlage nach dem GAL
- Bereitstellung von Fachliteratur

Beruf ländliche Hauswirtschaft:
- Haushalt in einem landwirtschaftlichen Betrieb,
- Ausrichtung der Haushaltsorganisation und Haushaltsführung nach gesundheitlichen, sozialen und ökonomischen Grundsätzen,
- Buchführung,
- Mehrpersonenhaushalt,
- Gewährleistung einer optimalen Arbeitsplatzgestaltung in Wohn-und Wirtschaftsräumen

Beruf Gärtner, Schwerpunkt Zierpflanzenbau:
- Gewächshäuser mit einer ausreichend beheizbaren Fläche,
- Kulturen für verschiedene Verwendungszwecke,
- Einrichtungen für Aufbereitung und Vermarktung

Beruf Gärtner, Schwerpunkt Garten-, Landschaftsbau:
- Erstellung von Garten-, Grün- und Sportanlagen und Maßnahmen des Landschaftsbaues,
- Pflege und Unterhaltung derartiger Anlagen

Beruf Pferdewirt, Fachrichtung Pferdehaltung und Service:
- Bestand von mind. 20 Pferden,
- regelmäßiger Kundenkontakt und Einrichtungen zur Kundenbetreuung,
- ganzjährig nutzbare Auslaufplätze, Reit- und Fahrplätze
- Weidehaltung

Beruf Forstwirt:
- Forstbetrieb,
- Mindestgröße 500 ha,
- Gewährleistung der ordnungsgemäßen Ausbildung durch entsprechende Baumartenzusammensetzung, Sortiment der Forsterzeugnisse und Art der Waldbewirtschaftung,
- Ausstattung mit den in der Forstwirtschaft allgemein gebräuchlichen Werkzeugen, Geräten und Maschinen, einschließlich Einrichtungen für Wartung und Pflege

Um den unterschiedlichen Gegebenheiten in den einzelnen Berufen Rechnung zu tragen, wird im Berufsbildungsgesetz keine konkrete Vorschrift dazu erlassen, wann ein angemessenes Verhältnis zwischen der Zahl der Auszubildenden und Zahl der Ausbildungsplätze oder Zahl der beschäftigten Fachkräfte besteht. Nach einer Empfehlung des Bundesausschuss für Berufsbildung sollten die folgenden Verhältnisse nicht überschritten werden:
1 Auszubildender / 1 bis 2 Fachkräfte im Betrieb
2 Auszubildende / 3 bis 5 Fachkräfte im Betrieb
3 Auszubildende / 6 bis 8 Fachkräfte im Betrieb

Zu den Fachkräften zählen insbesondere der Ausbilder, Gehilfen, Facharbeiter und Personen mit langer Berufserfahrung ohne Berufsabschluss. Entsprechend der Arbeitsstruktur der Unternehmen im Agrarbereich wird man häufig Betriebe mit nur einem oder wenige Auszubildende finden, wie z. B. im Beruf Landwirt, Winzer, ländliche Hauswirtschaft, eher weniger Betriebe mit mehreren Auszubildenden, wie z. B. im Beruf Gärtner, Pferdewirt.

Ein Ausbildungsbetrieb, der die erforderlichen Kenntnisse und Fertigkeiten nicht in vollem Umfang vermitteln kann, gilt dennoch nach BBiG § 27 (2) als geeignet, wenn dieser Mangel durch Ausbildungsmaßnahmen außerhalb der Ausbildungsstätte behoben wird. Beispiele für derartige Ausbildungsmaßnahmen sind:
- Lehrgänge in überbetrieblichen Ausbildungswerkstätten,
- Lehrgänge in anderen Schulungsstätten,

- Ausbildung in anderen Betrieben des Unternehmens,
- Ausbildung als Kurzpraktikum in anderen Ausbildungsbetrieben.

Derartige Maßnahmen müssen beim Abschluss des Berufsausbildungsvertrages vereinbart und in dem Ausbildungsplan festgelegt werden. Die zuständige Stelle entscheidet dann, ob der Mangel dann als behoben erklärt werden kann. Mängel des Ausbilders, z. B. in der Berechtigung auszubilden, können durch Maßnahmen außerhalb der Ausbildungsstätte nicht behoben werden.

Insgesamt betrachtet, werden die Anforderungen an die Eignung der Ausbildungsstätte im Gesetz recht unbestimmt beschrieben. Selbst bei Mängeln kann ein Betrieb dennoch geeignet sein. Um diese Unsicherheit in Grenzen zu halten, müssen Ausbildungsstätten im Agrarbereich ihre Eignung durch ein staatliches Anerkennungsverfahren überprüfen lassen.

1.4.2.3 Anerkennungsverfahren zum Ausbildungsbetrieb

Da die Ausbildung im Agrarbereich sich häufig nach der Natur und dem jahreszeitlichen Ablauf richten muss, ist eine stetige Betreuung und Unterweisung des Auszubildenden durch den Ausbilder erforderlich. Dies führt neben der häufig geringen Anzahl an Fachkräften im Betrieb dazu, dass in vielen Fällen nur ein Auszubildender im Betrieb ist. Eine Erhöhung des Ausbildungsplatzangebotes hat im Agrarbereich die Anerkennung neuer Ausbildungsstätten zur Voraussetzung.

Die Anerkennung spricht die nach Landesrecht zuständige Behörde aus, nachdem die zuständige Stelle ihre Beurteilung vorgelegt hat. Jeder Betrieb, der ausbilden möchte, muss ein Anerkennungsverfahren durchlaufen (§ 27 (3) BBiG).

Antragstellung – Die für die Anerkennung zuständigen Stellen lassen zunächst vom Bewerber einen umfangreichen Antragsbogen ausfüllen, um einen Einblick in Größe, Produktionsumfang, Vielfalt, Ausstattung und Besonderheiten des Betriebes zu gewinnen.

Dem Antrag ist ferner eine Bescheinigung der zuständigen Berufsgenossenschaft über die Einhaltung der Unfallverhütungsvorschriften beizufügen, darüber hinaus können auch noch Angaben zu einer möglichen Unterkunft und Verpflegung des Auszubildenden gemacht werden. Die persönliche und fachliche Eignung des Auszubildenden ist mit Hilfe eines polizeilichen Führungszeugnisses neueren Datums, einer beglaubigten Kopie des Berufsabschlusses und einer Bescheinigung über vorhandene berufs- und arbeitspädagogische Kenntnisse sowie einer Bescheinigung über die hauptberufliche Tätigkeit nachzuweisen.

Stellungnahme – Die zuständige Stelle prüft den Antrag und beauftragt einen von ihr eingerichteten Ausschuss für Betriebsbesichtigung, den Betrieb des Antragstellers in Augenschein zunehmen und eine schriftliche Stellungnahme abzugeben. Ein solcher Ausschuss setzt sich häufig zusammen aus 2 Praktikern, einem Arbeitgebervertreter und einem Arbeitnehmervertreter, und dem Ausbildungsberater. Begutachtet werden alle Bereiche, Anlagen, Einrichtungen, Betriebsmittel, Produktionseinrichtungen und -gerätschaften, Managementhilfen des Betriebes bzw. des Haushaltes und ggf. auch die mögliche Unterkunft für den Auszubildenden. Eine Überprüfung der persönlichen und fachlichen Eignung des Antragstellers beispielsweise durch Abfragen beruflicher Kenntnisse hat nicht zu erfolgen.

Damit die abschließende Stellungnahme zur Betriebsbesichtigung nicht auf Grund des allgemeinen Eindruckes eher oberflächlich und nicht nachvollziehbar abgefasst wird, sollte jedes Mitglied des Ausschusses seine Urteile und Auffassungen kurz selbst protokollieren können. Ein Beispiel für ein Besichtigungsprotokoll in Form einer Checkliste zeigt die Tabelle 5.

Anhand der eingereichten Antragsunterlagen und der Stellungnahme des Ausschusses für Betriebsbesichtigung empfiehlt die zuständige Stelle der nach Landesrecht zuständigen Behörde, die Anerkennung bzw. die Nichtanerkennung auszusprechen.

Tab. 5 Checkliste Besichtigungsprotokoll

I. Gebäude
Altgebäude ☐
Neugebäude ☐
zu großzügig ☐
entsprechend ☐
zu klein ☐
voll genutzt ☐
teilweise genutzt ☐
nicht genutzt ☐

Zustand
sehr gepflegt ☐
gepflegt ☐
vernachlässigt ☐
sehr vernachlässigt ☐

Vorschriften der Berufsgenossenschaft
entsprechend ☐
teilweise entsprechend ☐
nicht entsprechend ☐

*Lagerung von Treibstoffen
und Pflanzenschutzmitteln*
ordnungsgemäß ☐
nicht ordnungsgemäß ☐

Erläuterungen _____

III. Feldbestände
Getreide
überdurchschnittlicher Bestand ☐
regional üblich ☐
mit Mängeln ☐
mit großen Mängeln ☐

Düngemittel und Düngegeräte
fachgerechter Einsatz ☐
teilweise fachgerechter Einsatz ☐
nicht fachgerechter Einsatz ☐

Pflanzenschutzmittel und -geräte

Erläuterungen _____

II. Maschinen
kW / 100 ha ......
Maschinenneuwert € / ha ......
Überbesatz ☐
normal ☐
Unterbesatz ☐

Zustand
sehr gepflegt ☐
gepflegt ☐
vernachlässigt ☐
sehr vernachlässigt ☐

Vorschriften der Berufsgenossenschaft
entsprechend ☐
teilweise entsprechend ☐
nicht entsprechend ☐

Lohnunternehmer
notwendig ☐
selbsttätig ☐

Werkstatt / Werkzeug
großzügig ☐
entsprechend ☐
zu klein ☐
kaum vorhanden ☐

Erläuterungen _____

IV. Viehhaltung
Tiergerechte Haltung
gegeben ☐
teilweise gegeben ☐
nicht gegeben ☐

Ernährungszustand
gut ☐
mittel ☐
schlecht ☐

Hygienische Maßnahmen
voll eingehalten ☐
teilweise eingehalten ☐
nicht durchgeführt ☐

Aufbewahrung der Medikamente
separat ☐
zugängig ☐
sehr leicht zugängig ☐

Anerkennungsbescheid – Die „Ausbildungserlaubnis" gilt grundsätzlich unbefristet und für den gesamten Umfang der Ausbildung. Unter Umständen können mit der Anerkennung jedoch auch Auflagen erteilt werden. Ist beispielsweise der Betrieb sehr stark spezialisiert, können entweder bestimmte überbetrieblichen Ausbildungsmaßnahmen vorgeschrieben, oder die Ausbildungsdauer je Auszubildenden auf zwei oder ein Jahr begrenzt werden.

1.4.2.4 Überwachung und Untersagung der Ausbildungseignung

Die zuständige Stelle überwacht die Ausbildungseignung der anerkannten Ausbildungsbetriebe. Hierzu suchen die Ausbildungsberater die Betriebe in regelmäßigen Abständen, meistens einmal jährlich, auf. Solche Termine haben jedoch nicht nur die Kontrollfunktion, sondern sie dienen auch der Beratung der Ausbildenden, beispielsweise wie trotz betrieblicher Umstellung eine ordnungsgemäße Ausbildung weiterhin sichergestellt werden kann.

Werden Mängel erkannt, beispielsweise hat der für den Auszubildenden verantwortliche Ausbilder gekündigt, kann die zuständige Stelle eine Frist festsetzen, in der der Mangel zu beseitigen ist. Unterlässt dies der Ausbildende oder verliert er auf andere Weise entweder seine fachliche oder persönliche Eignung, hat die nach Landesrecht zuständige Behörde das Einstellen und Ausbilden zu untersagen.

Liegen schwerwiegende Mängel in der Eignung der Ausbildungsstätte vor oder werden angezeigte Mängel in der gesetzten Frist nicht behoben, z. B. die Einhaltung der Unfallverhütungsvorschriften, so kann die nach Landesrecht zuständige Behörde das Einstellen und Ausbilden untersagen.

Zu den jeweiligen Untersagungsgründen muss die zuständige Stelle eine Stellungnahme abgeben. Hierzu holt sie nicht selten eine Bewertung der Sachlage durch den Ausbildungsberater bzw. durch den Ausschuss für Betriebsbesichtigung ein. Die Aberkennung der Ausbildungseignung ist ein Verwaltungsakt, der vom Betroffenen verwaltungsgerichtlich überprüft werden kann (§§ 32, 33 BBiG).

2 Auszubildende einstellen

Zur Zeit beginnen in den 360 anerkannten Ausbildungsberufen 560.000 Jugendliche eine betriebliche Berufsausbildung, in den Berufen der Landwirtschaft 14.000 (BIBB 2009). Die Wahl eines Ausbildungsberufes hat als Zielgröße in der Lebensplanung von Jugendlichen eine besondere Bedeutung. So wird „Beruf" als Erwerbs- und Versorgungschance gesehen, als Entscheidungsgröße für die finanzielle Existenzsicherung. In Anbetracht von ca. 3 Millionen Arbeitslosen in Deutschland (2011) wohl ein wesentlicher Aspekt. Dass von 100 Arbeitslosen in Westdeutschland 48 keine Berufsausbildung aufweisen können, unterstreicht die Notwendigkeit der Ausbildung.

In vielen Berufen des Agrarbereiches hat die Berufswahl ihre Besonderheiten. Der Jugendliche entscheidet sich nicht nur für einen Beruf, in vielen Fällen – besonders häufig im Beruf Landwirt, Gärtner und Winzer – sondern auch für einen bestimmten Betrieb, der von den Eltern später weitergeführt werden soll. Die pädagogischen Fragestellungen bei der Berufswahl werden durch ökonomische ergänzt, die Gefahr, dass sie gar überdeckt werden, scheint besonders groß zu sein.

Durch die enge Verknüpfung von Betrieb und Familie, von Arbeits- und Lebensraum, kann von dem Vorhandensein eines innerfamiliären Wertemusters ausgegangen werden, das heißt, dass die Werte von der Familie gemeinsam geteilt beziehungsweise gemeinsam anerkannt werden, das heißt leider auch, dass individuellen Werten nicht gleichermaßen von anderen Familienmitgliedern zugestimmt wird. Dies wird bestätigt durch Befragungen in Baden-Württemberg, aus denen hervorgeht, dass die Berufswahl der Jugendlichen sich noch sehr stark an den Vorstellungen der Eltern orientiert, dass nur in jedem zweiten Betrieb intensiv über die Berufswahl und mögliche Aussichten des Betriebes gesprochen wird. Die Entscheidungen orientieren sich in erster Linie an der sozialen Stellung der Familie sowie an dem fördernden oder hemmenden Einfluss der Familie.

Im Agrarbereich ist zur Zeit die Zahl der Berufsanfänger leicht rückgängig.

Beispiel

Der Betriebsleiter eines Garten- und Landschaftsbau Unternehmens in Westdeutschland will sein Dienstleistungsangebot um den Bereich „Schwimmteich-Bau" erweitern. Auch werden in den nächsten Jahren zwei seiner acht Mitarbeiter aus Altersgründen ausscheiden. Da Fachkräfte am Arbeitsmarkt nur schwer zu rekrutieren sind, hat er sich entschlossen Auszubildende einzustellen, damit er Nachwuchskräfte ausbildet, die genau den betrieblichen Anforderungen entsprechen. Bei diesen Überlegungen stellt sich ihm eine Reihe von Fragen:

- Wird es eine ausreichende Anzahl von geeigneten Bewerbern geben?
- Wie wählt man den richten Bewerber aus?
- Was ist beim Abschluss des Ausbildungsvertrages zu beachten?
- Wie führt man den neuen Auszubildenden in den Betrieb und die Arbeit ein?

Abnehmende Auszubildendenzahlen gibt es jedoch auch in anderen Bereichen. Wo liegen die Gründe?

- Demographisch gesehen (bevölkerungsstatistisch) ist der Anteil der 17 bis 21-jährigen an der Gesamtbevölkerung gesunken. Anhand der derzeitigen demographischen Situation wird mit keiner durchgreifenden Änderung in den kommenden Jahren zu rechnen sein, so dass immer weniger Schulabgänger dem gesamten Lehrstellenmarkt zur Verfügung stehen.
- Bildungspolitisch ist es gewollt, den Anteil der Studienberechtigten an den Schulabgängern deutlich zu erhöhen. Während in Deutschland 2007 bei den 25- bis 64-jährigen ein Studienabschluss nur bei 23 % vorlag, war er im Durchschnitt der OECD-Länder wesentlich höher bei 39 %.
- Nicht ausbildungsreif – so lautet immer häufiger das Urteil von Ausbildern nach Betrachtung der Bewerbungsunterlagen. Bemängelt werden vor allem die Rechtschreibung, die schriftliche Ausdrucksfähigkeit, das einfache Kopfrechnen sowie Prozent- und Dreisatzrechnen. Andererseits haben die Anforderungen der Betriebe an das Leistungsniveau zugenommen, da die Arbeitswelt immer komplexer und anspruchsvoller wird. Betroffen hiervon sind nicht nur Hauptschüler sondern zunehmend auch Absolventen der Realschule.
- Die Berufswahl der Jugendlichen orientiert sich heute stärker an ihren eigenen Neigungen und Eignungen. Der Beruf wird nicht mehr als Wert an sich gesehen. Der Beruf soll auch Zeit zur Erholung lassen, Raum für Interessen außerhalb des Berufes. Der Beruf ist für viele Jugendliche heute nicht mehr Lebensziel, sondern Teil einer ganzheitlichen Lebensplanung.
- Auch das Image des Berufes spielt eine wesentliche Rolle. So glaubt sich der bäuerliche Nachwuchs in einer niedrigen sozialen Anerkennung im gesellschaftlichem Umfeld zu stehen. Schlagwörter wie „Landwirte leben von Subventionen", „Landwirte sind Umweltsünder" oder „Doppelte Arbeit bei gleichem Lohn" verunsichern die Jugendlichen und machen den Beruf nicht gerade attraktiv.

Angesichts der dargestellten, gewichtigen Gründe kann das Gespräch über die Berufswahl zwischen Eltern und Kind oder zwischen Ausbilder und Ausbildungsplatzbewerber nicht „nebenbei" stattfinden. Nachahmungswert erscheinen so genannte „Berufsorientierungskurse für Jugendliche und Eltern", die von Ausbildungsbehörden in einigen Bundesländern angeboten werden. Auch eine Intensivierung der Berufsorientierung in den allgemein bildenden Schulen könnte dazu beitragen, die Berufswahl und die Suche nach einer geeigneten Ausbildungsstelle zu erleichtern. Eine Zusammenarbeit von Berufs-, Ausbildungs-, Betriebsberatern, Berufsschullehrern und erfahrenen Ausbildern mit den Eltern und Jugendlichen hilft, die Unsicherheit bei der Berufswahlentscheidung zu mindern.

2.1 Auszubildende auswählen

Der ideale Auszubildende für den landwirtschaftlichen Bereich trägt Verantwortung im Umgang mit Arbeitsmitteln, ist zuverlässig und pünktlich, arbeitet gewissenhaft, zeigt Einsatzfreude und verhält sich vertrauenswürdig. So lauten die sechs am häufigsten genannten Erwartungen von 206 befragten Ausbildern an den Nachwuchs (2010). Ihn zu bekommen, wird für alle Berufe des Agrarbereiches zunehmend schwieriger. Da reicht es für viele Ausbilder nicht aus, eine Meldung über einen freien Ausbildungsplatz der Arbeitsagentur zu schicken. Die Nutzung verschiedener Rekrutierungswege wird notwendig: Inserate im Internet oder Zeitungen, Angebot von Betriebspraktika an den allgemein bildenden Schulen, Teilnahme an Lehrstellenbörsen oder die Durchführung eines Tages der offenen Tür. Zukünftig werden Ausbilder aktiv um ihren Nachwuchs werben müssen.

In dem Auswahl- bzw. Bewerbungsverfahren wird der Ausbilder anhand möglichst vieler direkter und indirekter Informationen die Eignung des zukünftigen Mitarbeiters beurteilen. Als Grundlage stehen ihm folgende Datenquellen zur Verfügung: Bewerbungsunterlagen, Bewerbungsgespräch, Testverfahren, ein Eignungspraktikum sowie die Einarbeitungszeit (Probezeit).

2.1.1 Bewerbungsunterlagen

Die Bewerbungsunterlagen (z. B. Lebenslauf, Zeugnis über den letzten allgemeinbildenden Schulabschluss, Fahrerlaubnis, Nachweise bisheriger praktischer Ausbildungsphasen, Passbild) geben in schriftlicher Form einen Überblick über persönliche und berufliche Daten. Beglaubigte Bescheinigungen, Zeugnisse, Urkunden und Referenzen (Empfehlungen) wirken als überprüfbare Nachweise objektiv. Die Leistungen des neuen Mitarbeiters sind in einer Zahl oder kurzen Beschreibung zusammengefasst. Die Beurteilung anhand der Bewerbungsunterlagen entscheidet in vielen Fällen, ob jemand grundsätzlich geeignet ist oder nicht. Selten wird jemand ausschließlich auf Grund dieser Nachweise eingestellt.

Trotz eingereichtem Passbild möchte der Ausbilder sich ein Bild vom Bewerber machen, nicht nur hinsichtlich seiner äußeren Erscheinung. Er möchte durch persönliche Anschauung selbst prüfen, ob die bescheinigten Leistungen und Tätigkeiten dem Bewerber zuzurechnen sind. Somit werden die Aussagekraft und Objektivität von Bewerbungsunterlagen nur als bedingt angesehen.

2.1.2 Bewerbungsgespräch

Der Ausbilder möchte im Bewerbungsgespräch den zukünftigen Mitarbeiter kennenlernen. Es dient einmal dazu, die Daten der Bewerbungsunterlagen sich persönlich noch einmal bestätigen zu lassen. Darüber hinaus soll dieses Gespräch Informationen liefern, die nicht aus schriftlichen Unterlagen hervorgehen, wie z. B. Sicherheit im Auftreten, Kommunikationsfähigkeit, Reaktionsfähigkeit, Ausstrahlung, Sympathie oder Antipathie, fachliche Sicherheit, Verhalten gegenüber Vorgesetzten, persönliche Bedürfnisse, berufliche Wünsche, Qualifikation für zukünftige Tätigkeiten. Für Ausbilder in der Landwirtschaft zählt vor allem das Interesse an der Landwirtschaft. Für 88 % der befragten Ausbilder ist dies das wichtigste Kriterium, ob ein Bewerber vom Hof kommt, ist nur für 7 % ausschlaggebend (2010).

Es ist also noch vieles zu erfragen, d. h. der Ausbilder muss das Gespräch so aufbauen und führen, dass der Bewerber frei und offen die notwendigen Informationen darlegt. Der Vorgesetzte könnte dabei wie folgt vorgehen:

- **1. Phase:** Aktives Zuhören durch Fragen nach dem Lebenslauf und des bisherigen beruflichen Werdeganges, den Zukunftsperspektiven des Wirtschaftsbereiches, Aktuellem aus Wirtschaft, Politik oder Sport.
- **2. Phase:** Erkundigung durch Fragen nach den Ursachen für die Bewerbung, den Vorstellungen zum künftigen Ausbildungsplatz, den Vorstellungen zum weiteren beruflichen Werdegang, den Wünschen im Privatleben, gewünschten Fortbildungsaktivitäten
- **3. Phase:** Prüfung durch Fragen nach Beurteilungen verschiedener Arbeitstechniken, Lösungen für bestimmte betriebliche Probleme, Verhaltensweisen in bestimmten Alltagssituationen, Verhaltensweisen im Umgang mit Kollegen, Lösungsvorschlägen für zukünftige Problemgebiete

Das Bewerbungsgespräch ist so angelegt, dass zu Beginn der Ausbilder sich zurückhält, der Bewerber spricht zu Themen, die er gut kennt.

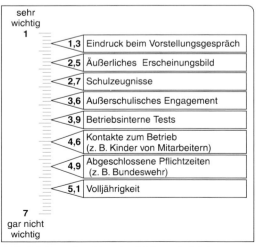

Abb. 16 Darauf achten Ausbildungsbetriebe

Bewerber: .... Alter: .... Datum: ....

| Merkmal
(Zutreffendes unterstreichen) | Bewertung
(Zutreffendes ankreuzen) | | | | |
|---|---|---|---|---|---|
| | Schlecht
1 | 2 | 3 | 4 | gut
5 |
| Auftreten
–arrogant–aufdringlich–distanziert–ernst–gehemmt–
heiter–gewinnend–höflich–sicher–lässig–liebenswür-
dig–schwerfällig–zurückhaltend–vorlaut | [ ] | [ ] | [ ] | [ ] | [ ] |
| Zielstrebigkeit
–aktiv–ehrgeizig–hat sich selbständig weiterge-
bildet–begeisterungsfähig–hohe Ziele–vermutlich
etwas bequem–weiß was er will | [ ] | [ ] | [ ] | [ ] | [ ] |
| Überzeugungskraft
–energisch–nachgiebig–kann überzeugen–recht
unsicher–vertrauensselig | [ ] | [ ] | [ ] | [ ] | [ ] |
| Intellektuelle Leistungsfähigkeit
–aufgeweckt–denkfaul–etwas schwerfällig–
gesunder Menschenverstand–hört genau zu–
kann sich schnell umstellen–konzentriert–
stellt präzise Fragen | [ ] | [ ] | [ ] | [ ] | [ ] |
| Sprachlicher Ausdruck
–elegant–fehlerlos–flüssig–klar–mißverständlich–
schlagfertig–treffend–unverständlich–verliert
den Faden | [ ] | [ ] | [ ] | [ ] | [ ] |
| Einsatzbereitschaft
–Interesse–Einstellung zum Beruf im Verhältnis zu
anderen Aktivitäten–Bereitschaft zu Neuem | [ ] | [ ] | [ ] | [ ] | [ ] |
| Persönlicher Gesamt-Eindruck | [ ] | [ ] | [ ] | [ ] | [ ] |

Quelle: System-Management Hans O. Rasche, Heiligenhaus

Abb. 17
Bewerber-Profil

Er wird dadurch sicherer, gelöster und offener, die Gesprächssituation ist für ihn nicht unangenehm. In der zweiten Phase werden die Fragen konkreter, nicht nur persönliche Daten und Meinungen zählen, der zukünftige Mitarbeiter muss Vorstellungen entwickeln und Wünsche formulieren. Somit ist die letzte Phase des Gesprächs gut vorbereitet, in der der Bewerber durch viele Einzel- und Detailfragen stark gefordert wird. Das offene Fachgespräch zeigt nicht nur dem Ausbilder die Qualifikation des Bewerbers, sondern auch dem zukünftigen Mitarbeiter, ob die Stelle seinen Vorstellungen entspricht. Für den Vorgesetzten ergibt sich das Problem, die im Bewerbungsgespräch gewonnenen Eindrücke festzuhalten und auszuwerten. Protokollartige Notizen oder das Ausfüllen sog. Bewerber-Profile können hierbei helfen.

Testverfahren
Künftige Mitarbeiter, deren Einarbeitungszeit recht lange dauert oder hohe Kosten verursacht, müssen sich häufig verschiedenen Testverfahren unterziehen. Als solche (meistens psychologische Tests) sind bekannt: Intelligenztest, Leistungstest, Einstellungstest, körperlicher Belastungstest, Berufsinteressentest oder das sog. Assessment-Center.

Im Agrarbereich finden solche Auswahlverfahren kaum Anwendung. Eine Berufsfähigkeitsbescheinigung vom Hausarzt, z. B. hinsichtlich Allergien, wird zuweilen verlangt, bei Jugendlichen ist sie nach dem Jugendarbeitsschutzgesetz gesetzlich vorgeschrieben. Jedoch lassen zwei Drittel der Ausbilder vor Vertragsabschluss die Bewerber ein oder ein paar Tage zu Probe arbeiten, um zu prüfen, ob man miteinander auskommt.

Ist der Bewerber ausgewählt, hat der Ausbilder für die Einstellung eine Reihe notwendiger personalorganisatorischer Maßnahmen zu treffen, die an dieser Stelle nur stichwortartig aufgelistet werden:
- Personalakte anlegen
- Personalbogen ausfüllen lassen
- Berufsausbildungsvertrag abschließen
- Sozialversicherungsschein anfordern
- Scheckheft für die Rentenversicherung anfordern
- ggf. Neuanmeldung bei den Sozialversicherungen
- Lohnsteuerkarte anfordern
- Gehaltsabrechnung anlegen
- ggf. Antrag auf Zahlung des Kindergeldes stellen
- Urlaubsliste vervollständigen
- ggf. ärztliches Untersuchungszeugnis anfordern
- Arbeitsplatz- bzw. Stellenbeschreibung anfertigen
- ggf. Führungszeugnis anfordern
- Nebentätigkeiten erfragen (z. B. Schöffe)
- Kopie der Fahrerlaubnis (Führerschein) anfordern
- Angabe des Gehaltkontos anfordern
- Angaben über vermögenswirksame Leistungen erfragen

2.2 Berufsausbildungsvertrag abschließen

Jeder, der einen anderen zur Ausbildung einstellt, nach dem BBiG der Ausbildende genannt, hat mit demjenigen, der eingestellt wird, genannt der Auszubildende, einen Berufsausbildungsvertrag abzuschließen. Dieser Grundsatz gilt auch für die Ausbildung eigener Kinder. Also auch Eltern müssen das Ausbildungsverhältnis mit ihren Kindern vertraglich begründen.

Eine bestimmte Form wird nicht vorgeschrieben, d. h. auch mündliche Verträge, die mündliche Zustimmung zur Aufnahme der Ausbildung sind gültig. Der Gesetzgeber legt aber wohl fest, dass der wesentliche Inhalt des Vertrages schriftlich niederzulegen ist, bis spätestens vor Beginn der Ausbildung, und dass diese Niederschrift von den Beteiligten, bei Minderjährigen auch von deren gesetzlichen Vertretern, d. h. Eltern, Elternteil mit zugesprochenem Sorgerecht oder dem gesetzlichen Vormund, unterschrieben wird.

Da das BBiG auch Art und Umfang der Inhalte vorschreibt, werden Berufsausbildungsverträge in der Regel schriftlich nach einem Muster abgeschlossen. Ein solches Vertragsformular ist in der Abbildung 18 zu sehen.

Bestimmung der Vertragsparteien
Im Berufsausbildungsvertrag sind als erstes die Personalien der Vertragsparteien einzutragen. Falls der Ausbildende die Ausbildung nicht selbst durchführt, muss im Vertrag außerdem auch der verantwortliche Ausbilder benannt werden.

Bestimmung des Ausbildungsberufes
Die Bezeichnung des Ausbildungsberufes ist gesetzlich festgelegt, sie kann in der Liste der anerkannten Ausbildungsberufe nachgelesen werden. Die Berufe im Agrarbereich lauten:
- Landwirt/Landwirtin
- Fachkraft Agrarservice
- Gärtner/Gärtnerin
- Forstwirt/Forstwirtin
- Revierjäger/Revierjägerin
- Tierwirt/Tierwirtin
- Fischwirt/Fischwirtin
- Pferdewirt/Pferdewirtin
- Hauswirtschafter/Hauswirtschafterin
- Winzer/Winzerin
- Molkereifachmann/Molkereifachfrau
- Landwirtschaftlich-technische(r) Laborant/-in
- Milchwirtschaftlicher Laborant/Milchwirtschaftliche Laborantin
- Milchtechnologe/-technologin
- Landwirtschaftsfachwerker/Landwirtschaftsfachwerkerin
- Gartenbaufachwerker/Gartenbaufachwerkerin

Für einige Berufe ist auch noch der Schwerpunktbereich anzugeben, z. B. Pferdewirt, Schwerpunkt Pferdehaltung und Service, oder Gärtner, Schwerpunkt Obstbau.

Berufsausbildungsvertrag

Zwischen der/dem Ausbildenden (Betriebsinhaber/in) und der/dem Auszubildenden (Heimatanschrift)

Name, Vorname	Name, Vorname
vertreten durch	Straße
Straße	PLZ, Ort
PLZ, Ort	Telefon / Fax
Telefon / Fax	geb. am / in
e-mail	Staatsangehörigkeit
Kreis	Geschlecht: ☐ weiblich ☐ männlich
Ausbilder/in	gesetzliche/r Vertreter: ☐ Mutter ☐ Vater ☐ Vormund

wird nachstehender Vertrag (Buchstaben A - F und §§ 1 - 10 auf der Rückseite) zur Ausbildung im

Ausbildungsberuf	ggf. Fachrichtung/Schwerpunkt

geschlossen. Gleichzeitig beantrage ich, der/die Ausbildende, die Eintragung in das Verzeichnis der Berufsausbildungsverhältnisse. Mündliche Nebenabreden, die das Berufsausbildungsverhältnis betreffen, bestehen nicht. Vereinbarungen über eine vorzeitige Lösung sowie Änderungen und Ergänzungen dieses Berufsausbildungsvertrages bedürfen der Schriftform und werden der zuständigen Stelle unverzüglich vorgelegt. Ein Ausbildungsplan gemäß Ausbildungsordnung/Regelung wurde erstellt.

_____
Ort, Datum

_____   _____
Ausbildende/r (Betriebsinhaber/in) bzw. Vertretungsberechtigte/r   Auszubildende/r

_____   _____
Ausbilder/in   gesetzliche/r Vertreter

A. Ausbildungsdauer
Die Ausbildungsdauer beträgt

Jahre	Verkürzung wegen (Nachweis erforderlich)

Das mit diesem Vertrag geschlossene Ausbildungsverhältnis

beginnt am:	endet am:

Es gilt als ____ / ____ / ____ betriebliches Ausbildungsjahr.
Die Probezeit beträgt ____ Monate (mind. 1, max. 4 Mon.).
Für den Auszubildenden/die Auszubildende ist dieser Vertrag ein Folgevertrag:

Vertragsnummer (vorherigen Vertrag in Kopie beifügen) ☐ ja	☐ nein

B. Vergütung
Der/Die Ausbildende zahlt dem/der Auszubildenden eine angemessene Vergütung; diese beträgt zurzeit monatlich brutto:

1.	2.	3.	Ausbildungsjahr
			Euro

Wohnung und Verpflegung (Sachbezüge) werden
☐ nicht gewährt.
☐ im Rahmen der Hausgemeinschaft gewährt und sind Teil der Bruttoausbildungsvergütung.
☐ in Erfüllung der elterlichen Unterhaltspflicht gewährt und sind nicht Teil der Bruttoausbildungsvergütung.

C. Regelmäßige Ausbildungszeit
Es gelten die Bestimmungen des Jugendarbeitsschutzgesetzes bzw. des Arbeitszeitgesetzes bzw. - bei Tarifgebundenheit - des jeweils gültigen Tarifvertrages. Die regelmäßige Ausbildungszeit beträgt

____ Stunden täglich,   ____ Stunden wöchentlich.

D. Urlaub
Der/Die Ausbildende gewährt dem/der Auszubildenden Urlaub nach den jeweils geltenden Bestimmungen (Jugendarbeitsschutzgesetz, Bundesurlaubsgesetz, - bei Tarifgebundenheit - Tarifvertrag). Es besteht ein Urlaubsanspruch von zur Zeit:

Kalenderjahr	20____	20____	20____	20____
☐ Werktage ☐ Arbeitstage				

E. Ausbildungsmaßnahmen in und außerhalb der Ausbildungsstätte
Die betriebliche Ausbildung findet statt in:

Name der Ausbildungsstätte
Ort der Ausbildungsstätte

Zum Besuch von Lehrgängen und Maßnahmen zur überbetrieblichen Ausbildung gelten die Beschlüsse des Berufsbildungsausschusses der zuständigen Stelle. Darüber hinaus werden folgende ergänzende Ausbildungsmaßnahmen vereinbart:

_____
_____

F. Sonstige Vereinbarungen

_____
_____
_____
_____

Herausgeber: Landwirtschaftskammer Nordrhein-Westfalen

Abb. 18 Ausbildungsvertrag

Unterzeichnung des Vertrages

Mit ihren Unterschriften bestätigen die Vertragsparteien, nebst gesetzlichern Vertreter die Gültigkeit des abgeschlossenen Berufsausbildungsverhältnisses. Der Ausbildende verpflichtet sich dabei gleichzeitig, den Auszubildenden und ggf. dessen gesetzlichen Vertretern eine Vertragsausfertigung und eine Ausbildungsordnung auszuhändigen, sowie den Vertrag unverzüglich der zuständigen Stelle zwecks Eintragung in das Verzeichnis der Berufsausbildungsverhältnisse vorzulegen.

Dauer des Ausbildungsverhältnisses

(Vertragsteil A)
Grundsätzlich kann die Ausbildung zu jeder Zeit begonnen werden. In der Regel wird jedoch der Ausbildungsbeginn im Betrieb mit dem Schuljahresbeginn der Berufsschule gleichgesetzt, also zum 1. August eines jeden Jahres.

Die Dauer des Ausbildungsverhältnisses richtet sich nach der vorgeschriebenen Ausbildungsdauer, die in der für jeden einzelnen Beruf geltenden Ausbildungsordnung bestimmt ist. In den Agrarberufen dauert die Ausbildung drei Jahre, sie beträgt in einigen Berufen nur zwei Jahre, wenn der Abschluss in einem anderen Ausbildungsberuf nachgewiesen werden kann. Hieraus ergibt sich im Normalfall, dass Ende des Berufsausbildungsverhältnisses zum 31. Juli, drei Jahre nach Ausbildungsbeginn. Absolviert der Auszubildende jedoch nicht die gesamte Ausbildungszeit in einem Betrieb, sondern wechselt er beispielsweise im 3. Jahr in einen anderen Betrieb, so ist der Vertrag im ersten Ausbildungsbetrieb auch nur für diese Zeitdauer (zwei Jahre) abzuschließen.

Anrechnung auf die Ausbildungszeit

In einigen Bundesländern ist im ersten Ausbildungsjahr der Besuch des Berufsgrundschuljahres vorgeschrieben, bzw. der Besuch einer Berufsfachschule wahlweise möglich. Der erfolgreiche Besuch dieser einjährigen schulischen Ausbildungsmaßnahme wird auf die Dauer der Ausbildung angerechnet. Demnach ist die vorgeschriebene Ausbildungszeit drei Jahre, der Besuch des Berufsgrundschuljahres wird als erstes Jahr der Berufsausbildung angerechnet, so dass die Auszubildenden in der betrieblichen Ausbildung mit dem 2. Ausbildungsjahr beginnen. In der Berufschule werden sie in die so genannte Mittelstufe eingeschult. Die betriebliche Ausbildungszeit beträgt demnach nur noch zwei Jahre.

Verkürzung der Ausbildungszeit

Liegen Bedingungen beim Auszubildenden vor, die zu Beginn der Ausbildung schon erwarten lassen, dass er die Ausbildung auch in einem verkürzten Zeitrahmen erfolgreich abschließen könnte, wie z. B. Abschluss an einer höheren Schule oder bestimmter Umfang praktischer Erfahrung im Ausbildungsberuf, so kann die zuständige Stelle auf Antrag des Auszubildenden, des Ausbildenden oder von beiden die Ausbildungszeit von vornherein verkürzen. Dieser Antrag ist gleichzeitig mit dem Berufsausbildungsvertrag der zuständigen Stelle vorzulegen. Die Entscheidung kann der Antragsteller verwaltungsgerichtlich überprüfen lassen. Bei einer Regelausbildungszeit von drei Jahren im Agrarbereich darf eine Mindestzeit von 18 Monaten in der betrieblichen Ausbildung nicht unterschritten werden.

Festlegung der Probezeit

Jedes neue Ausbildungsverhältnis beginnt mit der Probezeit. Sie muss mindestens einen Monat und darf höchstens vier Monate betragen. Häufig wird die Dauer der Probezeit der Dauer des abgeschlossenen Ausbildungsvertrages angemessen, z. B. bei dreijähriger Ausbildungszeit im Betrieb drei Monate, bei einjähriger Ausbildungszeit im Betrieb ein Monat Probezeit. Bei Unterbrechung der Ausbildung in der Probezeit, z. B. durch Erkrankung des Auszubildenden, verlängert sich die Probezeit nicht automatisch. Die Vertragspartner können jedoch vereinbaren, dass sich bei Ausfallzeit von mindestens einem Drittel der vereinbarten Probezeit die Probezeit entsprechend verlängert.

Benennung von Folgeverträgen

Wechselt der Auszubildende während der gesamten Ausbildungsdauer die Ausbildungsstätte (z. B. das erste betriebliche Ausbildungsjahr im Elternbetrieb, das zweite und dritte betriebliche Ausbildungsjahr im Fremdbetrieb), so sind schon beim Abschluss des 1. Berufsausbildungsvertrages, also zu Beginn der Ausbildung, die weiteren Ausbildungsverhältnisse zu benennen. Hiermit wird erreicht, dass der Ablauf der gesamten Ausbildung von vornherein für alle Beteiligten klar und für den Auszubildenden abgesichert ist. Ist der Vertrag ein Folgevertrag, so ist die Vertragsnummer des vorherigen Vertrages anzugeben.

Festlegung der Vergütung (Vertragsteil B)

Der Ausbildende hat dem Auszubildenden eine angemessene Vergütung zu zahlen. Die Vergütung ist kein Lohn oder Gehalt, sondern sie soll einen wesentlichen Beitrag zum Lebensunterhalt und auch ein Entgeld für die in der Ausbildungszeit erbrachte Arbeitsleistung darstellen.

Die Vertragsparteien bestimmen die Höhe der Vergütung, die angemessen sein muss, insbesondere in Bezug auf das Lebensalter und die Ausbildungsdauer. Nach allgemeiner Rechtssprechung werden die in Tarifverhandlungen festgelegten Ausbildungsvergütungen als maßgebend und angemessen angesehen, gleich ob nur einer oder keiner der Vertragspartner tarifgebunden ist oder ob der Tarifvertrag nicht für allgemeinverbindlich erklärt wurde. Liegt eine dieser Voraussetzungen vor, so gelten die Tarifsätze ohnehin als angemessene Mindestsätze. Ein Überschreiten dieser Sätze ist natürlich möglich.

Der Ausbildende muss somit für jedes Ausbildungsjahr die Vergütung nach Alter und Ausbildungsdauer berechnen. Bei neuen Tarifabschlüssen werden die alten Vergütungssätze ungültig, die Ausbildungsvergütung ist neu zu bestimmen.

Aktuelle Vergütungssätze können den Lohntarifvereinbarungen, die als Broschüre bei den Arbeitgeber- bzw. Arbeitnehmervereinigungen zu beziehen sind, entnommen werden.

Tab. 6 Vergütungsbeispiel: Beruf Landwirt, NRW, 2011

1. Ausbildungsjahr	2. Ausbildungsjahr	3. Ausbildungsjahr
580,00 €	615,00 €	665,00 €

Bei zweijähriger betrieblicher Ausbildung gelten die Sätze des 2. und 3. Ausbildungsjahres, für Praktikanten die des 1. Jahres.

Die Vergütung wird spätestens am letzten Arbeitstag des Monats gezahlt und muss belegt werden. So genannte Überstunden sind besonders zu vergüten. Die Vergütung ist auch zu zahlen während der Ausbildungszeit in der Berufsschule und Ausbildungsmaßnahmen außerhalb der Ausbildungsstätte sowie während Prüfungszeiten. Die Lohnfortzahlung wird für Jugendliche auch gewährt, für den Freistellungstag, der der schriftlichen Prüfung vorangeht.

Bis zu einer Dauer von sechs Wochen erhält der Auszubildende die Vergütung auch, wenn er
- sich für die Berufsausbildung bereithält, diese aber ausfällt (z. B. bei Katastrophen),
- in Folge Krankheit nicht an der Berufsausbildung teilnehmen kann,
- aus einem sonstigen, in seiner Person liegenden Grund unverschuldet verhindert ist, seine Pflichten aus dem Berufsausbildungsvertrag zu erfüllen (z. B. Verhinderung der Rückreise aus dem Urlaub).

Sonstige Zahlungen, wie beispielsweise Urlaubsgeld oder Weihnachtsgeld, regeln die jeweiligen Tarifverträge. So erhalten Landwirte in NRW ein Urlaubsgeld von 3,58 € je Urlaubstag und ein Weihnachtsgeld von 102,26 € (2011).

Anrechnung von Sachbezügen

Gewährt der Ausbildende dem Auszubildenden Wohnung, Voll- oder Teilversorgung, häufig anzutreffen in den Berufen „Landwirt" oder „Hauswirtschafterin", so können diese Aufwendungen als Sachleistung gemäß der so genannten Sachbezugsverordnung von der Vergütung abgezogen werden, jedoch nicht über 75 % der Bruttovergütung hinaus (Gesamtbetrag für Auszubildende im Arbeitgeberhaushalt 2011 361,20 €).

Kann der Auszubildende während der Zeit, für welche die Vergütung fortzuzahlen ist, aus berechtigtem Grund vereinbarte Sachleistungen nicht annehmen (z. B. für die Dauer überbetrieblicher Lehrgänge), so werden diese nach den Sachbezugswerten abgegolten.

Festlegung der regelmäßigen täglichen Ausbildungszeit (Vertragsteil C)
Mit Vertragsabschluss ist auch die regelmäßige tägliche Ausbildungszeit festzulegen. Sie richtet sich im Bereich der Landwirtschaft für Auszubildende unter 18 Jahren nach dem Jugendarbeitsschutzgesetz (JArbSchG §§ 8, 13-17) und für ältere Auszubildende nach Tarifvertrag bzw. ohne Tarifgebundenheit der Vertragspartner nach der Arbeitszeitordnung.

Für Jugendliche beträgt die tägliche Ausbildungszeit in der Zeit von 7.00 bis 20.00 Uhr acht Stunden, es gilt die Fünf-Tage-Woche. Ausnahmen für die Landwirtschaft sind im Jugendarbeitsschutzgesetz gesondert angeführt:
- Jugendliche über 16 Jahre dürfen während der Erntezeit nicht mehr als neun Stunden täglich und nicht mehr als 85 Stunden in der Doppelwoche beschäftigt werden.
- Jugendliche dürfen, wenn sie in die häusliche Gemeinschaft aufgenommen sind, mit dem Melken ab 5.00 Uhr beschäftigt werden.
- Jugendliche in der Landwirtschaft, Tierpflege und im Familienhaushalt, dürfen an Samstagen beschäftigt werden.
- Jugendliche dürfen in der Landwirtschaft und in der Tierpflege an Sonntagen mit Arbeiten, die auch an Sonn- und Feiertagen naturnotwendig vorgenommen werden müssen oder in Familienhaushalten beschäftigt werden, wenn der Jugendliche in die häusliche Gemeinschaft aufgenommen ist.
- Werden Jugendliche an Samstagen oder Sonntagen beschäftigt, ist ihnen die Fünf-Tage-Woche durch Freistellung an einem anderen berufsschulfreien Arbeitstag der selben Woche sicherzustellen.

Nicht zulässig ist im allgemeinen die Ausbildung von Jugendlichen und älteren Auszubildenden vor dem Berufsschulunterricht, an einem Berufsschultag mit mehr als fünf Unterrichtsstunden á 45 Minuten, einmal in der Woche bzw. in Berufsschulwochen mit einem planmäßigen Blockunterricht von mindesten 25 Stunden, an mindestens fünf Tagen. Dieser Berufsschultag wird mit acht Stunden bzw. die Berufsschulwoche mit 40 Stunden auf die Ausbildungszeit angerechnet.

Für Auszubildende über 18 Jahre richtet sich die Ausbildungszeit nach dem Arbeitszeitgesetz, sie darf acht Stunden nicht überschreiten. Sie kann auf bis zu zehn Stunden verlängert werden, wenn im Halbjahr im Durchschnitt acht Stunden gearbeitet wird.

Beispiel: Erwerbsgartenbau in NRW

„§ 54 Abs. 1 des Manteltarifvertrages. Ab dem 01.04.2006 beträgt die regelmäßige wöchentliche Arbeitszeit ausschließlich der Ruhepausen 39 Stunden, von Montag bis Samstag. Eine Verteilung der wöchentlichen Arbeitszeit auf fünf Tage in der Woche ist möglich."

Beispiel: Landarbeiter in NRW

„§ 5 Abs. 2, 3 des Manteltarifvertrages von 2008. Die regelmäßige jährliche Arbeitszeit beträgt 2.088 Stunden. Arbeitsstunden, die über die durchschnittliche Wochenarbeitszeit von 40 Stunden hinausgehen (Mehrarbeit) und die nicht mit Minderarbeitsstunden verrechnet werden können, dürfen bis zu 520 Stunden auf diesem Arbeitszeitkonto auflaufen. Sie sind durch Freizeit auszugleichen."

Die Beispiele zeigen, dass somit die regelmäßige tägliche Ausbildungszeit bei acht Stunden liegt. Eine darüber hinaus gehende Beschäftigung ist besonders zu vergüten oder durch entsprechende Freizeit auszugleichen

Festlegung der Höhe des Urlaubsanspruches
(Vertragsteil D)
Die Höhe des Urlaubsanspruches richtet sich nach dem Alter des Auszubildenden und ist für jedes Kalenderjahr neu zu berechnen. Voraussetzung für die Anspruchnahme des vollen Jahresurlaubes ist, dass das Ausbildungsverhältnis schon mindestens sechs Monate besteht. Kann die Wartezeit im Anfangsjahr nicht erfüllt werden, besteht ein Anspruch auf Teilurlaub, in Höhe von 1/12 des Jahresurlaubes für jeden vollen Monat seit Beginn der Ausbildung. Ergeben sich bei der Berechnung Bruchteile von Urlaubstagen, so sind diese aufzurunden, wenn sie mindestens einen halben Tag betragen.

Der Urlaub soll zusammenhängend und in der Zeit der Berufsschulferien erteilt und genommen werden. Der Urlaub muss im laufenden Kalenderjahr genommen werden, eine Übertragung in das nächste Kalenderjahr soll die Ausnahme sein.

Die Mindestdauer des Urlaubes für Auszubildende über 18 Jahre beträgt 24 Werktage, Einzelheiten sind in den Manteltarifverträgen der verschiedenen Berufsgruppen geregelt.

Tab. 7 Berechnungsbeispiel Urlaubsanspruch

Berechnungsbeispiel:
Auszubildender „Klaus", geb.: 01.02.1994, wird in einem Betrieb mit Fünf-Tage-Woche ausgebildet, Ausbildungsbeginn ist der 01.08.2011, Ausbildungsende 31.07.2014.

- • • Urlaubsanspruch im Kalenderjahr 2011: 11 Tage (27 Tage im Volljahr, Teilurlaubsanspruch: 5/12 = 11.25 Tage)
- • • Urlaubsanspruch im Kalenderjahr 2012: 25 Werktage. (25 Tage im Volljahr, Vollurlaubsanspruch: 12/12 = 25 Tage)
- • • Urlaubsanspruch im Kalenderjahr 2013: 22 Arbeitstage. (22 Tage im Volljahr, Vollurlaubsanspruch: 12/12 = 22 Tage)
- • • Urlaubsanspruch im Kalenderjahr 2014: 13 Arbeitstage. (22 Tage im Volljahr, Teilurlaubsanspruch: 7/12 = 12,8 = 13 Tage)

Beispiel: Manteltarif „Landarbeiter"

„Arbeitnehmer, die zu Beginn des Urlaubsjahres das 18. Lebensjahr vollendet haben, erhalten in Betrieben mit sechs Arbeitstagen pro Woche einen Urlaub von 26 Werktagen, in Betrieben mit fünf Arbeitstagen pro Woche einen Urlaub von 22 Arbeitstagen."

Für Jugendliche in der Ausbildung bestehen bezüglich des Urlaubsanspruches nach dem Jugendarbeitsschutzgesetz gesonderte Regelungen:
- Mindestens 30 Werktage, wenn der Auszubildende zu Beginn des Kalenderjahres noch nicht 16 Jahre alt ist,
- mindestens 27 Werktage, wenn der Auszubildende zu Beginn des Kalenderjahres noch nicht 17 Jahre alt ist,
- mindestens 25 Werktage, wenn der Auszubildende zu Beginn des Kalenderjahres noch nicht 18 Jahre alt ist.

Bestimmung der Ausbildungsstätte
(Vertragsteil E)
Die betriebliche Ausbildungsstätte ist durch Angaben zum Ort festzulegen. Im Einzelfall sind ggf. noch Hinweise zu geben zu besonderen Montagestätten oder weiteren Hofstellen.

Vereinbarung über Ausbildungsmaßnahmen außerhalb der Ausbildungsstätte
Legt die Ausbildungsordnung des jeweiligen Berufes aufgrund § 5 BBiG Ausbildungsmaßnahmen außerhalb der Ausbildungsstätte fest, z. B. den Besuch von Lehrgängen in einer überbetrieblichen Ausbildungswerkstatt, wie der DEULA, oder die Durchführung eines Betriebspraktikums in einem anderen Betrieb, so sind derartige Maßnahmen im Vertrag aufzunehmen.

Sonstige Vereinbarungen (Vertragsteil F)
Sonstige Vereinbarungen oder rechtswirksame Nebenabreden, die das Vertragsverhältnis betreffen, müssen schriftlich im Vertrag ergänzt werden.

Die Vertragsparteien können hier zum Beispiel den Berufsschulstandort vereinbaren. Für Ausbildungsberufe mit einer großen Anzahl

Auszubildender, wie z. B. Gärtner, wird häufig in jedem Kreis eine Berufsschule angeboten. In Berufen mit geringer Anzahl Auszubildender wie z. B. Pferdewirt können Berufsschulen aber auch für mehrere Kreise, Landesteile oder für ein gesamtes Bundesland zuständig sein.

Die zuständige Stelle überprüft die Vollständigkeit, Richtigkeit und Rechtmäßigkeit der Angaben, erfasst Daten für statistische Zwecke und führt die Eintragung in das Gesamtverzeichnis durch.

2.2.1 Sonstige Verpflichtungen des Ausbildenden beim Einstellen

Mit Abschluss des Berufsausbildungsvertrages hat der Ausbildende auch die Aufgabe übernommen, Anmeldungen und Beitragsüberweisungen an die Sozialversicherungsträger, Lohn- und Kirchensteuerstelle sowie ggf. an die Einrichtungen für vermögenswirksame Leistungen durchzuführen.

Die Beiträge zur Sozialversicherung teilen sich laut Tarifvertrag der Ausbildende und der Auszubildende. Sie werden in der Regel durch die Allgemeine Ortskrankenkasse (AOK) eingezogen (nicht bei Eltern-Lehre). Grundlage der Berechnung ist die Bruttovergütung, im Einzelnen belaufen sich die Beträge (Stand 2009) bei

- Krankenversicherung auf 14,9 % der Bruttovergütung (Arbeitnehmeranteil 7,9 %)
- Rentenversicherung auf 19,9 % der Bruttovergütung (Arbeitnehmeranteil 9,95 %)
- Arbeitslosenversicherung auf 2,8 % der Bruttovergütung (Arbeitnehmeranteil 1,4 %)
- Pflegeversicherung auf 1,95 % der Bruttovergütung (Arbeitnehmeranteil 0,975 %)

Lohn- und Kirchensteuer richten sich gleichfalls nach der Höhe der Bruttovergütung und sind an die Lohnsteuerstelle des zuständigen Finanzamtes abzuführen. Bis zu einer Bruttovergütung von 7834 € jährlich besteht Lohnsteuerfreiheit (Stand: 2009). Der Auszubildende sollte am Ende des Kalenderjahrs einen Antrag auf Lohnsteuerjahresausgleich stellen.

Sieht der Tarifvertrag eine Beteiligung des Arbeitgebers an vermögenswirksamen Leistungen vor (Gesetz zur Förderung der Vermögensbildung), so muss der Ausbildende die vermögenswirksame Leistung in der Vergütungsabrechnung gesondert ausweisen und den Betrag an die vom Auszubildenden bezeichnete Einrichtung abführen.

2.2.2 Pflichten des Ausbildenden während der Ausbildung

Nach Götz lassen sich die Pflichten des Ausbildenden in vier Bereiche aufgliedern:
- Ausbildungspflicht
- Erziehungspflicht
- Ordnungspflicht
- Schutzpflicht

Ausbildungspflicht

Zu den Ausbildungspflichten zählt als erstes die Sicherstellung einer geordneten Berufsausbildung. Als geordnet sieht der Gesetzgeber die Ausbildung dann an, wenn erstens die berufliche Handlungsfähigkeit vermittelt wird, die zum Erreichen des Ausbildungszieles erforderlich ist, wenn zweitens die Berufsausbildung planmäßig sowie zeitlich und sachlich gegliedert so durchgeführt wird, dass das Ausbildungsziel in der vorgegebenen Ausbildungszeit erreicht werden kann.

Tab. 8 Vergütungsabrechnung eines Auszubildenden, 19 Jahre, 3. Ausbildungsjahr, Kost und Wohnung, Stand Januar 2009

Bruttovergütung	615,00 €
./. Sachleistung	352,80 €
Geldleistung für den Auszubildenden	262,20 €
./. Anteil des Auszubildenden für	
Krankenvers.	48,58 €
Rentenvers.	61,19 €
Arbeitslosvers.	8,61 €
Pflegevers.	5,99 €
Lohnsteuer	–
Kirchensteuer	–
Nettovergütung	**137,83 €**

Das Ausbildungsziel ist für jeden Beruf in der jeweiligen Ausbildungsordnung, insbesondere im Ausbildungsberufsbild beschrieben (§ 5 BBiG).

Konkrete Hinweise zur sachlichen und zeitlichen Gliederung kann der Ausbildende dem so genannten Ausbildungsrahmenplan entnehmen, der ebenfalls in der Ausbildungsordnung vorgegeben wird. Damit die Besonderheiten des Betriebes (z. B. Spezialisierung) in der betrieblichen Ausbildung Berücksichtigung finden und damit dem Ausbildungs- und Erfahrungsstand des Auszubildenden Rechnung getragen wird, kann vertraglich vereinbart werden, dass der Ausbildende für jeden Auszubildenden einen individuellen betrieblichen Ausbildungsplan aufstellt.

Allen an der Ausbildung Beteiligten dient dieser Plan der Orientierung: Welche Inhalte im Betrieb vermittelt werden, welche Inhalte ggf. durch Ausbildungsmaßnahmen außerhalb des Betriebes anzueignen sind, welche Inhalte in anstehenden Prüfungen möglich sind.

Aufschluss über den Ausbildungsstand des Auszubildenden erhält der Ausbildende neben der Leistung im Betrieb durch die während der Ausbildung stattfindenden Zwischenprüfung (§ 48 BBiG). In der Regel findet sie nach dem ersten betrieblichen Ausbildungsjahr statt. Diese von der zuständigen Stelle durchgeführte Prüfung hat meistens einen theoretischen und einen praktischen Teil. Die Ergebnisse sollen sowohl dem Ausbildenden als auch dem Berufsschullehrer Hilfe sein, den Auszubildenden gezielt auf die Abschlussprüfung vorzubereiten. Ein Bestehen oder Nichtbestehen gibt es bei der Prüfung nicht.

Eine geordnete Berufsausbildung ist laut Gesetz auch dadurch gekennzeichnet, dass das Ausbildungsziel in der vorgesehenen Ausbildungszeit erreicht wird. Die Ausbildungsdauer ist gemäß der Ausbildungsordnung im Vertrag festgelegt. Die Probezeit zählt zur Ausbildungszeit. Bei den vom Gesetz als Ausnahmen vorgesehenen Verkürzungs- oder Verlängerungszeiten besteht jedoch für den Ausbildenden die Pflicht, trotz besonderer persönlicher Bedingungen beim Auszubildenden eine geordnete Ausbildung zu garantieren.

Zu den Ausbildungspflichten gehört zweitens die Bereitstellung des geeigneten Ausbildungspersonals. Die Verantwortung und Pflicht zur Ausbildung hat grundsätzlich der Ausbildende. Bildet er selbst nicht aus, so hat er einen Ausbilder damit zu beauftragen. Die Verantwortung für eine geordnete Berufsausbildung bleibt beim Ausbildenden, da der Ausbilder rechtlich nur als Erfüllungsgehilfe des Ausbildenden tätig wird, d. h. der Ausbildende haftet für mögliche Mängel in der Ausbildung.

Die 3. Ausbildungspflicht besteht in der kostenlosen Bereitstellung von betrieblichen Ausbildungsmitteln. Hierzu zählen die für die Aneignung der in der Ausbildungsordnung vorgeschriebenen Fertigkeiten und Kenntnisse sowie für das Ablegen von Prüfungen notwendigen:
- Maschinen,
- Geräte,
- Werkzeuge,
- Tiere,
- Pflanzen,
- Betriebsmittel,
- Werkstoffe,
- Schriftliche Unterlagen,
- Fachliteratur.

Als Ausbildungsmittel gilt auch das Berichtsheft, das im Gegensatz zu den anderen Mitteln mit der Ausbildung in das Eigentum des Auszubildenden übergeht. Nicht zu den Ausbildungsmitteln zählt die Arbeitskleidung. Wird jedoch vom Ausbildenden eine besondere Berufskleidung vorgeschrieben, so wird sie von ihm kostenlos zur Verfügung gestellt.

In der Schule benötigte Lernmittel wie Bücher, Hefte, etc. braucht der Ausbildende nicht besorgen, hierfür ist der Auszubildende selbst oder sein Erziehungsberechtigter verantwortlich.

Erziehungspflicht

Dass das Ausbildungsverhältnis auch ein Erziehungsverhältnis darstellt, ist der Pflicht des Ausbildenden zu entnehmen, dafür zu sorgen, dass der Auszubildende charakterlich gefördert wird (§ 14 (1) 5. BBiG). Hierunter ist die

Einflussnahme des Ausbildenden auf die Persönlichkeitsentwicklung des Auszubildenden – nicht nur von Jugendlichen – während der Zeit in der Ausbildungsstätte zu verstehen. Neben der Förderung der Arbeitstugenden wie Pünktlichkeit, Sorgfalt oder Ordnung geht es in erster Linie um allgemeine Werte wie Toleranz, Rücksichtnahme, Ehrlichkeit oder Zivilcourage (Bekennermut). Das recht enge Verhältnis von Ausbilder zu Auszubildenden im Agrarbereich sowie die noch häufig anzutreffende häusliche Versorgung des Auszubildenden durch die Ausbilder-Familie sind hierfür gute Voraussetzungen.

Ordnungspflicht

Der Ausbildende hat verschiedene Ordnungspflichten wahrzunehmen, um formalen Anforderungen der Ausbildung zu genügen (§§ 11, 14–16 BBiG), insbesondere hat er:
- die Eintragung des Berufsausbildungsvertrages in das Verzeichnis der Berufsausbildungsverhältnisse bei der zuständigen Stelle zu beantragen,
- den Auszubildenden zu den gesetzlichen Sozialversicherungen anzumelden,
- den Auszubildenden zum Besuch der Berufsschule anzuhalten und freizustellen (sofern Berufsschulpflicht besteht),
- den Auszubildenden für die Teilnahme an überbetrieblichen Ausbildungsmaßnahmen freizustellen,
- dem Auszubildenden das Berichtsheft kostenfrei auszuhändigen
- dem Auszubildenden Gelegenheit zu geben, dass Berichtsheft während der Ausbildungszeit zu führen, ihn zur ordnungsgemäßen Führung anzuhalten und dieses durch regelmäßiges Abzeichnen zu überwachen,
- den Auszubildenden rechtzeitig zu den von der zuständigen Stelle angesetzten Zwischen- und Abschlussprüfungen anzumelden und für die Teilnahme freizustellen.

Schutzpflicht

Die Schutzpflicht des Ausbildenden umfasst einerseits die Sorgepflicht vor möglichen sittlichen und körperlichen Gefährdungen, andererseits das Gebot nur Verrichtungen zu übertragen, die dem Ausbildungszweck dienen und den körperlichen Kräften des Auszubildenden angemessen sind (§ 14 (1), (2) BBiG). Diese Schutzpflicht gilt für alle Auszubildenden, also nicht nur für Jugendliche, und für den Bereich der Ausbildungsstätte, nicht im privaten Bereich.

Dass diese Sorgepflicht nicht unwichtig ist, wird zur Zeit durch die Probleme der Jugend in den Bereichen Drogenmissbrauch, Kriminalität und Rechtsextremismus deutlich. Da in diesen Problemfeldern Privat- und Ausbildungsbereich nicht zu trennen sind, hat der Ausbildende entsprechende Anzeichen wahrzunehmen sowie Hilfe und Aufklärung anzubieten.

Eine körperliche Gefährdung muss während den Ausbildungtätigkeiten ausgeschlossen werden. So darf der Auszubildende nicht mit Arbeiten beschäftigt werden, die seine Leistungsfähigkeit übersteigen (Akkordarbeit) oder die mit Unfallgefahren verbunden sind. Der Ausbildende hat die baulichen Einrichtungen sowie Maschinen, Geräte etc. so zu unterhalten, dass die Gesundheit der Mitarbeiter geschützt ist. Der Ausbildende hat zu Beginn der Ausbildung, aber auch später den Auszubildenden in regelmäßigen Abständen über Unfall- und Gesundheitsgefahren im Betrieb zu unterweisen. Schließlich muss sich der Ausbildende von Jugendlichen zu Beginn und vor dem Ende des 1. Ausbildungsjahres ein ärztliches Zeugnis über die körperliche Eignung vorlegen lassen (§ 32, 33, JArbSchG).

Auch das Verbot der Übertragung berufsfremder Arbeiten dient als Schutz des Auszubildenden, der normalerweise an die Weisungen des Ausbilders gebunden ist. Hiermit soll sicher gestellt werden, dass die Ausbildungszeit ausschließlich für die berufliche Erziehung und Vermittlung notwendiger Fertigkeiten und Kenntnisse verwendet wird. Der Begriff „berufs- oder ausbildungsfremde Arbeit" ist jedoch immer wieder Anlass zu Streitigkeiten. Als unzulässig wird beispielsweise angesehen, dass Reinigen von Toiletten des Betriebes, Botengänge für die Ehefrau des Ausbilders oder das Heranschaffen von Genussmitteln.

2.2.3 Pflichten des Auszubildenden

Zur Gewährleistung einer geordneten Berufsausbildung hat der Auszubildende eine Reihe von Pflichten wahrzunehmen (§ 13 BBiG, Vorschriften des Ausbildungsvertrages), die denen des Ausbildenden entsprechen:
- Lernpflicht,
- Weisungspflicht,
- Sorgfaltspflicht,
- Schweigepflicht,
- Ordnungspflicht

Lernpflicht

Der Auszubildende hat sich zu bemühen die Fertigkeiten und Kenntnisse zu erwerben, die erforderlich sind, um das Ausbildungsziel zu erreichen. Der Auszubildende kann nicht dem Ausbildungsprozess passiv, untätig gegenüberstehen. Er muss durch Selbständigkeit und Interesse seine Lernbereitschaft zeigen, sowie im Rahmen seiner Lernfähigkeit Ausbildungsfortschritte machen. Das Nichtbestehen der Abschlussprüfung ist nicht einem Verweigern der Lernpflicht gleichzusetzen.

Die Lernpflicht beinhaltet auch, dass der Auszubildende außerhalb der Ausbildungszeit sich für berufliche Dinge, für das Erreichen des Ausbildungszieles bemüht, z. B. durch das Lesen von Fachzeitschriften, Besuche von Vortragsveranstaltungen.

Übertragbar ist die Lernpflicht auch auf die anderen Lernorte, Schule und überbetriebliche Ausbildungsstätte, an deren Maßnahmen der Auszubildende teilzunehmen hat, wenn er dafür freigestellt wurde. Übertragbar ist die Lernpflicht auch auf die anderen Lernorte, Schule und überbetriebliche Ausbildungsstätte, an deren Maßnahmen der Auszubildende teilzunehmen hat, wenn er dafür freigestellt wurde.

Verstöße gegen die Lernpflicht, wie z. B. regelmäßiges Zuspätkommen, Fehlen ohne Entschuldigung, können als Gründe für eine Kündigung dienen.

Weisungspflicht

Der Auszubildende hat den Weisungen zu folgen, die ihm erteilt werden im Rahmen der Berufsausbildung vom Ausbildenden, vom Ausbilder oder von anderen weisungsberechtigten Personen, soweit diese als weisungsberechtigt bekannt gemacht worden sind (z. B. Vorarbeiter, Gehilfe, Facharbeiter). Auch Weisungen, die der Erziehung des Auszubildenden dienen, sind zu befolgen. In soweit ist die Weisungsgebundenheit des Auszubildenden stärker als die des Arbeitnehmers zum Arbeitgeber.

Auf schriftliche Anweisungen, wie z. B. die Hausordnung, Unfallverhütungsvorschriften oder die Betriebsordnung sowie festgelegte Regeln der Betriebsorganisation, wie z. B. Maschinen- oder Gerätehandhabung sind vom Auszubildenden zu beachten.

Sorgfaltspflicht

Der Auszubildende verpflichtet sich, die ihm anvertrauten Pflanzen, Tiere, Geräte, Maschinen und sonstige betriebliche Ausbildungsmittel und Einrichtungen pfleglich zu behandeln und nur zu den ihm aufgetragenen Arbeiten zu verwenden.

Beschädigt der Auszubildende die zur Verfügung gestellten Ausbildungsmittel, Karosserieschaden am Schlepper beim Rangieren, so haftet er nur, wenn er vorsätzlich oder grob fahrlässig gehandelt hat. Nach der derzeitigen Rechtsprechung ist die Sorgfaltspflicht eines Auszubildenden geringer zu bemessen als die eines Arbeitnehmers. Handelt der Auszubildende normal fahrlässig, ist der Schaden auf den Ausbildenden und den Auszubildenden zu verteilen. Beim Vorlegen von geringer Fahrlässigkeit, haftet der Auszubildende nicht.

Schweigepflicht

Der Auszubildende hat über Betriebs- und Geschäftsgeheimnisse, wie z. B. Preise, Bilanzen, Erfindungen Stillschweigen zu bewahren. Außerdem macht er sich strafbar, wenn er derartige Informationen aus Eigennutz, um dem Ausbilder zu schaden oder aus Wettbewerbsgründen an Andere weitergibt.

Als Pflichtverletzung wird in diesem Zusammenhang zuweilen die Übernahme betrieblicher Daten in das Berichtsheft gesehen. Diese dienen jedoch Ausbildungszwecken, insbesondere um dem Auszubildenden einen notwendigen Einblick in die betrieblichen Zusammenhänge (Leistungen, Kosten, Betriebsorganisation) zu gewähren. Da der Auszubildende das Berichtsheft anderen Personen vorlegen muss, z. B. Erziehungsberechtigten, Mitgliedern des Prüfungsausschusses oder dem Ausbildungsberater, kann hier von einer Verletzung der Stillschweigepflicht nicht gesprochen werden.

Ordnungspflicht
Die Ordnungspflichten des Auszubildenden ergeben sich weniger aus Vorschriften des Berufsbildungsgesetzes als vielmehr aus Vereinbarungen des Berufsausbildungsvertrages, die folgendes vorsehen können:
- das Berichtsheft ordnungsgemäß zu führen und dem Ausbildenden regelmäßig zur Durchsicht und Abzeichnung vorzulegen,
- am Berufsschulunterricht an Prüfungen und anderen Ausbildungsmaßnahmen teilzunehmen, für die der Auszubildende vom Ausbildenden freigestellt wurde,
- beim Fernbleiben vom Betrieb, von der Berufsschule oder von sonstigen Ausbildungsveranstaltungen dem Ausbildenden unter Angabe der Gründe unverzüglich Nachricht zu geben und ihm bei Krankheit oder Unfall spätestens am 3. Tag eine ärztliche Bescheinigung zuzuleiten,
- bei Jugendlichen sich vor Beginn der Ausbildung ärztlich untersuchen sowie vor Ablauf des 1. Ausbildungsjahres nachuntersuchen zu lassen und die Bescheinigungen hierüber dem Ausbildenden vorzulegen,
- bei einer Aufnahme in die häusliche Gemeinschaft des Ausbildenden die Hausordnung einzuhalten.

2.3 Auszubildende im Betrieb einführen

2.3.1 Einführung

„Fühlte mich wie ins kalte Wasser gestoßen."
„Wusste gar nicht, was ich machen sollte."
„Wäre am liebsten gleich wieder nach Hause gegangen."

So oder ähnlich dürfte der erste Ausbildungstag vom neuen Mitarbeiter nicht beurteilt werden. Viele Gründe sprechen dafür, beim Einführen neuer Kollegen mitarbeiterorientiert vorzugehen. Damit der Neuling sich schnell mit dem Betrieb identifiziert, sollte er einen guten ersten Eindruck gewinnen. Der Zeitaufwand und die Kosten für das Bewerbungsverfahren (z. B. Anzeigen) sollten nicht umsonst ausgegeben worden sein. Je eher sich der neue Auszubildende im Betrieb zurechtfindet und wohl fühlt, je eher wird er die Anforderungen seines neuen Arbeitsumfeldes erfüllen.

Zunächst hat der Ausbilder die Pflicht, den Neuling den alten Mitarbeitern vorzustellen. Es muss für den neuen Mitarbeiter klar werden, welche Befugnisse er bekommt und welche Arbeitsbereiche sowie Kompetenzen (Zuständigkeiten, Weisungsbefugnisse) die Kollegen inne haben. Der Ausbilder hilft ihm, sich in der Gruppe der Mitarbeiter einzugewöhnen, oder dass er von der Übertragung sog. „Schmutzarbeit" oder Hilfsdienste im Übermaß verschont bleibt. Bei der Vorstellung könnte auch abgeklärt werden, an wen sich der Neuling bei Problemfragen zu wenden hat.

Zur Einführung gehört auch eine umfangreiche Betriebsbesichtigung. Geschichte, Struktur, Größe, Lage, Betriebszweigvielfalt, Maschinenausstattung etc. des Betriebes werden vom Vorgesetzten gezeigt. Der Auszubildende erfährt dabei, worauf der Ausbilder besonderen Wert legt. Er erhält einen Gesamtüberblick und kann sich schneller im Betrieb zurechtfinden.

Vor der Einarbeitung ist der Neuling über allgemeine, organisatorische Maßnahmen zu informieren. Hierzu zählen beispielsweise:

Auszubildende im Betrieb einführen 61

Leitfaden „Der erste Tag"

- Machen Sie sich Notizen für das Begrüßungsgespräch
- Erstellen Sie einen Einarbeitungsplan, in dem definiert wird, welche Themenfelder wann und durch wen erläutert werden sollen. Vertrauensperson einbeziehen.
- Vermeiden Sie, den ersten Tag / Arbeitsbeginn auf einen hektischen Zeitpunkt zu legen.
- Sensibilisieren Sie Ihre Mitarbeiter für die Lage des neuen Mitarbeiters.

- Führen Sie unmittelbar nach Ankunft des Neuen das Begrüßungsgespräch.
- Erläutern Sie nochmals kurz die Betriebsstruktur, die Unternehmenskultur, das Arbeitsfeld und die Erwartungen, die Sie an den Neuen stellen.
- Fordern Sie den neuen Mitarbeiter auf, Fragen, Erwartungen und Eindrücke zu äußern.
- Übergeben Sie die wichtigsten Informationen schriftlich, falls sie nicht bereits mit dem Ausbildungsvertrag ausgehändigt wurden.
- Stellen Sie den Neuen allen Mitarbeitern vor.
- Führen Sie den neuen Mitarbeiter durch den Betrieb, erläutern Sie seine ersten Einsatzgebiete.
- Vereinbaren Sie gleich zu Beginn einen Termin für ein Feedback-Gespräch.
- Kurze Abend-Nachfrage „Wie war der erste Tag?".

- Ferien- und Pausenregelungen
- Verhalten bei Unfällen und Feuer
- Arbeitsschutz- und Unfallverhütungsmaßnahmen
- Gebrauch betriebseigener Werkzeuge, Fahrzeuge und Maschinen
- Nutzung der Sozial- und Aufenthaltsräume

Diese Informationen, die für alle Mitarbeiter und für einen längeren Zeitraum gelten, werden häufig als Merkblätter (Betriebs- bzw. Hausordnung) ausgehändigt.

2.3.2 Einarbeitung (Probezeit)

Die Einarbeitung selbst sollte schrittweise erfolgen. Im ersten Schritt erhält der Neuling einfache oder Teilaufgaben. Wenn man am neuen Ausbildungsplatz schnell erfolgreich arbeitet, wird man sicherer. Dies hilft Fehler vermeiden, die letztlich für den Betrieb nachteilig sind.

Im zweiten Schritt werden die Aufgaben umfangreicher. Der Auszubildende lernt neben seinem Arbeitsplatz auch die Verbindungen, Zusammenarbeit mit anderen Betriebsteilen kennen.

In der letzten Phase der Einarbeitung stellen die übertragenen Aufgaben den Ausbildungsalltag dar. Der Neuling kann zeigen, dass die Bedingungen des Ausbildungsplatzes ihn nicht überfordern.

Die Einarbeitung sollte mit einem Abschlussgespräch zwischen Ausbilder und Auszubildenden beendet werden. Hierin kann der Ausbilder weitere Hilfen anbieten, beispielsweise zur Arbeitsorganisation oder zum Umgang mit anderen Mitarbeitern. Die Eignung für den gewählten Beruf oder mögliche zukünftige Ausbildungsinhalte könnten Gegenstand des Gespräches sein. Der Auszubildende kann zum Ausdruck bringen, ob sich seine Erwartungen bezüglich Beruf, Ausbildungsplatz oder Betriebsklima erfüllt haben. Diese Einarbeitung in Schritten, die für Ausbilder mit Arbeit und Zeitverlusten verbunden ist, führt jedoch zu einem neuen Mitarbeiter, der sich am Ausbildungsplatz sicher, vom Ausbilder und den Kollegen angenommen und insgesamt im Betrieb wohl fühlt.

3 Ausbildung planen

3.1 Bedingungen analysieren

Die Planung und Durchführung der Ausbildung im Betrieb beginnt mit der Erfassung der Bedingungen und Voraussetzungen der Ausbildung. Die Darstellung (s. Abb. 19) gibt einen Überblick über die wesentlichen Faktoren.

Eine der wichtigsten Voraussetzungen der Ausbildung ist eine gelungene Interaktion (Wechselbeziehung) zwischen dem Ausbilder und dem Auszubildenden. Diese hängt unmittelbar von der Qualität der Beziehung ab, die nicht zuletzt durch die Ausbildungsfähigkeit seitens des Ausbilders und der Lernfähigkeit des Auszubildenden bestimmt wird.

Die betriebliche Ausbildung in der Agrarwirtschaft erfolgt überwiegend am Arbeitsplatz und im Arbeitsprozess. Die Einflüsse, die auf das Lernen am Arbeitsplatz einwirken, lassen sich in die betrieblichen Rahmenbedingungen und die Bedingungen der speziellen Arbeitssituation einteilen.

Die betrieblichen Rahmenbedingungen umfassen die regionale Eingliederung des Betriebes, die Produktionsstruktur, die Betriebsgröße, den Arbeitskräftebesatz sowie die betriebliche Ausstattung.

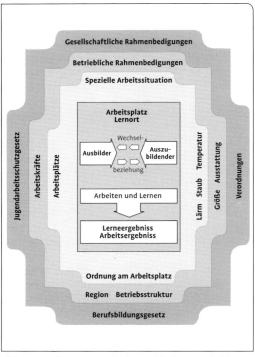

Abb.19 Bedingungen der betrieblichen Ausbildung

Ein Landwirtschaftsmeister aus dem Rheinland, der die Leitung eines großen landwirtschaftlichen Betriebes in Mecklenburg-Vorpommern angetreten hat, möchte in diesem Betrieb ausbilden. Er hat sich zum Ziel gesetzt seine Auszubildenden ihren Anlagen gemäß so für den Beruf zu qualifizieren, dass sie zukünftig selbstständig und selbstverantwortlich handeln können. Den in seinem neuen Wirkungsfeld vorzufindenden Bedingungen möchte er dabei Rechnung tragen. Zur Umsetzung seiner Ziele in der betrieblichen Ausbildung bedarf es einer zielgerichteten Planung für eine erfolgreiche Durchführung. Er sucht Antworten auf die Fragen:

- Welche für die Ausbildung bedeutsamen Bedingungen liegen vor und wie wirken sie sich aus?
- Welche Ausbildungsziele müssen erreicht werden?
- Welche Voraussetzungen, die durch die Entwicklung im Jugendalter bedingt werden, muss ich beachten?

Die Bedingungen der speziellen Arbeitssituation bestimmen das Umfeld für die Ausbildung am Arbeitsplatz. Aus der großen Anzahl wirksamer Faktoren seien einige genannt, z. B. Lärm, Staub, Hitze, Arbeitsbelastung, Ordnung am Arbeitsplatz, Gefahrenstellen.

Die Bedingungen des Lernortes Arbeitsplatz werden mit folgenden Fragen erkundet:
- Welche Tätigkeiten des Betriebes eignen sich für das Lernen am Arbeitsplatz überhaupt?
- Ist Erfahrungslernen am Arbeitsplatz ohne wirtschaftliches und gesundheitliches Risiko möglich?
- Wie hoch ist der Umfang ausbildungsfremder Tätigkeiten?
- Welche Hilfsmittel stehen für das Lernen am Arbeitsplatz zur Verfügung?
- Lassen sich weitere Lernortbereiche wie eine Lehr-/Lernwerkstatt oder Lehr-/Lernecke im Betrieb nutzen oder einrichten?
- Welchen technischen Ausstattungsstandard hat der Arbeitsplatz? Wirkt der Technisierungsgrad lernförderlich?
- Lässt die Tätigkeit am Lernort Arbeitsplatz noch den Blick auf den Gesamtzusammenhang zu (Spezialisierung/Mechanisierung)?
- Wie viel Zeit steht zur Verfügung, um am Arbeitsplatz und im Lernprozess lernen zu können?
- In welche Arbeitsabschnitte können die Tätigkeiten/Arbeitsaufgaben gegliedert werden (Arbeitsvorbereitung, Durchführung, Kontrolle)?
- Welche Qualifikationen sind für die Tätigkeit notwendig? Welche Informationen müssen noch gegeben werden?

Die Kenntnis der Beschaffenheit des Lernortes ermöglicht es zu entscheiden, wie viele Lernpotenziale und Lernvorteile der Lernort bietet und welche Kompetenzen vermittelt werden können.

Wegen des gesellschaftlichen Interesses wurden rechtliche Rahmenbedingungen (Kapitel 1.4) geschaffen, die die betriebliche Ausbildung mit Hilfe von Ordnungsmitteln regeln und Ziele vorgeben. Die Ordnungsmittel für Berufe des Agrarbereiches sind u. a. das Berufsbildungsgesetz und die jeweiligen Ausbildungsverordnungen.

Die Verordnungen über die Berufsausbildung fordern nach § 6, für den Auszubildenden einen betrieblichen Ausbildungsplan zu erstellen. Dieser Ausbildungsplan soll gewährleisten, dass die Fertigkeiten und Kenntnisse, die das Ausbildungsberufsbild bestimmt, in der zur Verfügung stehenden Ausbildungszeit erworben werden können. Die Grundlage für den betrieblichen Ausbildungsplan liefert der Ausbildungsrahmenplan.

Der Ausbildungsrahmenplan gliedert die Inhalte des Ausbildungsberufsbildes unter sachlichen Gesichtspunkten und ordnet sie zeitlich in den Ausbildungsablauf ein, sachliche und zeitliche Gliederung. Betrachtet man die sachliche Gliederung näher, so ist festzustellen, dass die Fertigkeiten und Kenntnisse nach Inhalt und Verhalten/Können beschrieben sind. Durch die Verknüpfung des Ausbildungsinhaltes mit solchen Verben, die das Verhalten beschreiben (Lernziele), soll dem Ausbilder die Hilfe zuteil werden, leichter eine Entscheidung über die Art und Weise der Vermittlung (Methode) zu treffen (s. Tab. 9).

Inwieweit die Formulierungen geeignet sind, den Anstoß für Methoden zur Vermittlung fachübergreifender Kompetenzen (Schlüsselqualifikationen) geben zu können, muss sich zeigen.

Die zeitliche Gliederung teilt – nach Ausbildungsjahren aufgeschlüsselt – die zu vermittelnden Fertigkeiten und Kenntnisse in einen zeitlichen Ablauf ein. Hierdurch wird es dem Ausbilder erleichtert, die erforderlichen Schwerpunkte in der Ausbildung zu setzen.

Tab. 9 Beispiel (Bezug: Ausbildungsverordnung Gärtner/Gärtnerin)

	Inhalt	Verhalten
4. Böden, Erden und Substrate (§ Abs. 1 Nr. 1)	Bodenbestandteile und Bodenarten	Bestimmen Verwenden
	Erde und Substrate	

Tab. 10 Ausbildungsplan

Darstellung 2: Ausbildungsplan (Auszug)	Die Berufsausbildung zum Landwirt / zur Landwirtin dauert drei Jahre.
Verzeichnis der Berufsausbildungsverhältnisse VZ BAV-Nr.	Sie gliedert sich in eine
	einjährige berufliche Grundbildung und eine
Ausbildungsplan	zweijährige berufliche Fachbildung.
für	
_____	Die **berufliche Grundbildung** erfolgt im Betrieb und durch den Besuch der Unterstufe der Berufsschule.
in der Ausbildungsstätte	
1.	Bei nur zweijähriger Dauer der Ausbildung sind die Inhalte der beruflichen Grundbildung zusätzlich im ersten Halbjahr der Ausbildung zu vermitteln.
_____	
2.	Die **berufliche Fachbildung** umfasst eine zweijährige Ausbildung im Betrieb und den Besuch der Mittel- und Oberstufe der Berufsschule.
_____	
3.	Der Ausbildungsplan ist sachlich und zeitlich gegliedert. Die sachliche Gliederung entspricht dabei dem Text der Verordnung über die Berufsausbildung zum Landwirt / zur Landwirtin vom 31. Januar 1995.
_____	
Verordnung über die Berufsausbildung zum Landwirt / zur Landwirtin vom 31. Januar 1995 – Bundesgesetzblatt 1995 – Teil I S. 168	
§ 6 Ausbildungsplan Der Ausbildende hat unter Zugrundelegung des Ausbildungsrahmenplanes für den Auszubildenden einen Ausbildungsplan zu erstellen.	Die Ausbildungsinhalte sind verbindlich. Können diese im Ausbildungsbetrieb nicht vermittelt werden, ist durch entsprechende Ausbildungsmaßnahmen außerhalb der Ausbildungsstätte oder durch einen zielgerichteten Wechsel des Ausbildungsbetriebes dafür Sorge zu tragen, dass die Ausbildungslücken geschlossen werden.
Dieser Ausbildungsplan ist vom Auszubildenden im Berichtsheft aufzubewahren.	Es reicht nicht aus, zu Beginn der Berufsausbildung festzulegen, wann die Fertigkeiten und Kenntnisse vermittelt werden sollen. Es ist auch in die Verantwortung von Ausbilder und Auszubildenden gestellt, zu verfolgen und in der letzten Spalte zu notieren, ob die Vermittlung tatsächlich erfolgte.

Abschnitt I: Berufliche Grundbildung im ersten Ausbildungsjahr					
sachliche Gliederung				zeitliche Gliederung	vermittelt
Lfd. Nr.	Teil des Ausbildungsberufsbildes		Fertigkeiten und Kenntnisse, die unter Einbeziehung selbstständigen Planens, Durchführens und Kontrollierens zu vermitteln sind	Zeitraum	
1	der Ausbildungsbetrieb, betriebliche Zusammenhänge und Beziehungen (§ 4 Nr. 1) Zeitrahmen: 2–4 Monate		Zu vermitteln unter Einbeziehung der Berufsbildpositionen: • Abwickeln von Geschäftsvorgängen und Erfassen marktwirtschaftlicher Zusammenhänge • Pflanzenproduktion • Tierproduktion		
1.1	Aufbau und Organisation des Ausbildungsbetriebes (§ 4 Nr. 1.1)		a) Standort, Aufbau und Aufgaben des Ausbildungsbetriebes erläutern b) Ausstattung des Ausbildungsbetriebes beschreiben c) betriebliche Erzeugung und Dienstleistung, Bezugs- und Absatzwege und -formen beschreiben d) Beziehungen des Ausbildungsbetriebes und seiner Beschäftigten zu Wirtschaftsorganisationen, Berufsvertretungen, Gewerkschaften und Verwaltungen nennen		
1.2	Berufsbildung (§ 4 Nr. 1.2)		a) Bedeutung des Ausbildungsvertrages, insbesondere Abschluss, Dauer und Beendigung, erklären b) gegenseitige Rechte und Pflichten aus dem Ausbildungsvertrag nennen c) Möglichkeiten der beruflichen Fortbildung nennen d) Informationen für die eigene berufliche Fortbildung einholen		
1.3	Mitgestalten sozialer Beziehungen innerhalb und außerhalb des Betriebes (§ 4 Nr. 1.3)		a) soziale Beziehungen im Betrieb und im beruflichen Einwirkungsbereich mitgestalten b) bei der überbetrieblichen Zusammenarbeit mitwirken c) Aufgaben der landwirtschaftlichen und kommunalen Verwaltung beschreiben d) bei der Zusammenarbeit mit berufsständischen Organisationen, Gewerkschaften u. Verwaltungen mitwirken e) für den Ausbildungsbetrieb wichtige Geschäftspartner nennen f) Bedeutung beruflicher Wettbewerbe und landwirtschaftlicher Veranstaltungen begründen		
…	…		…		

Zur Planung des Ausbildungsverlaufes bietet er weniger Unterstützung, vor allem in Berufen mit vegetationsabhängiger Produktion (Gartenbau/Landwirtschaft). Hier sind naturgegeben die Ausbildungsmaßnahmen in den Verlauf des Wirtschaftsjahres einzupassen (s. a. betrieblicher Ausbildungsplan gemäß § 6 der Verordnung).

Das Beispiel eines Ausbildungsplanes (s. Tab. 10) stammt aus der Verordnung über die Berufsausbildung zum Landwirt/zur Landwirtin.

Ausbilder und Auszubildender legen den Zeitraum fest, währenddessen bestimmte Kenntnisse und Fertigkeiten erarbeitet werden sollen und dokumentieren dieses als „vermittelt" nach Beendigung des Ausbildungsabschnittes. Die betriebliche Ausbildungsplanung ist nicht unproblematisch, da viele „Störgrößen" nicht rechtzeitig erfassbar sind (z. B. Krankheit des Ausbilders, betriebliche Engpässe usw.); dennoch erfüllt sie Aufgaben, die zur Professionalisierung der Ausbildung beitragen und hilft dabei, Vorkehrungen für eine ordnungsgemäße Ausbildung rechtzeitig zu treffen, z. B.
- die Beschaffung von Ausbildungshilfen (Medien)
- die Vorbereitung des Lernortes „Arbeitsplatz"
- die Information der Auszubildenden und anderer Beteiligter
- die Abstimmung mit anderen Lernorten (überbetriebliche Ausbildungszentren, Schule)
- die Planung der Ausbildung nach pädagogischen Grundsätzen (z. B. vom Leichten zum Schweren, vom Einfachen zum Komplizierten, oder nach dem Prinzip der Handlungsorientierung).

3.2 Ausbildungsziele entwickeln

Ausbilden ist absichtsvolles Handeln und ohne Zielsetzungen nicht denkbar! Die Ausbildungsziele bestimmen die Ausbildungsmethode, die Lernhilfen sowie die Struktur und die Qualität der Wechselbeziehung zwischen Ausbilder und Auszubildendem. Die Zielsetzungen in der beruflichen Ausbildung richten sich im Wesentlichen nach dem gesellschaftlich und betrieblich Wünschenswerten aus. Zielsetzungen sind das Ergebnis einer Entscheidung, die von Einzelnen oder Gruppen getroffen und von diesen getragen werden. Demnach sind Zielsetzungen Übereinkünfte zwischen Menschen, die sich über ihre Zielvorstellungen verständigen. Die möglichen Auswirkungen unterschiedlicher Zielsetzungen auf die Ausbildungssituation zeigt das Beispiel.

Beispiel: Am Getreideacker

Zwei Gesprächsskizzen

A: Der Ausbilder deutet auf auffällige Beikräuter, benennt einige und stellt fest: „Wir müssen spritzen! Die Mittel sind bestellt! Hole sie bei der Genossenschaft ab. Ich helfe dir morgen früh, wenn das Wetter hält, die Spritzbrühe anzusetzen. Du darfst dann selbst fahren und den Ackerschlag „In der Grüne" bearbeiten."

B: Der Ausbilder sagt nachdenklich: „Das sieht nicht gut aus! Sind das schon zu viele Beikräuter? Einige erkenne ich noch gar nicht genau. Ich bin mir nicht sicher, müssen wir behandeln?"

Auszubildender: „Weiß ich auch nicht?"

Ausbilder: „Na gut, wir haben zwei Tage Zeit, um das herauszubekommen. Versuche es mal! Sammele die nötigen Informationen und schlage mir vor, was zu tun ist. Wir sprechen darüber und beschließen dann unsere weitere Vorgehensweise."

Die beiden Ausbildungssituationen unterscheiden sich durch den Gesprächsverlauf und durch ihre Wirkung auf das Lernverhalten des Auszubildenden.

Im Gespräch A werden die Teilschritte des Handlungsverlaufes vorgegeben, der Gesamtablauf der Handlung „steckt" im Kopf des Ausbilders. Der Auszubildende übernimmt die Rolle des Ausführenden, der einen Teilbereich gewissenhaft und zuverlässig zu erledigen hat.

Im Gesprächsverlauf B sieht sich der Auszubildende mit einer Frage konfrontiert. Ihm wird keine schnelle Lösung offenbart, sondern er sieht sich vor ein komplexes Problem gestellt. Dieses muss er im Zusammenhang erfassen, sein Vorgehen planen und Entscheidungen treffen. Der Auszubildende hat die Rolle des „befragten Partners", der Teilverantwortung übernehmen kann und die Chance erhält, kreativ und selbstständig zu handeln.

In der betrieblichen Ausbildung entwickeln sich solche Verläufe nicht zufällig, sondern sind das Ergebnis von Zielsetzungen. Die Formulierung solcher Zielsetzungen erfordert eine gewisse Fachsprache. Die folgenden Abschnitte geben Antworten auf die Fragen:
- Welchen Bedeutungsinhalt haben die Begriffe Qualifikation, Kompetenz, Lernziel, Kenntnisse, Fertigkeiten und Fähigkeiten?
- Wie formuliert man ein Lernziel?
- Wie bestimmt man den Schwierigkeitsgrad von Lernzielen?

3.2.1 Unterschiedliche Zielbegriffe

In den Ausbildungsordnungen wird der Begriff Qualifikation nur als Eigenschaftswort („qualifizierte ...") verwendet. Eine Qualifikation ist die Gesamtheit an Kenntnissen, Fertigkeiten, Fähigkeiten und Verhaltensmustern, die in Bildungs- und Erziehungsprozessen von den Menschen erworben werden. Die beruflich erforderlichen Qualifikationen sind im Ausbildungsrahmenplan in Form von Fertigkeiten und Kenntnissen zusammengestellt. Es handelt sich um die Anforderungen, die der Auszubildende am Arbeitsmarkt erfüllen muss. Dieses gesellschaftliche Tauschmuster für eine Person nennt man Beruf.

Die vom Ausbildungsrahmenplan geforderten Ziele werden immer nur in einer konkreten betrieblichen Situation gelernt. Auf Grund der zunehmenden Geschwindigkeit technischer Erneuerung muss davon ausgegangen werden, dass das in der Ausbildung Gelernte schon nach den ersten Berufsjahren veraltet ist.

Auf Grund dieser Entwicklung steht die betriebliche Ausbildung in dem Dilemma, die Jugendlichen für zukünftige Aufgaben qualifizieren zu müssen, ohne genau zu wissen, welche Qualifikationen in der Zukunft benötigt werden. Die Suche nach solchen Qualifikationen führte zu den Schlüsselqualifikationen. Damit wurde seit 1974 (Mertens) versucht, als Antwort auf die Anforderungen des Arbeitsmarktes der Zielsetzung für berufliche Bildung eine neue Richtung zu geben.

Schlüsselqualifikationen sind solche Kenntnisse, Fähigkeiten und Fertigkeiten, die sich nicht nur auf eine einzelne Arbeitsfunktion beziehen, sondern die den Einzelnen befähigen, den Veränderungen der Arbeitswelt gewachsen zu sein (überberufliche Qualifikation).

Durch die Beschreibung von Ausbildungszielen durch Schlüsselqualifikationen strebt man drei Ziele an:
1. Bildung derartig zu gestalten, dass ein Maximum an lang wirksamer Übertragung (Transfer) des Gelernten möglich wird.
2. Die Person mit ihrer Persönlichkeit in den Mittelpunkt der Bildungsarbeit zu stellen.
3. Solche Fähigkeiten zu formen, die den Menschen in die Lage versetzen, jederzeit konkrete Handlungen neu und situationsgerecht durchzuführen.

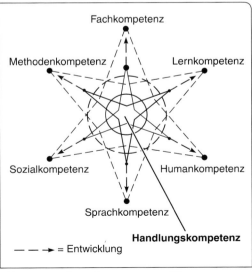

Abb. 20 Handlungskompetenz und ihre Komponenten

Tab. 11 Schlüsselqualifikation mit wesentlichen Einzelqualifikationen (Siemens)

Dimension	I Organisation und Ausführung der Übungsaufgabe	II Kommunikation und Kooperation	III Anwenden von Lerntechniken und geistigen Arbeitstechniken	IV Selbständigkeit und Verantwortung	V Belastbarkeit
Zielbereich	Arbeitsplanung, Arbeitsausführung, Ergebniskontrolle	Verhalten in der Gruppe, Kontakt zu anderen, Teamarbeit	Lernverhalten, Auswerten und Weitergeben von Informationen	Eigen- und Mitverantwortung bei der Arbeit	Psychische und physische Beanspruchung
Wesentliche Einzelqualifikationen	Zielstrebigkeit Sorgfalt Genauigkeit Selbststeuerung Selbstbewertung Systematisches Vorgehen Rationelles Arbeiten Organisationsfähigkeit Flexibles Disponieren Koordinationsfähigkeit	Schriftliche und mündliche Ausdrucksfähigkeit Sachlichkeit in der Argumentation Aufgeschlossenheit Kooperationsfähigkeit Einfühlungsvermögen Integrationsfähigkeit Kundengerechtes Verhalten Soziale Verantwortung Fairness Hilfsbereitschaft	Weiterbildungsbereitschaft Einsatz von Lerntechniken Verstehen und Umsetzen von Zeichnungen und Schaltplänen Analogieschlüsse ziehen Formallogisches Denken Abstrahieren Vorausschauendes Denken Transferfähigkeit Denken in Systemen, z. B. in Funktionsblöcken Umsetzen von theoretischen Grundlagen in praktisches Handeln Problemlösendes Denken Kreativität	Mitdenken Zuverlässigkeit Selbstdisziplin Qualitätsbewusstsein Sicherheitsbewusstsein Eigene Meinung vertreten Umsichtiges Handeln Initiative Entscheidungsfähigkeit Selbstkritikfähigkeit Erkennen eigener Grenzen und Defizite Urteilsfähigkeit	Konzentrationsfähigkeit Ausdauer Aufmerksamkeit Umstellungsfähigkeit

Der Begriff Schlüsselqualifikation und das damit verbundene Bild der Qualifikation als „Goldener Schlüssel" für den Beruf erfreut sich recht großer Beliebtheit, auch wenn die vielen Versuche, Schlüsselqualifikation systematisch zu erfassen und einzuordnen, bisher nur eingeschränkt gelungen sind (s. Tab. 11).

Das Konzept der Schlüsselqualifikation wird kritisiert. Es betont vermeintlich eher die arbeitsmarktorientierten Interessen als die Bildungsinteressen des Einzelnen.

Hier greift der Begriff der Kompetenz an. Dieser umfasst die Fähigkeiten zur Bewältigung von Berufs- und Lebenssituationen aus der Sicht des einzelnen Menschen. Er hebt

Tab. 12 Bedeutung von Kompetenzbereichen

Kompetenzbereich	bedeutet	ist erforderlich für … a) … von Vorgängen, Prozessen und Abläufen im Betrieb bzw. b) … in Vorgängen, Prozessen und Abläufen im Betrieb
Sozialkompetenz	• Gedanken • Gefühle • Einstellungen wahrnehmen können	• Menschenführung • Kommunikation • Entwicklung von Gesellschaften • Persönlichkeitsentwicklung **in** (b)
Lernkompetenz	• lernstrategisches Wissen besitzen • „Lernwissen" situationsgerecht einsetzen können • zum lebenslangen Lernen bereit sein	• Gestaltung • Steuerung • Untersuchung • Absicherung **von** (a)
Humankompetenz	• realistisches Selbstbild haben • der eigenen Überzeugung gemäß handeln können • zur sozialen Verantwortung bereit sein	• Menschenführung • Kommunikation • Entwicklung von Gesellschaften • Persönlichkeitsentwicklung **in** (b)
Fachkompetenz	• fachliches Wissen besitzen • fachliches Wissen situationsgerecht umsetzen können • zum fachlichen Engagement bereit sein	• Gestaltung • Steuerung • Untersuchung • Absicherung **von** (a)
Methodenkompetenz	• Wissen, welcher Weg einzuschlagen ist • diesen Weg gehen können • bereit sein, diesen Weg zu gehen	• Gestaltung • Steuerung • Untersuchung • Absicherung **von** (a)
Sprachkompetenz	• Gedanken, Gefühle, Einstellungen sprachlich ausdrücken können • neue Sinnzusammenhänge selbst herstellen können • zur sprachlichen Verständigung bereit sein	• Gestaltung • Steuerung • Untersuchung • Absicherung **von** (a) **und** • Menschenführung • Kommunikation • Entwicklung von Gemeinschaften • Persönlichkeitsentwicklung **in** (b)

nicht auf „äußeres" Handeln bei gegebenen Aufgabenstellungen ab, sondern bezieht den Menschen als selbst bestimmtes Wesen (Subjekt) mit ein.

Handlungskompetenz als Ziel von Bildung betrifft die Fähigkeit und Bereitschaft, in Situationen der beruflichen, öffentlichen und privaten Lebensbereiche sach- und fachgerecht, persönlich durchdacht und in gesellschaftlicher Verantwortung zu handeln, d. h. anstehende Probleme auf der Basis geeigneter Handlungsschemata selbstständig zu lösen, die gefundenen Lösungen zu bewerten und das Repertoire der Handlungsschemata weiterzuentwickeln (BADER, 1990).

Handlungskompetenz erstreckt sich über alle Dimensionen menschlichen Verhaltens und entwickelt sich ganzheitlich. Didaktisch kann es sinnvoll sein, sie analytisch in Komponenten zu zerlegen (Abb. 20).

Fachkompetenz ist das Ziel des Lernens geistiger (kognitiver) Fähigkeiten und motorischer Fertigkeiten die u. a. in den Ausbildungsordnungen festgeschrieben sind.

Sozialkompetenz ist das Ziel eines sozialkommunikativen Lernens, das u. a. zur Zusammenarbeit (Kooperation) und Verständigung (Kommunikation) befähigt.

Humankompetenz ist das Ziel eines affektivethischen (emotionalen) Lernens, das u. a. zu selbstverantwortlichem Handeln und zur Entfaltung der Persönlichkeit anleitet.

Innerhalb dieser Kompetenzbereiche entfaltet sich die Lern-, Methoden- und Sprachkompetenz. Diese bestimmen, wie in den oben genannten Kompetenzbereichen gehandelt wird.

Lernkompetenz ist das Ziel eines analytischen Lernens, bei dem Lernstrategien und -techniken entwickelt werden.

Methodenkompetenz ist das Ziel methodisch-problemlösenden Lernens, das zu zielgerichtetem, planmäßigem Bearbeiten beruflicher Aufgaben befähigt.

Sprachkompetenz ist das Ziel eines kommunikativen Lernens, welches befähigt, fachliche, soziale und persönliche Sachverhalte darzustellen und neue Sinnzusammenhänge selbst herzustellen (s. a. Tab. 12; Bedeutung von Kompetenzbereichen).

Abb. 21 Berufspädagogische Leitbegriffe (SELBACH/SCHNEFEL-SELBACH 1992)

In den Ausbildungsverordnungen werden die für den Beruf erforderlichen Qualifikationen als Kenntnisse und Fertigkeiten beschrieben.

Kenntnisse werden bei jeder Art sinnvollen Verhaltens (Handlungen) benötigt. Dieses Wissen umschließt neben konkretem, unmittelbar mit der Handlung verbundenem Wissen auch das so genannte Hintergrundwissen, das den Gesamtzusammenhang, in dem die Handlung steht, erschließen kann.

Unter Fertigkeiten fasst man eine teilweise automatisierte Handlung oder Handlungsfolge, die durch Übung gefestigt wird. Erlernte Fertigkeiten zeichnen sich durch eine gewisse Automatisierung aus, denn sie können ohne ständig bewusste Steuerung und Kontrolle vollzogen werden.

Die Fähigkeiten eines Menschen umfassen die Gesamtheit der Merkmale (Wissen, Können, Einstellungen), die eine Bedingung für die Bewältigung einer bestimmten Aufgabe sind.

Die Abb. 21 vermittelt einen Überblick über berufspädagogische Leitbegriffe.

3.2.2 Zielformulierung

Die Zielformulierungen der Ausbildungsberufsbilder und Ausbildungsrahmenpläne geben für denjenigen, der das Ausbilden erlernt, wenig ummittelbar Umsetzbares für die Gestaltung der Ausbildungsabschnitte her. Da der Erfolg des Ausbildens von eindeutigen Zielsetzungen abhängt, benötigt der Ausbilder die Fähigkeit, Ausbildungsziele zu formulieren. Die Methode der Lernzielformulierung setzt Wissen darüber voraus
- was ein Lernziel ist,
- welchen Zweck die genaue Erfassung verfolgt und
- wie man Lernziele so genau beschreibt, dass man anderen seine Vorstellungen verständlich machen kann.

Ein Lernziel ist eine sprachliche Vorstellung von den durch Ausbildung oder andere Lehrveranstaltungen zu bewirkenden Verhaltensänderungen eines Auszubildenden.

Je nachdem aus welcher Richtung man Ausbildungsziele betrachtet, spricht man vom Lehrziel (Sicht des Ausbilders) oder vom Lernziel (Sicht des Auszubildenden). Es ist davon auszugehen, dass trotz der vorgegebenen Zielsetzungen durch die Ausbildungsordnungen, sich die Zielvorstellungen der Partner in der Ausbildung unterscheiden.

3.2.3 Schwierigkeitsgrade von Zielen

Im Ausbildungsrahmenplan werden die Ausbildungsziele unabhängig vom Schwierigkeitsgrad aufgeführt. Um den Ausbildungsprozess methodisch entsprechend dem Vermögen des Auszubildenden entwickeln zu können, muss der Schwierigkeitsgrad von Lernzielen bestimmt werden.

Beispiel:

Welches Lernziel (welcher Lernprozess) ist als schwieriger einzustufen?
a. Berufliche Fortbildungsgänge nennen
b. Wesentliche Bestimmungen der für den Ausbildungsbetrieb geltenden Tarifverträge nennen
c. Erntegut bergen und transportieren
d. Pflanzenbestände in der Grünlandwirtschaft für die Bestandsführung und -verbesserung beurteilen

Zur Beurteilung des Schwierigkeitsgrades eines Lernzieles greift man sowohl auf die Sachinhalts- als auch auf die Verhaltenskomponente zurück.

Der Schwierigkeitsgrad ergibt sich zunächst aus dem Sachverhalt. Dieser ist abhängig von der Informationsmenge und -vernetzung (Abb. 22). Je umfangreicher (Breite / Tiefe) und vernetzter ein Sachverhalt angelegt ist, desto schwieriger ist die Verarbeitung der Information. Über die Schwierigkeit des Sachinhaltes gibt eine Sachanalyse Aufschlüsse.

Die Schwierigkeit eines Lernzieles hängt zum anderen von den Tätigkeiten (Verhalten) ab, die im Zusammenhang mit dem Sachinhalt gefordert ist. Solche sind in Lernzieltaxono-

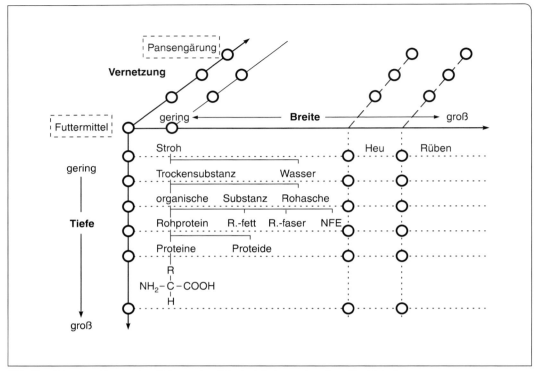

Abb. 22 Skizze zur Veranschaulichung des Schwierigkeitsgrades eines Sachinhaltes (Beispiel: Futtermittel)

mien nach Schwierigkeitsgraden und nach dem Maß der Selbstständigkeit geordnet (siehe folgende Übersichten).

Erläuterung des Beispieles auf Seite 71.

Die Lernziele a) und b) verfügen über die gleiche Verhaltenskomponente. „Nennen" befindet sich auf der untersten Stufe der kognitiven Hierarchie. Hinsichtlich des Sachverhaltes ist das Ziel b) umfangreicher und komplexer, sodass es als schwerer bzw. anspruchsvoller anzusehen ist. Die Einschätzung der Lernziele c) und d) fällt schwerer. Die Tätigkeitskomponenten stammen aus dem psychomotorischen Lernzielbereich, für deren Ausführung man Wissen benötigt (Handlungswissen), dass sehr umfangreich und vernetzt ist.

Mit Hilfe der Taxonomien (Tabellen 13 bis 15) lassen sich Lernziele in eine Rangreihe ordnen und miteinander vergleichen, sie geben aber keine Kriterien dafür, ob Lernziele angemessen und begründet sind.

Tab. 13 Lernzielstufen für kognitive Leistungen

1. Reproduktion von Wissen	Gelerntes wird aus dem Gedächtnis wiedergegeben.
2. Reorganisation von Wissen	Gelerntes wird selbstständig neu geordnet (Verstehen).
3. Transfer	Grundprinzipien des Gelerntes auf neue, ähnliche Aufgaben übertragen (Anwendungen)
4. Problemlösendes Denken	Schöpferisch handeln und Neuleistungen erbringen (Gestalten und Beurteilen)

Tab. 14 Lernzielen für psychomotorische Leistungen (Fertigkeiten)

1. Nachahmen	Bewegungen nachahmen.
2. Lenken	Bewegungen (selbst) steuern.
3. Verfeinern	Bewegungen zunehmend genauer ausüben.
4. Kombinieren	Bewegungen aufeinander abstimmen.
5. Automatisieren	Bewegungen (von selbst) ablaufen lassen.

Tab. 15 Lernstufen affektiver Leistungen

1. Aufmerksam werden	Dinge / Sachverhalte zur Kenntnis nehmen.
2. Reagieren	Willens und bereit sein, sich mit etwas auseinander zu setzen.
3. Werten	Durch eigenes Verhalten zeigen, dass etwas persönlich wertgeschätzt wird.
4. Wertordnung	Eine Rangordnung in bedeutsame Werte bringen
5. Wertverinnerlichung	Nach einer Wertordnung handeln

3.3 Die altersspezifischen Voraussetzungen berücksichtigen

3.3.1 Das Jugendalter im Netz widerstreitender Erwartungen

Mit Beginn des Jugendalters befindet sich der Mensch noch – mehr oder minder – in der Pubertät. Mit der Pubertät, die heutzutage bei vielen Kindern bereits mit 10 bis 12 Jahren beginnt, verbinden sich durchaus berechtigte Vorstellungen von großen körperlichen und psychischen Veränderungen sowie von Konflikten mit den für sie verantwortlichen Erwachsenen. Nach Vollendung des 10. Schuljahres und mit Beginn einer Berufsausbildung müssen die mit der Pubertät verbundenen Probleme allerdings keineswegs vollständig überwunden sein.

Psychologisch, physiologisch und anatomisch stellt die Pubertät die Jugendlichen tatsächlich vor schwierige Herausforderungen. Sie müssen erhebliche körperliche Veränderungen verkraften und sie müssen sich – wenn auch langsam – vom Elternhaus lösen, ohne wirklich unabhängig von Vater und Mutter oder anderen verantwortlichen Erziehern sein zu können. Je nachdem, wie die Pubertätszeit verlief, wie sich das Verhältnis zu den Erwachsenen und insbesondere zu den Eltern entwickelt hat und in welchem weiteren sozialen Umfeld sich der Jugendliche zurechtfinden musste, können sich viele ihrer Probleme bis ins späte Jugend- bzw. Erwachsenenalter hineinziehen.

Mit der Pubertät zusammenhängende psychische und soziale Schwierigkeiten werden von den verantwortlichen Erwachsenen nicht selten schon erwartet, bevor sie überhaupt eingetreten sind. Jeder kennt das (eventuell auch von sich selbst): Wenn eine Person wahrnimmt, dass von ihr erwartet wird, sie sei schwierig, erhöht dies die Wahrscheinlichkeit, dass ihr Verhalten tatsächlich und ungewollt den Erwartungen entspricht und möglicherweise unerhebliche Konflikte oder Probleme unnötigerweise eskalieren. Man nennt dieses Phänomen „self fulfilling prophecies" (sich selbst erfüllende Erwartungen).

Diese Probleme treten dann besonders häufig auf, wenn jemand Vorurteile und Einstellungen unüberlegt übernimmt und auf andere Menschen – in diesem Zusammenhang auf Jugendliche – bezieht. Das wichtigste wirksame Gegenmittel liegt darin, den Jugendlichen möglichst unvoreingenommen zu begegnen, sie ernst zu nehmen, sie wertzuschätzen und zu achten und bereit zu sein, bei entstehenden Schwierigkeiten gemeinsame Lösungen zu finden. Gerade in solchen Situationen kann Kritik notwendig und besonders wichtig sein. Sie sollte sich aber weder im positiven noch im negativen Sinne auf die ganze Persönlichkeit, sondern immer „nur" auf den konkreten Sachverhalt beziehen. Auf diese Weise ist eine Vermeidung oder Milderung von psychischen und zwischenmenschlichen Konflikten sehr viel leichter möglich.

Dies ist zweifellos eine große Herausforderung für die verantwortlichen Erwachsenen. Von Jugendlichen kann eine derartige Deeskalation nur in vergleichsweise geringerem Maße erwartet werden. Zum einen verfügen sie nicht über die gleiche Lebenserfahrung, zum Anderen sind sie als Adressaten von Erziehung und Ausbildung immer auch in hohem Maße unmittelbar emotional betroffen.

Rechtlich ist der Eintritt ins Jugendalter einfacher zu bestimmen:
- Das Jugendalter beginnt mit Vollendung des 14. Lebensjahres. Dann ist sind Jugendliche strafmündig (§ 19 des Strafgesetzbuches / StGB). Wobei allerdings das Jugendgerichtsgesetz (§ 3 / JGG) Anwendung findet.
- Gleichzeitig werden Jugendliche nicht mehr wie ein jüngeres Kind mithilfe besonderer strafrechtlicher Vorschriften aus dem StGB vor Misshandlungen und Missbrauch geschützt.
- Sie sind nun religionsmündig, können eigene Entscheidungen über eine eventuelle Namensänderung treffen und müssen bei Sorgerechtsentscheidungen vor Gericht angehört werden.
- Filmveranstaltungen dürfen entsprechend dem Jugendschutzgesetz bis 22 Uhr besucht werden.

Ab dem vollendeten 14. Lebensjahr kommen jedes Jahr neue Rechte und natürlich auch neue Pflichten hinzu. Auch wenn die so genannte Volljährigkeit mit vollendetem 18. Lebensjahr erreicht ist, tritt die volle strafrechtliche Verantwortlichkeit als Erwachsener im Sinne des § 10 des Strafgesetzbuches (StGB) erst mit dem vollendeten 21. Lebensjahr in Kraft.

3.3.1.1 Jugendliche als „Kind"

Eine der wichtigen Entwicklungsaufgaben, die der Mensch während seiner Jugendzeit zu bewältigen hat, besteht darin, eine möglichst stabile Persönlichkeit zu werden und Klarheit über die eigene Persönlichkeit mit ihren typischen Eigenschaften (Ich-Identität) zu gewinnen. Dabei müssen der Status des „Kind-Seins" aufgegeben und der des Erwachsenen „erarbeiten" werden. Beides ist mit hohen psychologischen und sozialen Anforderungen verbunden:
- Der Lebensraum des Menschen erweitert sich kontinuierlich, sodass die sozialen Kompetenzen immer wieder weiterentwickelt und stabilisiert werden müssen.
- Die familiäre „Wertewelt" wird immer häufiger verlassen, neue und bis dahin unbekannte, z. T. gegensätzliche und widersprüchliche Normen und Werte werden erfahren. Die dadurch entstehenden Konflikte müssen gelöst werden.
- Ein stabiles und tragfähiges Normen- und Wertesystem muss entwickelt werden.
- Die psychische Instabilität und die noch in der Entwicklung befindliche Ich-Identität können die Konzentrationsfähigkeit und damit auch die Lernfähigkeit der Jugendlichen vorübergehend beeinträchtigen. Die daraus sich entwickelnden Frustrationen und Enttäuschungen müssen verarbeitet werden.
- Mit der Ich-Identität des Menschen sind sein Selbstwertgefühl und sein Selbstvertrauen eng verbunden. Beides muss weiterentwickelt werden und ist notwendig für die Entwicklung neuer stabiler und achtsamer zwischenmenschlicher Beziehungen.

Werden diese Aufgabe nicht mit zunehmendem Alter gelöst, wird es schwierig für die Jugendlichen die Herausforderungen zu bewältigen, die auf Grund der kontinuierlichen Erweiterung ihres Lebensraumes auf sie zu kommen. In diesem Zusammenhang darf nicht übersehen werden, dass darin auch besondere Herausforderungen für die Erwachsenen liegen, die für die Jugendlichen verantwortlich sind. Die Schwierigkeit besteht u. a. darin, dass es nicht leicht ist, zu erkennen, welches Maß an selbstständigem und sozial verantwortlichem Handeln im Einzelfall von Jugendlichen erwartet werden kann.

Wie auch in der Kindheit sind die entwicklungs- und sozialpsychologischen Voraussetzungen von Jugendlichem zu Jugendlichem sehr unterschiedlich. Dies erschwert zusätzlich, den einzelnen Jugendlichen gerecht zu werden und sie in ihrer Entwicklung angemessen zu unterstützen. Das Problem kann nur dadurch gelöst werden, dass die Jugendlichen bei ihrer Suche nach einem tragfähigen Maß an individueller Unabhängigkeit nicht allein gelassen aber auch nicht mit mehr oder minder belastbaren „Rezepten" aus der vorhergehenden Generation unter Druck gesetzt werden.

Die Erwachsenen – also Eltern, Unterrichtende oder Ausbilder – stehen in diesem Zusammenhang oft vor einem Dilemma. Es besteht in der gleichzeitigen Forderung nach „Folgsamkeit" und nach „Selbstständigkeit". In vielen Fällen führt dieses Dilemma zu nur schwer lösbaren Konflikten zwischen Jugendlichen und Erwachsenen.

Um Jugendliche in dieser für sie keineswegs einfachen entwicklungspsychologischen Situation wirksam zu unterstützen, ist es erforderlich, ihnen belastbare Orientierungen zu geben und sie nicht mit Ratschlägen zu „erschlagen", denn die Erwachsenen können die Probleme und Aufgaben Jugendlicher nicht stellvertretend für sie lösen. Sie können die Jugendlichen aber ermutigend begleiten, sie stärken und ihnen mögliche Wege und Orientierungen aufzeigen. Dazu müssen die Erwachsenen selbst in ihrem Verhalten klar, möglichst stimmig und sich ihrer Vorbildwirkung bewusst sein.

3.3.1.2 Jugendliche als „Erwachsene"

Jugendliche möchten so schnell wie möglich „erwachsen" sein. Nicht selten verstehen sie darunter nicht das Gleiche wie die für sie verantwortlichen Erwachsenen. Erwachsen sein ist für Jugendliche in der Regel sehr konkret: Es geht um die freie Wahl von Freunden oder Freundinnen, um Entscheidungsfreiheit im Hinblick auf Freizeitgestaltung und Arbeitsweisen, die Zeit des nächtlichen „Nachhause-Kommens", um Essens- und Trinkgewohnheiten, um Ordnung oder Unordnung, um Kleidung, um Musik und vieles mehr. Und es geht um die Vorbereitung auf eine berufliche Karriere sowie um die Gründung einer eigenen Familie. Gerade die eigene Familie spielt in den Lebensplänen heutiger Jugendlicher eine besonders wichtige und in den letzten Jahren wichtiger werdende Rolle.

Jugendliche müssen einen jeweils eigenen Weg der zukunftsorientierten Bewältigung ihres Alltags finden und gehen können – einen Weg, der nicht unbedingt den Erwartungen der Erwachsenen entspricht. Dazu benötigen sie Spielräume, die ihnen von den für sie verantwortlichen Erwachsenen gewährt werden müssen und von Jugendlichem zu Jugendlichem unterschiedlich groß sein können bzw. müssen. Dies gilt für all die verschiedenen Lebensräume, in denen Jugendliche sich befinden: Es gilt – wenn auch in unterschiedlicher Weise – für ihre Familie, für ihre Freizeit, für die Schule und für die betriebliche Ausbildung.

Das „richtige Bemessen" dieser Spielräume setzt voraus, die einzelnen Jugendlichen so umfassend und genau wahrzunehmen, dass ein möglichst tragfähiges Bild von ihren Stärken entsteht, auf die sich die weitere Entwicklung stützen kann. Die Erwachsenen müssen dementsprechend eine stärkenorientierte Perspektive entwickeln. Im Einzelfall kann dies eine schwierige pädagogische Herausforderung sein – insbesondere dann, wenn Ausbilder bereits die Gewohnheit entwickelt haben, in erster Linie Fehler und Schwächen wahrzunehmen. Ob ihnen diese Perspektiven-Entwicklung gelingt, hängt u. a. ab von

- der entsprechenden Bereitschaft dazu,
- ihrer Wahrnehmungsfähigkeit,
- ihren Lebenserfahrungen,
- ihrer aktuellen Befindlichkeit,
- ihrer Lebenssituation,
- ihrer pädagogischen Kompetenz,
- ihrer psychischen Belastbarkeit,
- der Arbeitsbelastung,
- ihrer Fähigkeit, Probleme und Schwierigkeiten aushalten zu können,
- ihrer Fähigkeit und Bereitschaft, sich in andere Menschen hineinversetzen zu können und von
- ihrer sozialen Kompetenz.

Dies zeigt, dass es wichtig ist, dass Ausbilder sich fragen, ob sie die psychologischen und pädagogischen Voraussetzungen tatsächlich erfüllen, um der mit ihrer Ausbildungstätigkeit verbundenen Verantwortung gerecht werden zu können.

Auf der Seite der Jugendlichen gibt es natürlich ebenfalls eine Reihe psychologischer und sozialer Bedingungen, die zu hinterfragen sind, wenn es im Einzelfall darum geht, Klarheit darüber zu gewinnen, welche Frei- und Entscheidungsräume sinnvoll und angemessen sind. Hier können vorübergehende und überdauernde Faktoren bedeutsam sein wie
- die aktuelle Befindlichkeit der Jugendlichen,
- der Entwicklungsstand,
- das familiäre Umfeld,
- der Einfluss von Freunden,
- vorhandene oder fehlende Vorbilder,
- mögliche aktuelle oder erwünschte Beziehungen zum anderen Geschlecht,
- das Bedürfnis nach Anerkennung,
- soziale, kognitive und emotionale Kompetenzen,
- Erfolgs- und Misserfolgserlebnisse,
- schulische Vor-Erfahrungen,
- vorhandene wie fehlende Lebenserfahrungen,
- Lebensplanung und Entwicklungswünsche,
- gelöste wie ungelöste Entwicklungsaufgaben,
- Selbstbewusstsein, Selbstvertrauen und Selbstwertgefühl.

Auch wenn Jugendliche gerne schon erwachsen wären, sind sie überfordert, wenn sie sich in allen Lebensbereichen wie Erwachsene verhalten sollten. Die Konsequenz daraus darf weder darin bestehen, mit ihnen umzugehen wie mit einem Kind, noch darin, Anforderungen wie an Erwachsene an sie zu richten. Die mit dieser pädagogischen und psychologischen Schwierigkeit verbundenen Probleme lassen sich nur lösen, wenn man Jugendlichen grundsätzlich mit Wertschätzung und Achtung begegnet.

3.3.1.3 Jugendliche im Spannungsfeld zwischen Anpassung und Unabhängigkeit

Natürlicherweise befinden sich Jugendliche über Jahre in einem ganz besonderen entwicklungspsychologisch dominierten Spannungsfeld zwischen Anpassung bzw. Anpassungsnotwendigkeiten einerseits und Unabhängigkeit sowie Selbstverantwortlichkeit und Selbstständigkeit andererseits. In diesem Spannungsfeld kommt es nicht selten dazu, dass Jugendliche unter- oder auch überfordert werden. Dies kann sich als erhebliche psychologische Belastung für die nach Orientierung suchenden Jugendlichen und gleichzeitig für die nach pädagogischen Handlungsmöglichkeiten fragenden Erwachsenen erweisen.

Nicht klar erkennen zu können, wann Anpassung und wann Selbstständigkeit in welchem Maße angemessen ist, und nicht sicher sein zu können, welche Konsequenzen (Lob, Anerkennung – Strafe, Ablehnung, Erfolg – Misserfolg) ihr Verhalten haben wird, führt mit nicht großer Wahrscheinlichkeit dazu, dass die Jugendlichen beispielsweise
- gefühlsbetont und nicht vernunftbestimmt argumentieren,
- aggressiv bzw. provozierend oder teilnahmslos und passiv reagieren,
- sich – bei stark lenkender, direkter Kontrolle – blind anpassen oder
- sich bewusst unangepasst verhalten, sobald eine direkte Kontrolle fehlt.

3.3.1.4 Pädagogische Konsequenzen

Die pädagogische Arbeit mit Jugendlichen hat das Ziel, Jugendliche darin zu unterstützen, möglichst zielgerichtet personale, soziale und fachliche Kompetenzen zu entwickeln, die es ihnen ermöglichen,
- ihr Leben und – mit Blick auf die Berufsausbildung –
- insbesondere ihre beruflichen Aufgaben so selbstständig wie nötig und so erfolgreich wie möglich

zu bewältigen.

Jugendliche können ihr Leben aber nur dann erfolgreich bewältigen, wenn sie über das dazu erforderliche Maß
- an Selbstbewusstsein (Wissen über die eigene Person, ihre Stärken und Schwächen),
- an Selbstvertrauen, (Vertrauen in die eigenen Fähigkeiten und Fertigkeiten – insbesondere in die eigene Lern- und Entwicklungsfähigkeit) und
- an Selbstwertgefühl (Wertschätzung der eigenen Person)

verfügen.

Selbstbewusstsein entwickeln sie in erster Linie im Kontakt mit anderen Personen. Es sind vor allem die Rückmeldungen, die Jugendliche von Erwachsenen und von Gleichaltrigen erhalten, aus denen sich ihr Wissen über sich selbst entwickelt. Für Ausbilder bedeutet dies, möglichst regelmäßig Rückmeldungen über Verhalten und Leistungen zu geben, auf die die Auszubildenden ihre weiteren Lernprozesse aufbauen können. Wie oben bereits betont, müssen sich diese Rückmeldungen immer auf konkrete Anlässe und nicht auf die ganze Person beziehen. So ist der Hinweis „Sie machen immer alles sehr gut!" genauso wenig hilfreich wie das Gegenteil davon. Die Jugendlichen sollten dagegen konkret erfahren, was gut gemacht wurde und wie sie im Weiteren darauf aufbauen können. Besonders wichtig ist dies, wenn es um Fehler geht. Mit dem Hinweis „Heute haben sie jede Menge Unsinn gemacht!" können Jugendliche in der Regel nichts anfangen. Stattdessen ist es wichtig, ihnen zu sagen, was sie sich zu lernen als Nächstes vornehmen müssen und gegebenenfalls, wie sie dies erreichen können.

Selbstvertrauen, das für eine gesunde Entwicklung besonders wichtig ist, entwickelt sich vor allem, wenn der Mensch gefordert und dabei weder unter- noch überfordert ist. So kann er sich eigene Erfolge möglichst selbstständig erarbeiten. Dazu ist erforderlich, dass die Ausbilder
- ihre Erwartungen klar formulieren,
- erbrachte Leistungen angemessen positiv bestätigen,
- Fehler als Lernchance begreifen,
- konkrete Wege zur Weiterentwicklung aufzeigen und
- vorhandene Motivation wahrnehmen und unterstützen.

Einem Menschen, der sich selbst nicht wertzuschätzen vermag, wird es schwerfallen, andere Menschen zu achten. Trotzdem wird die Bedeutung des Selbstwertgefühls für eine erfolgreiche Ausbildung häufig unterschätzt. Jeder weiß aus seinem eigenen Leben, wie schwer oder gar unmöglich es ist, einen Menschen zu achten, von dem man nicht selbst auch wertgeschätzt wird. Für die pädagogisch bewussten Ausbilder bedeutet dies ganz konkret, dass sie die Auszubildenden in dem Maße wertschätzen sollten, wie sie es umgekehrt von diesen erwarten. Dies darf nicht missverstanden werden: Wertschätzung in diesem Sinne heißt nicht, dass man alles, was der andere tut, für richtig halten sollte. Nein, es geht darum, klare, orientierende Rückmeldungen in einer Weise zu geben, die deutlich macht, dass
- die Auszubildenden als Person geachtet werden,
- Leistungen erkannt und geschätzt werden und
- Vertrauen in eine positive Weiterentwicklung gesetzt wird.

Kritik muss also konstruktiv unterstützend sein und Orientierungshilfen geben. Sie muss das Wissen der Auszubildenden über die eigene Person fördern sowie ihr Selbstvertrauen und ihr Selbstwertgefühl stärken.

3.3.2 Die Lebenswelten Jugendlicher

Die Lebenswelten Jugendlicher verändern sich von Generation zu Generation und oft sogar innerhalb einer Generation erheblich. Darin ist einer der Gründe zu sehen, weshalb es manchen Erwachsenen schwer fällt, Jugendliche zu verstehen, zu achten und zu akzeptieren. In ihrem Bemühen darum erinnern sie sich nicht selten an ihre eigene Jugendzeit und missverstehen dabei das Verhalten und Erleben der aktuellen Jugendgeneration, deren Lebenswelten in vielerlei Hinsicht nicht mit denen ihrer Elterngeneration vergleichbar sind.

Die Lebenswelten Jugendlicher sind heute sehr viel komplexer, als dies noch in der Jugendzeit der Generation davor der Fall war. So müssen und können die Jugendlichen von heute mit den Herausforderungen von Computern, Laptops, iPads, iPhones, mit Internet, Mobil-Telefon, Motorrad, Auto, digitalem Fernsehen und vielem mehr leben. Sie müssen all dies bedienen können, ohne aber abhängig oder in ihrer Entwicklung davon beeinträchtigt zu werden, was keineswegs einfach ist.

Dies ist umso schwieriger, als sich die für sie verantwortlichen Erwachsenen in vielerlei Hinsicht keineswegs immer als Vorbilder eigenen. Die Gefahr, dass die Erziehung der Jugendlichen voller Widersprüche ist, ist in dieser Hinsicht groß. Man nehme als Beispiel nur das Verhalten so mancher erwachsener Autofahrer. So verlangen sie einerseits eine hohe Sozialkompetenz von den Jugendlichen, sind aber als Fahrer voller Unduldsamkeit und Aggression, so fordern sie eine gewisse Unterordnung und Anpassung ein, fahren aber selbst mit Alkohol im Blut oder mit weit überhöhter Geschwindigkeit. Schon dieses kleine Beispiel zeigt, wie die Lebenswelten Jugendlicher durchaus voller Widersprüche und Widrigkeiten sein können. Ausbilder in Betrieben müssen sich daher ihrer Rolle als Teil der Lebenswelt der Auszubildenden und als ihr Vorbild bewusst sein, um glaubwürdig zu sein. Je glaubwürdiger und je stimmiger die Ausbilder in ihrem Verhalten sind, desto motivierter und erfolgreicher werden die Auszubildenden bei ihnen lernen.

3.3.2.1 Die Peergroup

Ein wichtiger Teil der Lebenswelten Jugendlicher sind ihre Freundeskreise, in und mit denen sie leben. Wenn sich die Mitglieder einer solchen Gruppe im Hinblick auf ihr Alter und ihre gesellschaftliche Stellung ähneln, bezeichnet man sie als „Peergroup". Es geht bei einer solchen Gruppe also um mehr als nur um die Gleichaltrigkeit, um ihren erheblichen Einfluss auf das Verhalten und Erleben ihrer einzelnen Mitglieder erklären zu können. Daher ist der in der deutschen Sprache verwendete Begriff „Gleichaltrigengruppe" weniger zutreffend als „Peergroup". Das englische Wort „peer" bedeutet gleichermaßen Gleichgestellter, Gleichaltriger, Kollege und Ebenbürtiger, was den großen Einfluss der Peergroup auf ihre Mitglieder deutlicher beschreibt. (vgl. NAUDASCHER, 1978, S. 125 ff.)

Die folgenden Lebens- und Verhaltensbereiche werden in besonderem Maße von der Peergroup beeinflusst:
- Kleidung,
- Frisur,
- Freizeitgestaltung,
- Leistungsverhalten,
- Außerschulische Leistungen.

Der Freundeskreis ist für eine gelingende Loslösung Jugendlicher von ihrem Elternhaus besonders wichtig. Sind Jugendliche nicht in einen mehr oder minder großen Freundeskreis integriert, wird sich diese Loslösung sehr viel langsamer und später vollziehen, ohne dass dies ein Hinweis für eine besonders gute Beziehung zu den Eltern sein muss. Umgekehrt wird der Loslösungsprozess von Jugendlichen, die sich überwiegend am Freundeskreis und kaum mehr an den Eltern orientieren, häufig von größeren „Eltern-Kind-Konflikten" begleitet. Auf der Seite der Eltern geht es in diesem Zusammenhang darum, die ins Jugendalter hineingewachsenen Kinder allmählich und immer mehr loszulassen, was sich im Einzelfall rational und emotional als sehr schwierig und für die Eltern-Kind-Beziehung belastend erweisen kann. Trotz all dieser möglichen Probleme und Konflikte zeigt sich, dass die Familie für den überwiegenden Teil der heutigen Jugend positiv besetzt ist und die Loslösung vom Elternhaus keineswegs mit einer gestörten Eltern-Kind-Beziehung verbunden sein muss. Das Zusammensein mit Freunden hat im Jugendalter auch deshalb eine ganz besondere Bedeutung, weil hier andere Gesprächsthemen wichtig sind als zumeist in der Familie. Es gibt bedeutsame Themen, die von Jugendlichen fast nur in der Familie besprochen werden (können), und solche, die umgehrt fast ausschließlich mit Freunden ausgetauscht werden.

Dass Freundeskreise einen negativen Einfluss auf Jugendliche haben, ist in dieser Allgemeinheit zweifellos falsch. Dennoch lässt sich beobachten, dass Jugendliche, die in ihrer Peergroup keine besondere Anerkennung genießen, häufig sehr viel Energie darauf verwenden, ihre Stellung in der Gruppe zu verbessern. Dies kann wiederum dazu führen, dass schließlich auch die schulischen oder betrieblichen Leistungen in Mitleidenschaft gezogen werden. In Situationen, die aus Sicht Jugendlicher ganz besonders problematisch oder schwierig sind, ist der Einfluss der Eltern meist nach wie vor wesentlich größer als der der Freunde.

3.3.2.2 Die „Jugend von heute" – Fleiß, Ehrgeiz und Genuss

Ein weiterer Faktor, der in und für die Lebenswelt Jugendlicher eine wichtige Rolle spielt, sind die Wertorientierungen, die ihr Verhalten und Erleben mit beeinflussen. Viele Ausbildungsbetriebe klagen in einer Online-Umfrage des Deutschen Industrie- und Handelskammertages (DIHK) bei ca. 14 000 Betrieben über mangelnde Leistungsbereitschaft, Belastbarkeit und Disziplin der Auszubildenden sowie insbesondere über fehlende soziale Kompetenzen sowie über Erziehungsdefizite. (vgl. SPIEGEL-ONLINE WIRTSCHAFT, 12.04.2011) Diese pauschale Kritik an Jugendlichen unterscheidet sich allerdings nicht sonderlich von derjenigen, die seit Jahrhunderten von vielen Erwachsenen pauschal an der Jugend geäußert wird.

Die Ergebnisse der umfangreichen, 2010 veröffentlichten 16. Shell Jugendstudie entsprechen solchen auch im Alltag häufig sehr pauschal geäußerten Klagen allerdings nicht. Hier nämlich zeigt sich deutlich, dass die Wertorientierungen Jugendlicher mehrheitlich stark auf Bewährung in Ausbildung und Beruf ausgerichtet sind. So hat die „Fleiß-Ehrgeiz-Orientierung" Jugendlicher in den vergangenen Jahren bis 2010 stetig zugenommen. Wobei allerdings das Bedürfnis Jugendlicher, das Leben zu genießen, ebenfalls eine zunehmend große Rolle spielt.

Sowohl die Fleiß-Ehrgeiz-Orientierung als auch die Genuss-Orientierung sind im Jugendalter stärker ausgeprägt als in späteren Altersstufen. Insbesondere die Genuss-Orientierung wird mit zunehmendem Alter weniger bedeutsam. Die Ergebnisse dieser Untersuchung zeigen weiter, dass die Fleiß-Ehrgeiz-Orientierung insbesondere bei Auszubildenden

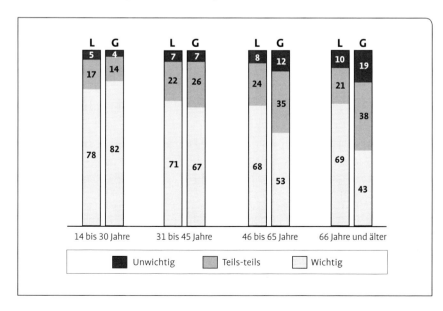

Abb. 23 „Wichtig: ‚Fleißig und ehrgeizig sein' (L) und ‚Die guten Dinge in vollen Zügen genießen' (G)." Wertorientierung Jugendlicher.

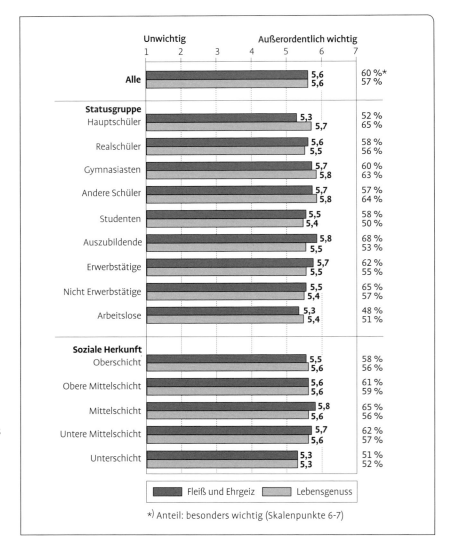

Abb. 24 „Gewichtung von Fleiß und Ehrgeiz und Lebensgenuss in verschiedenen Gruppen der Jugend". Wertorientierung Jugendlicher nach Status und Herkunft.

deutlich ausgeprägter ist als die Genuss-Orientierung. Beide Orientierungen haben in der sozialen Mittelschicht im Vergleich zur Ober- und Unterschicht ein größeres Gewicht.

Abb. 24 zeigt, dass die Fleiß-Ehrgeiz-Orientierung gerade bei Auszubildenden im Vergleich zu anderen Gruppen Jugendlicher besonders stark ist. Bezogen auf die soziale Schichtzugehörigkeit gilt dies vor allem für die Mittelschicht, deren Fleiß-Ehrgeiz-Orientierung ausgeprägter ist als die der Unter- oder Oberschicht.

Fleiß, Ehrgeiz und Genuss, wie sie in der 16. Shell Jugendstudie verstanden werden, sind Wertorientierungen. Wertorientierungen stellen in diesem Zusammenhang dar, was von den Jugendlichen für besonders erstrebenswert gehalten wird, und nicht etwa das, was auch zwingend erreicht werden kann. (vgl. Reinders, Heinz: Jugend. Werte.

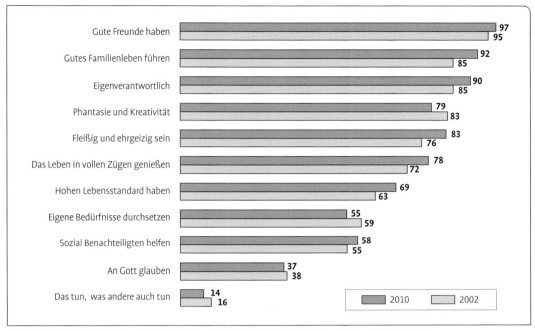

Abb. 25 Pragmatisch, aber nicht angepasst. Wertorientierung Jugendlicher 2002 / 2010

Zukunft., Schriftenreihe der Landesstiftung Baden-Württemberg: 14, Stuttgart 2005, S. 25ff.) Dies relativiert die Bedeutung von Wertorientierungen allerdings nicht. „Werte bei Heranwachsenden besitzen in gewisser Hinsicht eine Art Leitplanken-Funktion. Sie geben dem Handeln der Jugendlichen einen gewissen Orientierungsrahmen, der ihnen hilft, den eingeschlagenen Weg weiter zu verfolgen." (REINDERS, 2005, S. 27) So ist es für Ausbilder wichtig und hilfreich, die Wertorientierung der ihnen anvertrauten Jugendlichen zu kennen, um Orientierungen zu unterstützen, die die ihre Entwicklung zu fördern vermögen.

Zusammenfassend zeigt Abb. 25 die wichtigsten Wertorientierungen Jugendlicher in der Entwicklung von 2002 bis 2010. Sie macht deutlich, dass diese Wertorientierungen auch im Hinblick auf einen erfolgreichen Ausbildungsprozess sehr positiv zu bewerten sind.

3.3.2.3 Die Bedeutung der Zukunftsperspektiven

Die Zukunftsperspektiven Jugendlicher
- werden weitgehend von ihren Erfahrungen in ihren jeweiligen Lebenswelten beeinflusst und
- beeinflussen gleichzeitig die Art und Weise, wie sie die unterschiedlichen Herausforderungen bewältigen, mit denen sie in ihren Lebenswelten konfrontiert werden.

Erwachsene vertreten bisweilen die Auffassung, dass Jugendliche nur allzu gerne am Jetzt-und-Heute verhaftet sind und sich zu wenig Gedanken über ihre Zukunft machen. Dass dies in der Regel unzutreffend ist, zeigt eine Studie von Heinz Reinders, der 2005 das Verhältnis von Zukunfts- und Gegenwartsorientierung bei Jugendlichen untersuchte.
- Zukunftsorientierung bezog sich in seiner Studie auf die Aussage „Ich habe feste Pläne, was meine Zukunft angeht und glaube auch, dass ich sie erreichen werde."

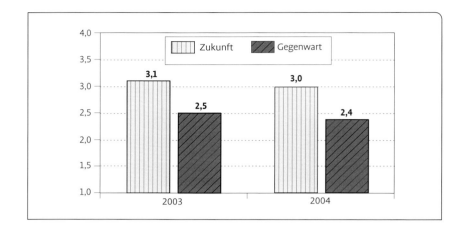

Abb. 26
Zukunfts- und Gegenwartsorientierung.

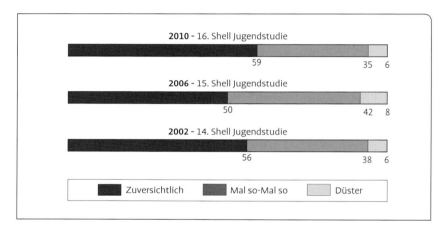

Abb. 27
Zukunftserwartung Jugendlicher.

- Gegenwartsorientierung zielte ab auf die die Aussage „Ich lebe im Jetzt und Heute und mache mir keine Gedanken, wie es denn einmal kommen wird."

Die Ergebnisse der Studie aus den Jahren 2003 und 2004 zeigen, dass bei den untersuchten Jugendlichen die Zukunftsorientierung deutlich überwiegt:
Diesem Ergebnis entspricht auch die 16. Shell Jugendstudie, die darüber hinaus deutlich
macht, dass die Jugend – mit Ausnahme der sozialen Unterschicht – zum Ende des ersten Jahrzehnts dieses Jahrhunderts trotz aller möglichen Risiken, die täglich in den Medien dargestellt und diskutiert werden, durchaus optimistisch in ihre Zukunft blickt.

Auf den ersten Blick mag es belanglos für den konkreten Ausbildungsprozess erscheinen, ob die jeweiligen Auszubildenden optimistisch oder pessimistisch in ihre Zukunft blicken. Psychologisch und pädagogisch ist dem aber keineswegs so, denn um motiviert arbeiten und lernen zu können, ist ein optimistischer „Blick" in die Zukunft hilfreich und in gewisser Weise erforderlich. Umgekehrt werden Ausbilder die Motivation Jugendlicher eher behindern, wenn sie ihnen diesen Optimismus nehmen, indem sie immer wieder mit einer schwierigen Zukunft „drohen".

3.3.2.4 Pädagogische Konsequenzen

Die Lebenswelten Jugendlicher ändern sich von Generation zu Generation. Für einen erfolgreichen Ausbildungsprozess ist es nicht nur hilfreich, sondern sogar erforderlich, dass sich Ausbilder bewusst sind, dass ihre eigenen Lebenswelten und insbesondere die ihrer eigenen Jugend nicht bzw. nur sehr begrenzt vergleichbar sind mit denen heutiger Jugendlicher. So haben sich nicht nur die Anforderungen geändert. Trotz vielfältiger das Leben erleichternder Entfaltungsmöglichkeiten sind neue und schwer wiegende Belastungen hinzugekommen. Dies zu erkennen und im Umgang mit den Auszubildenden zu berücksichtigen, ist eine der Grundvoraussetzungen, auf die sich Glaubwürdigkeit und Stimmigkeit im Verhalten der Ausbilder aufbauen.

Weiter müssen sich die Ausbilder klar darüber sein, dass sie – ob sie dies wollen oder nicht – Vorbild (s. u.) für die Auszubildenden sind. Dies bedeutet in der konkreten beruflichen Praxis, dass sie selbst den Ansprüchen gerecht werden müssen, die sie einfordern, ohne aber die Auszubildenden zu überfordern.

Das Verhalten der Ausbilder hat einen großen Einfluss auf die Motivation der Auszubildenden. Dabei gilt es, in erster Linie die Stärken zu erkennen und die Jugendlichen darin zu unterstützen, darauf aufzubauen. Es ist in hohem Maße belastend, wenn ein Jugendlicher weiß, was er falsch gemacht hat, ohne Klarheit darüber zu gewinnen, auf welche vorhandenen Fähigkeiten er aufbauen und wie er sich weiterentwickeln kann. Nicht selten hilft und unterstützt ein wenig Anerkennung mehr als ein noch so gut geführtes, rein fehlerorientiertes Gespräch.

Ermutigung und Vertrauen benötigt jeder Mensch. Jugendliche stehen vor ganz besonderen entwicklungsbedingten Herausforderungen (s. u.), weshalb dies auf sie in besonderem Maße zutrifft. Es gibt keine Menschen, die „nichts" können. Es hilft in der Regel sowohl den Ausbildern als auch den Auszubildenden, wenn sie gezielt nach Stärken suchen und den Ausbildungsprozess darauf aufbauen.

3.3.3 Entwicklungsaufgaben im Jugendalter

Es gibt eine endlose Diskussion darüber, ob der Mensch ein Produkt seiner Umwelt oder seiner Anlagen sei. Ersteres ließe den Schluss zu, man könne einen Menschen grenzenlos manipulieren. Letzteres dagegen wäre speziell für Erziehende und Ausbilder ein Grund zu großem Pessimismus. Ihr Einfluss wäre nämlich stark begrenzt, wenn die Anlagen das Entscheidende wären. In den Wissenschaften besteht jedoch inzwischen Einigkeit darin, dass es ein ganzheitliches Zusammenwirken von Umwelt und Anlagen ist, das die Persönlichkeit des Menschen lebenslang und nachhaltig beeinflusst.

Im Rahmen der Umwelteinflüsse haben gesellschaftliche und individuelle Erwartungen und Anforderungen an den Einzelnen einen besonders großen Einfluss auf dessen Persönlichkeit. Diese Erwartungen und Anforderungen können – kulturell und gesellschaftlich bedingt – durchaus unterschiedlich sein; sie finden ihren Ausdruck in besonderen Aufgaben, die es zu lösen gilt. Wenn diese Aufgaben und auch selbst gesetzte Ziele für bestimmte Phasen der physischen und psychischen Entwicklung typisch sind, bezeichnet man sie als Entwicklungsaufgaben. So gibt es besondere Entwicklungsaufgaben für jüngere und ältere Kinder sowie für Jugendliche und Erwachsene bestimmten Alters. Die Lösung dieser altersspezifischen Entwicklungsaufgaben ist Grundlage für die jeweils nächsten Entwicklungsschritte, auf welche die weitere Entwicklung aufbaut.

Entwicklungsaufgaben können durchaus unterschiedliche Verbindlichkeit haben. So gibt es Aufgaben, deren Bewältigung zwingend verlangt wird, und andere, deren Lösung weniger verpflichtend ist. Der Zeitpunkt, zu dem eine Entwicklungsaufgabe erfüllt sein muss, ist relativ variabel. So gibt es Jugendliche, die bestimmte Entwicklungsaufgaben sehr viel früher lösen, als dies bei anderen der Fall ist. Das frühere oder spätere Lösen einer Entwicklungsaufgabe muss kein Indiz für höhere oder geringere Intelligenz sein. Allerdings hat ein frühes (evtl. sogar verfrühtes) Lösen einer Entwicklungsaufgabe durch einen Jugendlichen in der Regel positive Reaktionen der Erwachsenen zur Folge (z. B. Wertschätzung, Freude usw.), eine verspätete oder fehlende Lösung meist negativ (z. B. Missachtung, Mitleid o. a.) sanktioniert wird.

Typische Entwicklungsaufgaben im Jugendalter sind z. B. (vgl. HAVIGHURST, 1972):

- Der eigene Körper: Hier geht es um das speziell in und im Anschluss an die Pubertät oft sehr schwierige Akzeptieren des eigenen Körpers, dessen sich Jugendliche erst mit dem Ende ihrer Kindheit gänzlich bewusst werden. Besonders belastend in dieser Zeit ist es, wenn sich Erwachsene und evtl. sogar verantwortliche Erziehende über die körperliche Erscheinung Jugendlicher lustig machen.
- Rollenübernahmen: Sie bezieht sich vor allem auf eine erfolgreiche Übernahme der männlichen oder der weiblichen Geschlechtsrolle. Diese Rollenübernahme wird in Vorstufen bereits im Kindesalter eingeübt. Im Jugendalter geht es jedoch darum, eine eigene, individuelle und für das jeweils andere Geschlecht akzeptable Ausgestaltung der Geschlechterrolle zu finden. Je nachdem, wie es Jugendlichen gelingt, den eigenen Körper zu akzeptieren, wird die Lösung dieser Entwicklungsaufgabe leichter oder schwerer fallen. Auch hier gilt: Ironie oder gar Zynismus können die Lösung dieser Aufgabe und im Zusammenhang damit das Verhältnis der Erwachsenen zum Jugendlichen erheblich belasten.
- Zwischenmenschliche Beziehungen: Der Aufbau neuer Beziehungen zu anderen Jugendlichen und Erwachsenen beiderlei Geschlechts ist eine weitere wichtige Entwicklungsaufgabe. Für die Lösung dieser Aufgabe hat die Peergroup (s. o.) eine besondere Bedeutung. Je besser die Integration in eine Peergroup gelingt, desto leichter wird es den Jugendlichen fallen, neue Kontakte zu anderen Jugendlichen und zu Erwachsenen aufzubauen. Diese Beziehungen sind grundsätzlich anderer Natur als die zu den eigenen Eltern. Sie aufbauen zu können ist auch für die allmähliche Loslösung vom Elternhaus erforderlich. Fremde Erwachsene können die Jugendlichen mit Wertschätzung und Achtsamkeit bei der Lösung dieser Entwicklungsaufgabe unterstützen oder aber – wenn beides fehlt – erheblich beeinträchtigen.
- Die Ablösung vom Elternhaus: Die Entwicklung emotionaler Unabhängigkeit von den Eltern und anderen Erwachsenen muss ebenfalls im Jugendalter gelingen. Auch, wenn es Eltern oft schwer fällt zu akzeptieren, dass sich ihre Kinder allmählich – vor allem emotional – von ihnen lösen wollen (und müssen), geht für Jugendliche kein Weg an einer solchen Loslösung vorbei. Sie ist Voraussetzung dafür, dass sie andere jugendliche und erwachsene Partner finden können. Eine Abkehr oder gar Ablehnung der Eltern ist mit der Lösung dieser Entwicklungsaufgaben ist keineswegs zwingend verbunden. Es handelt sich vielmehr „nur" um einen Schritt in die notwendige Selbstständigkeit.
- Der Beruf: Schule und Ausbildung sowie der Versuch, beides möglichst erfolgreich zu bewältigen, müssen als Vorbereitung auf eine berufliche Karriere verstanden werden. Dabei können Schule und Ausbildung die Jugendlichen unterstützen oder hemmen. Diese Entwicklungsaufgabe ist umso schwerer zu lösen, je weniger die Jugendlichen nachvollziehen können, dass Schule und Ausbildung tatsächlich in spätere berufliche Möglichkeiten münden.
- Partnerschaft und Familie: Im Rahmen dieser Entwicklungsaufgabe entwickeln die Jugendlichen die Kompetenzen, die erforderlich sind, später in einer Ehe oder Partnerschaft mit Kindern leben zu können. Dabei entwickeln sie in der Regel relativ konkrete Vorstellungen, wie dies geschehen soll. Die bereits mehrfach erwähnte 16. Shell Jugendstudie zeigt, dass diese Entwicklungsaufgabe für die Mehrzahl der Jugendlichen einen hohen Stellenwert besitzt.
- Werte: Die Entwicklung eines individuellen Wertesystems, das dem eigenen Verhalten Struktur und Richtung zu geben vermag und mit der Entwicklung weltanschaulicher

Überzeugungen verknüpft ist, ist Voraussetzung für sozial verantwortliches Verhalten.
- Zukunftsperspektive: Die Entwicklung einer tragfähigen Zukunftsperspektive ist vor allem für diejenigen Jugendlichen äußerst schwierig, die in einem Umfeld leben, in dem offensichtlich nur sehr begrenzte Entwicklungs- und Entfaltungsmöglichkeiten vorhanden sind. Wer beispielsweise keinen Schulabschluss hat, weiß in der Regel um die Begrenztheit seiner Zukunftsperspektive. Er benötigt eine verstärkte Unterstützung bei der Lösung aller und insbesondere dieser Entwicklungsaufgabe.

Die Schwierigkeiten und Anstrengungen, die mit der gleichzeitigen Bewältigung dieser Entwicklungsaufgaben verbunden sind, dürfen nicht verkannt werden. Leider sind sie vielen Erwachsenen schon bald nach ihrer eigenen Jugend nicht mehr bewusst. Deshalb kommt es nicht selten dazu, dass die Jugendlichen mit ihren Anstrengungen nicht so ernst genommen werden, wie dies im Interesse ihrer Entwicklung erforderlich wäre.

3.3.3.1 Selbstbewusstsein
Da der Mensch auch im Jugendalter noch dabei ist, sich selbst zu entdecken und seine Identität – vorbereitend auf das Erwachsenenalter – weiterzuentwickeln, muss er in dieser Zeit
- sein Wissen über sich selbst vertiefen und Antworten auf die Frage „Wer bin ich?" finden,
- Vertrauen in die entdeckten Fähigkeiten und Fertigkeiten entwickeln und
- lernen, sich selbst zu achten und wertzuschätzen.

All dies ist – nicht nur im Jugendalter aber dort besonders – ein schwieriger Prozess. Das Wissen über sich selbst – also das Selbstbewusstsein – gewinnt der Mensch überwiegend aus den Rückmeldungen, die er von anderen erhält. Dies müssen die Erwachsenen, die für seine Schul- und Ausbildung verantwortlich sind, wissen und sehr ernst nehmen.

3.3.3.2 Selbstvertrauen
Ohne Selbstbewusstsein kein Selbstvertrauen; d. h., ohne zu wissen,
- was man kann,
- was man will oder möchte,
- wovor man Angst oder keine Angst hat
u. v. m.

kann man sich nicht auf sich selbst verlassen.
Ausbilder kennen das in der Regel: Es gibt Jugendliche, die trauen sich etwas zu. Sie schauen nicht nur zu und warten auf Anweisungen, sondern sehen, wo etwas zu tun ist, was sie bereits leisten können und packen mit an. Es gibt andere, die warten meist nur ab, bis ihnen gesagt wird, was zu tun ist, weil sie Angst haben, etwas falsch zu machen, oder weil sie sich nicht im Klaren sind, was sie können und was nicht. Letzteren fehlt häufig das für ihre Weiterentwicklung so wichtige Selbstvertrauen.

3.3.3.3 Selbstwertgefühl
Dieses Selbstvertrauen – also das Vertrauen in die eigenen Fähigkeiten und Fertigkeiten, in die eigenen Kompetenzen – ist Grundlage des für die Entwicklung des so wichtigen Selbstwertgefühls. Ein geringes Selbstwertgefühl kann auf die Dauer psychisch krankmachen. Psychologische Forschungsergebnisse zeigen, dass zwischen dem Selbstwertgefühl eines Menschen und seiner Neigung zu Depressionen ein enger wechselseitiger Zusammenhang besteht. Menschen mit geringem Selbstwertgefühl neigen dazu, nicht nur sich selbst, sondern auch ihre Umwelt negativ zu erleben. Die Reaktionen der Umwelt darauf sind dann oft wiederum so negativ, dass das Selbstwertgefühl weiter sinkt.

3.3.3.4 Entwicklung eines eigenen Wertesystems
Das Wertesystem eines Menschen entwickelt sich in sozialen Zusammenhängen. Da sind es in der Kindheit in erster Linie die Eltern, die grundlegende Werte vorleben. Mit der emotionalen Ablösung vom Elternhaus ändert sich dies. Nun spielen die Mitglieder der Peergroup (s. o.), die Schule und auch der Ausbildungs-

betrieb eine zunehmend wichtige Rolle. Je nachdem welche Vorbilder außerhalb der Familie in den Mittelpunkt rücken, verändert sich das Wertesystem der Jugendlichen.

Dabei wird das jeweilige Wertesystem vor allem von den Menschen beeinflusst, die von den Jugendlichen geachtet und geschätzt werden. Achtung und Wertschätzung ist in der Regel ein wechselseitiger Prozess, d. h., Erwachsene, die Jugendliche nicht achten, werden von diesen meist ebenfalls missachtet – Erwachsene, die Jugendlichen achten, werden auch von ihnen geschätzt.

Nicht selten machen sich beispielsweise rechtsradikale oder sektiererische Gruppen genau dies zu Nutze. Sie haben meist dann Erfolg, wenn sie auf Jugendliche treffen, die weder in ihrer Familie noch in Schule oder Betrieb Wertschätzung erfahren bzw. erfahren haben und weder Selbstbewusstsein noch Selbstvertrauen und Selbstwertgefühl entwickeln konnten.

3.3.3.5 Pädagogische Konsequenzen

Das Jugendalter ist eine Zeit, in der Selbstbewusstsein, Selbstvertrauen und Selbstwertgefühl des Menschen auf Grund der großen körperlichen und psychischen Veränderungen und auf Grund der schwierigen zu lösenden Entwicklungsaufgaben ganz besonderen Belastungsproben ausgesetzt sind. Dies zeigt, wie wichtig es ist, mit Jugendlichen wertschätzend und achtsam umzugehen.

Wertschätzend und achtsam mit Jugendlichen umzugehen heißt allerdings nicht, dass man sie vor Kritik bewahren sollte. Kritik muss allerdings – nicht nur bei Jugendlichen, aber hier ganz besonders – konstruktiv sein. Das bedeutet, dass diese Kritik den Jugendlichen zeigen muss,
- dass sie als Person geachtet werden,
- was sie bereits können,
- was sie sich zu lernen als Nächstes vornehmen,
- bis wann sie dies erreichen müssen und
- was sie auf welche Weise vermeiden müssen.

Für Jugendlichen ist es wichtig, dass Kritik klar, eindeutig und an der Sache orientiert formuliert wird. Eine solche Kritik unterstützt die Entwicklung des Selbstbewusstseins, des Selbstvertrauens und des Selbstwertgefühls, wenn sie vorhandene Fähigkeiten und Fertigkeiten nicht als selbstverständlich ignoriert und gleichzeitig deutlich macht, was darauf aufbauend gelernt werden muss. Dies wiederum setzt voraus, dass die Ausbilder Interesse an der Entwicklung ihrer Auszubildenden haben, sie differenziert wahrnehmen und sich in gewisser Weise mit deren Lernfortschritten identifizieren.

3.3.4 Die Identitätsentwicklung

Die Frage „Wer bin ich?" aus dem Mund von Auszubildenden erscheint zunächst als rein philosophisch und unbedeutend für den Ausbildungsprozess. Man könnte die Antwort verkürzen und auf einen Blick in den Personalausweis verweisen. Tatsächlich würde auch kaum eine Auszubildende oder kaum ein Auszubildender diese Frage im Betrieb stellen; und dennoch: Tiefer gehende Antworten, die sich Auszubildende auf diese Frage geben, haben große Bedeutung für den Ausbildungsprozess.

Kleine Kinder sprechen bis zu einem gewissen Alter in der dritten Person von sich, bis sie sich schließlich bewusst sind, dass sie selbst eine Persönlichkeit mit ihr eigenen Bedürfnissen, Gefühlen, Gedanken etc. sind. Der Zeitpunkt, wann dies der Fall ist, ist leicht zu bestimmen; es ist der Augenblick, in dem das Kind „ich" sagt, wenn es die eigene Person meint. Bei diesem ersten Schritt der Entdeckung der eigenen Persönlichkeit (Identität) bleibt es nicht. So entdecken Kind, Jugendliche und auch Erwachsene täglich Neues an und in sich selbst wie
- Gefühle,
- Gedanken,
- Vorstellungen,
- Bedürfnisse,
- körperliche Eigenheiten,
- körperliche Veränderungen,
- soziale, emotionale und körperliche Fähigkeiten und Fertigkeit u. v. m.

Sie alle machen – sofern sie nicht nur kurzzeitig und somit vorübergehend sind – als Ganzes die Persönlichkeit mit all ihren typischen Merkmalen, d. h. mit ihrer Einzigartigkeit bzw. Eigentümlichkeit aus.

Zu wissen,
- wie man in bestimmten Situationen fühlt,
- was man ertragen kann und was nicht,
- welche Vorstellungen und welche Einstellungen das eigene Verhalten in welcher Weise beeinflussen,
- welche Bedürfnisse einem wichtig sind und wie man darauf reagiert, wenn diese Bedürfnisse nicht befriedigt werden können,
- über welche Kompetenzen man bereits verfügt und welche man entwickeln möchte,
- was man im Einzelfall weiß und was nicht usw.

bedeutet, eine Vorstellung davon zu haben, was einen einzigartig macht und was man mit anderen Menschen gemeinsam hat; daraus ergeben sich Antworten auf die Frage „Wer bin ich?" Insbesondere im Jugendalter, wenn es um die Ablösung vom Elternhaus geht, stellt sich diese Frage – direkt oder indirekt formuliert – immer wieder aufs Neue. Mit der Ablösung vom Elternhaus und mit dem Hineinleben in andere, neue Gruppen (Peergroup, Schule, Verein, Ausbildungsbetrieb etc.) erhalten Jugendliche neue und andere Rückmeldungen auf ihre eigene Person. Aus diesen Rückmeldungen entwickelt sich eine veränderte Sicht auf das Besondere der eigenen Persönlichkeit, auf ihre Identität – nun sind es nicht mehr ganz überwiegend die Rückmeldungen aus der eigenen Familie aus der heraus sich das Bewusstsein von der eigenen, einzigartigen Persönlichkeit entwickelt und verändert.

Menschen, die weitgehend in sozialer Isolation aufwachsen, kaum Kontakte zu anderen haben, haben in der Regel große Schwierigkeiten ein Bewusstsein der eigenen Identität zu entwickeln. Je differenzierter dieses Bewusstsein ist, desto besser wissen Jugendliche, was sie können und worin sie sich darauf aufbauend weiterentwickeln können. Diese Zusammenhänge zeigen auch aus entwicklungspsychologischer Sicht, wie wichtig differenzierte und sachliche Rückmeldungen im und für den Ausbildungsprozess sind.

3.3.4.1 Rollenübernahme und Rollendistanz

Mit zunehmender Ablösung der Jugendlichen von ihrem Elternhaus kommt es dazu, dass sie immer mehr neue und z. T. sehr unterschiedliche Rollen übernehmen müssen. Eine Rolle zu übernehmen, bedeutet, das eigene Verhalten an eigenen und / oder fremden Erwartungen auszurichten. Dementsprechend verhalten sie sich in einer Peergroup anders als in der Schule, im Betrieb oder in der Familie. Dabei müssen die Jugendlichen lernen, die Erwartungen ihrer jeweiligen Umwelt wahrzunehmen. Sie müssen diese Erwartungen reflektieren und ihr Verhalten kritisch darauf ausrichten. Eine für ihre Identitätsentwicklung wesentliche Entscheidung muss immer wieder aufs Neue gefällt werden: Passe ich mich den Rollenerwartungen vollständig, zum Teil oder überhaupt nicht an und finde ich eine für mich und meine Umwelt tragfähige inhaltliche und formale Rollenübernahme. Was bedeutet es für mich, wenn ich mich vollständig oder überhaupt nicht anpasse bzw. welche evtl. alternativen Möglichkeiten gibt es, den Erwartungen in angemessener Weise zu entsprechen.

Rollen werden in jeder Altersstufe auch am Modell gelernt. So nehmen Jugendliche wahr, wie ein Ausbilder sich im Umgang mit seinen Mitarbeiterinnen und Mitarbeitern verhält, wie er sich als Ausbilder verhält, wie er seine tägliche Arbeit bewältigt. Dabei geschieht die Rollenübernahme häufig nicht direkt als Ergebnis sprachlich formulierter Erwartungen. Das Handeln des Modells wird vielmehr als Erwartung gedeutet. Der Alltag zeigt, dass diese Deutung durchaus auch unzutreffend sein kann. In solchen Fällen müssen Gespräche Klarheit schaffen. Es kann aber auch sein, dass das Modell – also z. B. ein Ausbilder – das eigene Verhalten überprüfen und gegebenenfalls verändern muss.

Im Interesse ihrer Identitätsentwicklung müssen die Jugendlichen die Fähigkeit entwickeln, eine gewisse Distanz zu ihrer jeweiligen Rolle zu entwickeln, denn nur so ist eine kritische Rollenreflexion möglich. Gelingt diese Distanz nicht, ist eine kritische Auseinandersetzung mit dem eigenen Verhalten in dieser und in anderen Rollen beziehungsweise Situationen erschwert oder gar unmöglich. Auch eine selbstkritische Auseinandersetzung mit der Rolle als Auszubildender oder Auszubildende setzt eine solche Rollendistanz voraus.

Diese komplizierten Prozesse spielen sich umso leichter ab, desto besser die Kommunikationsmöglichkeiten der Jugendlichen in ihren verschiedenen Lebensbereichen sind. Deshalb sind Gespräche zwischen Ausbildern und Auszubildenden, die über bloßes Erklären und Anweisen hinausgehen, für das Gelingen einer Ausbildung so wesentlich. In diesen Gesprächen ist es wichtig, dass die Ausbilder die Situation der Auszubildenden auch aus deren Perspektive zu reflektieren bereit sind.

3.3.4.2 Egozentrismus

Egozentrismus ist nicht mit Egoismus zu verwechseln, denn es handelt sich um die bei kleinen Kindern noch nicht ausgebildete Fähigkeit, die Welt aus anderer als der eigenen Perspektive wahrnehmen zu können und nicht darum, eigene Bedürfnisse auf Kosten anderer zu befriedigen. So sind sehr junge Kinder zunächst noch nicht, dann aber mit zunehmendem Alter immer besser in der Lage, sich in andere Menschen hineinzuversetzen und/oder Gegenstände, Ereignisse aber auch Emotionen, Bedürfnisse u. v. m. aus anderer als der eigenen Perspektive wahrnehmen und reflektieren zu können. Was unter einem Wechsel

Abb. 28 Rubin'scher Becher

der Perspektive zu verstehen ist, zeigt das folgende sehr einfache Beispiel des so genannten Rubin'schen Bechers:

Man sieht hier zwei sich gegenseitig anschauende schwarze Köpfe. Nur wenn man die Perspektive wechselt und den Hintergrund zum Vordergrund macht, kann man eine weiße Vase sehen. Es gibt unzählige wahrnehmungspsychologische Beispiele, die zeigen, dass auch Jugendliche und Erwachsene bisweilen Schwierigkeiten haben, die Perspektive zu wechseln. Geht es um zwischenmenschliche Konflikte, dann wünscht man sich nur allzu häufig, der andere möge sich doch in einen hineinversetzen und bemerkt nicht, dass einem selbst genau dies nicht gelingt. Umgekehrt gibt es natürlich auch Situationen, in denen man befürchtet, es könnte einem anderen Menschen gelingen, sich in einen selbst hineinzuversetzen.

Nicht selten gelingt Jugendlichen – aber auch Erwachsenen – ein notwendiger Perspektivwechsel nicht, wenn ganz besondere Emotionen, Stress oder starke Bedürfnisse eine Rolle spielen. Jugendliche befinden sich im emotional oft sehr belastenden Übergang vom Kindes- zum Erwachsenenalter (s. o.) und unterliegen von daher den Belastungen des Alltags häufig in höherem Maße als Erwachsene. Dies gilt ganz besonders, wenn sie gleichzeitigen Konflikten in Familie, Freundeskreis und gegebenenfalls auch am Ausbildungsplatz ausgesetzt sind, wenn sie Erniedrigungen erleben, wenn die Suche nach einer Partnerin bzw. einem Partner fehlgeschlagen ist usw.

Sich in einen Auszubildenden hineinzuversetzen ist erforderlich, um seine Handlungen richtig einschätzen zu können und um – darauf aufbauend – seine Lern- und Entwicklungsprozesse angemessen unterstützen zu können. Es geht darum, zu verstehen, warum Auszubildende so und nicht anders handeln, warum sie diese oder jene Fragen haben, wovor sie welche Ängste haben usw. Dazu müssen die Ausbilder die Bereitschaft haben, sich auf die Jugendlichen, für die sie Verantwortung tragen, einzulassen. Jugendliche nehmen in der Regel sehr differenziert wahr, ob Ausbilder darüber verfügen und Interesse an ihnen haben – auch dann, wenn die den Ausbildern dazu zur Verfügung stehende Zeit nur knapp ist.

3.3.4.3 Vorbilder und Ideale

Die Frage, ob Jugendliche sich zu (selbst-)kritischen, selbstständigen Erwachsenen mit Selbstbewusstsein und Selbstvertrauen entwickeln, hängt nicht nur von der Frage ab, welches Wissen und welches Können sie im Einzelnen entwickeln konnten, sondern in gleichem Maße von dem, was die für sie verantwortlichen Erwachsenen tun oder unterlassen, von ihrem Handeln, ihren nach außen gelebten Werthaltungen und Einstellungen – also von ihren Vor-Bildern. So sind es vor allem die Vorbilder, die die Orientierungshilfen geben, welche die Jugendlichen benötigen, um sich in der komplexen Gesellschaft zurechtzufinden und um Kompetenzen in unterschiedlichsten Bereichen zu entwickeln.

Vorbilder sind Menschen, die als Leitbild für die Entwicklung des eigenen, d. h. des individuellen Lebensentwurfes dienen. Vorbilder können sowohl nahe stehende als auch räumlich entfernte, fremde Personen sein. Vorbilder sind nicht mit Idolen zu verwechseln. Letztere sind öffentlich (z. B. in den Medien) dargestellte, idealisierte Menschen, in denen eigene Hoffnungen und Erwartungen „gesehen" werden können und die dadurch an Lösungsmöglichkeiten für eigene Probleme und Schwierigkeiten (nur) glauben lassen. Stars sind im Unterschied dazu Menschen, die gesellschaftlich herausgehoben und Vertreter bestimmter Berufe (Fußballer, Musiker u. v. m.) sind. Stars können durchaus Vorbildfunktion für Jugendliche haben.

Auch wenn im Alltag häufig Anderes behauptet wird, ist die eigene Familie für Jugendliche heute auch im Hinblick auf die Vorbildfunktionen der Eltern wichtiger als noch vor 10 Jahren. Dabei hat die 16. Shell Jugendstudie gezeigt, dass der Wunsch nach Bildung einer ähnlichen Familie mit eigenen Kindern bei Jugendlichen deutlich zugenommen hat. Nur in der sozialen Unterschicht hat der Kinderwunsch im Vergleich zu 2002 abgenommen. Eine große Mehrheit der Jugendlichen des Jahres 2010 möchte zudem die eigenen Kinder genauso erziehen, wie sie selbst erzogen wurden. Daran lässt sich erkennen, dass die eigenen Eltern tatsächlich für viele Jugendliche eine besonders wichtige Vorbildfunktion haben – für weibliche Jugendliche sind es vor allem die Mütter, für männlich dagegen die Väter. Lediglich bei den ca. 10 % Jugendlichen aus der sozialen Unterschicht gibt es eine entgegengesetzte Entwicklung, was in Anbetracht der Umstände, unter denen sie häufig leben, nicht verwunderlich ist.

Das Überraschende ist, dass die Eltern als Vorbilder den Stars aus Medien und Sport deutlich vorgezogen werden. Die Frage, die sich in diesem Zusammenhang stellt, ist die nach einer möglichen zusätzlichen Vorbildfunktion von Ausbildern. Diese Frage ist deshalb so bedeutsam, weil lernpsychologische Forschungen zeigen, dass Lernen von und mit Vorbildern deutlich rascher und nachhaltiger verläuft als ohne. Um als Ausbilder Vorbild für Auszubildende sein zu können, müssen sie über bestimmte psychologische und pädagogische Voraussetzungen erfüllen, wie z. B.:

3.3.4.4 Berufswahl im Rahmen der Identitätsentwicklung

Die Weiterentwicklung der eigenen Identität (s. o.) ist auch beim Übergang Jugendlicher in den Ausbildungsprozess eine wichtige Entwicklungsaufgabe, denn nun gilt es, eine Berufsidentität zu gewinnen. Dabei handelt es sich um einen psychologischen Prozess, der schon während der Schulzeit und vor dem Beginn der Ausbildung begonnen hat. Wer als Jugendlicher diese Entwicklungsaufgabe weitgehend gelöst hat, d. h., wem die eigenen Wünsche, Vorlieben, Fähigkeiten und Fertigkeiten weitgehend klar sind, der wird sich mit größerer Wahrscheinlichkeit für eine Berufsausbildung entscheiden können, die seiner Persönlichkeit entgegenkommt. Darüber hinaus wird er in diesem Fall ebenfalls mit größerer Wahrscheinlichkeit Zufriedenheit und Motivation in der gefundenen Ausbildung finden können.

Das Bewusstsein der eigenen Identität ist somit ein wichtiges Kriterium für eine erfolg-

Tab. 16 Psychologische und pädagogische Voraussetzungen der Ausbilder	
Echtheit	Es ist wichtig, dass die Aussagen der Ausbilder mit ihrem eigenen Handeln und ihren Emotionen übereinstimmen.
Aufrichtigkeit	Aufrichtigkeit muss gelebt werden, um als Vorbild erlebt werden zu können. Wenn es um Kritik geht, muss diese Aufrichtigkeit sehr konkret und konstruktiv sein. Es stört den Ausbildungs- und Lernprozess, wenn Kritik sich nicht auf konkretes Handeln, sondern auf die ganze Person bezieht (s.o). Aufrichtigkeit und Kritik dürfen nicht bloßstellen und verletzen.
Transparenz	Klarheit über Anforderungen und Regeln sowie Konsequenzen bei Fehlern und Regelverstößen sind wichtige Voraussetzungen dafür, um als Vorbild angesehen werden zu können.
Wertschätzung	Wertschätzung bedeutet nicht, Regelverstöße hinzunehmen. Missachtung, Ironie und Zynismus sind ein Zeichnen mangelnder Wertschätzung. Sie machen eine positive Beziehung zwischen Ausbildern und Auszubildenden zunichte.
Zuverlässigkeit	Zur Zuverlässigkeit zu erziehen, ist nur möglich, wenn sie entsprechend vorgelebt wird. Hier ist insbesondere auch ein hohes Maß an Selbstdisziplin der Ausbilder gefragt, Zusagen oder gar Versprechungen einzuhalten.
Disziplin	Auch zur Disziplin und insbesondere zur Selbstdisziplin kann nur dann erfolgreich erzogen werden, wenn sie vorgelebt wird; z. B.: Unpünktliche Ausbilder werden mit relativ großer Wahrscheinlichkeit unpünktliche Auszubildende haben.
Verantwortung	Verantwortung zu übernehmen, lernen Auszubildende auch, indem sie erleben, wie die zuständigen Ausbilder ihrer Verantwortung ihm und ihrer eigenen Arbeit gegenüber gerecht werden. Zu dieser Verantwortung gehört insbesondere auch das Interesse an einer positiven Entwicklung der Auszubildenden.
Kontrolle	Kontrolle muss im Interesse von Ausbildung und Arbeitsqualität liegen. Kontrolle um der Kontrolle willen schafft Misstrauen und belastet die Arbeits- und Entwicklungsprozesse.
Ermutigung	Ausbilder, die ermutigen, schaffen Motivation. Die Ermutigung darf nicht pauschal sein. Sie muss sich an konkretem Handeln der Auszubildenden orientieren, auf die die weitere Entwicklung aufbauen kann. Ermutigung muss realistisch sein und darf sich nicht auf (noch) unerreichbare Ziele beziehen.
Gerechtigkeit	Auszubildende – aber nicht nur sie – erleben es in der Regel als ungerecht, • wenn ihre Leistungen nicht (an) erkannt werden, • wenn sie im Falle von Fehlern pauschal als ganze Person kritisiert werden, • wenn gleiche Leistungen bzw. gleiche Fehler bei anderen Auszubildenden anders beurteilt werden, • wenn Fehler bzw. mangelnde Leistung auf unklaren Anweisungen oder Anleitungen beruhen usw. In all solchen Fällen verliert ein Ausbilder nur allzu schnell seine Vorbildfunktion.

reiche Entscheidung für eine bestimmte Berufsausbildung. Allein dies macht schon deutlich, wie problematisch es für Jugendliche sein kann – und in vielen Fällen auch ist –, wenn der Ausbildungsstellenmarkt, die Berufswahl stark einschränkt. In dieser Situation ist die pädagogische und psychologische Kompetenz der Ausbilder besonders wichtig, denn für die Auszubildenden ist es nicht selten schwierig, sich in eine Ausbildung hineinzufinden, die nicht oder nur zum Teil den eigentlichen Berufswünschen entspricht.

Ebenso schwierig kann es sein, wenn es dem Jugendlichen (noch) nicht gelungen ist, Klarheit über seine Identität zu gewinnen. Dann steht er – mit vielen anderen Jugendlichen – vor dem Problem, „gar nicht zu wissen", was er nach seinem Schulabschluss tun soll. Je länger die Schulzeit dauert, des weniger fortgeschritten ist die berufliche Identitätsentwicklung. So fällt es Abiturienten häufig schwerer, sich für ein bestimmtes Studium oder eine bestimmte Berufsausbildung zu entscheiden als Jugendlichen nach dem 10. Schuljahr.

Aus der Bedeutung und der Häufigkeit der mit unklarer beruflicher Identität verbundenen Schwierigkeiten ergibt sich eine weitere besondere Verantwortung für die Ausbilder. So sind sich viele Jugendliche nicht sicher, ob der eingeschlagene Berufsweg der richtige für sie ist; und selbst wenn sie sich relativ sicher sind, dass er nicht ihren Berufswünschen entspricht, haben sie oft keine Alternative. Ratschläge wie „Dann hören Sie doch auf ...!" oder „Sie müssen motivierter sein ...!" erschlagen im übertragenen Sinne häufiger, als dass sie helfen können. Gerade in solchen Situationen gilt es, die Entwicklung der Jugendlichen mit Einfühlungsvermögen zu begleiten, sie zu stärken, Mut zu machen und durch klare Kommunikation die Stärken der Jugendlichen bewusst werden zu lassen. Das Ergebnis kann dann ein Berufswechsel sein, es kann aber auch eine Veränderung dahingehend sein, die aktuelle Ausbildung anzunehmen und eine entsprechende berufliche Identität zu entwickeln.

3.4 Die lernpsychologischen Voraussetzungen berücksichtigen

Den Auszubildenden das Lernen zu ermöglichen, ist eine der schwierigsten Aufgaben des Ausbilders. Je intensiver man sich allerdings mit dem Phänomen Lernen auseinander setzt und je tiefer das Verständnis von Lernen ist, desto sicherer erfolgt der Zugriff auf Maßnahmen, die den Auszubildenden beim Lernen helfen können.

Als Ausbilder benötigt man Wissen über lernpsychologische Voraussetzungen, deren Berücksichtigung zu mehr Effizienz in der Ausbildung führen können:
- Was ist Lernen?
- Wie ist das Gehirn aufgebaut und wie funktioniert es?
- Wie verlaufen die Aufnahme, Verarbeitung, Speicherung und Erinnerung von Wissen?
- Auf welche Weise wird bestimmtes Verhalten erlernt (Lernarten)?

Lernen findet in unterschiedlichen Situationen statt:
1. Ein Auszubildender tritt auf einen Rechen, dieser schlägt ihm an den Kopf, er hat Schmerzen. Zukünftig verhält er sich achtsamer, wenn er die Arbeitsgeräte abstellt.
2. Eine Gärtnerin im 1. Ausbildungsjahr beobachtet, dass die Gehilfen, mit denen sie in einer Gruppe arbeitet, grundsätzlich schneller fertig sind; sie erhöht ihr Arbeitstempo, worunter allerdings die Arbeitsqualität leidet.
3. Eine Auszubildende im 3. Ausbildungsjahr fällt, dass Jungkühe, die kürzlich abgekalbt haben, häufig erkranken. Sie informiert sich in der Berufsschule, berechnet Futterrationen, kontrolliert die Futterzuteilung vor und nach der Abkalbung, beobachtet die Auswirkungen und gestaltet einen Handzettel: „Fütterung der Kühe 14 Tage vor bis 3 Wochen nach der Geburt."

Lernen wird als ein Zeit beanspruchender Prozess beschrieben, durch den Menschen ihr Verhalten als Ergebnis von Erfahrungen ändern. Wir erlernen z. B. Kulturtechniken wie Schreiben, Lesen, Rechnen, fremde Sprachen Sprechen, formales Denken, Geräte bedienen, sich im Straßenverkehr bewegen, Partnern vertrauen, mit anderen zusammenarbeiten, Angst vor der Zukunft haben u. v. m..

Um den Erfolg oder den Misserfolg eines Lernvorganges beschreiben zu können, beobachten man das wahrnehmbare äußere Verhalten. Dieses liefert uns zum Teil auch Hinweise darüber, welches innere Verhalten erworben wurde bzw. vorliegt (Einstellungen, Gefühle, Kreativität usw.).

Lernen kann durch eine Reaktion auf die Umwelt (Außensteuerung), oder durch den eigenen Willen, die Umwelt aktiv zu gestalten (Innensteuerung), angestoßen werden.

Nicht jedes Verhalten ist immer unmittelbar beobachtbar, denn durch das Lernen macht das Individuum auch Erfahrungen, die sein Verhalten erst in der Zukunft beeinflussen. Die Bereitschaft und Fähigkeit, bestimmtes Verhalten zu zeigen, ist dann nur angelegt (Verhaltensdisposition) und wird situationsbezogen abgerufen.

Verhaltensänderungen, die durch Alkohol, Drogen, Müdigkeit, mechanische Kräfte oder körperliche Reifungsprozesse hervorgerufen werden, die also nicht auf Erfahrung zurückgehen, versteht man nicht als Lernen.

Lernen beruht also auf Erfahrungen, die in der Auseinandersetzung mit der Umwelt gemacht wurden und durch die Verhaltens- und Handlungsmöglichkeiten erworben werden, die zukünftige Aktivitäten beeinflussen.

Auch wenn Veränderungen als Folge von Reifungsprozessen nicht zum Lernen zählen, so ist nicht von der Hand zu weisen, dass Reifung und Lernen in wechselseitiger Beziehung zueinander stehen.

Beispielsweise lernen Kinder und Jugendliche rascher, aber auch motorisch aktiver als Erwachsene. Diese eignen sich vergleichsweise langsamer, ruhiger und konzentrierter neues Wissen an. Ebenso hängt das Erlernen bestimmter Fertigkeiten von der Entwicklung bestimmter körperlicher Anlagen (Kraft, Größe usw.) ab. Dieses weite Verständnis von Lernen verdeutlicht auch, dass Lernen sich nicht auf einen bestimmten Lebensabschnitt beschränkt, sondern lebenslang erfolgt.

Die Voraussetzung dafür, dass Lernen überhaupt stattfindet, ist das menschliche Gehirn/Gedächtnis, in dem Informationen wie Wissen, Handlungsmuster und Gefühle abrufbar gespeichert werden. Das wird täglich deutlich, wenn uns das Gedächtnis im Stich lässt oder bei der Erledigung von Arbeiten; denn während eines Arbeitsvorganges muss das gefasste

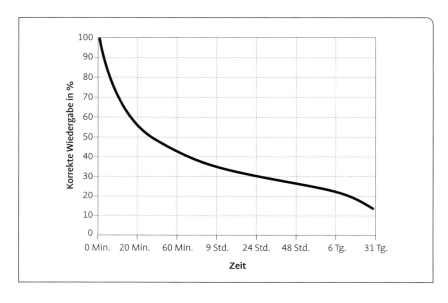

Abb. 29 Vergessenskurve

Ziel vor Augen bleiben, die notwendigen Kenntnisse und Fertigkeiten müssen aus einem „Speicher" zu bestimmten Zeiten abrufbar und die gesamte Handlungsfolge bis zu den kleinsten Fingerbewegungen muss im Gedächtnis vorhanden sein.

Wie schnell Wissen verloren gehen kann, zeigt die Abb. 29.

3.4.1 Aufnahme, Verarbeitung, Speicherung und Erinnerung von Gedächtnisinhalten

Die Struktur des Gedächtnisses im liegt Erbgut bereits vor. Die in den Genen gespeicherte Erbinformation ist schon eine Art „Gedächtnis". Es enthält alle Informationen, welche die Entwicklung von Menschen steuern. Die aus der Keim-Mutterzelle hervorgehende anatomische Struktur („Hardware") des Gedächtnisses soll zunächst überblickartig betrachtet werden. Es ist nicht auszuschließen, dass in allen Körperzellen Gedächtnisstrukturen vorliegen, doch konzentrieren sich die folgenden Informationen auf die wesentlichen anatomischen Grundlagen des Gedächtnisses (Gehirn).

3.4.1.1 Gehirn und Nervensystem

Erst in den letzten Forschungsjahren haben Wissenschaftler mehr Licht in den Aufbau und die Funktion unseres Gehirns gebracht. Es umfasst bei ca. 1,5 kg Gewicht eine Billion Zellen, davon allein 100 Milliarden Nervenzellen, die eine unvorstellbare Zahl von Verbindungen untereinander herstellen können. Die bis heute gewonnenen Erkenntnisse ermöglichen es, vorläufig anwendbare Modelle der Gehirnfunktion zu entwerfen.

Das menschliche Nervensystem besteht aus dem peripheren Nervensystem (z. B. Sinneszellen) und dem Zentralnervensystem (Gehirn und Rückenmark).

Die beiden Systeme sind über Nervenzellen vielfältig miteinander verknüpft, wodurch Informationen als Nervenimpulse hin und her gesendet werden können.

Das Zentralnervensystem steuert und verarbeitet sämtliche einlaufenden Informationen.

Es erfüllt dabei unterschiedliche Aufgaben:

Die Großhirnrinde verarbeitet die über die Sinnesorgane einlaufenden Informationen.

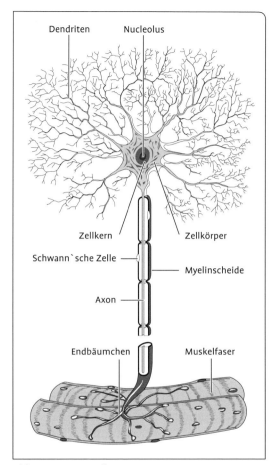

Abb. 30 Nervenzelle

Auf ihr liegen die Zentren für Leistungen wie Sprechen, Lesen, Denken, für Lernen und Gedächtnis und die Entwicklung von Handlungskonzepten (Motorik). Tiefere Schichten sind für die Entstehung und Steuerung von Gefühlen und Motiven verantwortlich.

Das Zwischenhirn verbindet die Teile des Großhirnes, koordiniert das autonome (vegetative) Nervensystem und steuert mit der Hypophyse gemeinsam das Hormonsystem.

Das Mittelhirn reguliert die Aufmerksamkeit und Wachheit; es ist das Ursprungsgebiet der Hirnnerven für Augen- und Gesichtsbewegung.

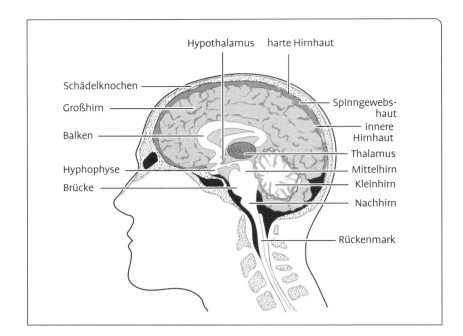

Abb. 31
Die wichtigsten Bestandteile des Gehirns

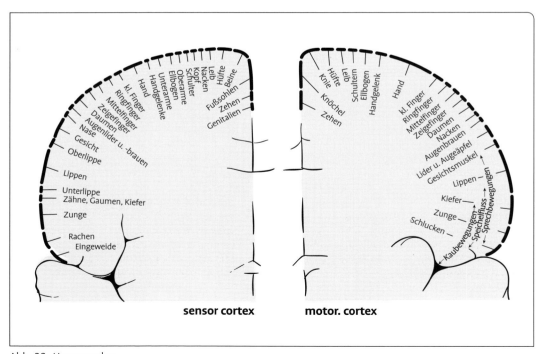

Abb. 32 Homunculus

Unterschiedliche Aufgaben der beiden Gehirnhälften		
links	Gehirnhälfte	rechts
Sprache-Lesen-Rechnen Ratio-Logik Regeln-Gesetze Konzetration auf einen Punkt Analyse-Detail Wissenschaft Schritt für Schritt Einzelheiten Zeitempfinden Linearität	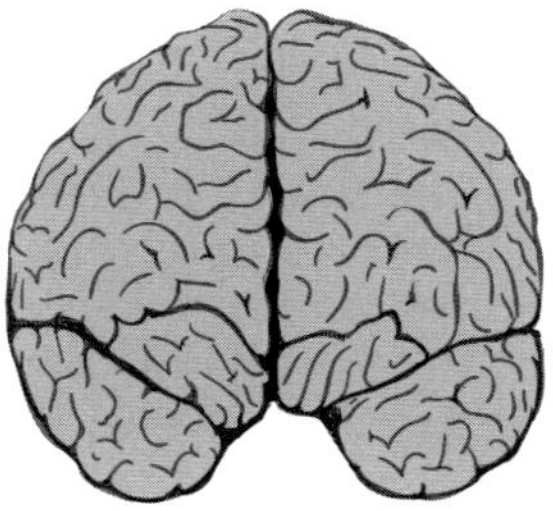	Körpersprache-Bildersprache Intuition-Gefühl Kreativität-Spontanität Sprunghaftigkeit Neugier-Spielen-Risiko Synthese-Überblick Kunst-Tanz-Musik Ganzheitlich Zusammenhänge Raumempfinden

Abb. 33 Unterschiedliche Aufgaben der beiden Gehirnhälften

Im Hinterhirn ist das Kleinhirn von besonderer Bedeutung; es unterstützt und koordiniert die anderen motorischen Zentren (Großhirn).

Das Nachhirn (Brücke) umfasst vegetative Regulationszentren, wie z. B. das Atmungs- und Kreislaufsystem.

Einfache reflektorische Abläufe, die von anderen Abschnitten des Zentralnervensystems weitgehend unabhängig sind (Haltungs- und Bewegungsmuster, Kniesehnenreflex) werden im Rückenmark koordiniert,

Sämtliche Bereiche des zentralen Nervensystems spielen zusammen, woraus sich ein für den Menschen einzigartiges Phänomen ergibt, nämlich die charakteristische Einheit von Geist und Psyche.

Alle Bereiche des Nervensystems sind in einem Netzwerk verknüpft. Eine Führungsrolle, die es allerdings nur im Bedarfsfall ausübt, besitzt das Großhirn für die Wissensverarbeitung und die Bewegungssteuerung. Das heißt die höhere Funktionsebene übernimmt ergänzende und helfende Aufgaben gegenüber untergeordneten Ebenen (z. B. Rückenmark), die weitgehend selbstständig arbeiten.

Eine besondere Bedeutung hat das Großhirn im Zusammenhang mit dem Lernen und dem Gedächtnis zu, so dass eine nähere Betrachtung sinnvoll ist.

Das Großhirn besteht anatomisch aus zwei Hälften. Die Großhirnrinde (Oberfläche) ist stark gefurcht und ca. zwei Millimeter dick. Ausgestreckt deckt sie ungefähr die Fläche eines Schreibtisches (ca. 1,5 m²) ab.

Die Fläche bzw. der Raum des Gehirns, die für die Aufnahme und Verarbeitung von Informationen und z. B. die Steuerung von Bewegungen eingenommen werden, sind hinsichtlich der Größe abhängig von der Häufigkeit und Intensität der Nutzung der zugehörigen Nervenbahnen. Würde man einen Menschen entsprechend gestalten, so käme dabei ein Wesen („Homunculus") heraus, wie es in der Abb. 32 dargestellt worden ist. Körperbereiche, die für die Aufnahme und Verarbeitung von Informationen besonders wichtig sind und daher einer besonderen Empfindlichkeit (Sensibilität) oder Beweglichkeit (Motorik) bedürfen, nehmen vergleichsweise große Areal der Gehirnrinde ein.

Beide scheinbar symmetrischen Hirnhälften nehmen gleiche und auch verschiedene Aufgaben wahr.

Wichtige Verarbeitungszentren, z. B. solche mit denen wir Bewegungen kontrollieren (motorische Zentren) und auch solche mit denen wir Reize (Sehen, Schmecken, Berührung, Bewegung, Gelenkstellungen) wahrnehmen, befinden sich in beiden Gehirnhälften. Durch die Überkreuzung der Nervenfasern, die die Reize aus den Sinnesorganen leiten, mit den Nervenfasern, die zu den Muskeln führen, steuert die rechte Gehirnhälfte die linke Körperseite und umgekehrt.

Beide Gehirnhälften verrichten ihre speziellen Aufgaben unabhängig voneinander, aber sie ergänzen sich gegenseitig. Das linke Hirnzentrum bearbeitet Aufgaben, bei denen um Sprache, z. B. Lesen oder um Zahlen, Logik, Ordnung, Analysetechniken, Schlussfolgern, Bewerten geht.

Vieles von dem, was in der Schule und im Betrieb gelernt wird, also Schul-, Fachwissen und handwerkliche Fertigkeiten, aber auch Auto und Fahrrad fahren wird vom linksseitigen Gehirn gespeichert, gesteuert und koordiniert.

Das rechte Hirnzentrum verarbeitet Bilder, Farben, Gefühle, Muster, Vorstellungen, ganzheitliche Betrachtungen und Musik. Intuitives Verhalten, Kreativität und Fantasie entspringen dem Rechtshirn, das auch immer gegenüber dem Linkshirn dominiert, wenn Gefühle eine Rolle spielen.

Alle Leistungen des Gehirns und des Nervensystems beruhen auf dem komplexen Zusammenspiel sämtlicher Teile des Nerven- und Hormonsystems. Die Verknüpfung erfolgt über das Zwischenhirn, das mit dem obersten Steuerungszentrum für das vegetative Nervensystem (Hypothalamus) und der Hypophyse (Hirnanhangdrüse), die das Hormonsystem überwacht und steuert, zusammenwirkt.

Diese Verbindungen, die auf Grund der Struktur des Gehirnes und des Nervensystems gegeben sind, sind die Grundlage für die menschliche Erfahrung, dass nämlich Wissen, Fühlen und Handeln des Menschen eine Einheit bilden. Ansonsten wäre nicht zu erklären, warum man beim Arbeiten Freude empfinden kann, bei einer engagierten Diskussion errötet oder seine Arbeit unkonzentriert erledigt, weil man Streit mit einem Freund hat.

3.4.1.2 Arbeitsweise des Gehirns

Neben dem Aufbau des Gehirns und zentralen Nervensystems als so genannter „Hardware" des Gedächtnisses ist für das Verständnis von Lernen die Arbeitsweise „Software" wichtig. Das Speichermodell des Gedächtnisses ist ein Erklärungsversuch dafür, wie Informationen in das Gedächtnis eingebracht und bearbeitet werden. (Abb. 34)

Dieses Modell gliedert das Gedächtnis in drei Teile:
- Ultrakurzzeit-Gedächtnis
- Kurzzeit-Gedächtnis
- Langzeit-Gedächtnis,

die in einer bestimmten Weise ständig miteinander in einem Austausch- und Verarbeitungsprozess stehen.

Über die Sinne Auge, Ohr, Haut usw. fließen Informationen als Abbilder der Umwelt in das Ultrakurzzeitgedächtnis (Sinneszellen). Dort werden sie für Sekundenbruchteile festgehalten und in elektrische Impulse, die von den Nerven weitergeleitet werden, umgewandelt. Der kurze Zeitabschnitt ermöglicht es, aus einer riesigen Informationsmenge bestimmte auszuwählen. Das ist notwendig und sinnvoll, weil die Übertragungskapazität der Nervenbahnen begrenzt ist. Die vom Ultrakurzzeitspeicher aufgenommenen, bedeutsamen Informationen gelangen in das Kurzzeitgedächtnis. Dieses ist als Verbindungsstelle zwischen Informationsaufnahme (Input) und Informationsabgabe (Output) von großer Wichtigkeit.

Das Aufnahmevermögen des Kurzzeitgedächtnisses ist zeitlich und mengenmäßig begrenzt. Es wirkt wie ein Filter für den Informationsaustausch zwischen Ultrakurzzeit- und Langzeitgedächtnis. So werden in besonderen Situationen (Gefahr im Verzug) nur noch solche Informationen durchgelassen, die momentan wichtig sind.

Die Kapazität des Kurzzeitgedächtnisses ist erweiterbar, was bei der Verarbeitung großer Wissensmengen notwendig ist. Hierzu dienen trainierbare geistige Prozesse, die man als das so genannte „innere Wiederholen" (Memorieren, z. B. häufiges Sprechen einer zu merken-

Lernpsychologische Voraussetzungen 97

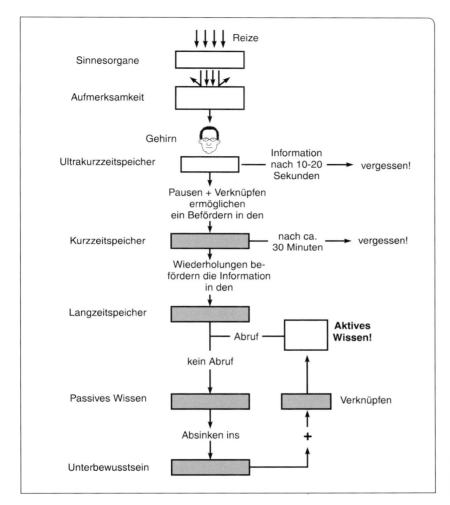

Abb. 34
Flussdiagramm
des Lernprozesses
(nach Ott)

den Telefonnummer) und das Zusammenfassen (Kodieren, z. B. Bilden von Begriffen, wie Lastkraftwagen (LKW), die eine Vielzahl von Informationen (z. B. Sattelschlepper) umfassen).

Aus dem Kurzzeitgedächtnis fließen die Informationen als kodiertes Wissen in das Langzeitgedächtnis, dessen Kapazität nach derzeitiger Kenntnis keinerlei Grenze gesetzt ist.

Die Informationsübertragung in das Langzeitgedächtnis hängt von der Bearbeitungsstärke im Kurzzeitgedächtnis ab; je länger und intensiver das Arbeitsgedächtnis Information verarbeitet, desto gründlicher und effizienter erfolgt die Einspeicherung.

Das Langzeitgedächtnis erfüllt zwei Aufgaben. Erstens die Aufgabe eines „Vorratskellers" für das Wissen über unsere Welt und zweitens die Aufgabe eines Kontrollorgans über alles, was im Gedächtnis und im Körper geschieht.

Hierzu gehören die Steuerung und Kontrolle
- der Wahrnehmung
- der Aktivitäten des Kurzzeitgedächtnisses und
- des Wissenstransportes in das und aus dem Langzeitgedächtnis.

Abb. 35 Mustererkennung als aktiver Vorgang

Nur ein Teil der Informationen aus den Sinnen fließt wie weiter oben gesagt in das Kurzzeitgedächtnis, denn im Moment der Wahrnehmung trifft das Langzeitgedächtnis in Bruchteilen einer Sekunde eine Entscheidung darüber, ob etwas bekannt oder unbekannt bzw. wichtig oder unwichtig ist und leitet eine entsprechende Reaktion ein.

Die Darstellung (Abb. 35) veranschaulicht, dass der Vorgang der Wahrnehmung ein aktiver Prozess ist. Das Gedächtnis konstruiert z. B. ein Dreieck, wo tatsächlich keines ist. Das Langzeitgedächtnis sorgt auf diese Weise für eine „Filterung" der für das Handeln bedeutsamen Informationen (Vermeidung einer Reizüberflutung).

Die „innere Wiederholung" und die „Kodierung" im Kurzzeitgedächtnis unterliegen einer willentlichen Entscheidung, die durch das Langzeitgedächtnis getroffen wird. Unter Rückgriff auf bereits gespeichertes Wissen überträgt es neue Informationen, die zu denen im Langzeitgedächtnis passen, direkt in das Gedächtnis. Solche Informationen, die fremd sind, werden einerseits im Kurzzeitgedächtnis solange bearbeitet, bis sie zu vorhandenen Mustern (Kodierungen) passen. Andererseits werden sie solange festgehalten wie es nötig ist, um vorhandene Codes im Langzeitgedächtnis so zu verändern, dass die neuen Informationen eingebaut werden können. Das im Langzeitgedächtnis vorhandene Wissen entscheidet letztlich darüber, was als Wissen neu aufgenommen wird. Diesen aktiven Vorgang veranschaulicht die Abbildung 35 mit dem mittleren Bild (Vase oder zwei Gesichter) und dem linken Bild (alte oder junge Frau).

Für die Speicherung von Informationen stehen dem Langzeitgedächtnis zahlreiche Strategien zur Verfügung.

Die Strategie der „Willkürlichen Strukturierung" gibt Informationen (auch sinnlosen) mehr Bedeutung.

Beispiel: Iller, Lech, Isar, Inn fließen rechts der Donau hin, Altmühl, Naab und Regen fließen ihr entgegen.

Diese Information wird leichter behalten, weil ihr willkürlich Sinn unterlegt wurde, so dass die Elemente nicht mehr beliebig austauschbar und damit speicherbar werden.

Die Strategie der „Dualen Kodierung" besteht darin, dass mündliche Informationen mit sinnvollen Bildern verknüpft werden.

Obwohl das Langzeitgedächtnis relativ störungsunanfällig ist, beweist die alltägliche Erfahrung, dass dem langfristigen Behalten und dem Erinnern Grenzen gesetzt sind. Als mögliche Ursachen sind bekannt:
- Vergessen von Wissen, wenn der Suchprozess beim Abruf aus dem Gedächtnis erfolglos bleibt. Es handelt sich um keinen echten Verlust, sondern um eine Unverfügbarkeit.
- Vergessen als „Überdeckung" bzw. Auslöschung bereits gespeicherten Wissens.
- Vergessen infolge eines „Spurenzerfalls". Die Stärke der „Gedächtnisspur" einer be-

stimmten Information nimmt im Laufe der Zeit ab (fehlende Wiederholung).
- Vergessen als Form der Veränderung von gespeicherten Informationen (Erinnerungsfehler). Diese Form des Vergessens zeigt sich in zunehmender Verkürzung, veränderter Reihenfolge von Zusammenhängen, hervorgehobener bestimmter Informationsbruchstücke usw. Erlebtes wird in diesem Falle anders wiedergegeben als es stattfand.

Der Abruf von Wissen aus dem Langzeitgedächtnis entspricht in etwa dem Umkehrprozess der Wissensaufnahme. Ihm geht immer eine Abfrage voraus, die über das sensorische Gedächtnis (Auge, Ohr usw.) und die Nervenbahnen in das Kurzzeitgedächtnis gelangt. Diese Reize (Aufträge usw.) kreisen als Informationen („Wissenseinheiten") im Kurzzeitgedächtnis, wodurch Langzeitgedächtnisinhalte aktiviert werden können.

Die Genauigkeit des Auftrages oder die Bekanntheit der Information entscheidet über die Schnelligkeit und den Erfolg der Suche im Gedächtnis. Eine unpräzise Anfrage (unbekannter Reiz) macht eine Übersetzung in den Code des Langzeitgedächtnisses erforderlich und beansprucht mehr Zeit. Verläuft der Such- und Übersetzungsprozess erfolgreich, kann gehandelt werden, wobei bereits im Erfahrungsschatz befindliche Wissensmengen sinnvoll eingesetzt werden können.

Die Ausführung wird durch das Kurzzeitgedächtnis über Nervenreize angeordnet, die z. B. veranlassen, dass bestimmte Muskelgruppen sich aufeinander abgestimmt zusammenziehen, damit z. B. ein Wort geformt oder eine Bewegung ausgeführt werden kann.

3.4.2 Die Bedeutung des Wissens über das Wissen und die Gedächtnisfunktionen

Auf der Suche nach Problemlösungen führen teils spontane „Einfälle", teils langwieriges immer neu ansetzendes Ausprobieren zu Lösungswegen, die am Ende im Sinne des „Aha-Erlebnisses" als einfach angesehen werden: „Warum ist mir das nicht früher eingefallen?" Über die Freude, einen Weg gefunden zu haben, vergisst man oft, sich den eigentlichen „Lösungsprozess" nacharbeitend zu vergegenwärtigen. Gerade die Nacharbeit führt zu einem Wissen, das für den persönlichen Lernprozess, vor allem auch für das Lernen des Lernens besonders nützlich ist, nämlich dem Wissen über das eigene Wissen (Metawissen). Dieses Wissen umfasst das Bewusstsein über den Umfang des eigenen Wissens, über den Umgang mit dem Wissen (Denken) und über die Aneignung des eigenen Wissens. Dazu gehört es u. a.
- persönlichen Lernvoraussetzungen zu kennen,
- Methoden zu beherrschen, die das Verstehen zu unterstützen,
- Verfahren, zur Verbesserung des Behaltens einzusetzen und
- optimale Übungs- und Kontrollformen auswählen und anwenden zu können.

Solches Metawissen macht das eigene Lernen durchsichtig und steuerbar; es versetzt in die Lage, den Wissensspeicher im Gedächtnis systematisch zu nutzen.

3.4.3 Wissen aneignen – Lernarten

Lernen durch Erfahrungsbildung erfolgt als eine Wechselbeziehung zwischen einer Person und ihrer Umwelt. Fragt man danach, wie Lernen angestoßen wird, so ergeben sich zwei Blickwinkel. Zum einen können die Anstöße zum Lernen von der Person selbst (Innensteuerung) ausgehen und zum anderen von der Umwelt (Außensteuerung).

Entsprechend dieser Perspektiven lassen sich die Theorien der Lernarten systematisieren. Solche die sich mit außengesteuertem Lernen befassen, stammen aus der Verhaltenspsychologie (Behaviorismus), z. B.:
- Reiz-Reaktions-Lernen
- Instrumentelles Lernen
- Lernen am Modell

Solche die sich mit innen gesteuertem Lernen befassen, stammen aus der Kognitiven Psychologie z. B.:
- Kognitives Lernen
- Handlungslernen

3.4.3.1 Reiz-Reaktions-Lernen

Der russische Physiologe I. P. Pawlow (1849–1936) erforschte diese Lernart durch die Beobachtung des Speichelflussreflexes von Hunden.

Seine Feststellung, dass Versuchshunde Speichel fließen ließen, wenn sie die Geräusche der Fütterungsvorbereitung vernahmen, veranlasste ihn zum Nachforschen. Er ersetzte die Geräusche durch einen Glockenton (neutraler Reiz), worauf die Hunde nicht mit Speichelfluss reagierten. In einer zweiten Versuchsphase (Bedingungsphase) ertönte unmittelbar vor der Futtergabe der Glockenton. Nach ca. dreißigmaliger Darbietung genügte lediglich der Glockenton, um den Speichelflussreflex auszulösen. Der natürliche Reiz wurde durch den neutralen (bedingten) Reiz ersetzt, wodurch sich der natürliche Reflex zu einem bedingten Reflex oder erlernten Reflex wandelte (Tab. 17).

Reiz-Reaktions-Verknüpfungen stellen sich nicht automatisch ein, sondern müssen verstärkt werden. Beim klassischen Konditionieren wirken das Zeitintervall zwischen neutralem und unbedingtem Reiz und die wiederholte Darbietung als Verstärker. Bleibt die Verstärkung aus, kommt es zur vollständigen oder teilweisen Löschung der Reaktion.

Das Reiz-Reaktions-Lernen eignet sich für Erklärungen menschlichen Verhaltens bezüglich des Erlernens einfacher Reflexe und emotionaler-motivationaler Reiz-Reaktionsverbindungen, z. B. in der Werbung, der Verhaltenstherapie sowie in der Ausbildung in Betrieb und Schule. Hierzu muss man von der strengen behavioristischen Auslegung von Verhalten absehen und auch nach den Motiven des Verhaltens fragen, beispielsweise ob eine Konditionierung durch die Person zugelassen wird oder nicht. Dadurch wird die Theorie realitätsnäher und praktikabler.

Beispiel: Rollenspiel
In der Verkaufsgärtnerei übt der Ausbildungsleiter den Umgang mit Kunden in Rollenspielen. Auszubildende M. sträubt sich kräftig davor. M. „kam schon immer nicht mit Rollenspielen zurecht" wie sie sagt; in der Hauptschule sei sie deswegen schon immer ausgelacht worden.

Rollenspiele gehören zu den beliebtesten Formen des Handelns in der Kindheit, sie dürften daher eher positiv besetzt sein und Freude auslösen. Ausgelacht und bloßgestellt zu werden, wirkt als unbedingter Reiz Angst auslösend.

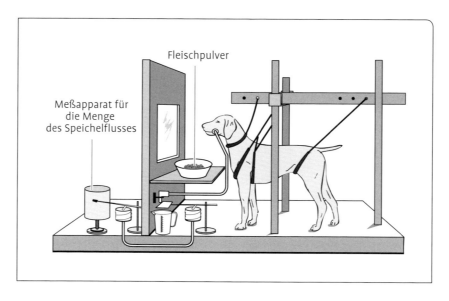

Abb. 36
Die Pawlow-Box

Tab. 17 Modell des Reiz-Reaktions-Lernens		
Vor dem Bedingen	Neutraler Reiz (Glocke) →	Keine Reaktion
	Natürlicher Reiz (Futter) →	Reflex / Reaktion (Speichelfluss)
Bedingungsphase	Neutraler Reiz ┐ **PLUS** Natürlicher Reiz ┘→	Reflex / Reaktion (Speichelfluss)
Nach dem Bedingen	Neutraler Reiz →	Reflex / Reaktion (Speichelfluss)

Durch die über die schulische Erfahrung gehäufte Verbindung von neutralem Reiz (Rollenspiel) und unbedingtem Reiz (Auslachen) wurde der neutrale Reiz zu einem bedingten. Das Rollenspiel löst Angst aus und führt zu Vermeidungsverhalten.

Andere unbedingte Reize, die Angst auslösen, sind Reize, die Schmerz verursachen, Angstreize ausgehend von Tieren (Vögel, Schlangen, Mäuse etc.) oder Bestrafung, Bedrohung und Lärm.

Angst behindert das Lernen mehrfach:
- sie stört die Motivation,
- sie erzeugt Vermeidungs-/Abwehrverhalten,
- sie führt zu Denkblockaden.

3.4.3.2 Instrumentelles Lernen

Die theoretischen Grundlagen des instrumentellen Lernens, wurden von dem amerikanischen Verhaltenspsychologen B. F. Skinner (1904–1990) mit Hilfe von Tierversuchen erarbeitet.

Berühmtheit erlangten Skinner's Versuche mit Tauben (Abb. 37). In Versuchs- bzw. Lernphasen von ungefähr drei Minuten Dauer erlernten Tauben bestimmte Bewegungsfolgen, die wie Tanzen aussahen. Diese Dressuren vollzog Skinner, nachdem die Tauben auf 80 % ihres Normalgewichtes zurückgehungert waren.

Jedes Mal, wenn eine Taube eine Bewegung in die gewünschte Richtung machte, erhielt sie

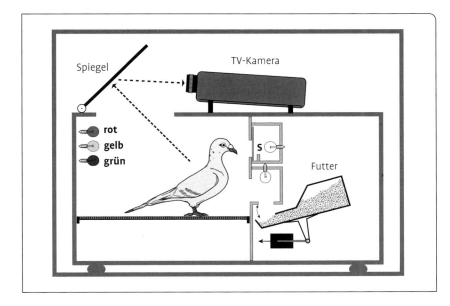

Abb. 37
Skinner-Box:
Taubendressur

eine Belohnung in Form von Futter (Verstärker). Relativ schnell zeigten die Tauben komplizierte Bewegungsfolgen.

Menschliches Verhalten ist komplexer als tierisches, dennoch haben die Untersuchungen zu instrumentellem Lernen einen wesentlichen Beitrag zum Verständnis menschlichen Lernverhaltens geleistet.

Beim instrumentellen Lernen wird ein bestimmtes (vorangehendes) Verhalten durch nachfolgende Konsequenzen bewirkt (Wirkverhalten). Es unterscheidet sich vom Reiz-Reaktions-Lernen dadurch, dass die so genannten Reize dem Verhalten nachfolgen. Die Beziehung zwischen dem Verhalten und der Verstärkung bezeichnet man als Kontingenz. Je dichter die Verstärkung dem Verhalten folgt, desto wirksamer ist sie. Das Prinzip des instrumentellen Lernens beruht also auf der Außensteuerung von Verhalten durch ein Management der Konsequenzen. Instrumentelles Lernen stellt sich situationsabhängig, nicht automatisch ein, sondern erst, wenn eine Situation gegeben ist und die Bereitschaft besteht, sich auf die Konsequenz einzulassen. Die Reize lösen das Verhalten nicht aus, sondern geben Hinweise auf die nachfolgenden Konsequenzen. Neben dem Bedürfnis nach sozialem Status sind Bedürfnisse wie Hunger, Durst, Sexualität, Neugier, Zuwendung, aber auch Angstvermeidung starke Antriebe, instrumentelles Verhalten aufzubauen.

Durch instrumentelles Lernen (Verstärkungslernen) kann Verhalten aufgebaut – Darbietung, Entzug – und abgebaut – Bestrafung, Löschung – werden.

Insbesondere, wenn neue Verhaltensweisen gelernt werden sollen, sollten kleine Schritte zum gewünschten Verhalten verstärkt werden, damit Misserfolge erst gar nicht auftreten. Sobald das Verhalten stabil ist, kann die Häufigkeit der Verstärkung verringert werden. Bleibt Verstärkung dauerhaft aus, kann erlerntes Verhalten verloren gehen.

Vieles von dem, was Menschen im Alltag und in der Ausbildung als Wissen und Können anwenden, wurde instrumentell gelernt. Die durch instrumentelles Lernen erworbenen Ver-

Beispiele

Darbietung
Verhalten: Der Auszubildende X arbeitet engagiert und sorgfältig; Konsequenz (Verstärker): Der Chef gibt eine Sondervergütung von 300,– €.
Dem Verhalten folgt ein belohnendes (positives) Ereignis; X arbeitet wie gewohnt weiter.

Entzug
Verhalten: Hauswirtschafterin A. hasst die Wäschepflege und arbeitet wenig sorgfältig.
Konsequenz: Die Meisterin erklärt ihr, dass A. den Schwerpunkt Wäschepflege um 4 Wochen verlängern müsste, wenn sich ihr Arbeitsergebnis nicht verbessert. Die Arbeitsergebnisse werden besser. Die unangenehme Ankündigung trifft nicht ein.
Durch das Verhalten wird eine unangenehme Konsequenz verhindert.

Bestrafung
Verhalten: Auszubildender St. zerstört während eines Lehrganges in einem überbetrieblichen Ausbildungszentrum mutwillig einen Kicker-Automaten.
Konsequenz: Der Leiter entlässt ihn aus dem Kursus und erteilt Hausverbot.
Dem Verhalten folgt ein unangenehmer (negativer) Reiz.

Löschung
Verhalten: Der Geselle M. kann sich mit ehrverletzenden Äußerungen gegenüber dem Auszubildenden K. (Abiturient) nicht zurückhalten. M. ist der Einzige, der das lustig findet.
Konsequenz: K. überhört die Zoten beharrlich. Nach einer Weile bleiben die Zoten von M. aus.
Auf das Verhalten folgt keine, weder angenehme, noch unangenehme Konsequenz.

haltensweisen sind relativ starr, gewohnheitsmäßig. Da sie situationsspezifisch angelegt sind, erfolgt eine Übertragung auf neue Situationen nur dann, wenn diese der Lernsituation sehr ähnlich sind. Das hat den Vorteil, dass instrumentelles Verhalten ohne große geistige Kontrolle routiniert und wiederholt abgerufen werden kann. Routiniertes gewohnheitsgemäßes Verhalten birgt aber auch die Gefahr in sich, die Aufmerksamkeit zu verringern. Weite Teile beruflicher Tätigkeit bestehen aus routinierten, gewohnheitsmäßigen Arbeiten, z. B. die Ordnung am Arbeitsplatz und die Qualität der Arbeitsausführung.

In der Vergangenheit geriet das instrumentelle Lernen in den Verruf der Dressur. Dieser Vorwurf vernachlässigt aber den Unterschied zwischen Mensch und Tier, Menschen verfügen über ein Bewusstsein. Dieses befähigt sie, Situationen nicht nur wahrzunehmen, sondern auch zu bewerten. Diese Bewertung, aber auch seine Gefühle und Interessen führen neben objektiven Ereignissen dazu, dass er sich entscheidet, inwieweit er eine Verhaltenssteuerung zulässt oder nicht. Instrumentelles Lernen ist am wirksamsten, wenn es offen erfolgt, in einer Atmosphäre gegenseitiger Achtung.

3.4.3.3 Lernen am Modell

Die Tatsache, dass durch Nachahmen gelernt wird, ist altbekannt. Der Psychologe A. Bandura (* 1925) hat in Untersuchungen herausgefunden, dass Lernen auch stattfindet, wenn das Verhalten nicht unmittelbar verstärkt wird. Der Anstoß zum Lernen am Modell kommt eher beiläufig. Begünstigend wirken Motivation sowie der Wunsch, Unsicherheit zu beseitigen oder auch ein anerkanntes Modell (bedeutsame Person, z. B. Freund oder Ausbilder) und ein klar erkennbares und erfolgreiches Modellverhalten.

Im Vergleich zu den voran stehenden Lernformen, bei denen Verhalten unmittelbar von außen verstärkt wurde, steuert beim Modellernen der Lernende individuell seinen Lernprozess. Dabei richtet er die Aufmerksamkeit bewusst auf den Lerninhalt und verankert das angestrebte Verhalten/Wissen durch Abruf und Übertragung (häufiges Imitieren) fest im

Beispiel: Verkaufsgeschick

Der Auszubildende P. beobachtet seinen Ausbilder bei Verkaufsverhandlungen mit den Viehhändlern. Er ist beeindruckt von der Art und Weise der Verhandlungsführung und erstaunt über den Verkaufserfolg. Ein Jahr später, beim Verkauf seines gebrauchten Mopeds, versucht er bei seinem Verkaufsgespräch seinen Chef zu imitieren. Er ist erfolgreich!

Gedächtnis. Der eintretende Erfolg bewirkt Motivation und Verstärkung.

Viele sozialen, sprachlichen und motorischen Verhaltensweisen werden auf diesem Lernweg erworben, z. B. Aggressionsverhalten, Redestile, Arbeitsweisen usw. Das Lernen durch Beobachtung läuft im Alltag schneller, müheloser und im Einzelfall auch gefahrloser ab, als anderes Lernen, da der Lernende nicht jede Erfahrung selbst machen muss. Im Verlaufe der Ausbildung erweist sich das Beobachtungslernen als sehr wirkungsvoll und relativ einfach, um soziales Handeln, Sprachbenutzung und bestimmte Bewegungsformen zu erlernen. Es findet häufig statt und braucht keine besonderen Lernarrangements.

Ein Auszubildender befindet sich dauernd auf dem Beobachtungsstand. Der Ausbilder dient ihm als Modell und sollte entsprechend mustergültig handeln, aber kein Ideal leben, denn damit sind die meisten überfordert. Die natürliche Art als Modell zu dienen, d. h. neben Erfolg und Musterhaftigkeit auch Schwierigkeiten erlebbar zu machen, wirkt nachahmenswerter. Unerreichbare Ideale auf dem Gebiet spezieller Arbeitstugenden, z. B. Pünktlichkeit, Sauberkeit usw. können einen entgegen gesetzten Effekt auslösen und Auszubildende veranlassen, sich anders zu geben als das Vorbild.

Nicht jedes beobachtete Verhalten wirkt unmittelbar als Modell. Vor allem bei sozialemotionalem Verhalten kommt es zu Beobachtungen, die zunächst unbewusst abgespeichert werden, z. B. das Konfliktverhalten des Ausbilders, Mobbingverhalten in der Ausbildungsgruppe, Diskussionskultur in der Berufsschulklasse usw.

Auch wenn der Beobachter augenblicklich solches Verhalten für nicht einsetzbar betrachtet, kann es sein, dass er es aktiviert, sobald er in ähnliche Situationen gerät.

Solange der Lerngewinn noch im Gedächtnis schlummert, spricht man von latentem Lernen.

Das über das Modelllernen erworbene Verhalten ist relativ stabil und es fehlt ihm Flexibilität. Das einmal abgespeicherte Muster wird situationsgemäß abgespult, wie man es an Reaktionsmustern im zwischenmenschlichen Handeln (z. B. aggressives Verhalten) beobachten kann.

Mit den bisher besprochenen Lerntheorien lässt sich Lernen nicht umfassend genug erklären. Aus der täglichen Erfahrung weiß man, dass es Wissen gibt, mit dem man eine Vielzahl von Problemen und Aufgaben lösen kann. Der erfolgreiche Einsatz dieses Wissens hängt stark von den individuellen Vorkenntnissen, dem Können und Entwicklungsstand ab. Das Erlernen des Wissens ist aber nicht so einfach durch die Schaffung bestimmter Lernbedingungen manipulierbar.

Die Art und Weise des Erwerbs und der Struktur solchen Wissens untersucht die kognitive Lernpsychologie. Sie geht nicht mehr davon aus, dass eine mechanische Verknüpfung zwischen Reiz und Reaktion besteht, sondern schaut tiefer hinein in die geistigen Abläufe, die dazwischen liegen.

Die kognitive Lernpsychologie fragt z. B.:
- Wie nimmt der Mensch die Umwelt wahr?
- Warum ist ein Mensch aufmerksam?
- Wodurch erhält Wahrgenommenes eine Bedeutung, einen Sinn?
- Wie stellen sich die Gegenstände und Vorgänge im menschlichen Bewusstsein dar (Repräsentation)?
- Wie denkt und urteilt man?

Kognitives Lernen ist ein vom Einzelnen gesteuerter Prozess der Informationsaufnahme und Verarbeitung, dessen Ergebnisse Muster sind, die im Bedarfsfall in neuen Situationen wieder angewendet werden können. Kognitive Prozesse sind z. B. Wahrnehmen, Denken, Vorstellen, Urteilen, Sprechen.

Dieses Wissens erwerben Menschen durch unmittelbare, direkte Erfahrung (Handeln) und durch Sprache (Bücher, Zeitschriften, Vorträge, herkömmlichen Schulunterricht ....)

3.4.3.4 Sprachliches Lernen

3.4.3.4.1 Sinnvoll-rezeptives Lernen

Das sprachlich vermittelte, sinnvoll-rezeptive Lernen (D. P. AUSUBEL, 1918–2008) hat in der Lerntheorie und -praxis eine große Bedeutung. Beim rezeptiven Lernen wird dem Lernenden der gesamte Lerninhalt, – Lösungsweg und Lösungsergebnis, – vollständig dargeboten. Die selbstständige, gedankliche Entwicklung von Sachverhalten wird vom Lernenden nicht gefordert. Seine Aufgabe beruht darin, den Lernstoff sinnvoll zu erfassen und in sein Wissensgedächtnis für den späteren Bedarf verfügbar einzubauen. Sinnvolles Lernen setzt nach Ausubel einen gegliederten Lernverlauf voraus:

- Ein Angebot von Ankerbegriffen (advanced organizers). Es handelt sich dabei oft um die Vorstellung des neuen Lernstoffes in Kurzform mit den bedeutsamen Begriffen. Das Ziel ist es, den empfundenen Neuigkeitswert des Stoffes zu verringern, wodurch er leichter an vorhandenes Wissen angeknüpft werden kann.
- Eine fortschreitende Zergliederung des Lernstoffes. Die Entwicklung des Verständnisses geht von einem Begriff aus (z. B. Vergaser). Dieser ist zunächst umfassend und erst im Zuge der Auseinandersetzung (Differenzierung) mit ihm wird er inhaltlich voll erfasst (Aufbau, Funktion, Einstellungen).
- Die systematische Verknüpfung des neuen mit dem alten Wissen. Die Beziehungen zwischen dem alten und neuen Wissensbestand müssen sichtbar und für den Lernenden erfahrbar gemacht werden.
- Die schrittweise Anordnung des Lernstoffes. Lernen erfolgt dann sinnvoll, wenn erforderliche Vorkenntnisse verfügbar gemacht wurden und das neue Wissen daran in Teilschritten angeknüpft wird.

- Die Festigung des Gelernten (Konsolidierung). Das neu Gelernte muss vielfältig angewendet, überprüft, eventuell korrigiert und ggf. überlernt werden, um Klarheit und Stabilität bezüglich der erlernten Begriffe (Anker) zu sichern.

Der dazugehörige Lernprozess läuft in Phasen ab:

Vorbereitungsphase
Die Konzentration, das Augenmerk wird auf die Aufgabe ausgerichtet.

Aneignungsphase
Eine Regel, ein Konzept usw. müssen gelernt werden.

Speicherungsphase
Die erworbenen Lerninhalte werden durch Verarbeitungsprozesse abrufbar, d. h. verfügbar gemacht.

Das sinnvoll rezeptive Lernen erweist sich in verschiedener Hinsicht als vorteilhaft, z. B. wenn große Stoffmengen (Sachwissen) systematisch erlernt werden müssen, wenn wenig verfügbare Zeit vorhanden ist, wenn Verhalten unmittelbar verstärkt oder verbessert werden muss, wenn Wissen übertragbar sein muss (Transfer) und wenn Lernergruppen mit überdurchschnittlichen geistigen Fähigkeiten gebildet werden.

Ohne Zweifel zeigt sinnvoll rezeptives Lernen auch Schwächen, wenn nicht nur Verständnisleistungen, sondern auch Veränderungen im Handeln angestrebt werden und wenn passives Verhalten gepaart mit fehlender Lernbereitschaft (Motivation) zu geringer Aufmerksamkeit führen.

3.4.3.4.2 Entdeckendes Lernen

Durch das Nachvollziehen aufbereiteter Informationen erwirbt der Lernende naturbedingt nur eine begrenzte Auswahl an Wissen (z. B. Fakten). Zur Bewältigung vielfältiger, anspruchsvoller Lebenssituationen benötigt er vielmehr kognitive Strukturen, die es ihm erlauben, anstehende Probleme selbstständig und strategisch zu bewältigen. Eine Lernform, mit der man Zusammenhänge verstehen und Probleme lösen lernt, ist das entdeckende Lernen (J. BRUNER (* 1915)).

Das entdeckende Lernen stellt den Lernenden in den Mittelpunkt. Er übernimmt einen Teil der Ausgestaltung seines Lernprozesses selbst. Beim typischen Verlauf des entdeckenden Lernens findet der Auszubildende eine Aufgabe, eine Fragestellung also einen Lerngegenstand vor, mit dem er sich aktiv und selbst gesteuert auseinander setzen muss. Der Entdeckungsprozess, meistens kein Neu-Entdeckungs-, sondern ein Nach-Entdeckungsprozess, verläuft in Schritten:

Orientierungsphase:
Der Lernende setzt sich zunächst ungezielt, oft gefühlsorientiert und intuitiv mit dem Lernmaterial auseinander. Er vergewissert sich des Bekannten (sprachliches Erkennen) und erfährt die Schwierigkeiten (Ausprobieren) und organisiert das vorgefundene Lernmaterial so, dass Ordnungen und Beziehungen entdeckt, sowie die für die Zielsetzung unbedeutenden Informationen ausgegliedert werden können. Der Lernende formuliert Fragen bzw. definiert Probleme, die für die Lösung bedeutend sind.

Entdeckungsphase:
Der Lernende sucht Antworten, Erkenntnisse und Zusammenhänge, entdeckt sozusagen die Regel bzw. die Lösung selbstständig.

Auswertungs-/Sicherungsphase:
Der Lernende reflektiert die Arbeitsweisen und Lösungswege, indem er sprachlich die wesentlichen Problem- und Fehlersituationen analysiert und hinsichtlich des Lernzuwachses bewertet (Förderung der Denk- und Strukturierungsvorgänge).

Diese drei Phasen finden sich in jedem Problemlösungsprozess wieder, bei dem es darum geht, einen unerwünschten Ausgangszustand durch Überwindung einer Barriere (Problem) in einen erwünschten Endzustand zu bringen.

Die Vorteile des Lernens durch eigenes Entdecken werden in Folgendem gesehen:

- Verbesserung der Behaltensleistung
- Effizientere Übertragung des Wissens (Transfer)
- Aufmerksamkeitsverbesserung
- Motivation durch die Aufgabe
- Steigerung der Selbstsicherheit

Neben dieser positiven Einschätzung stehen gewisse nicht zu vernachlässigende Bedenken entgegen und zwar wegen des höheren Zeitaufwandes und der Gefahr der Häufung von Misserfolgserlebnissen für Lerner mit ungünstigen Lernvoraussetzungen. Bei fehlender Unterweisung gehen diese Lerner oft falsche Wege und können so falsche Erkenntnisse gewinnen.

3.4.3.5 Lernen durch Handeln

Lernprozesse, die dazu führen, dass man planvoll handeln kann, gehen von Situationen aus, in denen das planvolle Handeln im Mittelpunkt steht. Hier agiert der lernende Mensch weitgehend selbst gesteuert und eigenverantwortlich.

Durch Handlungen tritt der Mensch in eine Wechselbeziehung mit der Umwelt ein, Handeln bedeutet immer eine Auseinandersetzung mit einer Sache, gegenständlich oder gedacht.

Durch Handeln verändert ein Menschen den Handlungsgegenstand (-objekt) bzw. die Umwelt. Bedeutsam ist dabei, dass er durch das Handeln selbst Erfahrungen macht, die sein Verhalten als Subjekt verändern, er lernt!

Aus lernpsychologischer Sicht ist die Vorstellung wichtig, dass das menschliche Handeln als eine Kette von Ereignissen (Episoden) anzusehen ist, von denen einige häufiger wiederkehren und z. T. identisch sind.

Beispiele: Schlepper pflegen, Kühe melken, Pflanzloch graben, Gebinde stecken.

Die jeweiligen Abläufe (Tätigkeitsfolgen) unterscheiden sich bei wiederholtem Einsatz geringfügig, indem sie an die gegebenen Verhältnisse (diverse Schleppertypen, unterschiedlicher Melkstand usw.) angepasst werden. In ihrer grundlegenden Struktur bleiben sie aber gleich und sind als solche im Gedächtnis gespeichert. Man bezeichnet sie als Handlungsschema (Abb. 38).

Der Ablauf von Handlungen wird durch Wiederholung und zunehmende Erfahrung sicherer und zügiger. Handlungsschemata werden so erlernt und in ihrer endgültigen Struktur im Gedächtnis gespeichert.

Handlungsschemata haben folgende Eigenschaften:
- Handlungsschemata sind als Ganzes gespeichert! Das bedeutet, dass sie nicht jedes Mal neu erfunden werden müssen, weil sie logisch aufgebaut und einsichtig und automatisiert sind.
- Handlungsschemata sind wiederholbar! Die einmal verinnerlichten Handlungsschemata sind automatisiert und können dadurch flexibel an veränderte Begebenheiten angepasst werden.

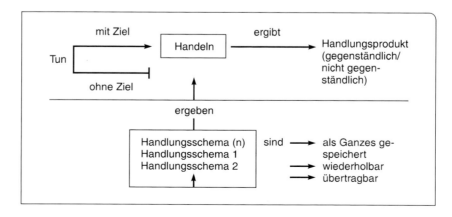

Abb. 38 Theorie der Handlung

Abb. 39
Von der Handlung zum Begriff

- Handlungsschemata sind übertragbar! Erlerntes Handeln kann auf neue Situationen übertragen werden (Wissenstransfer), weil die Struktur der Handlungsschemata nicht verändert werden muss. Das hat den Vorteil, dass die Aufmerksamkeit auf die Organisation der Gesamthandlung konzentriert werden kann.

Das Handeln von besonderer Bedeutung für die Entwicklung des Denkens: Denken, das Ordnen des Tuns! (H. AEBLI, 1923–1990). Das Denken und unsere inneren Bilder von der Welt entstehen beim Menschen von frühester Kindheit an auf der Basis von Handlungen.

Durch die geistige Verarbeitung von Handlungen werden daraus abstrakte Gedankenfolgen – Operationen. Der höchste Grad der Verinnerlichung wird erreicht, wenn aus Gedankenfolgen (Operationen) ein Begriff wird (Abb. 39).

Die gedankliche Verarbeitung von Handlungen bei geistiger Tätigkeit (Operation) baut die konkrete Handlung nach und zwar entweder als Handlungsschritte, durch Bilder oder durch Sprache (symbolisch). Die Operationen unterscheiden sich von konkreten Handlungen dadurch, dass sie nur gedacht und deswegen in ihrer Durchführung und Struktur reiner, d. h. störungsfrei sind. Der Vorteil des gedanklichen Handelns liegt darin, dass nicht alle Handlungen im Verlaufe einer Problemlösung real durchgeführt werden müssen, sondern mit dem gedanklichen Durchspielen von Möglichkeiten zunächst eine Auswahl getroffen werden kann. Der Aufbau von Begriffen, als so zu sagen klarste Vorstellung von Elementen des Weltwissens, fußt auf Handlungen und Operationen.

Der Begriff „schützen" z. B. ist völlig abstrakt (verallgemeinert) abgespeichert. Das ermöglicht es, den Begriff auf viele Situationen anzuwenden, z. B. Schutzfarbe, Tierschutz, Gewässerschutz, Pflanzenschutz.

Begriffe werden wie Wissen nicht völlig neu (voraussetzungslos) erlernt, sondern werden durch Umstrukturierung bereits vorhandener Begriffe bzw. Wissenselemente aufgebaut. Dazu verfügen Begriffe über „Leerstellen" (Verknüpfungsstellen), wodurch sie ergänzt bzw. an weitere Begriffe angehängt werden können.

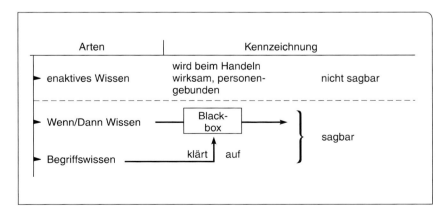

Abb. 40
Arten des Handlungswissens

Als Ergebnis des Handlungslernens stellt man sich drei Wissensarten (Arten des Handlungswissens) vor, die in miteinander verknüpften Speichern abgelegt werden (Abb. 40).

Das spezifische Handlungswissen („enaktives Wissen") „steckt im Handeln selbst", zeigt sich als Handeln. Es wird als personengebundenes unmittelbares Handeln wirksam. Dieses Wissen ist nicht sagbares Wissen, das nicht durch Sprache weitergegeben werden kann. Es kann nur durch Beobachten, Tun und Erfahren erworben werden (Geschick beim Wenden mit einem Siebenscharpfluges).

Die zweite Art, das so genannte „Regelwissen" kann sprachlich vermittelt werden. Es ist dadurch gekennzeichnet, dass man weiß, dass auf eine bestimmte Handlung eine bestimmte Reaktion erfolgt, über die inneren Zusammenhänge ist man sich noch im Unklaren. Es handelt sich um Wissen mit „Blackbox" Struktur (Wenn man den Lichtschalter betätigt, geht das Licht an.)

Dass „Begriffswissen" erwirbt man, indem man die Blackbox Zusammenhänge aufdeckt. Es entspricht demnach dem Wissen über die inneren Zusammenhänge des Regelwissens (Kenntnisse über die Stromerzeugung, Schaltkreise u. ä.).

Beim Handeln wirken alle drei Ebenen des Wissens zusammen, wobei je nach Art des

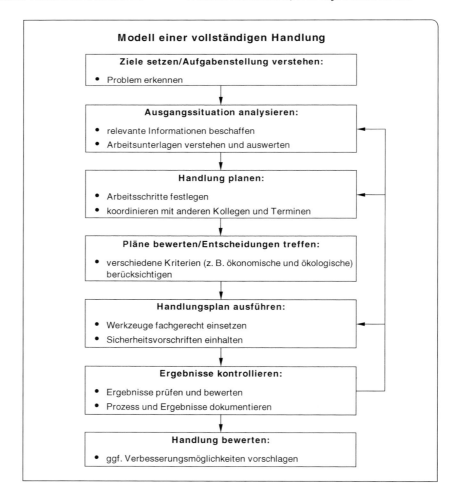

Abb. 41
Modell einer vollständigen Handlung

Handelns und Zeitpunkt die eine oder andere Ebene überwiegt. Handlungslernen erfolgt durch unmittelbares und gedankliches Handeln, woraus folgt, dass bereits verinnerlichtes Wissen herangezogen wird, um mit seiner Hilfe weitere Begriffe rein gedanklich aufzubauen.

Denken und Handeln sind strukturell das Gleiche. Dem Denken kommt die Aufgabe zu, die sich durch Sachzwänge beim Handeln ergebende Ordnung durch geistige Verarbeitung zu verinnerlichen und verfügbar zu halten.

Das Lernen ist beim Vollzug Handlungen, aber auch beim gedanklichen Nachvollzug, besonders effektiv, denn die Richtigkeit, der Erfolg des Tuns wird unmittelbar sichtbar und der Zweck (das „Wozu") deutlich (H. AEBLI).

Somit werden Ausbildungsformen, die am Modell der vollständigen Handlung orientiert sind, als besonders effektiv betrachtet (Abb. 41). Die Auszubildenden führen eine betriebliche Handlung oder Teile davon, von der Vorbereitung bis zur Ergebniskontrolle und -bewertung möglichst selbstständig durch. Die eigenständige Nachbereitung einer durchgeführten Handlung, also die Ergebniskontrolle und Bewertung, fördern vor allem die Nachhaltigkeit des Lernens.

3.4.3.6 Fertigkeiten erlernen

Fertigkeiten werden gestuft erlernt (in Phasen). Der Lernprozess führt im Ergebnis zu einer zunehmend empfindsameren Steuerung und Regelung von Arbeitsbewegungen durch die Sinne und den Bewegungsapparat. Berufliche Fertigkeiten stellen je nach Art unterschiedliche Anforderungen an die Auszubildenden, so dass die Kenntnis des Lernprozesses von Fertigkeiten hilfreich ist, um gezielte Unterstützungen geben zu können.

Der Lernprozess vom Nichtkönnen bis zur Beherrschung einer Fertigkeit umfasst die Stufen: Grobform, Feinform, Automation (Tab. 18, 19, 20).

Auf der Stufe der Grobform wird das Wissen über den genauen Ablauf einer Fertigkeit und ihre Ausführung erlernt. Es liegt als Beschreibung im Gedächtnis vor und muss noch in sicheres Tätigkeitswissen überführt werden.

Auf der Stufe der Feinform wird das Wissen über den Aufbau und Ablauf einer Fertigkeit in Prozesswissen übertragen, mit dem die Fertigkeit auch ausgeführt werden kann.

Auf der Stufe der Automation wird die Fertigkeit sicher beherrscht, die Ausführung gelingt meisterlich. Es ist nicht mehr nötig, das Regelwissen zur Ausführung ständig zu verge-

Tab. 18 Lernprozess: Grobform (nach Schelten)	
Grobform	
Entwicklung der Fertigkeit	Kennzeichnung der Motorik und sensorischen Regelung
Die Teile und Abfolge einer Fertigkeit werden bewusst erfasst.	Motorisch (Bewegungsverlauf): Große zeitlich-räumliche Gliederung;
Die Bewegungssteuerung ist noch ungenau, langsam, uneffektiv und benötigt die völlige Aufmerksamkeit.	viele überflüssige Bewegungen, hoher Kraftaufwand und schlechte Koordination der Muskulatur; der Bewegungsablauf erhält seine ganzheitliche Grundstruktur.
Alte, bekannte Bewegungsmuster werden angepasst.	Sensorisch (Sinnessteuerung): Der Bewegungsablauf verlangt höchste Konzentration;
Unter Übungsbedingungen gelingt die Ausführung der Fertigkeit mit Fehlern.	die äußeren Sinne (Seh-, Gehörsinn usw.) kontrollieren die räumlichen, zeitlichen und dynamischen Bewegungskomponenten. Der Muskelsinn (Muskel-, Sehnenreize; Gelenkreize) ist noch schwach entwickelt.

Tab. 19 Lernprozess: Feinform (nach Schelten)

Feinform

Entwicklung der Fertigkeit	Kennzeichnung der Motorik und sensorischen Regelung
Durch Wiederholung wird die Ausführung der Fertigkeit sicherer gemacht.	Motorisch: Feiner abgestimmte Teilbewegungen verbesserte Koordination von Rumpf- und Gliedmaßenbewegungen, die einzelnen Bewegungsphasen sind zeitlich, räumlich und dynamisch feinstrukturiert, Kraftaufwand und Konzentration werden geringer beansprucht; die Bewegungen ökonomischer.
Der Bewegungsablauf gelingt zunehmend harmonischer.	
Ungeeignete, überflüssige Bewegungsteile und Fehler werden ausgeschaltet; (richtiges Augenmaß, richtiges Gefühl).	
Ohne äußere Störung gelingt die Ausführung der Arbeitshandlung fehlerfrei.	Sensorisch: Die Bewegungswahrnehmung wird zunehmend verfeinert; durch die Aufnahme und Verarbeitung der Sinnesreize (Sehen, Hören etc.), durch die zunehmende Bewegungsrückmeldung aus dem Bewegungsapparat (Muskelsinn) sowie frühere Bewegungserfahrungen (Gedächtnis).

Tab. 20 Lernprozess: Automation (nach Schelten)

Automation

Entwicklung der Fertigkeit	Kennzeichnung der Motorik und sensorischen Regelung
Der Bewegungsablauf ist gefestigt und stabilisiert.	Motorisch: Alle Teilbewegungen der automatisierten Fertigkeit sind optimal koordiniert, die Bewegungen verlaufen ökonomisch und stabil; die perfekte Bewegungsausführung gelingt auch bei Störungen von außen.
Die Ausführung erfolgt schnell, sicher, entspannt, scheinbar mühelos und ohne bewusste Aufmerksamkeit (automatisiert).	
Die Struktur der Fertigkeit ist genau und stabil im Gedächtnis „eingeschliffen" und auf neue Situationen übertragbar.	Sensorisch: Die Bedeutung der nach außen gerichteten Sinne (Sehen, Gehörsinn, etc.) nimmt für die Steuerung des Bewegungsablaufes ab (freie Kapazität für Umweltwahrnehmung. Die „nach innen" gerichtete Wahrnehmung des Bewegungsablaufes (Muskelsinn / kinästhetischer Sinn) gelingt.
Andere zusätzliche Bewegungen, Handlungen können parallel ausgeführt werden.	

genwärtigen. Auf der höchsten Stufe der Automatisierung der Fertigkeit ist man u. U. nicht mehr fähig, das Regelwissen vorzutragen.

Das Erlernen von Fertigkeiten unterliegt der Steuerung durch das Zentralnervensystem (Gehirn). Es entwirft zunächst ein „Soll-Bild" der Handlung, es übernimmt Informationen über den Verlauf der Handlung – „Ist-Bild" – und es führt einen Vergleich zwischen Soll- und Ist-Bild durch.

Das Ergebnis des Vergleiches liefert die Grundlage über die notwendigen Steuerbefehle an die Muskeln.

Die durch die Muskeln bewirkten Bewegungen unterliegen einer zweifachen Kontrolle.

Einer äußeren (externen) durch den Seh-, Hör-, Geruchs-, und Geschmackssinn und einer inneren Kontrolle durch die Berührung-, Bewegungs- und Kraftsinne, die im Muskel-, Sehnen- und Gelenkapparat sitzen.

Diese Sensoren melden den Verlauf der Handlung (Innere Empfindung) sowie über das Ergebnis der Handlung (äußere Empfindung) an das Gehirn zurück.

Alle Informationen werden wiederum mit dem „Sollbild" verglichen, und zwar einerseits mit dem entworfenen „Bewegungsschema" und den „erwarteten Rückmeldungen" der Sinne.

Im Verlaufe des Lernens einer Fertigkeit findet so eine laufende Regelung statt, und zwar solange bis das Sollbild geformt ist und der Ist-Soll-Vergleich optimiert ist.

Es geht zunehmend stärker um die Perfektionierung und Effizienz der Bewegungen, wodurch die Rückmeldungen aus dem Verlauf der Handlung (Krafteinsatz, Bewegungssicherheit, etc.) bedeutsamer werden als die Rückmeldungen über das sichtbare Ergebnis der Handlung.

Je stärker berufsmotorisches Tun geistig verarbeitet wurde, desto sicherer wird es beherrscht und desto weniger störungsanfällig ist es.

Praktische berufliche Tätigkeit kann nicht mehr von theoretischer beruflicher Tätigkeit unterschieden werden, deshalb sollte Arbeitstätigkeit auch als Denkaufgabe betrachtet werden:

Jede Arbeitstätigkeit verfügt über eine Sachstruktur, die geistig verarbeitet werden muss, sowie eine Handlungsstruktur, die handelnd bewältigt werden muss!

Der Ausbilder kann den Lernprozess des Auszubildenden beim Erlernen von Fertigkeiten folgendermaßen unterstützen:

Zeit geben!
- Zur sprachlichen Bearbeitung der Aufgabe,
- Zum Durchführen einer Fertigkeit (Aufmerksamkeit),
- Zur geistigen Verarbeitung des beruflichen Tuns.

Hilfen geben!
- Zur Erarbeitung der Sachstruktur und Handlungsstruktur,
- zum planerischen Durchdenken der Arbeitstätigkeit,
- zur Unterstützung bei der ersten Handlungserfahrung,
- selbsttätiges Üben und Verbessern ermöglichen,
- beim sorgfältigen Aufbau des Lernprozesses,
- bei der Vereinfachung komplexer/schwieriger Fertigkeiten,
- u. a., Aufteilung der Fertigkeit in Teilfertigkeiten, sofern der Umfang der Fertigkeit zu groß ist, um in einer Lerneinheit erlernt werden zu können (Teil- gegenüber Ganz-Lernmethode),
- bei zu großem Lernumfang verteilt lernen lassen,
- im Verlaufe und zum Abschluss des Erlernens einer Fertigkeit verlaufs- und ergebnisorientierte Rückmeldungen (Feedback) geben.

4 Ausbildung durchführen

Im § 3 Abs. 2 der Verordnung über die Berufsausbildung zum Landwirt/zur Landwirtin heißt es: „Die in dieser Rechtsverordnung genannten Fertigkeiten und Kenntnisse sollen so vermittelt werden, dass der Auszubildende zur Ausübung einer qualifizierten Tätigkeit befähigt wird, die selbstständiges Planen, Durchführen und Kontrollieren einschließt (....)". Diese Befähigung ist auch in der Prüfung nachzuweisen.

Solche Befähigungen bzw. Kompetenzen verlangen bei der Überzahl unserer Auszubildenden einen längeren Lernprozess, weil gewohnheitsmäßige Handlungsmuster (Verhalten) zunächst umstrukturiert werden müssen. Daher drängt es sich auf, schon bei Beginn der Ausbildung Lernchancen für den Erwerb dieser Kompetenzen zu eröffnen. Hierzu bedarf es verschiedener Überlegungen und Entscheidungen zu folgenden Gesichtspunkten:

- Wie hilft man als Ausbilder dem Auszubildenden in einen Zustand der Motivation, der möglichst stark und andauernd ist, zu kommen?
- Welche Ausbildungsmethode eignet sich jeweils in den speziellen Ausbildungssituationen?
- Welche Lernhilfen sollte man im Verlaufe des Lernprozesses einsetzen?
- Wie beurteilt man die Ausbildungsleistung sinnvoll?
- Wie berät man im Verlaufe des Lernprozesses förderlich?
- Wie geht man mit Konflikten im Ausbildungsprozess um?

4.1 In der Ausbildung motivieren

Aus persönlicher Erfahrung kennt jeder Mensch die positiven Auswirkungen einer Motivation auf die Ausführung und die Qualität des Handelns, sowohl im privaten als auch im dienstlichen Umfeld. Motivation in der Ausbildung zu schaffen, gehört zu den schwierigsten Aufgaben des Ausbilders, da es sich bei der Motivation nicht um ein einfach regelbares Gefüge von Ursache und Wirkung handelt. Inwieweit bewusste und unbewusste Prozesse Einfluss auf die Motivation nehmen, ist noch in weiten Zügen ungeklärt.

Beispiele:

Fall 1:
Eine Auszubildende drückt sich gern davor, die „Miniraupe" beim Wegebau zu fahren und lässt ihren männlichen Kollegen den Vortritt. Mit großem Eifer beteiligt sie sich dagegen bei Planungsbesprechungen und den Gesprächen zur Organisation der Planumsetzungen.

Fall 2:
Der Auszubildende Sven, 1. Ausbildungsjahr, reizt den Meister durch seine Unlust und demonstrative Langsamkeit beim Rübenhacken. Dieses ändert sich schlagartig, nachdem die hübsche Praktikantin Petra eintrifft und ebenfalls zum Rübenhacken eingeteilt wird. Der Meister ist geradezu erstaunt, mit welchem Einsatz und welcher Leichtigkeit R. seine Arbeit verrichtet.

Die Betrachtung der Fälle wirft Fragen auf, z. B.:
- Warum werden die Personen in einem Fall tätig und im anderen Falle nicht?
- Warum verhalten sie sich bei ähnlichen Situationen unterschiedlich?
- Warum gibt es Vorlieben für verschiedene Tätigkeiten?

Die Frage nach dem „Warum" des Verhaltens ist die Frage nach der Motivation. Auf der Suche nach Erklärungen des unterschiedlichen Verhaltens stößt man auf Kräfte, die durch die Situation sowie durch die Person hervorgerufen werden.

In den dargestellten Beispielen fehlt es den Auszubildenden nicht an der grundlegenden Bereitschaft, etwas zu leisten. Allerdings führt die Bereitschaft erst zum Handeln, wenn von einer Situation Anreizwirkungen ausgehen. Bestimmte Bedingungen der Situation lassen aus verborgenen Bedürfnissen Motive entstehen, die dem Verhalten die nötige Energie und Ausrichtung auf ein Ziel geben. Man spricht dann von Motivation.

Der Zustand der Motivation wirkt dreifach:
1. Ein Verhalten/Handeln wird angestoßen.
2. Die Aufmerksamkeit wird auf das Bedeutsame gelenkt (Konzentration).
3. Von einem als wichtig erkannten Ziel „geht ein Sog" aus.

Die Annahme, man könne Menschen motivieren, („Ich motiviere XY!"), ist nicht richtig. Man hat allerdings die Möglichkeit, Situationen (Arbeits-/Lernsituationen u. a.) so zu gestalten, dass Motive geweckt und Bedürfnisse befriedigt werden können. Für den Ausbilder ist es von Nutzen, mögliche Motive von Lernenden, die Motivationsarten und die Motivationsmöglichkeiten im Lern-/Arbeitsprozess zu kennen.

4.1.1 Motive

Der Begriff Motiv steht für unterschiedliche Bezeichnungen, z. B. Bedürfnis, Trieb, Neigung, Streben usw.. Die Motive eines Menschen können situationsabhängig unterschiedlich stark sein. Man muss diesbezüglich auch von erheblichen Unterschieden zwischen den Menschen ausgehen. Motive sind als überdauerndes Persönlichkeitsmerkmal Beweggründe für menschliches Handeln.

Die Einteilung der Motive hängt von den Betrachtungsweisen ab. Mit dem Blick auf die Arbeitsmotivation hat A. Maslow (1908–1970) eine Rangordnung der Bedürfnisse entwickelt, die zwischen fünf Bedürfnisarten unterscheidet (Abb. 42).

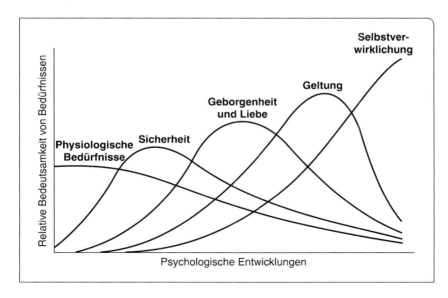

Abb. 42 Rangfolge der Bedürfnisse (nach MASLOW)

Die Mangelmotive gleichen Löchern, die um der Gesundheit willen gestopft werden müssen. Solange dies nicht geschehen kann, bestimmt die Bedürfnisspannung das Handeln des Menschen. Er setzt all seine Kräfte ein, den Spannungszustand durch die Befriedigung der Bedürfnisse abzubauen.

Hunger und Durst bestimmen das Streben und Handeln, wenn sie groß sind. Erst nachdem der Hunger gestillt und der Durst gelöscht wurden, werden andere Bedürfnisse wichtig. Nach Maslow's Bedürfnispyramide werden dann Sicherheitsbedürfnisse bedeutsam und das Bemühen um körperlichen Schutz und häusliche Vorsorge verstärkt. Die Befriedigung der Mangelmotive (z. B. Hunger) führt zu einem Spannungsabbau. Sie unterscheiden sich von den Wachstumsmotiven (z. B. Selbstverwirklichung), bei denen sich die Antriebskraft mit zunehmender Befriedigung verstärkt.

Nach der Theorie von Maslow gehen von den Wachstumsmotiven – dem Wunsch nach Anerkennung, Selbstentfaltung im Beruf und dem Bedürfnis nach Selbstverwirklichung – die wesentlichen Triebkräfte für das Handeln aus. Obwohl die „Bedürfnispyramide" nur begrenzt durch Beobachtung belegbar ist, liefert sie in Bezug auf die Arbeitsmotivation nützliche Hinweise.

Richtet man den Blick auf die Lernmotivation, fällt es schwer, Ordnung in die Vielzahl der Erklärungsansätze zu bringen. Sicher bleibt jedoch: Ohne Lernmotivation kommt Lernen nicht zu Stande! Die Herstellung von Motivation im Lernprozess gründet auf der Befriedigung zahlreicher Bedürfnisse, die nachfolgend auszugsweise dargestellt werden.

Physiologische Bedürfnisse sind solche, die dem Menschen angeboren sind, um seine unmittelbare Existenz zu sichern. Solche wie Hunger, Durst, usw. müssen befriedigt werden, denn sonst stören sie den Lernprozess.

Gruppenzugehörigkeitsbedürfnisse veranlassen Lerner jeden Alters, die Nähe zu anderen Menschen zu suchen. Lernende brauchen soziale Rückmeldungen, ansonsten verläuft der Lernprozess langsamer oder endet ganz. Das Motiv nach Bindung, darunter fasst man auch die Suche nach Anerkennung, Lob und Aufmerksamkeit oder den Widerstand gegen Trennung, überträgt sich von der frühen Kindheitsphase (z. B. Eltern) auf Freunde, Kollegen, Ausbilder und Vorgesetzte.

Das Wissensbedürfnis (Neugiermotiv) ist dem Menschen angeboren und eine wichtige Triebfeder des Lernens. Wissen wollen, wie etwas getan wird, was Dinge, Ereignisse und Symbole bedeuten, tritt bei Kindern und Jugendlichen natürlicherweise spontan auf. Dieses Streben verliert sich bedauerlicherweise aus unterschiedlichsten Ursachen oft mit zunehmendem Alter. Die Triebkraft der Neugierde ergibt sich daraus, dass Menschen stark aktiviert werden, wenn Situationen neuartig und nicht überschaubar sind. Der Zustand der Ungewissheit wird als Spannung empfunden und entwickelt Kräfte, diese zu verringern.

Ausgelöst wird „Neugierverhalten", wenn u. a. Zweifel an bisherigen „Tatsachen" aufkommt, Überraschung darüber herrscht, dass eine Beobachtung bisherigen Kenntnissen widerspricht, Ungewissheit darüber herrscht, inwieweit zwei Alternativen gleich wahrscheinlich sind.

Das Leistungsmotiv fördert das Bestreben, den Erfolg des eigenen Handelns möglichst groß zu halten. Für die Einstufung des Erfolges gibt es fremd- oder selbst gesetzte Bewertungsmaßstäbe, die es ermöglichen, die Ergebnisse der Tätigkeit als Erfolg oder Misserfolg zu beurteilen. Die wesentliche Kraft des Leistungsmotives rührt daher, dass Gefühle wie Stolz über den Erfolg und Scham bei Misserfolg vorweggenommen werden. Ursachen für den Erfolg bzw. Misserfolg einer Handlung sehen Lernende als in der Person liegend (internal) oder als auf der Situation (external) beruhend an, wobei die Gründe zeitlich überdauernd (stabil) oder innerhalb eines Zeitablaufes veränderlich (variabel) sein können.

Wie stark die Leistungsmotivation ist, hängt insbesondere davon ab, welche Ursachen der Mensch für seine Erfolge oder Misserfolge sieht. Man unterscheidet hierbei grundsätzlich zwei Typen, erfolgsorientierte und misserfolgsorientierte Menschen/Auszubildende.

Erfolgsorientierte haben eine starke Hoffnung und Zuversicht auf Erfolg, sie führen diesen auf eigene Anstrengung und Fähigkeiten zurück. Misserfolge werden dagegen mit Zufall, Pech oder geringen Einsatz begründet.

Misserfolgsorientierte prägt die Furcht vor der Erfolglosigkeit. Erfolge werden auf Glück oder einen geringen Schwierigkeitsgrad zurückgeführt. Während erfolgsorientierte Menschen durch Erfolge verstärkt und zu Leistungen angespornt werden (Selbstbekräftigung), haben diese auf die Leistungsmotivation von misserfolgsorientierten kaum Einfluss. Eine „Entwicklung" zum Misserfolgsorientierten beginnt meistens schon früher als in der Ausbildung, in der frühen Kindheit, wenn durch häufige Überforderung und fehlende Bekräftigung von außen immer wieder das eigene Versagen erlebt wird.

Für den Auszubildenden, aber auch für den Berufstätigen ist die Lernbereitschaft wesentlicher Bestandteil der Leistungsmotivation. Nur wenn der Auszubildende daran interessiert ist zu lernen, machen Arbeitsleistungen in der Zeit der Berufsausbildung einen Sinn.

Das Selbstverwirklichungsmotiv entsteht aus dem Bedürfnis des Menschen, die in ihm ruhenden Möglichkeiten zu entwickeln. Hieraus resultiert schon frühzeitig die Motivation zur aktiven Auseinandersetzung mit der Umwelt ohne äußeren Zwang. Im Bestreben um Selbstverwirklichung sucht der Lerner nach Identität, er will sich als selbstbewusster, eigenständiger und kompetenter Mensch darstellen, der von vielen geschätzt wird.

Das Streben nach Selbstverwirklichung und Identität kann sich im Ausbildungsprozess unterschiedlich auf die Lernbereitschaft auswirken. Einerseits als Motor des Lernens, vor allem in selbstständig organisierten Lernprozessen und andererseits als Widerstand gegen die Anforderungen des Ausbildungssystems und -betriebes, die als Einschränkungen erlebt werden können.

Ohne weiteres ist daher nachvollziehbar, wie wichtig im Ausbildungsprozess eine Zielabsprache und -erläuterung ist, die es ermöglicht, eine Übereinkunft zwischen Ausbildungszielen und den Zielen des Auszubildenden herbeizuführen.

4.1.2 Motivation in der Ausbildung

Der Erfolg des Lernens in der Ausbildung hängt, wie in vielen anderen Tätigkeitsfeldern, vom Ausmaß der Motivierung ab. Nicht immer liegt ein ursprüngliches Interesse an den Ausbildungsinhalten vor, so dass ein Ausbilder Maßnahmen kennen muss, die Motivation zu ermöglichen.

1. Die Schwierigkeit der gewählten Ausbildungsaufgaben sollte so bemessen sein, dass der Auszubildende die Aufgabe in Angriff nimmt und auch bewältigen kann (Prinzip der Passung). Die Einschätzung der Wahrscheinlichkeit, eine Aufgabe erfolgreich zu lösen, nimmt der Auszubildende auf der Grundlage der objektiv gegebenen und subjektiv wahrgenommenen Aufgabenschwierigkeit vor.
2. Die Motivation und Spannung während des Lern- bzw. Ausbildungsprozesses kann nachlassen, wenn keine bedeutsamen Rückmeldungen gegeben werden. Den Auszubildenden sollten daher Rückmeldungen über den Leistungszuwachs gegeben werden. Es sind besonders die Folgen seines Handelns (Handlungsergebnisse), die den Auszubildenden interessieren, z. B. ein gut verwertbares Arbeitsergebnis oder die Anerkennung durch den Ausbilder. Günstig erweisen sich sachbezogene Rückmeldungen durch den Ausbilder, da die Anreizwirkung von der Sache und weniger von der Person ausgeht.
3. Zwischen dem Ausbilder und den Auszubildenden sollte eine tragfähige Beziehung bestehen, denn ebenso wie Motivationsvoraussetzungen geschaffen werden können, ist es auch möglich, Motivation zu verringern.

Personen und Objekte können zum Tun anregen. Die Faszination, die ein Fußballer hervorruft, regt zum Fußballspiel an; der „Gameboy" veranlasst viele zu spontanem Spiel.

Auf die Interessenbildung und Motivation in der Ausbildung wirkt sich der Ausbilder in ähnlicher Weise aus. Eine schlechte Beziehung zwischen dem Ausbilder und Auszubildenden hat zur Folge, dass das Interesse an der Ausbildung gestört wird. Besonders ungünstig wirkt eine fehlende Wertschätzung, z. B. durch die Geringschätzung von Aufgabenerledigungen, Missachtung von kreativen Lösungen und fehlender Bekräftigung aktiven und selbstständigen Handelns. Unterbleiben fördernde Rückmeldungen, was ebenso wirkt wie Strafe, erlahmt das Interesse am Handeln, die Eigeninitiative und die Lust, Neues zu entdecken.

4.2 Ausbildungsmethoden auswählen und anwenden

Die betriebliche Berufsausbildung steht unter großen Anpassungsdruck und das aus folgenden Gründen:

Veränderte Qualifikationsanforderungen
Die fortschreitende Mechanisierung, Automatisierung und Rationalisierung der Produktion ermöglichen weniger das Lernen durch unmittelbare Erfahrung sondern erfordern viel Theorie lastiges Lernen.

Veränderte Lernortbedingungen
Die Spezialisierung der Betriebe erschwert eine breite Ausbildung. Die Ausbildungsorte müssen mit dem Ziel kooperieren, dass es den Auszubildenden gelingt, ihre an den verschiedenen Lernorten gewonnenen Erfahrungen in den gesamten Lernprozess einzubinden.

Unterschiedliche Vorbildung
Die Auszubildenden eines Ausbildungsjahrganges haben unterschiedliche Lern- und Eingangsvoraussetzungen. Die Ausbilder müssen durch geeignete Ausbildungsmethoden und -organisation auf die unterschiedlichen Voraussetzungen reagieren.

Als Folge der veränderten Ausgangslage sind die Eignung und die Wertigkeit der Ausbildungsmethoden zu überdenken:
Welche Methoden eignen sich für den Erwerb von Wissen aus dem engen fachlichen Zusammenhang (Fachkompetenz) oder für den Erwerb von Lern- und Arbeitstechniken (Lern- und Methodenkompetenz), die berufsübergreifend angewendet werden können?

4.2.1 Vortrag
Anlässe für Vorträge ergeben sich in der Ausbildungspraxis immer wieder.
Zwei Beispiele:
1. Bei der Vorbereitung der Maschinen und Geräte zur Bodenbearbeitung fällt das Stichwort „Bodengare". Der Auszubildende stutzt und fragt: „Was ist Bodengare? "
2. Im Gespräch nach Feierabend diskutieren Mitarbeiter und Familienmitglieder über die Europäische Union (EU) und stoßen auf die Schwierigkeiten der Mitgliedsländer, gemeinsame Entscheidungen zu treffen. Plötzlich steht die Frage im Raum: Warum fällt es der EU so schwer, politische Entscheidungen zu treffen?

Die Fragenden haben einen Bedarf an speziellem Wissen, das im Schwierigkeitsgrad oft über Definitionen oder Beschreibungen hinausgehen kann.
Vielfach müssen Gesetzmäßigkeiten, Zusammenhänge und Strukturen eines Sachverhaltes dargestellt werden, wofür ein Vortrag als methodisch sinnvoll sein kann. Dieser sollte den Auszubildenden trotz der „EinkanaIinformation" (vom Redner zum Zuhörer) Gelegenheit geben, Kenntnisse zu erwerben, sie im Zusammenhang zu erfassen und ihre Schwierigkeiten einzuschätzen. Darüber hinaus soll er angeregt werden, selbst nachzudenken, weiterzuarbeiten und neue Gesprächsanlässe zu finden.
Um einen kurzen Vortrag halten zu können, benötigt man fachliche Kenntnisse (man muss das, was man erklären will, selbst verstanden haben) und methodische Fähigkeiten (man muss das, was man erklären/vortragen will, so aufbereiten, dass es verstanden wird).
Mit folgenden Hinweisen kann die Gestaltung eines Kurzvortrages optimiert und der Erfolg vergrößert werden.
1. An die Situation und Fragen der Auszubildenden anknüpfen, über den Sinn und Zweck des Lerngegenstandes informieren.
    - An Bekanntes anknüpfen
    - Lernbereitschaft wecken
    - Die Bedeutsamkeit des Stoffes vermitteln

2. Den Vortrag klar gliedern.
   - Den Gesamtzusammenhang (übergeordnetes Prinzip) darstellen
   - Komplexe (umfangreiche) Sachverhalte gliedern
   - Den Stoffumfang verringern und die wesentlichen Merkmale herausstellen
3. Auf sprachliche Verständlichkeit bedacht sein.
   - Kurze Sätze
   - Fremdwörter, wo es geht, vermeiden
   - Fachbegriffe erklären
   - Anschaulich darstellen (Beispiele)
4. Hilfsmittel zur Veranschaulichung einsetzen.
   - Originale vorführen
   - Abbilder/Schemata zeigen
   - Beispiele durchsprechen
5. Nach dem Vortrag in eine Aussprache eintreten.
   - Denkimpulse aufnehmen
   - Fragen stellen
   - Erläuterungen wiederholen
   - Neues Wissen anwenden
   - Erfahrungen des Auszubildenden aufgreifen und vergleichen lassen

4.2.2 Lehrgespräch

Ausgangspunkte für Lehrgespräche als Zweiergespräch oder in Gruppen sind häufig erlebte Schwierigkeiten, Widersprüche, also konkrete Anlässe.

Im Verlaufe von Lehrgesprächen sollen Auszubildende unter der Leitung des Ausbilders auf der Grundlage ihrer Erfahrungen ihre Kenntnisse erweitern, neue Einsichten entwickeln und neue Erkenntnisse mit bereits gemachten Erfahrungen verknüpfen.

Der Aufbau eines Lehrgespräches umfasst drei Phasen:

Gesprächseröffnung

In dieser Phase startet der Ausbilder als Gesprächsleiter die Runde. Er gibt den Gesprächsanlass bekannt und schildert den Problemaufriss (Beispielsituation). Die Auszubildenden sollten beteiligt werden, in dem sie ihre Erfahrungen und ihr Interesse am Thema vortragen. Am Ende der Eröffnung sollten die angestrebten Ziele des Gespräches allen bekannt oder gemeinsam entwickelt worden sein.

Wesentliche Punkte dieser Phase sind:
- Klärung des Gesprächszieles
- Klärung des Gesprächsinhaltes
- Klärung der Gesprächsvoraussetzungen (Vorwissen etc.)

Gesprächsdurchführung

Der Gesprächsverlauf ist dadurch gekennzeichnet, dass alle Gesprächsteilnehmer aktiv beteiligt sind und gestützt durch den Ausbilder auf das angestrebte Ergebnis hinarbeiten bzw. denken.

Zu den Aufgaben des Ausbilders gehört es, das Thema im Auge zu behalten, mit Fragen/Impulsen das Gespräch anzuregen, Zusammenfassungen vorzunehmen, die Zeit zu beachten, das Gespräch zu gliedern.

Gesprächsabschluss

Zum Abschluss des Gespräches werden die erarbeiteten Ergebnisse insgesamt zusammengefasst. Die Beteiligten des Lehrgespräches vergleichen die Ergebnisse mit den angestrebten Zielen, wodurch ein nochmaliges Überdenken angeregt wird.

Die Aktivitätsanteile der Auszubildenden müssen mit zunehmender Erfahrung wachsen,

> **Beispiele:**
>
> 1. Eine angehende Floristin musste aus betrieblichen Gründen den Ladenverkauf allein durchführen. Sie erlebt einen „heißen" Tag, der hohe Anforderungen an sie stellte: Kasse führen, Blumen binden, Kunden beraten, Bestände ergänzen, Rechnungen schreiben usw. Am Ende weiß sie nicht mehr, wo ihr der Kopf steht.
> 2. Der Auszubildende im dritten Lehrjahr Landwirtschaft vergleicht die Grundbodenbearbeitung des jetzigen Ausbildungsbetriebes mit derjenigen, die er im zweiten Lehrjahr auf einem anderen Betrieb kennen gelernt hat; er kann sich bestimmte Zusammenhänge nicht erklären.

die des Ausbilders sich entsprechend verringern. Dennoch hängt der Erfolg des Lehrgespräches vom Ausbilder ab, der die Gesprächsführung inne hat.

Neben der Sachkenntnis, um Informationen zu ergänzen bzw. Erkenntnisse zu verstärken, sollte er über eine gute Moderationsfähigkeit verfügen, damit das Gespräch zielorientiert verlaufen kann.

Das Lehrgespräch ist eine ausbilderbetonte Methode, wenn in seinem Verlauf ausschließlich die vom Ausbilder angesteuerten Ziele angestrebt werden. Je offener die Gesprächssituation gestaltet wird, z. B. durch die Aktivität der Auszubildenden und durch die Möglichkeit, Gesprächsziele und -ergebnisse gemeinsam zu vereinbaren, desto stärker verlagern sich die Gestaltungsmöglichkeiten auf die Auszubildenden und deren Chancen zur Kompetenzerweiterung verbessern sich.

4.2.3 Arbeitsunterweisung (Vier-Stufen-Methode)

Die Arbeitsunterweisung (Vier-Stufen-Methode) ermöglicht den Auszubildenden ein angeleitetes Lernen berufspraktischer Tätigkeiten, die einen relativ konstanten Ablauf haben. Dabei dominiert die stark gelenkte Unterweisungsform Demonstration und das wiederholende Nachvollziehen durch den Auszubildenden.

Beispiele:
1. einen Baum pflanzen
2. eine Drillmaschine saatfertig machen
3. eine Baumschnitttechnik anwenden
4. einen Biskuitteig herstellen

Der Erfolg der Unterweisung nach der Vier-Stufen-Methode hängt von der Planung der Unterweisung ab. Diese umfasst die Aufgabenvorbereitung, die Arbeitszergliederung (Analyse der zu erlernenden Arbeitstätigkeit) und die Planung der Durchführung (Entwurfsskizze).

Die Unterweisung nach der Vier-Stufen-Methode hat folgenden methodischen Verlauf (n. REFA):

1. Vorbereitung
Die Bedingungen der Arbeitsunterweisung und der Rahmen werden soweit erfasst, dass es möglich ist, die Auswirkungen auf den Verlauf abzuschätzen, um sie berücksichtigen zu können. Der Ausbilder verschafft sich Klarheit über
a) die Unterweisungsziele (Lernziele), Bezugspunkte liefern hierfür der individuelle Ausbildungsplan, die Ausbildungsordnung und der Kenntnis- und Fertigkeitsstand des Auszubildenden,
b) die Lernvoraussetzungen des Auszubildenden, z. B. die Vorkenntnisse des Auszubildenden, Einstellungen, Motivation, Alter, usw.,
c) den sachlichen und zeitlichen Rahmen, wie Arbeitsplatzausstattung, Hilfsmittel, Lernortbedingungen (Licht, Luft, Ruhe etc.),
d) die Lernerfolgskontrolle, so sollten z. B. die Möglichkeiten, den Lernerfolg zu kontrollieren, bekannt und mitteilbar sein.

2. Arbeitszergliederung
Die Arbeitszergliederung gehört zu den wichtigsten Befähigungen, um Unterweisungen auszubildendengerecht und gründlich gestalten zu können. Es handelt sich bei der Arbeitszergliederung um die Analyse der zu erlernenden Tätigkeit im Hinblick auf das zur Beherrschung notwendige Handlungs- und Sachwissen mit folgenden Hilfsfragen:
- In welche Schritte kann die Arbeitstätigkeit zerlegt werden?
- In welchem Zusammenhang stehen die Schritte untereinander?
- Welche Schwierigkeiten könnten bei der Durchführung auftreten?
- Welches Sach-/Fachwissen wird benötigt und welche innere Struktur hat dieses Wissen?
- Welche Schwierigkeiten und Gefahrenmomente treten bei der Durchführung der zu erlernenden Arbeitstätigkeit auf?

Mit diesen Fragen holt sich der Ausbilder das Ausmaß der Schwierigkeiten und Anforderungen der Arbeitstätigkeiten wieder in das Bewusstsein zurück. Es gelingt ihm dadurch,

Tab. 21 Die Vier-Stufen-Methode	
Vorbereiten	Der Auszubildende wird auf die Aufgabe eingestimmt, seine Befangenheit genommen und sein Interesse (Bedeutung der Aufgabe) geweckt. Der Ausbilder ist aktiv (trägt vor), während der Auszubildende die Ausführungen des Ausbilders verfolgt.
Vormachen	Der Auszubildende wird mit der Arbeit vertraut gemacht, damit er in seinem ersten Versuch auch erfolgreich sein kann. Der Ausbilder geht dabei dreischrittig vor: 1. Den Arbeitsablauf vormachen und einen Überblick geben (Was?). 2. Den Arbeitsablauf zergliedern und in seinen Teilschritten erläutern (Was, Wie, Warum?). 3. Den Arbeitsablauf nochmals zügig durchführen und Hinweise auf die für das Lernen bedeutsamen Abschnitte geben.
Nachmachen	Auf der Stufe des Nachmachens wird der Auszubildende aktiv. Durch den Nachvollzug der vorgemachten Tätigkeit soll der Auszubildende den Arbeitsablauf sicher erlernen, sodass er auf sich selbst gestellt weiterlernen kann. Dabei soll er die Ausführung der Tätigkeit gleichzeitig sprachlich erläutern, um ein inneres (geistiges) Abbild der Tätigkeit entstehen zu lassen.
Abschluss / Übung	Die Übung dient der Festigung des erlernten Arbeitsablaufes bis zur Beherrschung der Arbeitstätigkeit. Der Auszubildende lernt allein weiter, was nicht bedeutet, dass für den Ausbilder die Arbeitsunterweisung abgeschlossen ist. Er kontrolliert und korrigiert gegebenenfalls und stellt somit sicher, dass sich die richtige Ausführung der Tätigkeit festigt. Im Verlaufe der Übung zeigt sich im Tun des Auszubildenden, ob er die Fertigkeit beherrscht.

das Handlungs- und Sachwissen zu ordnen, zu gliedern und Hilfen zu entwickeln, die den Lernprozess des Auszubildenden stützen (Abb. 43).

Diese Arbeitszergliederung kann „im Kopf „oder schriftlich erfolgen. Die schriftliche Form verringert die Gefahr, etwas zu vergessen und bietet den Vorteil, dass sie die Grundlage für die schriftliche Unterweisungsgliederung liefern kann.

Der schriftliche Entwurf einer Arbeitsunterweisung besteht aus zwei Teilen (REFA 1975) (Tab. 22).

Im ersten Teil werden die für die Aufgabe wesentlichen Informationen vorangestellt, z. B. der Arbeitsgang bzw. -gegenstand, die Arbeitsaufgabe, Hilfsmittel wie Werkzeuge u. a., der Arbeitsplatz, die Anordnung benötigter Geräte und Maschinen usw..

Im zweiten Teil des Unterweisungsentwurfes, der aus den vier Spalten Laufende Nummer, Lernabschnitte (Was?), Arbeitsablauf und Arbeitshinweise (Wie?) und Begründungen (Warum so?) besteht, wird die zergliederte Arbeitstätigkeit hinsichtlich des Unterweisungsablaufes mit den notwendigen Informationen dargestellt.

In die Spalte „Lernabschnitte" (Was?) wird das Ergebnis der Überlegungen zur Gliederung der Arbeitstätigkeit in Teilabschnitte eingetragen. Diese Überlegungen erfolgen unter der Zielsetzung, was in welchen Schritten erlernt werden muss. Im Ergebnis müssen dabei angemessene Lernschritte herauskommen, die in der Spalte Lfd. Nummer durchnummeriert werden.

Die große Schwierigkeit beruht darin, angemessene zu gliedern erzielen, weil bei zu starker Gliederung der Zusammenhang für den Auszubildenden verloren geht, oder er bei zu großen Lernabschnitten überfordert wird.

Um die Vermittlung der Lernschritte gut vorzubereiten, müssen die Kernpunkte, wie ein Lernschritt im Einzelnen zu machen ist,

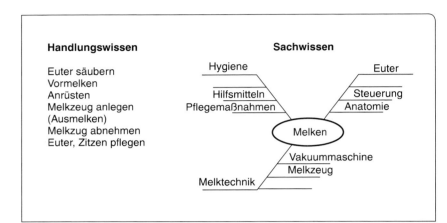

Abb. 43 Skizziertes Ergebnis der Analyse des Handlungs- und Sachwissens. Beispiel: Maschinenmelken

erarbeitet werden. Die notwendigen Hinweise, die dem Auszubildenden das Tun erläutern, das notwendige Wissen liefern und ihm ermöglichen, sein Denken und Tun zu verknüpfen, sollten parallel dazu formuliert werden. Die Ergebnisse werden in die dafür vorgesehene Spalte „Arbeitsablauf und Arbeitshinweise (Wie?)" eingetragen.

Arbeitsunterweisungen verlaufen aus Sicht des Ausbilders und des Auszubildenden nicht immer glatt. Schwierigkeiten beim Handeln sind normal, weil nicht alles vorhersehbar ist. Daher bietet es sich an, Hilfen, die Lernschwierigkeiten zu überbrücken helfen, auszudenken.

Hilfen zur Arbeitsqualität
- Genauigkeitsanforderungen angeben
- Beispiele zeigen

Hilfen zur Arbeitssicherheit
- Gefahren für Mensch und Maschinen aufzeigen
- Umweltschutzmaßnahmen demonstrieren

In der Spalte „Begründungen" geht es um die Aufgabe, die Arbeitsausführung zu erklären, um eine gründliche gedankliche Verarbeitung zu ermöglichen. Für den Auszubildenden ist es wichtig zu erfahren, warum die Arbeitsausführung so und nicht anders erfolgen muss, wel-

Tab. 22 Unterweisungsgliederungsentwurf			
Bearbeiter: Arbeitsgang:			
Arbeitsaufgabe:			
Werkzeuge und Hilfsmittel:			
Ort und Anlage des Arbeitsplatzes:			
Lfd Nr.	Lernabschnitte WAS?	Unterweisungsablauf WIE?	Begründungen WARUM SO?
1.			
2.			
usw.			

cher Sinn und Zweck damit verbunden wird und welche Risiken eine fehlerhafte Ausführung birgt.

Die Unterweisung nach der Vier-Stufen-Methode hat in der betrieblichen Ausbildung große Bedeutung bei der Vermittlung berufspraktischer Fertigkeiten. Nach dieser betrieblichen Ausbildungsmethode wird der Lernvorgang entsprechend dem Aufbau und der Abfolge der Arbeitstätigkeit organisiert. Im Vermittlungsprozess steht der Ausbilder im Zentrum, er erklärt und macht vor und in der Phase der Aktivität des Ausbildenden, – Nachmachen und Üben –, stützt und kontrolliert er die Handlungen des Auszubildenden.

Damit leistet diese Methode einen wesentlichen Beitrag beim Erlernen sich wiederholender, relativ einfacher Tätigkeiten. Hinsichtlich der Entwicklung von beruflicher Handlungskompetenz bedarf sie der Unterstützung oder der Einbindung in andere methodische Konzepte, die eine umfassende Handlungssteuerung (Zielsetzung, Planung, Kontrolle) durch den Auszubildenden erlauben.

4.2.4 Projekt

Die Arbeit in Projekten dient dem grundsätzlichen Ziel, das selbstständige Handeln zu fördern. Somit eignen Projekte sich in besonderer Weise für die Realisierung der Forderung der neuen Ausbildungsordnungen, die Fertigkeiten und Kenntnisse unter Einbeziehung selbstständigen Planens, Durchführens und Kontrollierens zu vermitteln.

> **Fall:** Der Auszubildende M. berichtet aus der Berufsschule, dass die Klasse über die Vorbereitung und Durchführung von Aussaat und Pflanzung heftig diskutiert habe. Der Streitpunkt: Konventionelle Saatbeetbereitung oder pfluglose Saat. Untersuchungsergebnisse, die der Lehrer vorgelegt habe, hätten keine der Parteien überzeugt. Plötzlich stand die Idee im Raum, man könnte das doch selbst untersuchen und zwar mit Hilfe eines Projektes.

4.2.4.1 Ziele eines Projektes

Das Arbeiten in Projekten soll Lernprozesse anstoßen, die über das Erlernen des Berufes hinaus die Entwicklung einer Persönlichkeit ermöglichen, damit sie selbst gesteuert und selbstverantwortlich die Berufs- und Lebenswelt mitgestalten kann.

Als Projektziele stehen u. a.:
- Förderung beruflicher Handlungskompetenz
- Förderung kreativer Fähigkeiten, Initiative, Entscheidungsbereitschaft, kooperatives und soziales Verhalten und Verantwortung
- Verknüpfung von theoretischer Wissensaneignung und Problem lösendem Handeln
- Förderung von selbst gesteuertem Lernen
- Förderung fächerübergreifenden Denkens
- Förderung der Bereitschaft zu lebenslangem Lernen
- Förderung der Kommunikationsfähigkeit

4.2.4.2 Ablauf eines Projektes

In Projekten wird in methodischen Schritten gearbeitet, die unabhängig vom Thema immer wieder beobachtbar sind (Abb. 44).

Projekte eröffnen zudem in allen Phasen Gelegenheiten zum Lernen, u. a.
- wenn ein Themengebiet ausgewählt wird,
- wenn ein Thema eingegrenzt wird,
- bei der Arbeit in Gruppen,
- wenn man einen Bericht verfasst,
- bei der Manöverkritik! (Abb. 45)

Anlässe für das Lernen geben z. B.:
- die Handlungen von Auszubildenden, wenn sie selbstbestimmt und selbstverantwortet ihr Projektziel/-ergebnis anstreben,
- die Wechselbeziehungen (Interaktionen) zwischen den Ausbildern, Auszubildenden und Lehrern, wenn sie sich informieren und über Ziele auseinander setzen, gemeinsame Absprachen treffen oder Konflikte bewältigen,
- die Rückbesinnungen (Reflexion) auf das Getane, mit dem Ziel dessen Sinnhaftigkeit zu überprüfen, Alternativen zu finden und neue Wege zu planen.

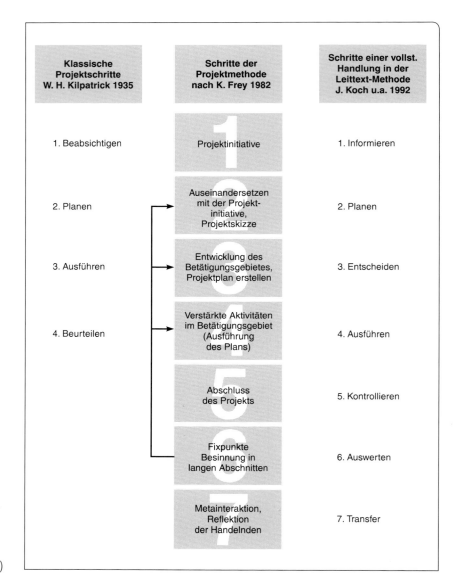

Abb. 44
Schritte vollständigen Handels in der Projekt- und in der Leittext-Methode (HAHNE)

4.2.4.3 Sicherung des Projekterfolges

Im Verlaufe von Projekten besteht die latente Gefahr, dass Lernanlässe im „produktiven Chaos" während der Projektarbeit verloren gehen. Recht wirksame Ansätze, dieses zu vermeiden, bieten die sog. Fixpunkte, die Metareflexion und die Projektdokumentation (K. FREY, 1984).

Die Fixpunkte unterbrechen organisatorisch die Projektarbeit in den verschiedenen Phasen des Projektverlaufes. Es sind Besprechungen, die zu Beginn fest eingeplant bzw. immer aufgerufen und durchgeführt werden, wenn ein Bedarf besteht. Diese Besprechungen haben das Ziel, das Projekt geordnet und strukturiert ablaufen zu lassen.

Ausbildungsmethoden 123

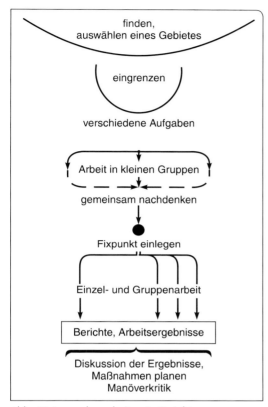

Abb. 45 Lerngelegenheiten in Projekten

Die Tagungsordnung umfasst u. a. folgende Punkte:
- Berichte über bisherige Arbeiten, Ergebnisse und Probleme durch das Plenum bzw. die Gruppen,
- Aussprache mit Schlussfolgerungen über den bisherigen Verlauf des Projektes,
- Beschluss der u. U. notwendigen Korrekturen des ursprünglich beschlossenen Projektplanes.

Durch Metainteraktion gehen die Projektbearbeiter zu sich selbst auf Distanz und betrachten das „Wie" ihres Handelns von höherer Ebene. Durch Fragestellungen, wie
- Was haben wir getan?
- Wie haben wir das getan?
- Wie erfolgreich waren wir damit?,

löst man sich zeitweilig von der Projektabwicklung ab, spricht über das Vorgehen und denkt wertend über die Zielstellung, die Eignung der Methoden, die Aufgabenverteilung, und die Art und Weise der Konfliktbewältigung nach. Das Ziel der Rückbesinnung auf das Handeln besteht darin, den Lernerfolg zu sichern. So wie die Auszubildenden durch das Nachdenken über die Elemente ihrer Handlungen sich derer bewusst werden, lernen sie!

Die Projektdokumentation Tab. 23 sichert die (Lern-) Erfahrungen. Sie kann ein Projekt nicht vollständig widerspiegeln, aber als „Verschriftlichung" von Gedanken, Überlegungen und Lernstrategien ein Nachweis über geleistete Arbeit und Verlaufsprotokoll sein.

Die Projektdokumentation veranlasst den Lernenden dazu, den Ablauf, die Ergebnisse und Schlussfolgerungen der Projektarbeit zu sichern:
- alle Tätigkeiten im Rahmen des Projektes mit Angabe des Datums und der Zeitdauer
- alle Ergebnisse wie z. B. Arbeitsplan, Zeichnungen, Fotos, Pläne, Beobachtungsberichte,
- Angaben und Überlegungen dazu, ob, warum und wie der ursprüngliche Arbeitsplan geändert werden muss
- Angaben über Probleme bei der Durchführung und Überlegungen zu deren Lösung,
- Angaben zu Empfindungen und Gefühlen bei der Durchführung wie Freude, Angst, Unsicherheit, usw.

4.2.5 Projektorientierte Ausbildung mit Leittexten

Die Arbeit mit Leittexten beschäftigt die Berufspädagogik zumindest seitdem die neuen Ausbildungsordnungen das selbstständige Planen, Ausführen und Kontrollieren von beruflichen Aufgabenstellungen in den Vordergrund stellen. Leittexte erfüllen ihre Aufgabe als Strukturierungshilfe bei der Ausbildung und fungieren dabei zugleich als Medien, Methode und Organisationskonzept. Leittextarbeitsphasen sind eine willkommene Unterbrechung der Dominanz des Lehrenden, sie

Tab. 23 Planung des Projektes

„Wie will ich vorgehen?"

Handlungsziel	Vorgehensweise / Methode	Material / Helfer
Problemanalyse … …	Befragung des Lehrers Strukturierung der Aufgabe. …	… …

Tagesplanung für das Projekt

Tag: …

„Was ist zu tun?"

Tagesziel	Beteiligte und Tätigkeit „Wer macht was?"	benötigtes Material	Zeit von … bis
… Planung absichern …	Pläne präsentieren. Klasse stellt Fragen und diskutiert mit dem Lehrer. Am Ende den Plan beschließen.	Planungsskizze …	8.30 – 9.00 …

Projekttagebuch

Tag: …

„Was wurde getan?"

Zeit	Tätigkeiten	Bemerkungen / Fragen / Probleme
9.00–10.30	Fachzeitschriften gelesen.	Viele unbekannte Begriffe! Habe Probleme das Wichtigste herauszufinden. Muss mit Klasse / Lehrer sprechen.
…	…	…

erhöhen die Freiheitsgrade der Auszubildenden im Lernprozess.

In projektorientierten Ausbildungsphasen helfen Leittexte als Lernhilfe dabei, Aufgaben zu strukturieren und über Teilbereiche nachzudenken. Es ist aber auch denkbar, Leittexte unabhängig von einer bestimmten Ausbildungsform (Lehrgang / Projekt) einzusetzen.

Leittextarbeit verfügt über eine Ablaufstruktur, die der von Projekten gleicht.

4.2.5.1 Elemente von Leittexten
Leittexte als schriftliche Anleitungen, die dem Auszubildenden als Richtschnur für den Lernprozess dienen, verfügen über sieben Elemente (Tab. 24).

4.2.5.2 Mit Leittexten lernen
Das Lernen mit Leittexten erfolgt auf der Grundlage schriftlicher Unterlagen selbst gesteuert im Rahmen der Vorgaben, die der Leittext setzt (Tab. 25).

Die Arbeit mit Leittexten führt zu einer veränderten Rolle des Ausbilders im Ausbildungsgeschehen. Er übernimmt die Rolle

Tab. 24 Die 7 Elemente von Leittexten

1. Komplexe Aufgabenstellungen	Den Leittexten liegen umfassende Aufgabenstellungen zu Grunde, aus denen die Anforderungen an die Qualität der Arbeitserledigung sowie Zeitbedarf und Umfang ersichtlich sein sollen.
2. Informationsmaterial und sonstige Hilfsmittel	Leittexte enthalten alle notwendigen Informationen oder geben Hinweise auf die Quellen zur Beschaffung durch die Auszubildenden selbst.
3. Leitfragen	Die Leitfragen ermöglichen dem Auszubildenden selbstständig notwendige Informationen aus den Hilfsmitteln zu erarbeiten und leiten ihn an, die Aufgabenbewältigung vorzustrukturieren und seine Handlungen gedanklich vorzuplanen.
4. Planungsraster / -hilfen	Leittexte sind so gestaltet, dass der Auszubildende im Sinne der Handlungstheorie ständig gehalten ist, Arbeitsabläufe zu planen, erforderliche Informationen zu erarbeiten, fehlende Fertigkeiten zu üben, die notwendigen Arbeitsschritte auszuführen und die Zielerreichung zu kontrollieren. Die Ausführlichkeit solcher Planungsraster hängt davon ab, inwieweit Auszubildende noch der Unterstützung im Lern- / Arbeitsprozess bedürfen.
5. Kontroll-, Lern-, und Übungshilfen	Zur Entwicklung der Fähigkeit, selbstgesteuert zu lernen, bedarf der Lernende der Rückmeldung über den Arbeitsprozess und das Arbeitsergebnis. Hierzu können Leittexten Kontrollunterlagen angefügt werden, mit denen der Arbeitsprozess überprüft und die Qualität des Produktes eingeschätzt werden kann.
6. Eigenständige und kooperative Auswertung	Den Abschluss von Teilaufgaben oder der Leittextarbeit insgesamt bilden Auswertungen, zunächst durch den Auszubildenden allein und daraufhin mit dem Ausbilder gemeinsam. Die Auswertungen sind wesentlich für die Sicherung des Gelernten und für die gemeinsame Erörterung des weiteren Vorgehens.
7. Umsetzung der Planung in die Praxis	Das neu Erlernte wird in die Tat umgesetzt, um die gedanklichen Erkenntnisse auf eine praktische Bewährungsprobe zu stellen und um Erarbeitetes zu verinnerlichen.

des Lernberaters, der den Lernprozess von „außen" moderiert, denn der Auszubildende steht im Mittelpunkt der Lernsituation. Wenn der Ausbilder sich aus ehemals zentralen Aufgaben zurückzieht, bedeutet das gleichzeitig die Übertragung von Verantwortung, Initiative und Tätigkeit auf den Auszubildenden sowie eine andere Schwerpunktsetzung bei den Aufgaben des Ausbilders:

- er beobachtet mehr als er handelt,
- er analysiert das Handeln des Auszubildenden und reagiert im Bedarfsfall
- (z. B. Anfrage, schwere Fehler, Gefahr usw.),
- er führt Fachgespräche mit den Auszubildenden,
- er lässt eigene Erfahrungen und Lösungen zu,
- er bevorratet Hilfsmittel und stellt sie bei Bedarf zur Verfügung.

Nicht jeder Leittext eignet sich für jeden Auszubildenden. So wie sich die Projekte durch ihre Komplexität, Dauer oder besonderen Anforderungen unterscheiden, so verschieden sind auch die Leittexte in ihrem Schwierigkeitsgrad. Der Auszubildende muss durch das Projekt so angesprochen und angeregt werden,

Tab. 25 Ablaufstruktur der Arbeit mit Leittexten (Schelten)

Schritte des Vorgehens bei der selbstständigen Bewältigung einer Arbeit	Methodische Hilfen
1. Information „Was soll getan werden?"	1. Leitfragen, Leitsätze, Ziele
2. Planung „Wie geht man vor?"	2. Leitfragen, Arbeitsplan
3. Entscheidung „Festlegung von Fertigungsweg und Betriebsmitteln"	3. Fachgespräch mit dem Ausbilder
4. Ausführung	4. Rat des Ausbilders bei Bedarf
5. Kontrolle „Ist der Auftrag fachgerecht gefertigt?"	5. Kontrollbogen
6. Bewertung „Was muss beim nächsten Mal besser gemacht werden?"	6. Fachgespräch mit dem Ausbilder

dass er sich auch noch nicht beherrschte Kenntnisse und Fertigkeiten aneignen wird, um das Projekt zu einem guten Ende zu führen.

Das Lernen zur Selbstständigkeit setzt selbsttätiges und selbstständiges Lernen voraus. Neigung, Vorbildung und Ausbildungsstand des Auszubildenden sind neben den betrieblichen Gegebenheiten bei der Auswahl von Leittexten zu berücksichtigen. Hilfe könnte hierbei durch den Ausbildungsberater oder Berufsschullehrer geleistet werden, die einen Überblick über alle verfassten Leittexte besitzen.

4.3 Lernhilfen einsetzen

Wie im vorigen Kapitel zu sehen war, schließen die Überlegungen zur Methodenwahl Bearbeitung Fragen zur Auswahl und zum Einsatz von Lernhilfen (Medien/z. B. Leittext) mit ein. In der betrieblichen Ausbildung finden wir eine Reihe von Lernhilfen vor, die als Arbeitshilfsmittel (Werkzeuge) im Arbeitsprozess normalerweise eingesetzt werden. Der Einsatz dieser und anderer Medien darf sich nicht nur nach dem Gesichtspunkt der Handhabbarkeit richten. Vielmehr müssen theoretisch begründet die Aufgaben der Medien im Lernprozess und die zu erwartende fördernde Wirkung auf das Lernen mit berücksichtigt werden.
- Welche Arten von Medien stehen zur Verfügung, wie lassen sie sich ordnen?
- Wie können Medien den Wissenserwerb (Vorstellungsbildung) verbessern?
- Wie eignen sich bestimmte Medien im Hinblick auf die Stützung des Lernprozesses?
- Wie setzt man Medien richtig ein?

In den drei folgenden Beispielssituationen werden Hilfen eingesetzt, um zwischen einer Sache oder einem Sachverhalt (Lerninhalt) und Personen Informationen auszutauschen oder einen Arbeitsvorgang zu ermöglichen. Solche Hilfen bezeichnet man entsprechend ihrer Funktion als Medien.

Medien, die als Gegenstand des Erkennens genutzt werden können, sind ersetzbar. Die Biegung des Klauenmessers z. B. kann man an einem Abbild nachvollziehen.

Als Gegenstand des Handelns ist das Werkzeug allerdings nicht ersetzbar.

Die Medien beeinflussen die Beziehungsstruktur in der Ausbildung grundlegend (Abb. 46).

Dem Namen gemäß (Mittler) stehen Medien in der Mitte zwischen dem Ausbilder, dem Auszubildendem und den Ausbildungsinhalten. Medien haben einen bedeutenden Einfluss auf den Ausbildungsinhalt und die Ausbildungsmethode.

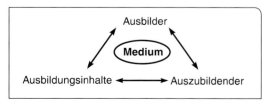

Abb. 46 Stellung der Medien im Ausbildungsprozess

> **Beispiele:**
>
> 1. Im großen Gartenbaubetrieb M. mit langen, inneren Verkehrswegen wird eine Kommunikationsanlage neu eingerichtet, die Gewächshäuser, Büros, Laden, Vertrieb usw. miteinander verbinden soll. Die Anlage bietet eine Reihe von Nutzungsoptionen, z. B. Konferenzschaltung, Anrufumleitung usw., die durch bestimmte Tastenkombinationen an den Geräten geschaltet werden können. M. überlegt, wie er die neuen Auszubildenden mit Hilfe der Bedienungsanleitung effizient in die Anlage einweist
> 2. Ein Ausbilder vereinbart mit dem Auszubildenden die Ausbildungsinhalte zur Winterfutterplanung projektorientiert zu erarbeiten. Hierzu soll der Leittext „Winterfutterplanung in der Rindviehhaltung" als Hilfe verwendet werden.
> 3. Die Kontrolle und Pflege der Klauen von Schafen ist grundlegend für die Gesundheit der Tiere. Der Schäfermeister unterweist daher Auszubildende frühzeitig in dieser Arbeitstätigkeit. Bei der praktischen Vor- und Durchführung demonstriert er die Werkzeuge (Klauenmesser, Zange, usw.) und Pflegemittel (Desinfektionsspray usw.). Im Abschlussgespräch verwendet er zur Veranschaulichung ein Lehrbuch und Informationsmaterial des Schafzuchtverbandes.

Die Betrachtung des Beispieles 3 macht das deutlich. Die Lernwirkung der Behandlung des Themas Klauenpflege unterscheidet sich erheblich, ob man einen Film zum Thema zeigt oder die Klauenpflege am lebenden Schaf vormacht.

Je nach Verwendung können Lernhilfen im Ausbildungsprozess Unterschiedliches leisten, z. B.:
- Informationen vermitteln,
- schwierige Sachverhalte erklären,
- Hilfsmittel (Werkzeug) sein,
- Rückmeldung über den Lernfortschritt geben,
- selbsttätiges Lernen unterstützen,
- Motivation ermöglichen.

4.3.1 Vorstellungsbildung mit Hilfe von Medien

Das Lernen in der Ausbildung dient dem Erkenntnisgewinn. Vor der Erkenntnis steht die Wahrnehmung, d. h. die Aufnahme der Informationen. Die Wahrnehmung bestimmt den Inhalt der Vorstellung und damit den Inhalt des Denkens – Wissen –.

Die Vorstellung ist ein erlebter, anschaulicher Inhalt, der im Bewusstsein vorliegt, ohne dass der reale Gegenstand oder die reale Situation gegeben ist.

Das Aussehen eines Blumengesteckes kann man sich z. B. so stark in Erinnerung rufen, dass man es „innerlich" sieht, ohne dass es tatsächlich vorhanden ist.

Am Ausgangspunkt der Wahrnehmung stehen Reize (Licht, Schall usw.), die eine „Reizschwelle" überschreiten müssen, um von den Empfängern (Rezeptoren, z. B. die Sinne Auge, Ohr) wirklich aufgenommen werden zu können (Abb. 47).

Da die in den Sinnen angelangten Reize nicht alle verarbeitet werden können (Reizüberflutung), werden sie durch einen Wahrnehmungsfilter begrenzt. Die Durchlässigkeit des Wahrnehmungsfilters hängt von der Aufmerksamkeit und Aktivität des Menschen ab. Bei Unaufmerksamkeit oder Trägheit fließen die Informationen nicht weiter. Inwieweit der Mensch aktiv und aufmerksam ist, bestimmen seine Motive (Bedürfnisse), Vorerfahrungen und Erwartungen. Die Motive, Vorerfahrungen und Erwartungen können die über die Sinne einlaufenden Informationen aktiv verändern, sodass sie sich von der Wirklichkeit unterscheiden.

Derartig gefiltert fließen die Informationen aus der Umwelt als elektrische Impuls in den Nervenbahnen zur Verarbeitung in das Gehirn/Gedächtnis und werden zur Vorstellung (Gedächtnisinhalt) weiter verarbeitet.

Während die Wahrnehmung auf einer unmittelbar vorangehenden Sinnesinformation beruht, fehlt eine solche Grundlage bei den Vorstellungen. Der Gegenstand liegt in der Vorstellung nicht mehr sinnesnah vor, sondern als Bild im so genannten „geistigen" Auge. Die Art der Erfahrung bzw. Wahrneh-

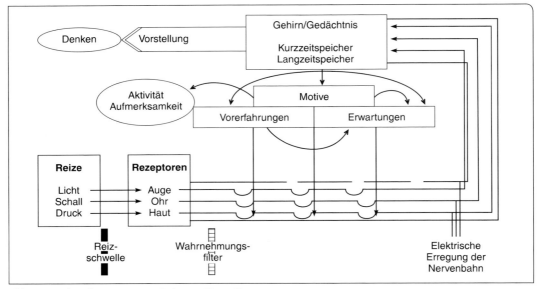

Abb. 47 Wahrnehmung – Vom Reitz zur Vorstellung

mung bestimmt in Abhängigkeit von der Situation in der sie erfolgt maßgeblich, was gelernt wird.

Vorstellungsbildung bedeutet, „die Welt im Verstande noch einmal entstehen zu lassen", was man durch folgende Maßnahmen unterstützen kann:

- Die Aufmerksamkeit auf das Wesentliche lenken.
  Aufmerksam sein bedeutet, dass man vorsätzlich und konzentriert seine Wahrnehmung, sein Denken und sein Handeln auf bestimmte Objekte und Vorgänge ausrichtet. Hierzu ist es dienlich, wenn der Ausbilder
  - die Zusammenhänge einer Tätigkeit erläutert,
  - die Bedeutung veranschaulicht,
  - „kritische" Informationen gibt (Gefahrenquellen) und
  - den Auszubildenden selbst tätig werden lässt.

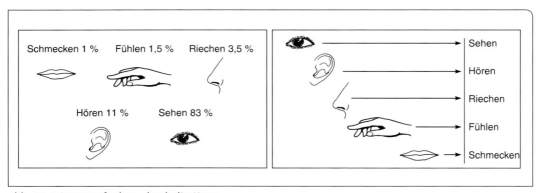

Abb. 48 Wissensaufnahme durch die Sinne

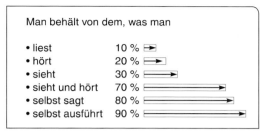

Abb. 49 Behaltenswerte

Tab. 26 Einfluss der Veranschaulichung auf das Auffassen und Behalte (nach Düker/Tausch)

Verbale Darstellung	Medien	Zunahme des Behaltens
Lautsprecheraussage	–	Bezugsgruppe
„ +	Bild	+ 9,5 %
„ +	Modell	+ 20,0 %
„ +	Original	+ 40,7 %

- Alle Sinne an der Wahrnehmung beteiligen. Das Auge ist das führende Sinnesorgan des Menschen, d. h. die Vorstellungsbildung wird im Wesentlichen durch optische Elemente getragen (Abb. 48). Die akustische Wahrnehmung (Ohr) stellt erheblich höhere Anforderungen an die Vorstellungskraft, die Fantasie und das Denkvermögen. Alle übrigen Sinne, Geruch, Geschmack und Gefühl spielen in Bezug auf die gesamte Wissensaufnahme des Menschen eine geringere Rolle, können aber in bestimmten Erfahrungsbereichen besonders wichtig sein (z. B. Winzer, Geruch/Geschmack; bei der Holzverarbeitung, Fühlen). Durch die Kombination mehrerer Sinneskanäle bei der Wissensaufnahme erhöht sich die Behaltensleistung (Abb. 49).
- Es gilt der Grundsatz, dass das Lernen umso effektiver erfolgt, je näher die Lernsituation an der realen (Berufs-) Situation orientiert wird. Dieses Prinzip ist beim Lernen am Arbeitsplatz direkt verwirklicht (Arbeit mit originalen Gegenständen). Auf möglichst große Wirklichkeitsnähe achten (Tab. 26).

4.3.2 Einteilung von Medien

Aus pädagogischer Sicht betrachtet unterscheidet man personelle (an Menschen gebundene/durch Menschen verkörperte) Lernhilfen und materielle (stofflich/inhaltlich/sachlich also durch Gegenstände verkörperte) Lernhilfen (Abb. 50).

4.3.2.1 Personelle Lernhilfen

Die wichtigste personelle Lernhilfe ist der Ausbilder selbst. Der Erfolg des Ausbilders im Hinblick auf den Lernprozess des Auszubildenden wird u. a. durch sein Rollenverständnis, seine Wirkung durch Sprache, Mimik, Gestik und Bewegung sowie durch sein Geschick bei der Planung, Durchführung und Kontrolle der Ausbildung bestimmt.

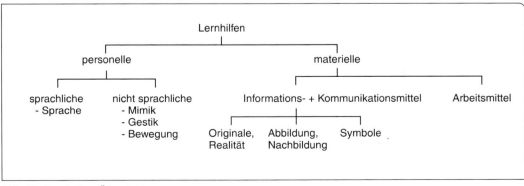

Abb. 50 Lernhilfen: Übersicht

Von den verschiedenen Rollen, die der Ausbilder im Beruf zu übernehmen hat – Fachmann, Betriebsleiter, Pädagoge – rangiert die des Pädagogen in der Ausbildung vorne.

Die Ausfüllung dieser Rolle hängt stark vom persönlichen und beruflichen Werdegang ab. Viele Ausbilder betonen oftmals den Rollenausschnitt „Fachmann" gegenüber dem des „Pädagogen", denn die berufliche Qualifizierung wurde wesentlich durch die „Fachmannschaft" geprägt. Ohne die Zusammenhänge zu überdenken, werden oftmals alte Verhaltensmuster konserviert und übertragen.

Sieht der Ausbilder seine Aufgabe überwiegend pädagogisch, dann orientiert er seine Handlungen an den Interessen und Bedürfnissen des Auszubildenden:
1. Er bespricht mit ihm Aufgabenstellungen und Ziele.
2. Er legt mit ihm Arbeitspläne und Vorgehensweisen fest.
3. Er begleitet den Arbeits- und Lernprozess.
4. Er beurteilt die Arbeits- und Lernergebnisse und berät im Lernprozess.

Sprache, Mimik, Gestik und Bewegung können sich in der Wirkung gegenseitig beeinflussen und die speziellen Bedingungen der Situation die Bedeutungen einer Aussage verändern. Das ist oftmals die Ursache von Verständigungsproblemen.

4.3.2.2 Materielle Lernhilfen

Die neuen Formen selbst organisierten Lernens (z. B. projektorientierte Ausbildung) vergrößern die Bedeutung der materiellen Lernhilfen, denn die Auszubildenden bearbeiten selbstständig Aufträge und erhalten dazu Arbeitsmittel und Informationsmaterialien, deren Nutzen sie analysieren und beurteilen müssen. Hierfür bedürfen die Medien weniger einer detaillierten Vorwegplanung mit fertigen Lösungen, sie müssen eher offen gestaltet sein, um selbstständige Arbeit nicht zu verhindern.

Materielle Lernhilfen sind Arbeitsmittel (Werkzeuge) sowie Informations- und Kommunikationsmittel (Bücher u. a.). Sie dienen als Informationsträger und -vermittler und

	Darstellung		
handlungsmäßig	bildhaft		symbolisch
Streichholz anzünden			Feuer
Fotografieren, Experimentieren mit Mattscheibenkamera			Fotografie Kamera
Licht einschalten Stromkreis bauen			elektrischer Strom Stromkreis

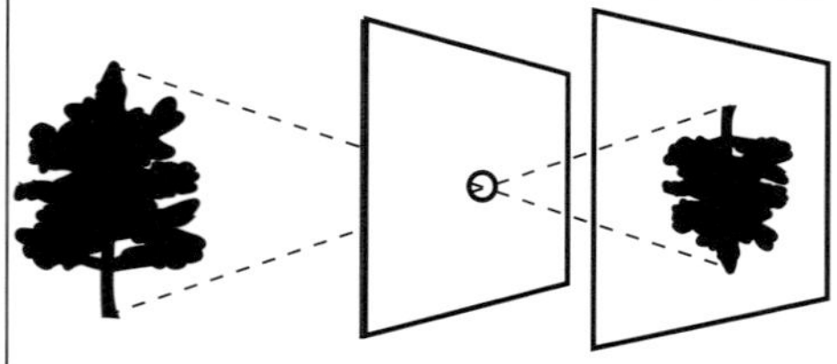

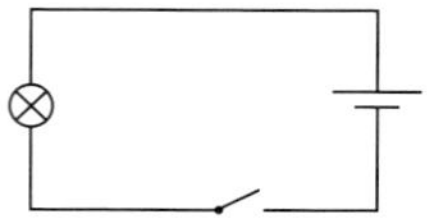

Abb. 51 Drei Formen der Wissensspeicherung (EDELMANN 1993)

können personelle Lernhilfen ergänzen oder ersetzen.

Als Arbeitsmittel dienen alle Gegenstände, die am Arbeitsplatz eingesetzt werden, wie z. B. Werkzeuge, Maschinen, Betriebsmittel, Werkstoffe usw., darüber hinaus solche, die unabhängig vom Arbeitsprozess und der Unterweisungsabsicht Verwendung finden, z. B. Pinzetten, Scheren, Mikroskope, Lupen, Arbeitsblätter.

Die zweite Gruppe materieller Lernhilfen – die Informations- und Kommunikationsmittel – können in allen Ausbildungsphasen verwendet werden. Ihre Auswahl und ihr Einsatz werden jeweils durch die Absichten des Ausbilders oder des Auszubildenden (Anwender) bestimmt. Ihre wesentliche Bedeutung haben sie dort, wo die originale Anschauung nur unzureichende Einsichten in Zusammenhänge gewährt, z. B: zur Erklärung der Funktion einer Wärmepumpe, der Anatomie eines Insektes oder des Gesetzes vom abnehmenden Ertragszuwachs.

Die Informations- und Kommunikationsmittel liegen in drei Darstellungsstufen vor, die den Schritten von der konkreten (wirklichen) zur abstrakten (gedachten, gedanklichen) Anschauung entsprechen (Abb. 51). Die Wirklichkeitsnähe nimmt von der realen Darstellung (Handlung) über die abbildhafte (Veranschaulichung) zur symbolischen Darstellung (Symbolisierung) ab.

Die unmittelbare Erfahrung, der handelnde Umgang mit Personen und Sachen, schafft die beste Grundlage unseres Wissens. Die Qualität des aus Handlungen entstandenen Wissens kann durch die bildhafte Erfahrung nicht erreicht werden. Gelingt es, die bildhafte Erfahrung mit direkt erfahrenem Wissen zu verknüpfen, dann wirken auch Abbildungen von der Realität förderlich auf den Lernprozess. Je stärker sie schematisiert sind, desto besser unterstützen sie das Gedächtnis dabei, viele Einzeleindrücke auf wenige verallgemeinerte Wissensstrukturen (Muster) zu beschränken.

Das symbolische Wissen beruht auf Zeichen und Symbolen, denen eine bestimmte Bedeutung zugewiesen wird. Die Beziehung zwischen dem Gegenstand und dem Zeichen, das ihn vertreten soll, muss erlernt werden (z. B. Verkehrsschilder). Symbolisches Wissen bildet die Grundlage für abstraktes Denken.

4.3.3 Medien der betrieblichen Ausbildung

4.3.3.1 Originale

Originale sind in der Berufsausbildung in Form von Arbeitsmitteln aber auch als Realmodelle (in Lehrwerkstätten) weit verbreitet, z. B.: Tiere, Werkzeuge, Maschinen, Tiermodelle, Blüten, Blütenmodelle usw. Ihre Eignung als Medien beruht darauf, dass sie
- einen engen Bezug zur Arbeitstätigkeit haben,
- bestmögliche Wirklichkeitserfahrung (alle Sinne) garantieren,
- gegenständliches Lernen ermöglichen und
- motivieren.

Den Vorteilen stehen auch Nachteile gegenüber, denen der Ausbilder durch methodisches Handeln Rechnung tragen muss. Originale, die „natürlich", d. h. ohne pädagogische Aufbereitung dem Auszubildenden begegnen, wirken häufig überfordernd. Sie sind auf Grund ihrer Größe, Vielgestaltigkeit und Unübersichtlichkeit schwer erschließbar. Die Aufgabe des Ausbilders beruht darin, die Erfahrung mit dem anstehenden Original für den Auszubildenden zu erleichtern, indem er durch geeignete Hilfen
- die Vielfalt verringert (Wichtiges hervorheben),
- die Ordnungsprinzipien (Struktur), die im Gegenstand zu finden sind, aufzudecken hilft und dafür sorgt,
- dass das Wesentliche beobachtet wird.

Der Ausbilder darf dem Auszubildenden die Beobachtungs- und Denkarbeit nicht abnehmen. Seine Aufgabe ist es, Ordnung in das Denken zu bringen und es ihm zunehmend zu ermöglichen, selbstständig weiterzuarbeiten.

Oftmals gelingt es nicht, die Struktur herauszuarbeiten, weil der Gegenstand nicht mehr der direkten Beobachtung zugänglich ist, z. B. Motor, Getriebe, Kühlaggregat usw.

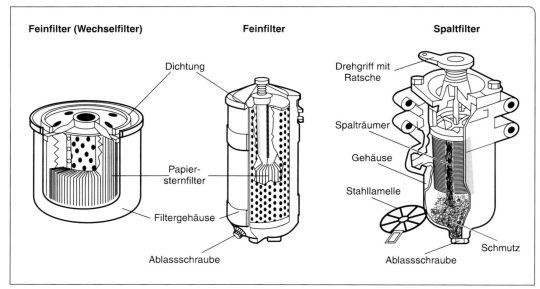

Abb. 52 Feinfilter

Zur Erklärung der Zusammenhänge und Funktionen bleibt dem Ausbilder dann nichts anderes übrig, als ergänzende Lernhilfen heranzuziehen, wie z. B. Bilder, Zeichnungen, Schnittmodelle usw. (Abb. 52).

Tab. 27 Formen von Lehrbüchern
1. Fachbücher
2. Lehrbücher, fachbezogen oder fachübergreifend
3. Lehrbücher mit besonderer Zielsetzung • •   Arbeitsbuch • •   Lernprogramm • •   Tabellen • •   Prüfungsaufgabenbuch
4. Sonstiges gedrucktes Material • •   Prospekt • •   Broschüre • •   Lexikon • •   Leittexte • •   u. a. m.

4.3.3.2 Texte

Texte sind visuelle Lernhilfen, die als externe Speicher von Informationen dienen. Von dem unüberschaubaren Angebot, z. B. Zeitungen, Umdrucke, Prospekte und Bücher spielen Lehrbücher in der Ausbildung ein besondere Rolle.

So verschieden die Nutzungsmöglichkeiten und der inhaltliche Aufbau von Texten (Tab. 27) sind, so unterschiedlich präsentiert sich die Aufbereitung der Texte Verständlichkeit / Übersichtlichkeit) und ihre Illustration (Schaubilder, Abbildungen, Grafiken usw.).

Die Bandbreite reicht von didaktisch aufbereiteten Werken, mit einem Textbild, das leichtes Lesen ermöglicht und Bildern zur Anschauung bis zu stark fachorientierten Werken, bei denen oft die Informationsdichte zu Lasten der Textaufbereitung und -verständlichkeit geht.

Als visuelle Lernhilfe ermöglichen Texte nur eingeschränkte Erfahrungen, die für manchen Auszubildenden nicht leicht zugänglich sind. Das beruht darauf, dass „verschriftlichtes Wissen" von weniger Geübten nicht leicht entschlüsselt werden kann (Verständlichkeit, Schwierigkeitsgrad).

Bei zweckmäßiger Auswahl und richtigem Einsatz können Texte die Verständigung in der Ausbildung sehr erleichtern, weil
- sie den Ausbilder von der Informationsübermittlung entlasten,
- die Texte (Informationen) dauerhaft verfügbar sind und
- sie den Lernprozess durch aufbereitete Information und Veranschaulichung unterstützen.

Berücksichtigt man die Tatsache, dass nach der Phase der beruflichen Erstausbildung (Schule und Betrieb) Informationen für das weitere Lernen vielfach über schriftliches Material bezogen werden, liegt es nahe, Auszubildende frühzeitig an den sinnvollen Umgang mit diesen Medien zu gewöhnen. Hierdurch wird die wichtige Kompetenz, „mit Texten arbeiten", entwickelt.

Die Einsatzschwerpunkte von Texten beruhen auf der Einarbeitung in fachliche Zusammenhänge und der Festigung von systematischem fachlichem Wissen. Sie haben eine dienende Funktion und sollen u. a. das Gespräch zwischen dem Ausbilder und dem Auszubildenden unterstützen.

Die methodischen Hilfestellungen, die der Ausbilder in Abhängigkeit von den Bedürfnissen des Auszubildenden geben kann, sind
- die Einführung in den sachgerechten Umgang mit dem Inhaltsverzeichnis, Schlagwortregister usw. (Wie finde ich schnell etwas zum Thema ...?),
- eine Verständigung über den Inhalt durch die Klärung schwieriger Begriffe und die inhaltliche Wiedergabe zur Kontrolle des gemeinsamen Verständnisses,
- eine möglichst konkrete Fragestellung (Aufgabenorientierung) mit welcher der Text bearbeitet werden kann,
- eine inhaltliche Besprechung mit dem Ziel, dass der Auszubildende das neue Wissen verinnerlicht, z. B. über die Verknüpfung des Neuen mit dem Alten.

4.3.3.3 Bilder

Im Alltag sehen wir massenhaft Bilder, aus denen wir eine Vielzahl von Informationen gewinnen. Der Sehsinn trägt nahezu 80 % aller Informationen dem Gedächtnis zu.

Die Erfahrungsbildung erfolgt in der Ausbildung auch wesentlich über das Sehen. Bilder im weitesten Sinne spielen eine große Rolle.
1. Originale (Bilder) z. B., wenn der Ausbilder vormacht, wie ein Obstbaum beschnitten wird (Abb. 53).
2. Analoge Bilder, z. B. wenn der Auszubildende ein Video über das Pflanzen eines Obstbaums verfolgt (Abb. 54).
3. Die flächenhafte Abbildung eines Wirklichkeitsausschnittes z. B. erfasst der Auszubildende, wenn er ein Foto eines Mulchgerätes betrachtet (Abb. 55).
4. Eine Schemazeichnung z. B. reduziert grafisch auf das Wesentliche (Informationsverdichtung) (Abb. 56).

Diese unvollständige Auflistung zeigt, wie mit Hilfe von Bildern in unterschiedlichen Situationen gelernt werden kann. Die Wirksamkeit von Bildern ist heutzutage jedoch eine andere als noch vor einigen Jahrzehnten. Wir werden von Bildern, zumal auch bewegten

Tab. 28 Unterschiedliche Bildarten		
Arten	Abbilder	Schematische Bilder
Beispiele	Foto, Dia, Schautafel. Film / Video	Skizzen, schematische Darstellung, Grafik
Vorteile	Weitgehend lebensnah, anschaulich, konkret	Wichtiges kann herausgehoben werden; das Typische kann dargestellt werden
Nachteile	Bei großer Vielfalt unübersichtlich; größere Anforderung an den Betrachter	Weitere Entfernung von der Wirklichkeit; erfordert gedankliche Schematisierung

Abb. 53 Beschneiden eines Obstbaumes

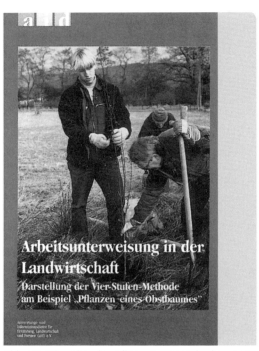

Abb. 54 Film über das Pflanzen eines Obstbaumes

Abb. 55 Mulchgerät

(Fernsehen/Film), überflutet. Eine genaue Betrachtung wird oftmals dem Reiz der raschen Bildfolge geopfert.

Um mit Bildern lernen zu können, muss man sie „lesen" lernen. Man unterscheidet grundsätzlich zwei Arten von Bildern: Abbilder und schematisierte (logische, analytische) Bilder (Tab. 28).

Die Vorteile der realistischen Bilder, noch weitgehend lebensnah, anschaulich und konkret zu sein, gelten nicht in allen Fällen. Wie in den Beispielen schon angedeutet, kann es sein, dass die Betrachtung eines realistischen Bildes den Betrachter überfordert. In diesen Fällen helfen oft schematisierte Bilder, die durch den Hersteller so aufbereitet wurden, dass sie vom Betrachter leichter erfassbar sind, möglicherweise durch farbliche Gestaltung, Hervorhebungen, überproportionale Darstellung usw.. Damit unterstützt die Gestaltung des Schemas den Prozess des Gehirns, das ständig versucht, die zahlreichen Informatio-

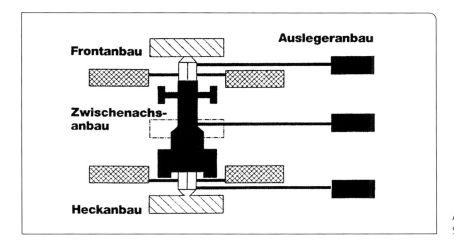

Abb. 56
Schemazeichnung

nen, die es aufnimmt, auf möglichst wenige Strukturen zu beschränken.

Nicht alle Bilder, die wir sehen, erkennen wir auch, beispielsweise technische Zeichnungen, Schaltpläne oder Ähnliches. Es hängt von dem Wissen ab, das schon im Gehirn gespeichert ist, ob man Bilder erkennt und welches Wissen man mit ihnen erwirbt. Derjenige, der viel weiß, erkennt auch viel!

Der durch das Gehirn gesteuerte Wahrnehmungsvorgang umfasst:
1. Globales Erkennen: Kann ich etwas mit dem Gesehenen anfangen? Worum geht es? Was ist das? Diese erste Orientierung dauert nur Sekundenbruchteile.
2. Ablesen von Einzelinformationen: Was ist zu sehen? Welche Zusammenhänge gibt es zwischen den aufgefundenen Elementen? Lässt sich das Erkannte gedanklich in Bewegung setzen (dynamisieren)?

Die zweite Orientierung dient dem Bildbetrachter dazu, „seine Erfahrungen" mit dem Bild zu machen, an ihm zu lernen.

Der Verlauf der Wahrnehmung ist bei allen Bildern gleich, ob es sich um realistische Abbilder, Filme oder Diagramme handelt. Zunächst versucht man, sie global zu erkennen und erst dann zu analysieren. Dieser zweite Schritt kommt allerdings oft zu kurz und man gibt sich mit oberflächlicher Betrachtung zufrieden.

Nach den Befunden der Wahrnehmungspsychologie sollte der methodisch sinnvolle Einsatz von Bildern folgenden Verlauf haben:
- Kurz in den Zusammenhang, der einer Klärung bedarf, einführen.
- Das Bild betrachten und genau beschreiben, was zu sehen und zu lesen ist.
- Die Aussage des Bildes erläutern, herausstellen, was i. H. auf die gegebene Fragestellung von Bedeutung ist.
- Wertende Aussagen zur Bilddarstellung und zur Praxistauglichkeit machen.

Dieser Verlauf des Bildeinsatzes erlaubt es dem Auszubildenden, sich zunächst einen Überblick über den Zusammenhang zu machen, der geklärt werden soll. Damit der Auszubildende dabei nicht überfordert wird, sollte er seine Vorstellung schrittweise aufbauen. Hierbei kann der Ausbilder Hilfestellungen geben, indem er zunächst
- die Grundstruktur mit ihren Elementen zu erfassen hilft,
- daraufhin die dynamischen Abläufe veranschaulicht,
- und schließlich dem Auszubildenden hilft, das Unwesentliche auszuschließen und das Wesentliche aufzufinden.

Der Umgang mit Bildern im Lernprozess erfordert Sprache und zwar bei der Einführung als Hilfe zur gedanklichen Ausrichtung auf das Bild; bei der Beschreibung und Erläuterung des Bildes zur Überprüfung, ob die verschiedenen Betrachter das Gleiche sehen oder verstehen. Durch die „Übersetzung" des Bildes in Sprache muss das Gehirn zwischen verschiedenen Kodierungsformen und Hirnzentren (rechte Hälfte: Bilder, linke Hälfte: Sprache) hin und her springen, was zu einer hohen Beanspruchung und Verarbeitungstiefe führt. Das Behalten wird verbessert. Durch die Verarbeitung von Bildern wird zudem ein wesentlicher Beitrag zum Erwerb von Sprachkompetenz geleistet.

4.3.4 Ausbilderrolle und materielle Lernhilfen

Berufliche Handlungskompetenz als angestrebtes Ziel der betrieblichen Ausbildung erfordert Ausbildungskonzepte, die selbstständiges und selbsttätiges Lernen ermöglichen. Damit geht eine Veränderung im Rollenverständnis des Ausbilders einher. Seine Aufgabe besteht nicht mehr darin, „nagelfeste" Unterweisungsgänge durchzuführen, sondern mehr oder weniger Lernberater des Auszubildenden zu sein. Er nimmt sich selbst als Medium zurück, wodurch andere (materielle) Medien stärker in den Vordergrund rücken können bzw. müssen.

Bei lernwirksamer Auswahl von Medien kann durch die ihnen innewohnende Struktur dem Auszubildenden genügend Stütze gegeben werden, die er für einen erfolgreichen Lernprozess benötigt. Auf Grund der Steuerung durch die „Sache" kann der Ausbilder sich aus der dominanten Rolle des Gebenden herausnehmen und in die Rolle des Moderators schlüpfen, der sich mit dem Auszubildenden gemeinsam der „Sache" widmet.

Da nicht alle Lernmittel geeignet sind, steigt die Bedeutung der Auswahl und damit die Verantwortung des Ausbilders in der Vorbereitungsphase. Nicht alle in der Ausbildung eingesetzten Lernhilfen erlauben ein selbstständiges und entdeckendes Lernen, denn manche Arbeitsmittel (Maschinen/Geräte) beispielsweise sind teuer und gefährlich und lassen somit ein „Lernen durch Fehler" nicht zu.

Zur Erleichterung der Auswahl geeigneter Medien in der Ausbildung können die folgenden Hilfsfragen dienen:
1. Welche Arbeitsmittel werden bei der anstehenden Arbeitstätigkeit benötigt?
2. Erlauben diese Arbeitsmittel ein selbst gesteuertes Lernen ohne Gesundheits- oder Kostenrisiko?
3. Stehen Modelle (z. B. alte, abgeschriebene Maschinen) bereit, mit denen der Auszubildende evtl. erste Erfahrungen sammeln kann?
4. Welche Lernhilfen liegen bereits vor (z. B. Betriebsanleitungen, Baupläne, Leittexte)?
5. Welche Lernhilfen wären nötig und können beschafft werden?
6. Wie eignen sich die Lernhilfen?
   - Ist das Wesentliche erkennbar (Aufbau, Größe, usw.)?
   - Ist der Text verständlich?
   - Genügen die Veranschaulichungen?
7. Wie beeinflussen die Lernhilfen das Lernen?
   - Welche erwünschten/unerwünschten Auswirkungen üben sie auf den Lernprozess aus?
   - Wie lassen sich die unerwünschten Auswirkungen beheben?

Mit Fantasie und Kreativität lassen sich rasch Lernhilfen zum selbstständigen Lernen auffinden. Z. B. könnte
- das Rangieren mit alten Schleppern und Wagen gelernt,
- die Wartung einer Motorsäge an einer alten erlernt,
- ein bestimmtes Anbauverfahren auf einer kleinen Versuchsparzelle durchgeführt,
- Betriebsanleitungen/Bedienungsanleitungen als „Leittext" eingesetzt oder
- das Modell einer Kälberbox gebaut werden.

Lernprozessberatung

Auszubildende benötigen im Verlaufe ihrer betrieblichen Ausbildung immer wieder Unterstützung beim Erlernen neuer Fertigkeiten. Es ist eine der herausragendsten Aufgaben der Ausbilder, zunächst zu erkennen, worin die

Lernschwierigkeiten beim Auszubildenden bestehen, dann einen Lösungsweg zu entwickeln und dem Auszubildenden im Lernprozess zu helfen.

Dabei stehen ihm aus lerntheoretischer Sicht zwei Möglichkeiten offen:

Zum einen können der Ausbilder eine aktive Rolle und der Auszubildende eine passive Rolle übernehmen. Der Ausbilder kennt das Ziel und unterweist den Auszubildenden (Instruktion), der versucht, das Vorgegebene nachzuvollziehen.

Zum anderen können die Auszubildenden die aktive Rolle übernehmen, ihren Lernprozess selbst gestalten und sich die benötigte Unterstützung vom Ausbilder holen, der sich sonst passiv verhält (Konstruktion).

In der Ausbildungspraxis kann man sich sehr gut eine Kombination beider Möglichkeiten vorstellen, wobei Unterweisung/Erklärung und selbständiges Lernen miteinander kombiniert werden.

Zu diesem Zusammenhang hat die Lernprozessberatung ihre bedeutende Funktion. Sie unterstützt den Lernenden individuell und systematisch, indem sie die subjektiven Voraussetzung berücksichtigend Anregungen gibt und den Lernprozess strategisch und methodisch optimieren hilft. Der Weg den Lernberatung dabei geht ist:
- Klärung der Sache
- Klärung der Strategie
- Klärung der Lernwege.

Die Lernprozessberatung verlangt vom Ausbilder ein besonderes Rollenverständnis, das von Folgendem bestimmt ist
- Lernen verläuft von Person zu Person unterschiedlich (individuell)
- Auszubildende finden ihren Lernweg weitgehend selbst
- Der Ausbilder handelt als Unterstützer (Mediator) im Lernprozess

Lernprozessberatung führt um so erfolgreicher zur Optimierung von Lernprozessen, je umfangreicher das lerntheoretische Wissen der Ausbilder ist, je verbindlicher die Verfahren und Regeln der Lernprozessberatung sind und je mehr die Ausbilderrolle als Unterstützer des Lernprozesses gelebt wird.

Folgende Gesichtspunkte stützen flexibel eingesetzt den Beratungsverlauf (Tab. 29):
- Erwartungen (Ziele) gegenseitig klären und nachvollziehbar machen.
- Auszubildende bei der Klärung der Ausgangssituation einbeziehen.

Tab. 29 Strukturschema für ein Lernprozessberatungsgespräch nach H.-P. Holl

1. Bestandsaufnahme Was kann ich gut? Wo will ich hin? Wie ist meine Haltung dazu?	2. Zielhorizont Wo will ich hin? Was weiß ich von dem Ziel? Welche Anforderung hat das Ziel? Wo/wie bekomme ich die Infos für das Ziel?
3. Ist-Stand Was habe ich für mein Ziel schon? Wo sehe ich persönlich Hindernisse oder Schwierigkeiten?	4. Soll-Stand Welche Anforderung hat das Ziel an mich? Wie viel Zeit werde ich für die Anforderungen benötigen?
5. Handlungsplan Was brauche ich für mein Ziel noch? Wie viel Zeit brauche ich? Welche Mittel muss ich einsetzen? Wie erfolgt der Lernprozess? Welche zwingenden Ergebnisse können wann und wie erreicht werden?	

- Den Leistungsstand mit den Erwartungen vergleichen, Defizite bestimmen und einen Lernweg festlegen.
- Die Selbsteinschätzung der Auszubildenden mit einbeziehen.
- Die Lernprozessberatung bei der Feststellung der Stärken jedes Einzelnen beginnen
- Die Lernprozessberatung benennt auch die Schwächen der vorliegenden Leistungen und sucht nach individuellen Lernwegen.

4.4 Lernkontrollen durchführen

Die berufliche Ausbildung ist eine zielorientierte Tätigkeit, deren Erfolg überprüft werden muss. Bewertungsvorgänge vollziehen Menschen ständig. Sie sind grundlegend für das zielorientierte Handeln. Häufig nehmen Menschen Bewertungen unbewusst vor, so bei vielen alltäglichen Gelegenheiten, z. B. bezüglich des Geschmacks von Essen, der Aussagen eines Beraters oder der äußeren Erscheinung eines Auszubildenden. Die Eindrücke werden situationsabhängig wahrgenommen, unsystematisch bewertet und unterliegen dadurch der Gefahr, verfälscht zu werden.

Lernkontrollen bzw. Leistungsmessungen und -bewertungen, die bei Menschen vorgenommen werden, müssen einen hohen Anspruch hinsichtlich der Genauigkeit erfüllen; denn in der beruflichen Bildung werden auch die Weichen für die Zukunftsmöglichkeiten der Auszubildenden gestellt und zwar entsprechend der Befunde, die bei den Kontrollen des Lern- bzw. Ausbildungsprozesses gemacht werden.

Ausbilder M. hat schon eine größere Anzahl an Auszubildenden gehabt. Diese unterschieden sich hinsichtlich der Voraussetzungen und dem Ausbildungserfolg deutlich. M. stellte sich bei jedem Einzelnen die Frage, welche Hinweise er den Auszubildenden in Bezug auf den Lernfortschritt und wie er diese geben sollte. Dann erhält er die Berufung in den Prüfungsausschuss und damit den Anstoß sich tiefer in das Prüfungsgeschehen einzudenken, weil er seine neue Aufgabe verantwortlich und gerecht ausüben will.

1. Welche Blickrichtungen (Recht, Auszubildende, Ausbilder, Bewertungsmaßstäbe..) gilt es bei der Erfassung und Beurteilung von Leistungen zu beachten?
2. Wie kann man Prüfungen gerecht gestalten?
3. Wie erfasst und bewertet man Ausbildungsleistungen?

4.4.1 Aspekte der Leistungsmessung und Leistungsbeurteilung

Die Abbildung 57 veranschaulicht die Struktur und wesentlichen Zusammenhänge der Erfolgskontrollen in der Ausbildung.

Die in den Ausbildungsordnungen und Richtlinien für die betriebliche und schulische Ausbildung geforderten Ziele der Ausbildung (Kompetenzen, Qualifikationen) sind maßgeblich für die Steuerung, den Verlauf und die Kontrolle der fachlichen und persönlichen Entwicklung des Auszubildenden.

Die Fortschritte des von sachlichen, sozialen und persönlichen Bedingungen abhängenden Lernprozesses können über die Bestimmung der Ausbildungsleistung gewonnen werden. Diese ist als Prozess (Tätigkeit der Auszubildenden) oder als Produkt (Ergebnis einer mündlichen, schriftlichen und praktischen Tätigkeit) erfassbar.

Die Kontrolle der Ausbildung erfolgt immer unter zwei Blickwinkeln, erstens aus Sicht der Ermittlung des Lernfortschrittes des Auszubildenden und zweitens aus Sicht der Kontrolle des Ausbildungsprozesses.

Im Ausbildungsprozess steht der Auszubildende mit seinen Lernprozessen im Mittelpunkt. Es stellt sich von daher die Frage, wer an der Kontrolle des Lernens in der Ausbildung zu beteiligen ist. Die Zielsetzung der betrieblichen Ausbildung, die Auszubildenden zu selbstständigem Planen, Durchführen und Kontrollieren zu befähigen, erfordert für den Lernprozess selbstverständlich die Kontrolle durch die Auszubildenden selbst (Selbstkontrolle). Aus pädagogischer Sicht ist die Lernkontrolle für die Unterstützung des Auszubildenden im Lernprozess besonders wichtig, da er hilfreiche Rückmeldungen erhält. Leistungskontrollen, die ausschließlich durch Fremde (Ausbilder/Prüfer) vorgenommen

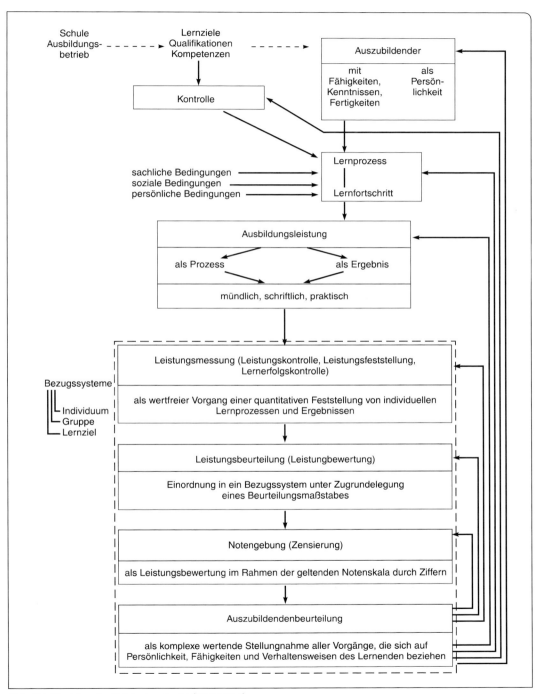

Abb. 57 Struktur der Erfolgskontrolle (BRÜTTING)

werden, genügen diesen Ansprüchen nur in begrenztem Umfang.

Die Verantwortung für die Lernkontrolle im Rahmen von Prüfungen bleibt auch zukünftig „Dritten" wegen der rechtlichen Bedingungen übertragen. Sie überprüfen die Leistung (Qualifikationen) der Auszubildenden z. B. in der Berufsabschlussprüfung (Fremdkontrolle).

Insbesondere das Ziel, die Auszubildenden zur Selbstkontrolle anzuleiten, setzt voraus, dass sie lernen, mit welchen Verfahren und Methoden festgestellt werden kann, welche Ziele wie erreicht wurden. Wenn die Auszubildenden schrittweise an die Selbstkontrolle herangeführt werden, lernen sie nebenbei die Fremdbeurteilung zu durchschauen und, was besonders wichtig ist, ihre Lernschritte in der Ausbildung zunehmend besser selbst zu steuern.

Prüfungen, die den Zugang zu Berufen ermöglichen, müssen bestimmten Qualitätsanforderungen genügen. Die Güte einer Prüfung – sachliche Angemessenheit und hinreichende Gerechtigkeit – werden durch drei Gütekriterien bestimmt: Objektivität, Gültigkeit und Zuverlässigkeit.

Objektivität ist in dem Umfang gegeben, in dem die Prüfungsergebnisse vom Prüfer unabhängig sind, sowohl hinsichtlich der Durchführung der Prüfung als auch hinsichtlich der Auswertung. (Ein Prüfer, der die Prüfungsfragen z. B. in mündlichen Prüfungen je nach Laune stellt, prüft wenig objektiv).

Gültigkeit (Validität) ist ein Maß für die Genauigkeit, mit der das zu messende Merkmal tatsächlich erfasst wird. (Eine Aufgabe, welche die Befähigung eine Maschine zu warten durch einen Aufsatz überprüft, ist weniger valide als eine Arbeitsprobe an der Maschine selbst).

Zuverlässigkeit (Reliabilität) meint die Genauigkeit, mit der durch eine Kontrolle ein Merkmal gemessen wird. (Testfragen, die bei einer zweiten Anwendung mit einer Auszubildendengruppe zum gleichen Leistungsergebnis führen, sind zuverlässig).

Zwischen der Zuverlässigkeit und der Objektivität besteht eine Abhängigkeit (Abb. 58).

Die Zuverlässigkeit einer Prüfungsaufgabe ist umso besser je größer die Objektivität ist. Die vorgestellten Testqualitätskriterien sind bei Prüfungen in der betrieblichen und schulischen Ausbildung Idealnormen, die angestrebt werden, aber niemals vollständig erfüllt werden können. Je besser Prüfungen standardisierbar sind, desto höhere Werte erzielen die Gütekriterien.

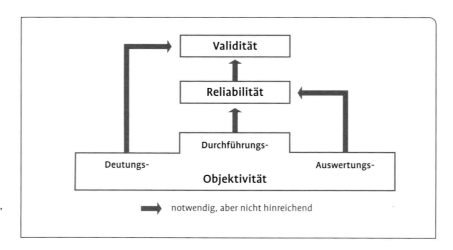

Abb. 58 Beziehungen zwischen Validität, Reliabilität und Objektivität

4.4.2 Erfassung und Bewertung der Ausbildungsleistungen

Die Ermittlung der Leistungen von Auszubildenden muss man zunächst als reinen Messvorgang betrachten. Mit Hilfe bestimmter Methoden versucht man ein vorher klar definiertes Leistungsmerkmal zu erfassen. Die Erfassung des Leistungsmerkmales gibt meistens schon deutliche Hinweise für die Wahl der Messmethode (Tab. 30).

Da für den schriftlichen Geschäftsverkehr DIN-Regeln vorliegen, besteht nach dieser Vorgabe die Leistung darin, einen Brief entsprechend dieser vorgegebenen Richtlinien aufzusetzen, z. B. Briefkopf, Anschrift, Bezugszeichen, Datum, Betreff, Anrede usw.

Der Messvorgang, prüft die Befolgung der DIN-Regel, d. h. die Position der Anschrift, das Bezugszeichen und ähnliches.

Am Beispiel ist nachvollziehbar, dass der Auszubildende selbst nicht der Gegenstand des Messens ist, sondern die beobachtbaren Handlungen.

Wenn man die Qualifikation der Ausbildungsordnungen beobachtbar und messbar beschreibt, so beruht das auf der Annahme, dass eine eindeutige Beziehung zwischen der „äußerlich" beobachtbaren Handlung und dem tatsächlichen „inneren Vermögen" der Person besteht.

Nicht für alle Qualifikationen gibt es klar beschreibbare Handlungen, die genau messbar sind und gute Rückschlüsse auf das Leistungsvermögen zulassen. Dies gilt insbesondere für Schlüsselqualifikationen (Kreativität, Verantwortungsbereitschaft, Disziplin u. a. m.).

Bei sehr komplexen Qualifikationen erfasst man durch Messungen immer nur Teilbereiche, das gemessene Merkmal (z. B. Kreativität) selbst ist jedoch nicht objektiv erfassbar.

Möglicherweise wird durch die Messung selbst die Ausprägung des Merkmales verzerrt oder ein unwichtiger Gesichtspunkt zu stark hervorgehoben.

Für die Einordnung eines Messergebnisses, also die Bewertung, benötigt man einen Bezugspunkt (Vergleichsmaßstab), von dem aus man eine Einschätzung vornehmen kann. Orientierungspunkte, an denen die Befunde gemessen werden können, findet man durch die Frage, welche Informationen die Bewertung liefern soll.

Eine Information darüber,
1. welche Position ein Auszubildender bezüglich eines Leistungsmerkmales in einer Gruppe einnimmt (sozialorientierter Vergleich),
2. bis zu welchem Ausprägungsgrad ein Auszubildender das Leistungs-/Qualifikationsziel erreicht hat (kriteriumsorientierter Vergleich),
3. wie sich die derzeitigen Leistungen eines Auszubildenden im Vergleich mit den eigenen zu einem früheren Zeitpunkt gezeigten entwickelt haben (individueller Vergleich)?

Zur Bewertung von Leistungen wäre es grundsätzlich möglich, eine Entscheidung entsprechend eines Soll-Ist-Vergleiches (Ziel erreicht bzw. nicht erreicht) zu treffen. Hierzu sind die Leistungsanforderungen in den Ausbildungszielen festzulegen und zu bestimmen, wie viel der geforderten Leistung genügt, damit das Lernziel erreicht, d. h. die Qualifikation gegeben ist.

Auf diesem Wege erhielte man aber keine Information darüber, wie gut die Leistung erreicht wurde, denn die Erfahrung belegt, dass es in der Qualität des Könnens noch deutliche Unterschiede gibt. Man benötigt also ein Benotungssystem, das über eine „Schwelle" verfügt, die bestimmt, ob die Qualifikation im Wesentlichen erreicht wurde (kriteriumsorientiert) und das zugleich genügend scharf zwischen den unterschiedlichen Ausprägungsgraden oberhalb der unteren Leistungsgrenze (sozialorientiert) unterscheidet.

Tab. 30 Beispiel: Abs. II, 2.4 Verordnung Landwirt/Landwirtin vom 31. Januar 1995

Abwickeln von Geschäftsvorgängen und Erfassen marktwirtschaftlicher Zusammenhänge	g) schriftlichen Geschäftsverkehr führen

Tab. 31 Das 100 Punkte-System (Europaschlüssel)			
Punktbereich	Differenz	Note	Notendefinition
100–92	9	1	Die Leistung entspricht den Anforderungen in besonderem Maße
91–81	11	2	Die Leistung entspricht den Anforderungen voll
80–67	14	3	Die Leistung entspricht den Anforderungen im Allgemeinen
66–50	17	4	Die Leistung weist Mängel auf, entspricht aber im Ganzen noch den Anforderungen
49–30	20	5	Die Leistung entspricht den Anforderungen nicht, lässt aber erkennen, dass notwendige Grundkenntnisse vorhanden sind
29–0	29	6	Die Leistung entspricht den Anforderungen nicht, selbst Grundkenntnis sind lückenhaft

Das sog. 100-Punkte System (Europa-Schlüssel), das der ehemalige Bundesausschuss für Berufsbildung (Meisterprüfungsordnung 1971) beschloss, entspricht diesem Prinzip.

Die Ausbildungsordnungen sehen vor, dass die Prüfungsleistungen durch Noten gekennzeichnet werden. Die Zuordnung von Punktbereichen zu den Notenstufen eins bis ungenügend gibt die Tabelle 31 wieder.

Nach unserem Notensystem ist eine Qualifikation erst gegeben, wenn mindestens die Note 4 (ausreichend) erzielt wird; die „Schwelle" liegt beim 100 Punkte-System demnach bei 50 Punkten.

Der 100 Punkte Schlüssel ist daher ein strenger Maßstab, der aber gerechtfertigt ist, wenn Prüfungen Qualifikationscharakter haben, d. h. über die zu erwartende Leistungsfähigkeit eines Auszubildenden Auskunft geben sollen.

Die nach oben abnehmenden Punktbereiche innerhalb der Notenstufen tragen der Tatsache Rechnung, dass es immer schwerer wird, besonders anspruchsvolle Leistungen zu erbringen. Die Auslesewirkung der Bewertung nach dem 100-Punkte System wird damit deutlich. Es gibt in den Ländern jeweils nach Zuständigkeit und Fachgebiet unterschiedliche Punktzuordnungen zu den sechs Notenstufen, was die Vergleichbarkeit von Bewertungen erschwert.

Die Rechtssicherheit dieses Verfahrens ist seit einem Urteil des Verwaltungsgerichtshofes in Baden-Württemberg im Jahre 1979 nicht gegeben; dennoch wird es in Ermangelung einer einheitlichen Vorgabe seitens der zuständigen Stellen weiter gehandhabt.

4.5 Auf Verhaltensschwierigkeiten reagieren

Der in diesem Kapitel verwendete Begriff „Verhaltensschwierigkeiten" bezieht sich auf Verhaltensweisen, die längerfristig von den berechtigten Erwartungen der Ausbilder abweichen und den Ausbildungsprozess dadurch beeinträchtigen oder gefährden. Es geht dabei in erster Linie um Schwierigkeiten, die meist durch einen wertschätzenden, verstehenden und konsequenten Umgang mit den Auszubildenden überwunden werden können. Dies kann der Fall sein, wenn es Jugendlichen schwerfällt oder nicht gelingt, wichtige Erwartungen zu erfüllen wie z. B.:

- (fast) immer die erforderlichen Leistungen zu erbringen,
- sich ausreichend zu konzentrieren,
- das erwünschte Interesse zu zeigen,
- ausreichend (selbst-) diszipliniert zu sein,
- eigene Aggressionen zu kontrollieren,
- keine Drogen zu konsumieren,
- zu wissen, was er oder sie will,
- zuverlässig zu sein,
- mitzudenken,
- freundlich im Umgang zu sein u. v. m.

All dies wird von Erwachsenen oft als selbstverständlich angesehen und ist für manche Auszubildende doch bisweilen nicht einfach. Wie in Kapitel 3.3 beschrieben, befinden sich Jugendliche in einer Zeit gravierender körperlicher und psychischer Veränderungen, mit denen eine im Vergleich zu Erwachsenen viel geringere Stabilität der Persönlichkeit insgesamt und der einzelnen Persönlichkeitseigenschaften einhergeht. Ein stabilisierendes Umfeld kann die Jugendlichen dabei stützen, aber auch dann sind solche Schwierigkeiten von den Jugendlichen nicht immer leicht zu bewältigen. Auch ein Ausbildungsbetrieb kann ein solches stabilisierendes Umfeld sein. Wichtig dafür ist, dass es ein positives Betriebsklima gibt, in dem sich die Mitarbeiterinnen und Mitarbeiter wechselseitig achten und auf Schikanen und Intrigen verzichten.

Wenn schwieriges Verhalten von Auszubildenden dauerhaft belastend für die Betroffenen selbst und für ihre Ausbilder ist und wenn trotz des Zusammenwirkens aller Beteiligten kein Ende abzusehen ist, sollte die Hilfe entsprechender Fachleute in Anspruch genommen werden, denn Ausbilder sind keine Psychotherapeuten. Dabei ist wichtig zu wissen, dass psychologische Beratungsstellen ihre Hilfe grundsätzlich nur dann anbieten, wenn die Betroffenen und sofern noch erforderlich ihre Erziehungsberechtigten dies wünschen. Hilfe bei der Suche nach geeigneten Beratungsstellen können die meisten beruflichen Schulen geben.

4.5.1 Verhaltensstörungen und Verhaltensauffälligkeiten

Da sagt jemand im Alltag über einen anderen Menschen „Der ist ja verhaltensgestört!" oder „Der ist doch verhaltensauffällig!" und spricht dabei häufig auch über sich selbst – drückt er doch mit solchen Sätzen möglicherweise nur aus, dass er mit dem Verhalten der Person ganz und gar nicht einverstanden ist und sich angegriffen oder missachtet fühlt, beleidigt oder im Umgang mit ihr überfordert ist.

Mit Begriffen wie Verhaltensstörung oder Verhaltensauffälligkeit muss daher sehr sorgfältig umgegangen werden, denn ob ein Mensch tatsächlich verhaltensgestört oder verhaltensauffällig ist kann nur ein Fachmann (Psychologe oder Psychiater) klären und in diesem Fall werden Hilfe und keine Ausgrenzung benötigt. Diese Hilfe erfordert Fachleute und kann von Laien nur begleitet und unterstützt werden. Wird ein Mensch von Laien mit

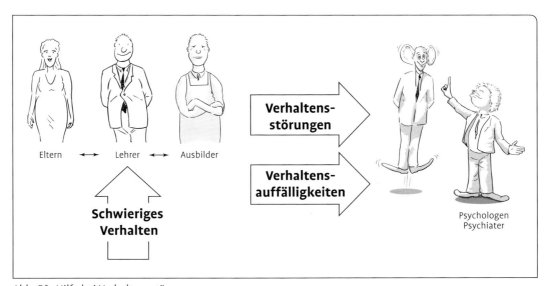

Abb. 59 Hilfe bei Verhaltensstörungen

diesen Begriffen im Berufs- oder im Privatleben belegt, kann ihm dies psychologisch und sozial dauerhaft Schaden zufügen.

4.5.2 Normal und nicht normal
Häufiger noch hört man Formulierungen wie „Der ist doch nicht normal!" womit dann irgendein missliebiges Verhalten der betroffenen Person gemeint ist. Eigenschaften und Verhaltensweisen, die für eine große Mehrheit von Menschen typisch sind, werden in der Regel als „normal" bezeichnet. Andere dagegen, die nur selten zu beobachten sind, werden oft als „nicht normal" beschrieben. Letzteres gilt vor allem, wenn diese Eigenschaften oder Verhaltensweisen in irgendeiner Weise als unangenehm erlebt werden.

„Nicht normales" Verhalten in diesem Sinn muss allerdings nicht notwendigerweise negativ und „normales" Verhalten nicht unbedingt positiv zu bewerten sein. Wird beispielsweise der Hass auf andere Menschen von einer Mehrheit geteilt, so werden die „Hassenden" als normal und die „Nicht-Hassenden" als nicht normal erlebt. Schreckliche Beispiele aus Vergangenheit und Gegenwart zeigen, dass es häufig schwierig ist, sich den Einstellungen und Verhaltensweisen der Mehrheit (also dem

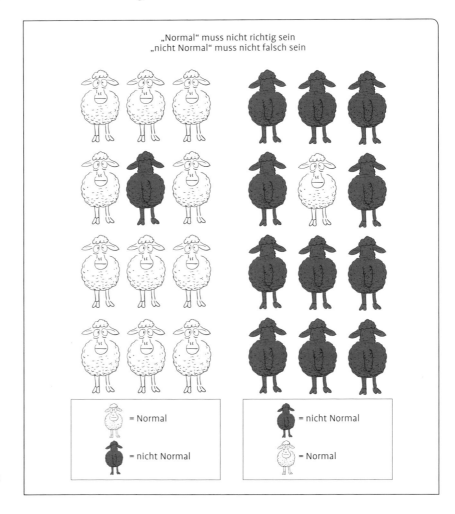

Abb. 60
Normal und nicht normal

"Normalen") zu entziehen und seien sie noch so absurd. Ein anderes, nicht seltenes Beispiel aus dem Alltag mancher Gruppen, zeigt die Problematik ebenfalls deutlich: Wird regelmäßiger Alkoholkonsum von der Mehrheit einer Gruppe für normal erachtet, dann werden diejenigen, die keinen Alkohol trinken wollen, als nicht normal erlebt. Das verursacht Druck und schließlich trinken (fast) alle mit.

4.5.3 Schwieriges Verhalten – Teil des menschlichen Alltags

Für viele Menschen sind die „Schwierigen" (fast) immer die Anderen. Natürlich weiß jeder, dass dies absolut falsch ist, und dennoch verhalten sich die Menschen häufig so als entspräche er der Wirklichkeit. Nein, das Verhalten eines jeden Menschen ist bisweilen für ihn selbst und/oder für seine Mitmenschen schwer zu ertragen.

Dies müssen sich Ausbilder bewusst machen, wenn sie etwa auf der Suche nach den „nicht-schwierigen" Auszubildenden sind. Sie sollten auch dann besonders aufmerksam sein, wenn sie meinen, bei ihrer Suche fündig geworden zu sein, denn schwieriges Verhalten gehört – natürlich mehr oder weniger – zum Leben aller, zu ihrem Zusammenleben und zur menschlichen Entwicklung. Schwieriges Verhalten Auszubildender ist nicht nur und nicht immer ein Zeichen einer pädagogischen oder psychologischen Krise, sondern oft auch ein Hinweis auf eine Entwicklungschance. So wie der Mensch aus Fehlern lernt, so kann er auch seinen eigenen Verhaltensschwierigkeiten lernen. Schwieriges Verhalten ist immer auch ein Hinweis auf die Notwendigkeit, Situationen zu verändern und weiterzuentwickeln. Wann immer eine Situation im Ausbildungsprozess Veränderungen notwendig macht, müssen auch die Ausbilder darüber nachdenken, wie und inwieweit sie Teil dieses Veränderungsprozesses sein müssen.

Verhaltensschwierigkeiten Jugendlicher erfordern zumeist, dass auch die Erwachsenen ihr pädagogisches Handeln überdenken, gegebenenfalls verändern und weiterentwickeln. Jugendliche spüren sehr schnell, wenn Ausbilder die Bereitschaft dazu entwickeln und sich dadurch die gemeinsame Vertrauensbasis erweitert.

4.5.4 Stabilität und Instabilität von Persönlichkeitseigenschaften

Im Alltags- wie im Berufsleben wünscht man sich, dass die Menschen, mit denen man es zu tun hat, möglichst „berechenbar" im Umgang und dadurch unkompliziert sind. Ist dies der Fall ist, spricht man auch von einer „stabilen" Persönlichkeit, bei der das sehr komplizierte Gefüge von Eigenschaften, Fähigkeiten und Fertigkeiten relativ überdauernd gleich bleibt und sich mit gewisser Wahrscheinlichkeit voraussagen lässt, wie sie sich in bestimmten Situationen verhalten wird. Bei Jugendlichen kann diese Stabilität auf Grund ihrer entwicklungspsychologischen Situation (s. Kap. 3.3) im Allgemeinen weniger ausgeprägt sein als bei der Mehrheit der Erwachsenen. Je stabiler die Persönlichkeit der Jugendlichen ist, desto einfacher ist die pädagogische Arbeit mit ihnen, da die Erwachsenen dann sehr viel besser wissen können, worauf sie sich einstellen müssen.

Nicht übersehen werden darf in diesem Zusammenhang, dass auch sehr angepasste Jugendliche, die wenig Fragen stellen und ganz still machen, was man ihnen aufträgt, mit vielerlei Schwierigkeiten zu kämpfen haben können und nicht unbedingt stabile Persönlichkeiten sein müssen. Andererseits können ein Widerwort, Kritik am Erwachsenen, skeptische Fragen etc. durchaus Zeichen für Interesse und Engagement und für den Versuch sein, die eigenen Entwicklungsaufgaben (s. Kap. 3) zu lösen. Solches Verhalten grundsätzlich zu unterdrücken, ist ebenso wenig sinnvoll, wie jede Form des Widerwortes hinzunehmen. Die Jugendlichen müssen gerade in dieser Zeit lernen, sowohl kritisch zu sein als auch ihre Kritik sozial verträglich zu äußern.

4.5.5 Die Schwierigkeit der Berufswahl

Probleme mit der Berufswahlentscheidung sind nicht selten Ursache für schwieriges Verhalten während der Ausbildung. Auch wenn erste Überlegungen zur späteren Berufswahl schon in der Kindheit beginnen, ist die schließlich notwendige Entscheidung keineswegs einfach. Viele Jugendliche haben bis zu diesem Zeitpunkt nur begrenzt gelernt, Entscheidungen zu treffen und zu verantworten, die von langfristiger Tragweite sind.

Dies gilt sowohl für Jugendliche, die in ihrer Familie überbehütet wurden, als auch für solche, die dort keine wirklichen Ansprechpartner hatten. Auch wenn es Unterstützung bei der Berufswahl durch die Zusammenarbeit von Schule und Berufsberatung gibt, die Entscheidung liegt letztendlich in den Händen der Jugendlichen – es sei denn, diese überlassen die Entscheidung Anderen und folgen nur mit mehr oder weniger Überzeugung dem Rat der Eltern, der Lehrer, der Berufsberatung oder dem Rat von Freunden. In diesem Fall ist die Wahrscheinlichkeit nicht gering, dass die Jugendlichen bei ersten auftretenden Schwierigkeiten in der Ausbildung ihre Eigenverantwortung ablehnen und früher oder später nicht mehr bereit sind, selbst aktiv nach Lösungen zu suchen. Auch in solchen und weiteren Fällen kann eine enge Kooperation zwischen Ausbildungsbetrieb, Berufsschule und sofern möglich den Eltern erforderlich und hilfreich sein. Vorrangig sind dabei die Jugendlichen selbst in den Prozess einzubeziehen, da es ausschließlich um ihre zukünftige Entwicklung geht.

4.5.6 Passivität und Desinteresse

Vor allem Passivität und fehlendes Interesse können auftreten, wenn die Berufswahlentscheidung überwiegend oder fast ausschließlich fremdbestimmt wurde. Bisweilen ist diese Fremdbestimmung sehr indirekt und selbst dem betroffenen Jugendlichen nicht ganz bewusst. An Stelle einer eigenen aktiven Auseinandersetzung mit verschiedenen Berufsaus-

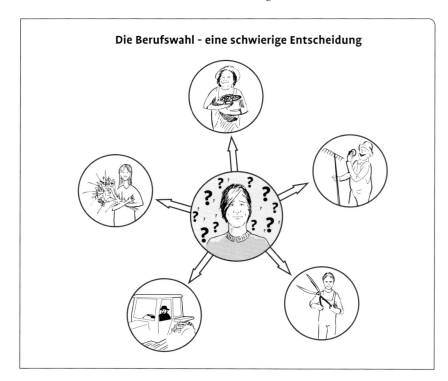

Abb. 61
Die Berufswahl

bildungsmöglichkeiten kann man aus dem Munde Jugendlicher bisweilen hören, die Eltern, die Berufsberatung oder die Schule usw. hätten gesagt, sie sollten doch diesen Beruf lernen. Solche Äußerungen sind oft ein Indiz dafür, dass die Jugendlichen noch keine eigene Klarheit darüber gewonnen haben, welchen Weg sie einschlagen sollen. Im günstigsten Falle entdecken sie dann, doch Freude an dem eingeschlagenen Weg finden zu können. Im ungünstigsten Fall trifft dies überhaupt nicht zu, eventuell vorhandenes, anfängliches Interesse schwindet und die Jugendlichen weichen in Passivität aus. In diesem Fall können nur Gespräche Klarheit schaffen:

- Wie weit hat der Jugendliche überhaupt einen oder mehrere klare Berufswünsche entwickelt?
- Inwiefern war die Berufswahlentscheidung eine Eigenentscheidung des Jugendlichen?
- Gibt es andere Berufswünsche, die eine Chance haben (im Hinblick auf Arbeitsmarkt, Schulabschluss, Erreichbarkeit, etc.) verwirklicht zu werden?
- Welchen Einfluss hatte die „Peergroup" (Kapitel 3.3) auf die Berufswahlentscheidung?

Antworten auf diese Fragen lassen sich in der Regel nicht in einer Frage-Antwort-Situation finden. Gespräche dazu führen meist nur dann zu einer Klärung, wenn sie offen geführt werden und der Ausbilder aktiv zuhört. Aktiv zuzuhören bedeutet u. a., den Auszubildenden nicht unter Druck zu setzen, nicht zu unterbrechen, sich ganz auf die Inhalte zu konzentrieren und (z. B. durch Mimik, Gestik oder kurze verbale Äußerungen) zeigen, dass ihnen die ganze Aufmerksamkeit gewindet ist.

4.5.7 Mangelndes Selbstwertgefühl

Im Jugendalter leiden viele Jugendliche unter den starken körperlichen Veränderungen, die sie zwangläufig durchlaufen müssen. Eng damit verbunden sind mehr oder minder große Zweifel am eigenen Aussehen und an den eigenen Fähigkeiten und Fertigkeiten. Kritik kann oft nur schwer ausgehalten werden – selbst wenn sie hilfreich und aufbauend gemeint und formuliert ist. Nicht selten – gerade in diesem Alter – sind auch Selbstmordgedanken.

Ob diese Schwierigkeiten das Verhalten am Ausbildungsplatz und damit auch die Leistungen deutlich beeinträchtigen oder nicht, hat in hohem Maße mit den Erfahrungen der Jugendlichen in Familie, Peergroup (s. Kap. 3), Schule und Arbeitsplatz zu tun. In allen drei Lebensbereichen können Jugendliche einen Mangel an Unterstützung bei der Entwicklung ihres Selbstwertgefühls erfahren. Ausbilder können hier ohne großen Aufwand viel zur Stärkung der Auszubildenden beitragen, indem sie den Jugendlichen Achtung und Wertschätzung entgegenbringen – auch wenn diese den Erwartungen nicht immer gerecht werden.

Oft hilft schon der Blick der Ausbilder auf die Stärken der Auszubildenden und ein entsprechendes Wort. Wie bereits in Kapitel 3.3 erwähnt sind Ironie, Zynismus, fehlende Beachtung oder andere beleidigende Aktionen grundsätzlich zu vermeiden. All dies verstärkt die Schwierigkeiten der Auszubildenden und in letzter Konsequenz natürlich auch der Ausbilder. Allerdings sollten Ausbilder ihre Möglichkeiten in extremen Fällen nicht überschätzen. Sie sind keine Therapeuten. Insbesondere dann, wenn die Jugendlichen in ihren übrigen Lebensräumen keine geeignete Unterstützung erfahren, sind auch die Möglichkeiten der Ausbilder begrenzt. Mit Sicherheit werden jedoch aggressive Maßnahmen vonseiten der Ausbilder die Situationen verschlechtern.

Das folgende – leider nicht ganz seltene – Beispiel macht die Grenzen deutlich, die einem Ausbilder in seiner täglichen Arbeit gesetzt sein können, denn hier ist in erster Linie die Hilfe von Fachleuten erforderlich. Es steht meist in einem deutlichen Zusammenhang mit einem verminderten Selbstwertgefühl der betroffenen Person. Bei dem Beispiel, das nicht selten die Folge geringen Selbstwertgefühls ist, handelt es sich um das bei weiblichen Jugendlichen häufiger vorkommende selbst verletzende Verhalten. Es ist eine besonders extreme Ausprägung der Aggression gegen die eigene Person (Autoaggression). Solche Jugendliche schneiden sich selbst mit Messern, Rasierklingen, Scherben oder anderen scharfen Gegenständen oder verletzen sich mit Zigaretten oder kochendem Wasser etc.. Ein Ausbilder wird dieses Problem nicht lösen können. Trotzdem sollte er nicht übersehen, dass Missachtung, Geringschätzung oder Druck von seiner Seite aus die Situation zusätzlich erschweren wird.

4.5.8 Fehlende Selbstdisziplin

Selbstdisziplin oder Selbstbeherrschung beziehen sich auf fast alle Verhaltensbereiche des Menschen. Dabei geht es immer um das Erreichen bestimmter Ziele und um die Überwindung von Hindernissen auf dem Weg dorthin. So kann das morgendliche Aufstehen ein gewisses – eventuell sogar sehr großes – Maß an Selbstdisziplin erfordern.
- Ordnung halten,
- Freundlichkeit auch im Ärger bewahren,
- schwierige, zeitraubende Aufgaben lösen,
- langweilige Tätigkeiten vollständig ausführen,
- Termine einhalten,
- sich längerfristig konzentrieren u. v. m.

all dies erfordert Selbstdisziplin.

Selbstdisziplin ist eine Fähigkeit, die Jugendliche in sehr unterschiedlicher Weise in ihrer Familie und in der Schule lernen konnten. So gibt es Jugendliche, für die zuhause aufgeräumt wurde, die jeden Morgen geweckt wurden und denen die Verantwortung für viele dieser alltäglichen Aufgaben abgenommen wurde. Sie konnten Selbstdisziplin möglicherweise nur sehr begrenzt lernen.

Dies trifft vergleichbar auf all die Jugendlichen zu, die in ihrem bisherigen Lebenslauf eine sehr autoritäre Erziehung erfahren haben, denn Menschen, die gelernt haben zu gehorchen, ohne selbst nachzudenken und (mit-) zu entscheiden, benötigen nur wenig Selbstdisziplin in dieser Zeit – sie sind vor allem fremdbestimmt. Andere ordnen an und sie folgen, was Schwierigkeiten zu Folge haben kann, wenn sie auf einmal selbstständig handeln und entscheiden sollen. Solche Jugendliche warten auf Anweisungen und „tun nur wenig oder nichts", wenn keine Anordnungen erfolgen – und alles, was „befohlen" wird. Ausbilder beklagen dann vor allem das fehlende Mitdenken der Jugendlichen.

Jugendliche, die über relativ wenig Selbstdisziplin verfügen, haben vor allem das Problem, sich schnell überfordert zu fühlen, wenn sie eigenständig handeln sollen. Für Ausbilder bedeutet dies, solche Auszubildenden behutsam, konsequent und natürlich im Rahmen der Möglichkeiten zu eigenständigem Handeln anzuleiten und zu ermutigen.

4.5.9 Überforderung – Unterforderung

Es gehört zu den wichtigen pädagogischen Aufgaben von Ausbildern zu erkennen, welche Anforderungen für Auszubildende weder über- noch unterfordern. Beide, Über- wie Unterforderungen, hemmen die Lernentwicklung der Jugendlichen in möglicherweise gleichem Maße. Überforderung führt aufseiten der Jugendlichen wie aufseiten der Ausbilder rasch zur Enttäuschung. Ärger und möglicherweise auch Aggressionen können auf beiden Seiten die Folge sein. Die bloße – manchmal aber auch wichtige – Frage, ob der Jugendliche sich dies oder jenes zutraue, reicht allerdings nicht zur Einschätzung der Leistungsmöglichkeiten aus. Hier ist vielmehr eine möglichst kontinuierliche Beobachtung durch den Ausbilder erforderlich.

Über- und Unterforderung sind gleichermaßen Motivationshemmer: Wer überfordert ist, sieht keine Möglichkeit, die an ihn gestellten Anforderungen zu erfülle. Wer längerfristig unterfordert ist, sieht keinen Sinn in dem, was er tut. Beides lähmt oder hemmt die Bereitschaft zu aktiver (Mit-) Arbeit.

Es gibt allerdings in jedem Beruf Tätigkeiten, die mit oder sogar ohne Einarbeitungszeit rasch zur Routine werden und keine besondere Herausforderung mehr darstellen. Natürlich müssen Auszubildende lernen, auch solche bisweilen wenig anspruchsvolle Tätigkeiten sorgfältig zu erledigen. In der Regel ist das kein Problem, wenn diese Tätigkeiten nicht einen zu großen Teil der Ausbildungszeit in Anspruch nehmen und wenn auch anspruchsvollere Tätigkeiten das Interesse an Ausbildung und Beruf aufrecht erhalten. Keinesfalls zu empfehlen ist, solch einfachen Tätigkeiten

(z. B. einfache Reinigungsarbeiten) als „Strafe" anzuordnen. Dies kann schnell zur Folge haben, dass die Jugendlichen diese Arbeiten nur als negative Erziehungsmaßnahmen wahrnehmen und ihren Sinn als Teil ihrer kommenden Berufstätigkeit verkennen.

4.5.10 Unzuverlässigkeit

Zuverlässig sein ist ein sehr vielfältiger Anspruch. So gilt es beispielsweise, Tätigkeiten tatsächlich zu erledigen, die für die Erfüllung bestimmter Aufgaben erforderlich sind. Dazu kann man sich freiwillig bereiterklärt haben. Es kann sich aber auch um Tätigkeiten handeln, die für die Lösung beruflicher Aufgaben erforderlich sind. Zuverlässigkeit bezieht sich in diesem Zusammenhang natürlich sowohl auf die Qualität der Arbeitsergebnisse als auch auf den zeitlichen Rahmen, innerhalb dessen dies geschieht.

Zuverlässigkeit bezieht sich darüber hinaus auf das zwischenmenschliche Verhalten. Wenn sich ein Mensch in vergleichbaren Situationen immer wieder anders verhält oder Anderes erwartet, können sich seine Mitmenschen kein zuverlässiges Bild von ihm machen. So wird ein „launischer" Ausbilder, der mal höflich, mal weniger höflich ist, in der Weise ein „Lernhemmer" sein, als seine Auszubildenden nicht einschätzen können, wie sie sich ihm gegenüber überdauernd verhalten sollen. Und nicht nur das: Zuverlässige Rückmeldungen über die eigenen Leistungen sind grundlegend für die Lernentwicklung der Auszubildenden.

Natürlich ist Zuverlässigkeit unter diesen Gesichtspunkten aufseiten der Auszubildenden bedeutsam, denn ein auch Ausbilder wird sich nur schwer auf Aufzubildende einstellen können, die sich in vergleichbaren Situationen immer wieder verschieden verhalten, die launisch und eventuell unhöflich sind.

Die Zuverlässigkeit eines Menschen steht in engem Zusammenhang mit der Selbstdisziplin, über die er verfügt. Insbesondere die Kraft, Widerstände und Schwierigkeiten zu überwinden, ist bei verschiedenen Menschen unterschiedlich ausgeprägt. Sie kann sich im Rahmen einer Ausbildung nur dann weiterentwickeln, wenn die Jugendlichen rechtzeitig Klarheit und Verlässlichkeit über die an sie gestellten Anforderungen und ihre Bedeutung gewinnen können. Eine inkonsequente Anforderungssituation ist hierbei eines der größten Hemmnisse. Wenn bestimmte Anforderungen an einem Tag besonders wichtig sind, an einem anderen Tag dagegen nicht, dann entwickeln (nicht nur) Jugendliche schnell Orientierungsschwierigkeiten, was ihre Zuverlässigkeit einschränken kann.

Die häufigsten Beispiele, die im Zusammenhang mit Zuverlässigkeit in der Praxis angeführt werden sind:
- Pünktlichkeit und
- die Sicherheit, dass vereinbarte Tätigkeiten zeitgerecht und sorgfältig ausgeführt werden.

Beides ist immer auch Folge der Vorbilder, die für die Jugendlichen von Bedeutung waren und sind. Dabei spielt zwar die Herkunftsfamilie eine besonders große Rolle. Die Vorbildwirkung der Ausbilder ist allerdings ebenfalls nicht zu unterschätzen. Ausbilder, die es selbst nicht so genau nehmen mit der Pünktlichkeit oder der Qualität ihrer Arbeit, müssen zwangsläufig damit rechnen, dass sich dies auch auf ihre Auszubildenden überträgt. Für sie erfordert es ein oft zu hohes Maß an Selbstdisziplin, zuverlässiger zu sein, als die Ausbilder.

In pädagogischen Zusammenhängen entwickelt und erhält sich Zuverlässigkeit in der Regel nur, wenn sie konsequent eingefordert wird. Ausbildungsbetriebe bzw. Ausbilder, die es mal hinnehmen, wenn Auszubildende unpünktlich am Arbeitsplatz erscheinen oder aus der Mittagspause kommen und ein anderes Mal nicht, können mit einiger Wahrscheinlichkeit erwarten, dass Unpünktlichkeit zu einem längerfristigen Problem wird.

4.5.11 Aggressionen

„Aggressionen und Gewalt gehören in der Berufsausbildung oft zur Tagesordnung. Das bekommen auch Ausbilder immer mehr zu spüren." (KNOPPIK, 2011) Wenn es dazu kommt, sind Ausbilder bisweilen relativ hilflos bzw. reagieren übereilt oder auch inkonse-

Abb. 62
Kreislauf der Aggressionen

quent. Die Folgen davon sind oft schwer wiegender als das Ereignis selbst. Aggressionen können sich in ganz unterschiedlicher Form zeigen:
- verbale Angriffe in Form von direkten oder indirekten Provokationen,
- Verweigerungshaltungen oder
- Mobbing gegenüber den Ausbildern oder anderen Auszubildenden
- leichtere oder schwerere Köperverletzungen (vgl. Knoppik, 2011)

Ralf Schweer, Arbeitspsychologe bei der Verwaltungs-Berufsgenossenschft (VBG) in Hamburg, weist darauf hin, dass das Thema Aggression und Gewalt in der Ausbildung von vielen Unternehmern und Arbeitnehmern aus Angst vor Wettbewerbsnachteilen oder Arbeitsplatzverlust ausgeblendet wird – und das, obwohl solches Verhalten im schweren Fall zur Abmahnung und schließlich zur Kündigung führen kann. Befragungen der VBG ergaben, dass ca. 60 Prozent der Auszubildenden mindestens einmal pro Woche von Gewalt und Aggressionen betroffen waren. Diese Zahl bezieht sich auf Ausbildung in Betrieb und Berufsschule. (vgl. Knoppik, 06.05.2011) Dies ist eine erschreckende Zahl, die zwar nicht auf alle Betriebe übertragen werden kann, die aber dennoch zeigt, dass es das Problem Aggression in der Ausbildung gibt.

Dafür gibt es viele mögliche Ursachen. Eine zurzeit besonders häufige Ursache ist die Perspektivlosigkeit vieler Jugendlicher. Sie sind verunsichert und haben große Schwierigkeiten, einen Platz in der Gesellschaft zu finden, der ihnen die nötige Anerkennung zu bieten vermag. Dabei wird von manchen Jugendlichen der Sinn einer bzw. ihrer Ausbildung weder erkannt noch verstanden.

Auch die Fülle an Filmen mit gewalttätigen Inhalten und – stärker noch – entsprechende Videospiele, in denen die Spieler gewalttätig handeln wollen und können, wird häufig als Ursache für die Zunahme an Aggressionshandlungen von Jugendlichen angesehen. Offensichtlich reicht diese Erklärung allerdings allein nicht aus, da nicht jeder, der entsprechende Filme sieht oder Spiele spielt, dadurch auch gewalttätig wird. Im Einzelfall kann es ganz andere Gründe geben, die möglicherweise sehr schwer festzustellen sind.

Treten derartige Schwierigkeiten im Ausbildungsbetrieb auf, ist eine unmittelbare und enge Zusammenarbeit mit der Berufsschule dringend erforderlich. Dabei wird es nicht reichen, gemeinsam akute Disziplinarmaßnahmen zu ergreifen. In vielen Schulen gibt es sowohl professionelle Sozialarbeiter als auch entsprechende Konzepte gegen Gewalt. Auch manche Lehrer sind geschult im Umgang mit Jugendlichen, die derartige Probleme haben. Zu empfehlen ist das Online-Lernprogramm der Verwaltungs-Berufsgenossenschaft (VBG) für Ausbilder zur Gewaltprävention: http://www.vbg.de/allgemeines/impressum.html. Ob ein Gewalt-Präventionsprogramm nötig ist, ist natürlich eine Frage der Tragweite vorkommender Aggressionen und muss in der jeweiligen Situation gemeinsam mit der Schule entschieden werden.

Voraussetzung für eine erfolgreiche Eindämmung von Aggressionen sind klare diesbezügliche Regeln, die von allen einzuhalten sind. „Von allen" bedeutet, dass sie auch von den Ausbildern selbst beachtet werden müssen. Ein Ausbilder, der seine Auszubildenden in aggressiver Weise anbrüllt, darf sich nicht wundern, wenn er entsprechend nachgeahmt wird und sich das Betriebsklima schnell verschlechtert. Da sich Aggressionen häufig nur gegen vermeintlich Schwächere richten, ist es leicht möglich, dass ein solcher Ausbilder zunächst gar nicht bemerkt, was seine Aggressionen anrichten. Auch diese Zusammenhänge zeigen deutlich, wie wichtig es ist, regelmäßig auf ein positives Klima in der Ausbildung zu achten.

4.5.12 Drogen

Für ein positives Klima in der Ausbildung zu sorgen, bedeutet in erster Linie,
- wertschätzend mit den Auszubildenden umzugehen,
- sie nicht aggressiv unter Druck zu setzen,
- ihnen zuzuhören,
- klar und konsequent zu sein,
- ihre Leistungen zu erwähnen und anzuerkennen usw.

Dazu müssen die Anforderungen und Ansprüche aber die Grundregeln für das Zusammenleben im Betrieb klar und verständlich formuliert sein.

Vereinzelt wird allerdings auch der gemeinsame Schluck aus der Bier- oder Schnapsflasche in gemütlicher von Zigarettenqualm ergrauter Runde als Beitrag zur Verbesserung des Betriebsklimas missverstanden. Während es zum Rauchen am Arbeitsplatz eine gesetzliche Regelung gibt, trifft dies auf den Genuss von Alkohol nicht zu. Zwar gibt es einen Unterschied zwischen legalen und illegalen Drogen und Alkohol führt langsamer zur menschlichen Katastrophe als Heroin, aber das Prinzip, die eigene Befindlichkeit „künstlich" zu verbessern ist gleich und trügerisch. Immerhin sind mehr al 1 Million Bundesbürger alkohol- und mehr als 1,5 Millionen medikamentenabhängig. Dennoch wissen Ausbilder, dass es schwierig und in Einzelfällen gar unmöglich sein kann, Jugendlichen die Gefahren und Risiken des Drogenkonsums glaubhaft zu machen, wenn die Erwachsenen es selbst z. B. mit ihrem Alkohol- und Nikotinkonsum nicht allzu genau nehmen.

Auch wenn Ausbilder meist nicht den Einfluss haben, etwaigen Drogenkonsum Auszubildender in ihrer Freizeit oder gar eine Drogensucht nachhaltig positiv zu beeinflussen, sollte es keine Frage sein, jeglichen Drogenkonsum am Arbeitsplatz zu untersagen und zu unterbinden. Je nach Betrieb stellt legaler wie illegaler Drogenkonsum eine Gefahr für den Betroffenen wie für die anderen Arbeitnehmer dar und kann wie im Straßenverkehr zu gravierenden Unfällen führen. Gespräche hierüber können sinnvoll sein, sie sollten aber ganz eindeutige Verbotsregeln mit klaren Konsequenzen, die von allen Mitarbeiterinnen und Mitarbeitern einzuhalten sind, nicht ersetzen.

Drogenkonsum und -abhängigkeit können unterschiedlichste Gründe haben – auch solche, die mit der Situation am Arbeits- bzw. Ausbildungsplatz zusammenhängen. Natürlich ist das Risiko von Auszubildenden umso größer, Drogen zu konsumieren, je größer ihre persönliche Unzufriedenheit ist. Das Betriebsklima und die Qualität der zwischenmenschlichen Beziehungen am Arbeits- und Ausbildungsplatz können dabei eine bedeutende

Rolle spielen – dies sogar dann, wenn der Drogenkonsum bzw. die eventuelle Abhängigkeit nicht unmittelbar mit der Ausbildungssituation in Verbindung steht.

Ausbilder sind keine Drogenberater – weder haben sie die Zeit dazu, noch sind sie entsprechend qualifiziert. Dennoch haben Ausbilder auch diesbezüglich eine Verantwortung. Diese Verantwortung bezieht sich nicht nur auf die Sicherheit der Arbeitsabläufe und des Zusammenlebens im Betrieb sondern natürlich auch auf die Entwicklung der Auszubildenden. Falls Ausbilder feststellen, dass Auszubildende Drogen konsumieren – zu viel legale oder überhaupt auch illegale Drogen – ist eine enge Zusammenarbeit mit der Berufsschule dringend erforderlich. So wird es vor allem die Schule sein, die die gegebenenfalls notwendigen Kontakte zu einer geeigneten Beratungsstelle herzustellen vermag.

4.5.13 Recht und Unrecht – Grenzüberschreitungen

In den meisten Familien lernen Kinder und Jugendliche eine Fülle sozialer Fähigkeiten, die sie in die Lage versetzen, auch ohne Gesetzbuch zwischen Recht und Unrecht unterscheiden zu können. Sie lernen, Enttäuschungen ertragen zu können, Bedürfnisse aufzuschieben und in Schule und Ausbildung durchzuhalten. Auch die Fähigkeit, sich in andere Menschen hineinzuversetzen, ihre Perspektive einzunehmen und tolerant zu sein entwickelt sich zunächst dort. Es gibt jedoch Familien, in denen die Kinder und Jugendlichen nur geringe oder gar keine Möglichkeiten haben, dies alles zu lernen. Die Erziehung, die sie „ertragen" müssen, ist häufig inkonsequent und selbst von Aggressivität und Lieblosigkeit geprägt. Die Folgen sind u. a.

- ein oft stark gestörtes Selbstwertgefühl,
- eine geringe Fähigkeit, Konflikte sprachlich zu lösen,
- eine nur schwach ausgeprägt Fähigkeit, zwischen Recht und Unrecht zu unterscheiden,
- ein schwaches Durchhaltevermögen,
- Zukunftsängste,
- Konzentrations- und Lernschwierigkeiten,
- geringe soziale und kommunikative Fähigkeiten u. v. m.

Dies wiederum hat nicht selten legalen und illegalen Drogenkonsum zur Folge – mit dem verfehlten Ziel, die eigene Situation leichter ertragen zu können und in nicht seltenen Fällen mit Straftaten.

Ausbildungsbetrieben stellt sich vereinzelt die Frage, ob sie Jugendlichen, die bereits straffällig geworden sind, einen Ausbildungsplatz anbieten sollen. Natürlich ist dies eine Entscheidung, die jeder Betrieb selbst zu treffen hat. Gesellschaftlich ist es jedoch ein großes Problem, wenn Jugendliche, die einmal straffällig wurden, keine Chance mehr auf eine Ausbildung haben, denn auch die sich daraus ergebende Perspektivlosigkeit ist einer der Gründe, weshalb manche von ihnen wieder rückfällig werden. Es gibt allerdings immer wieder Betriebe, die solchen Jugendlichen eine Chance geben. Wenn sie dies tun, ist es wichtig, eine Reihe von Gesichtspunkten im pädagogischen Umgang mit ihnen zu beachten.

- Gerade Jugendliche, die die kaum gelernt haben, zwischen Recht und Unrecht zu unterscheiden und Regeln zu befolgen, hilft es nicht, wenn der Ausbilder die Regeln der Ausbildung großzügig und inkonsequent einfordert. Diese Jugendlichen müssen mehr noch als andere klare Orientierungen haben und die Konsequenzen bei Verstößen kennen.
- Besonders problematisch ist es, wenn die Einhaltung von Regeln bei verschiedenen Jugendlichen unterschiedlich eingefordert wird. Das Prinzip dabei muss sein, dass alle Regeln für alle Jugendliche in gleicher Weise gelten.
- Wichtig ist weiter, dass es zu keinen Ausgrenzungen kommt, die diese Jugendlichen in ihrem bisherigen Leben bereits allzu häufig erfahren haben – auch und insbesondere nicht zu Ausgrenzungen, die das Selbstwertgefühl, das Selbstvertrauen und in diesem Zusammenhang auch den Stolz der Jugendlichen verletzen. Aggressivität und Gewalt sind dann die häufige Folge – nicht unbedingt am Arbeitsplatz, vielleicht auch in der

Freizeit.
- Weiter ist darauf zu achten, dass diese Jugendlichen leistungsmäßig gefordert sind, wie alle anderen auch. Über- wie Unterforderung (s. o.) verschärfen die Problemlagen dieser Jugendlichen zusätzlich. Das heißt aber nicht, dass sie nicht auch die gleichen Lernchancen und Hilfen wie alle anderen auch benötigen. Gerade hier darf nicht von vornhinein erwartet werden, dass die Lernprozesse ohnehin nicht erfolgreich sein können.

Grundlage für all dies ist, dass diese Auszubildenden
- als Menschen angenommen,
- ermutigt,
- gerecht behandelt,
- gefördert,
- unterstützt und
- in die Gemeinschaft eingegliedert werden.

Bloßstellung, Entmutigung, Beschimpfung und Bevormundung sind mit Sicherheit die falschen pädagogischen Wege. Davon haben diese Jugendlichen nur zur Genüge erfahren. Im Gegensatz dazu ist der Aufbau einer positiven Beziehung zwischen Ausbilder und Auszubildendem unentbehrlich. Eine solche Beziehung setzt allerdings ein ausgewogenes Verhältnis von Nähe und Distanz voraus. Das heißt, dass Ausbilder ihre Rolle nicht verleugnen sollten. Sie sind Ausbilder und nicht Kumpel, sie haben Verantwortung für die Ausbildung und müssen Sorge für ihren Erfolg mittragen. Kumpelei und Verbrüderung stört oder zerstört die pädagogischen Möglichkeiten der Ausbilder. Dies schließt allerdings eine achtsame und verstehende Beziehung der Ausbilder zu den Auszubildenden überhaupt nicht aus.

Insgesamt lässt sich leicht erkennen, dass schwierige Jugendliche keiner pädagogischen „Sonderbehandlung" bedürfen, denn alles, was für sie wichtig ist, ist auch für andere Jugendliche wichtig. Pädagogische Fehler werden bei Ihnen allerdings mit größerer Wahrscheinlichkeit unvorhersehbare und schwierige Probleme mit sich bringen.

5 Die Ausbildung abschließen

Das Berufsausbildungsverhältnis endet mit dem Ablauf der vereinbarten Ausbildungszeit (Regelfall). Als Anlässe kommen ein geplanter Ausbildungsplatzwechsel oder die Abschlussprüfung in Frage. Darüber hinaus können Ausbildungsverhältnisse auf Grund von Kündigungen vorzeitig beendet werden. In jeder der genannten Situationen hat der Ausbildende dem Auszubildenden ein Zeugnis auszustellen und nach Möglichkeit sollte er den Auszubildenden über geeignete Fortbildungsmaßnahmen aufklären.

5.1 Auf Prüfungen vorbereiten

Ausbilder, welche die Auszubildenden auf Prüfungen vorbereiten oder selbst als Prüfer mitwirken, sollten Verfahren und Formen der Leistungsmessung bei Prüfungen kennen (Tab. 32).

Die folgenden Ausführungen erläutern verschiedene Verfahren der Leistungsmessung im Rahmen von Prüfungen.

5.1.1 Praktische Prüfung

In der praktischen Prüfung sollen Auszubildende unter Beweis stellen, dass sie im Verlaufe der Ausbildung die notwendigen beruflichen Fertigkeiten erlernt haben und sicher anwenden können. Die Prüfungsleistung kann während der laufenden Prüfung (Verlaufsbeobachtung, Arbeitsprobe) und zum Abschluss der Prüfung als fertiges Erzeugnis (Arbeitsstück/Werkstück/Prüfungsstück) begutachtet und nach bestimmten Kriterien bemessen werden.
Beispiele für Arbeitsproben:
- Obstbaumschnitt
- Grabpflege
- Schlepperpflege
- Reinigung einer Melkanlage

Beispiele für Arbeitsstücke:
- Trauergebinde
- Einsatzfähiger Pflug
- Weidetor

Die Bewertung messbarer (objektiver) Kriterien kann vom kompetenten Prüfer noch verhältnismäßig einfach vorgenommen werden (zum Beispiel Maßgenauigkeit, Funktionstüchtigkeit, Ausschuss). Subjektive Leistungsmerkmale wie

Tab. 32 Verfahren und Formen der Leistungsmessung

Verfahren		Formen
Praktisch		Arbeitsstück, Arbeitsprobe
Mündlich		Abfrage, Prüfungsgespräch, Simulationsgespräch
schriftlich	Ungebundene Antworten	Aufsatz
	Gebundene Antworten	Kurzantwortaufgabe, Vervollständigungsaufgabe, Mehrfachwahlaufgaben, Zuordnungsaufgaben, Umordnungsaufgaben, Alternativaufgaben
Integriert		Komplexe, praxisnahe Aufgabe

Tab. 33 Beispiel für die Abstufung von Leistungskriterien in praktischen Prüfungen (Fink 1993)

Objektiv bewertbare Prüfungskriterien		Subjektiv bewertbare Prüfungskriterien	
Punkte		Punkte	
10	Ist-Maß bzw. Wert liegt innerhalb der vorgeschriebenen Toleranz. Optimale Funktion.	10	Die Prüfungsleistung weist keine Mängel auf oder die Sichtkontrolle ergibt keine Mängel oder das Arbeitsergebnis ist einwandfrei oder die Funktion ist einwandfrei.
		9	Die Prüfungsleistung weist sehr geringe Mängel auf oder die Sichtkontrolle ergibt sehr geringe Mängel oder das Arbeitsergebnis weist sehr geringe Mängel auf oder die Funktion ist mit sehr geringer Nacharbeit erreichbar.
		7	Die Prüfungsleistung weist geringe Mängel auf oder die Sichtkontrolle ergibt geringe Mängel oder das Arbeitsergebnis weist geringe Mängel auf oder die Funktion ist mit geringer Nacharbeit erreichbar.
		5	Die Prüfungsleistung weist Mängel auf, die fachlich gerade noch vertretbar sind oder die Sichtkontrolle ergibt Mängel, die fachlich gerade noch vertretbar sind oder das Arbeitsergebnis weist Mängel auf, die fachlich gerade noch vertretbar sind oder die Funktion ist nur mit Nacharbeit erreichbar, die fachlich gerade noch vertretbar ist.
0	Ist-Maß bzw. Wert liegt außerhalb der vorgeschriebenen Toleranz oder keine Funktion	0	Die Prüfungsleistung weist fachlich nicht mehr vertretbare Mängel auf oder die Sichtkontrolle ergibt fachlich nicht vertretbare Mängel oder das Arbeitsergebnis weist Mängel auf, die fachlich nicht vertretbar sind oder die Funktion ist auch durch Nacharbeit nicht erreichbar oder keine Prüfungsleistung erbracht.

zum Beispiel „Arbeitsweise", „Arbeitssystematik" u. a., welche die Bewertung des nicht beliebig wiederholbaren Handlungsablaufes verlangen, sind schwerer erfassbar.

Um die Durchsichtigkeit (Transparenz) der Bewertung für Prüfer und Prüflinge herzustellen, müssen subjektive Kriterien beschrieben und nach Leistungsstufen eingeteilt werden. Dadurch wird die „Norm" für den Bewertungsvorgang geschaffen (Tab. 33).

Zur Bewertung der Arbeitsweise muss der Prüfer kontinuierlich und genau beobachten, damit er entscheiden kann, ob der Prüfling handlungskompetent arbeitet. Dabei können folgende allgemeine Kriterien herangezogen werden.

Kriterien zur Begutachtung der Arbeitsweise
- Arbeitsplanung (Systematik)
- Umgang mit Arbeitsmitteln (Werkzeug)
- Arbeitssicherheit
- Zeiteinteilung
- Arbeitsplatzordnung
- Arbeitskontrolle

Für die Bewertung von Arbeitsergebnissen (Arbeits-, Prüfungsstücke) steht ein Produkt im Mittelpunkt der Betrachtung. Es hat oftmals den Nachteil, dass man den Entstehungsvorgang nicht beobachten konnte, dafür den Vorteil, dass man ohne Zeitdruck sorgfältig begutachten kann.

Tab. 34 Vorbereitung einer mündlichen Prüfung: Aufgaben, Antwortskizze, Punktbewertung		
Ausbildungsziel	Problemstellung / Fragen / Aufträge	Antwortskizze
Bestellen und Pflegen von Pflanzen; rationelles und umweltverträgliches Führen von Kulturen a) Saat- und Pflanzgut auswählen	Für einen bestimmten Standort muss Weizensaatgut ausgesucht werden. Wählen Sie eine Sorte aus und begründen Sie Ihre Wahl.	a) Produktionsziel • Backweizen • Futterweizen b) Ertragsfähigkeit • Quantität • Qualität c) Standfestigkeit d) Anfälligkeit für Krankheiten e) Winterfestigkeit
		Erreichbare Punktzahl: 10

Die Begutachtung bereitet wenigen Problemen, da die Anforderungen an das Prüfungsstück genau definiert werden können.

5.1.2 Mündliche Prüfung

Mündliche Prüfungen können nach den neuen Ausbildungsverordnungen sowohl ein eigenständiger Prüfungsteil als auch eine Teilleistung in integrierten Prüfungen sein. Mündliche Prüfungen werden unterschiedlich eingeschätzt und Kritik wird wesentlich aus messtheoretischer Sicht geübt.

Über die bloße Wiedergabe von Lernergebnissen hinaus liefert die mündliche Prüfung zusätzliche Erkenntnisse, z. B. über die Fähigkeit,
- eine Fragestellung zu erfassen und Lösungen gedanklich konsequent zu verfolgen und zu begründen,
- Vorschläge zu formulieren, Vermutungen anzustellen,
- berufliche Kenntnisse mit eigenen Erfahrungen und betrieblichen Eigentümlichkeiten zu verknüpfen
- sachangemessen zu kommunizieren, sprachlich klar vorzutragen und auf Einwände zu reagieren.

Die Empfehlung des Bundesausschusses für Berufsbildung, mündliche Prüfungen sollten sich auf solche Leistungen beziehen, für deren Erfassung, dieses Prüfungsverfahren besonders geeignet ist, legt die Fragestellung nahe, welche Leistungsschwerpunkte (Themen) sich eignen.

Beispiele für Leistungsschwerpunkte in mündlichen Prüfungen nach Schwierigkeitsgrad geordnet:
1. Arbeitsvollzüge und Produkte erläutern:
   - Frühjahrsbestellung beschreiben,
   - Zuchtziele von Tieren / Pflanzen aufzählen,
2. Eigene berufliche Erfahrungen mit allgemeinem Berufswissen verknüpfen:
   - z. B. erfahrene Schwierigkeiten bei der Grundbodenbearbeitung mit Hilfe der theoretischen Grundlagen erörtern,
   - Erfahrungen mit Stoffwechselstörungen bei Milchkühen mit dem ernährungsphysiologischem Wissen verbinden und ggf. Bekämpfungsmaßnahmen schildern.
3. Wirtschaftliche und betriebliche Sachverhalte verständlich darstellen:
   - Betriebliche Abläufe klar strukturieren und Schwachstellen analysieren,
   - Auswirkungen der Umstellung eines Betriebszweiges auf die betrieblichen Abläufe erörtern,
   - Bewirtschaftungskosten abschätzen und mögliche Einsparungen darstellen.
4. Probleme der beruflichen Praxis darstellen und begründete Lösungsvorschläge ableiten (Situationsgespräch führen):

Tab. 35 Geeignete Fragen

Frageart	Intention	Beispiel
1. *Faktenfrage* Sie sollte so formuliert sein, dass sie den Auszubildenden gezielt an eine gespeicherte Information erinnert und ihn auffordert, diese gezielt wiederzugeben.	Der Auszubildende soll gespeichertes Wissen wiedergeben (etwa erlernte Definitionen).	Wer legt die Nährstoffnormen fest? Was macht der Landwirt im Frühjahr? Wann ist der günstigste Saattermin für …? Wo bezieht man Naturprodukte?
2. *Frage höherer Ordnung* Frageformulierung enthält weniger inhaltliche Informationen; sie soll eine Perspektive angeben, unter der eine bestimmte Information zu erreichen, ein Problem zu lösen, eine Begründung zu suchen ist usw.… Die Fragen können nicht allein aus dem Gedächtnis beantwortet werden oder durch Beschreibung einer Wahrnehmung, sondern erfordern abstraktes Denken.	Der Auszubildende soll eine Antwort finden, die er vorher nicht gewusst hat.	Wodurch kann man den Diätplan seniorengerechter gestalten (Nährwerttabelle)?
3. *Fragen mit offenen Antwortmöglichkeiten* Informationsteil der Frage kennzeichnet höchstens noch den allgemeinen Bereich (sofern er nicht aus dem Unterrichtskontext klar ist). Der Anweisungsteil ist ebenso offen, sodass (in gewissen Grenzen) viele divergierende Beiträge gefunden werden können.	Solche Fragen verlangen, die bequemen Wege des Bekannten zu verlassen und nach dem Unbekannten zu greifen, um neue Hypothesen und Möglichkeiten zu entdecken.	Wie würde sich eine Getreidepreissenkung um 50 % auf die Landwirtschaft auswirken?
4. *Sondierungsfragen* Denkanstoß mit fast keiner Information. Diese geht entweder aus einer vorangegangenen Ausbilderfrage und/oder Auszubildendenantwort oder aus dem Kontext hervor.	Der Ausbilder sucht Klärung, er kann den Auszubildenden um mehr Information oder Erklärung bitten; er sucht die kritische Aufmerksamkeit des Auszubildenden zu steigern; er lenkt die Aufmerksamkeit des Auszubildenden auf eine bestimmte Antwort hin.	Wie soll man Ihre Äußerung verstehen? Wie hängt Ihre Äußerung mit eben gewonnenen Einsichten zusammen?

- Infektionsdruck im Gewächshaus in Ursache-Wirkungs-Zusammenhängen darstellen und begründete Maßnahmen entwickeln,
- Futtermittelanalysen auswerten und einen Futterplan entwerfen.

Im Verlaufe mündlicher Prüfungen kann man drei Grundformen, die sich hinsichtlich der Gesprächsstruktur unterscheiden, beobachten: die Befragung, das Prüfungsgespräch und die Simulation.

Die Gesprächsstruktur der Befragung entspricht der typischen Prüfungssituation. Der

Tab. 36 Ungeeignete Fragen

Frageart	Intention	Beispiel
1. *Suggestivfrage* Sie ist derartig formuliert, dass der Auszubildende nur eine bestimmte Antwort geben kann.	Der Auszubildende soll auf die Denklinie des Lehrers gezogen werden.	„Sie sind doch auch der Meinung, dass man auf .... verzichten sollte?"
2. *Schachtelfrage* Die Formulierung der Frage umfasst verschachtelt Sachinformationen und Fragen	Der Auszubildende soll den Zusammenhang erkennen und besser überblicken.	„Wie ist das mit dem Fe? Denken Sie dabei an das Kleinkind! Welche Versorgungsstufe muss angestrebt werden? Denken Sie an die DGE-Norm!" etc.
3. *Kettenfragen* Mehrere, meist ähnliche Fragen werden fortlaufend formuliert.	Der Auszubildende soll die Frage besser verstehen.	„Welche Kriterien bestimmen die wiederkäuergerechte Ration? Wie ist das mit dem Rauhfutter? Was hat das mit der Gärung im Pansen zu tun?"
4. *Entscheidungsfragen* Die Frage drängt auf eine Alternativwahl hin.	Der Auszubildende soll zu einer Aussage veranlasst werden.	„Ist das eine Gerbera?"
5. *Disziplinierende Fragen* Die Formulierung wird so gewählt, dass sie einen unaufmerksamen Schüler überfordert.	Der Auszubildende soll gemaßregelt werden.	„Sie beschäftigen sich gerade weniger mit dem Stoff; dann beantworten Sie doch bitte mal die Frage, ...?"
6. *Unbestimmte Fragen* Die Frageformulierung erfolgt konjunktivisch, um den „Fragedruck" zu verringern; dabei handelt es sich i. e. S. um Doppelfragen: 1. Erkundigungsfrage 2. Sachfrage	Der Ausbilder täuscht den Auszubildenden eine scheinbare Zugewandtheit vor.	„Wer beschreibt die Folie?" „Könntet Ihr mir sagen, warum die Landwirtschaftskammer auch hoheitliche Aufgaben erfüllen muss."

Prüfer stellt Fragen und entwickelt „seine Denkstruktur", die für den Befragten richtungsgebend ist. Eine Frage-Antwort-Kette, die wenig Freiraum für den Antwortenden einräumt, führt oftmals nur dazu, dass Kenntnisse „herausgeholt" werden.

Das Prüfungsgespräch ermöglicht eine offenere Gesprächsstruktur. Das „Über-/Unterordnungsprinzip" – obgleich tatsächlich noch vorhanden – tritt weniger hervor. Am Anfang des Gesprächsverlaufes steht ein komplexer problemhafter Sachverhalt, den der Auszubildende analysiert. Er entwickelt Lösungswege und diskutiert darüber mit dem Prüfer. Im Prüfungsgespräch werden berufliche Erfahrungen zum Thema gemacht. Durch die gemeinsame Besprechung kann der Auszubildende nachweisen, dass er betriebliche Zusammenhänge durchschaut und geforderte Aufgaben systematisch angehen kann.

Mit der Simulation versucht man, berufliche Wirklichkeit in der Prüfungssituation nachzustellen. Der Auszubildende stellt seine Fähigkeiten, z. B. mit Menschen in Verhandlungsgesprächen umzugehen und Entscheidungen zu treffen (Auftragserteilung) „spielend" unter Beweis. Solche Rollenspiele bedürfen einer sorgfältigen Vorbereitung; um einen möglichst offenen Verlauf sicherzustellen und eine Bewertung zu ermöglichen, ist es sinnvoll, zur Situationsbeschreibung den Auszubildenden lediglich das Ziel, das sie erreichen sollen, vorzugeben und den Weg offen zu lassen.

Mündliche Prüfungen stehen in der Kritik, wenig objektiv zu sein, nicht zuletzt weil Prüfer in mehrfacher Hinsicht beansprucht werden. Sie müssen Fragen und Denkanstöße aus dem Zusammenhang formulieren, die Antworten wahrnehmen, einen Vergleich mit der Lösung vornehmen und mit dem Blick auf das angestrebte Ziel eine Hilfe oder einen weiterführenden Beitrag entwickeln. Zudem ergeben sich Schwierigkeiten aus der Tatsache, dass die Leistungserfassung und -bewertung durch Wahrnehmungsfehler in der Prüfungssituation verfälscht wird (s. Abschnitt „Beurteilungsfehler vermeiden").

Trotz der anerkannten Mängel von mündlichen Prüfungen kann man auf sie nicht verzichten, weil sie einen Beitrag dazu leisten, das Leistungsspektrum Auszubildender vollständig zu erfassen. Um die mündlichen Prüfungen weniger spontan, damit überprüfbar und genauer zu gestalten, sollten sie gut vorbereitet werden. Die gute Vorbereitung mündlicher Prüfungen umfasst:

- eine geeignete, genaue Problemstellung (Fragen, komplexe Sachverhalte, Handlungssituation)
- eine Antwortskizze
- eine Angabe des Anspruchniveaus der Aufgaben
- eine Punktebewertung der Aufgabenteile (Tab. 34).

Tab. 37 Bewertungskriterien von mündlichen Prüfungsleistungen

Punkte	Note	Sachliche Richtigkeit Zusammenhänge erkennen, Sachverhalte beurteilen, Lösungsvorschläge entwickeln	Vollständigkeit	Selbstständigkeit	Art der Darstellung Sprachlich verständlich, logisch zusammenhängend, Klarheit
100–92	1	vollständig richtig, hervorragend	vollständig	selbstständig	gedanklich klar, zügig und genau formuliert
91–81	2	fast immer richtig	fast vollständig	nahezu selbstständig, unwesentliche Hilfen	fast immer gedanklich klar, zügig und genau
80–67	3	im Ganzen richtig	im Ganzen vollständig	handelt selbst, braucht Hilfen	im Ganzen gedanklich klar, zügig und genau formuliert
66–50	4	deutliche Unrichtigkeiten	deutlich lückenhaft	läßt sich führen, braucht umfassende Hilfen	gedanklich häufig unklar, schleppend und ungenau
45–30	5	meist unrichtig	sehr lückenhaft	handelt nur mit erheblichen Hilfen	meist unklar, schleppend und ungenau formuliert
25–0	6	vollständig unrichtig	äußerst lückenhaft	unselbstständig, handelt nicht allein	gedanklich unklar, sehr ungenau, schlecht formuliert

Für die Dokumentation des Prüfungsverlaufes wird ein Protokollbogen vorbereitet, auf dem die wichtigsten Aussagen des Prüflings skizziert werden, wodurch eine sachangemessene Bewertung gewährleistet wird.

Die Entwicklung situationsgemäßer, anspruchsvoller Fragen im Verlaufe eines Prüfungsgespräches stellt an den Prüfer hohe Anforderungen. Dem geflügelten Wort entsprechend („Wie die Frage, so die Antwort"), kann geschlossen werden, dass ein Prüfling nur dann in der Lage ist, sein Leistungsvermögen auszuschöpfen, wenn ihm durch geeignete Fragen dazu Gelegenheit gegeben wird.

Anspruchsvolle und fordernde Fragen gelingen umso leichter,
- je breiter das Fachwissen ist,
- je klarer Sachverhalte und Tätigkeiten nach Schwierigkeitsgraden eingeteilt werden können und
- je geduldiger der Prüfer ist.

In Abhängigkeit von der Leistungsfähigkeit des Auszubildenden greift man auf engere, einfachere Fragen zurück, die einen Teilbereich der geforderten Kompetenz abdecken oder wählt offenere, komplexere Fragestellungen. Beispiele geeigneter bzw. ungeeigneter Fragen befinden sich in den Tabellen 35 und 36.

Die Bewertung der mündlichen Leistungen muss der Prüfungsart und dem Gegenstand angemessen sein. Die Darstellung umfasst mögliche Kriterien und deren Abstufungen nach Punkten und Noten für die Bewertung mündlicher Prüfungen (Tab. 37).

Eine gründliche Vorbereitung verringert die Auswirkung der Nachteile mündlicher Prüfungen, wie
- kleinliches Nachfragen
- schwierige Vergleichbarkeit
- Formulierungsschwierigkeiten des Prüfers
- spontane Notenfestlegung
- Laune des Prüfers
- Wahrnehmungsmängel.

5.1.3 Schriftliche Prüfung

In schriftlichen Prüfungen soll der Auszubildende nachweisen, dass er zu einem bestimmten Thema sachgerecht Stellung beziehen kann und in der Lage ist, die Zusammenhänge logisch aufgebaut und sprachlich geschickt schriftlich darzustellen.

Trotz einiger Vorteile im Vergleich zur mündlichen Prüfung (für alle gleiche Aufgaben, eine fixierte Bewertungsgrundlage, die Vergleiche ermöglicht u. a. m.) werden auch schriftliche Prüfungen hinsichtlich ihrer Objektivität kritisiert.

Die in der Tabelle 38 aufgeführten Aufgabenformen sind nach den Gesichtspunkten, „Gebundenheit" und „Bewertungsobjektivität" geordnet. Die Entscheidung über den Einsatz gebundener oder ungebundener Formen schriftlicher Leistungsmessung kann nicht nur vom Gütekriterium der Objektivität abhängig gemacht werden. Vielmehr muss die Zielsetzung – was möchte ich wie prüfen – bei der Auswahl der Aufgabenform herangezogen werden. Hierzu benötigt man Information über die einzelnen Formen, die nachfolgend überblickartig zusammengestellt sind.

Der Aufsatz soll zeigen, inwieweit Auszubildende die notwendigen Fachkenntnisse beherrschen und in welchem Maße sie mit dem Gelernten selbstständig arbeiten können. Dazu müssen Themenstellungen bereitgestellt werden, die den Auszubildenden die Chance eröffnen, ein Thema angemessen zu bearbeiten:
sachlich richtig
- mit angemessenem Schwierigkeitsgrad
- fachlich richtig
- vollständig

Tab. 38 Vergleich der schriftlichen Leistungsmessung

Gebundenheit	Formen	Bewertungsobjektivität
schwach	Aufsatz Kurzantwortaufgabe Vervollständigungsaufgabe Mehrfachwahlaufgabe	geringer
stark	Richtig-Falsch-Aufgabe	größer

logisch aufgebaut
- d. h. innerer Aufbau ist folgerichtig und konsequent
- äußerer Aufbau ist gegliedert

sprachlich gewandt
- d. h. flüssiger Sprachstil
- grammatisch klar
- ordentliche Rechtschreibung und Zeichensetzung

Mit diesen drei „Zielvorgaben" verfügt man gleichzeitig über Kriterien der Bewertung. Die Themen- bzw. Aufgabenstellung für Aufsätze als Prüfungsaufgaben müssen eindeutig formuliert sein, damit die Auszubildenden sie genauso verstehen wie die Prüfer. Sprachlich anspruchsvolle Formulierungen und Mehrdeutigkeiten müssen vermieden werden, um den Auszubildenden den gedanklichen Zugang zum Thema nicht zu erschweren.

Eine klare Aufgabenstellung, die wenig Interpretation zulässt, ist eher umfangreich formuliert und kann auf diese Weise für die Auszubildenden gleichzeitig eine Gliederungshilfe darstellen.

> **Beispiel**
>
> Thema:
> Der integrierte Pflanzenbau – Kosten senkend und umweltschonend!
>
> Teilaufgaben:
> 1. (Zeit: Min.)
> 2. Sie beobachten „mangelhaften Feldaufgang bei Zuckerrüben".
>   Stellen Sie möglichst vollständig Einflussfaktoren dar und erörtern Sie jeweils mögliche Maßnahmen.
>   (Zeit: 60 Min.)
> 3. (Zeit: Min.)

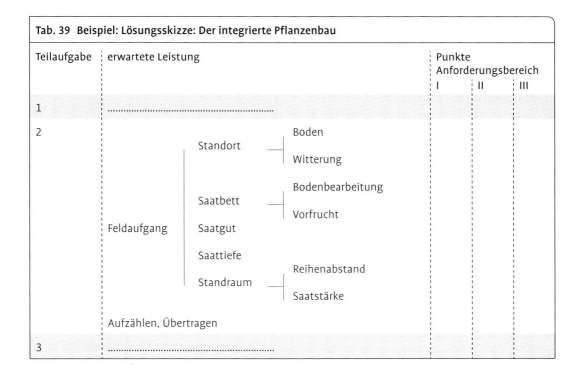

Tab. 39 Beispiel: Lösungsskizze: Der integrierte Pflanzenbau

Tab. 40 Bewertungskriterien für einen Aufsatz	
Inhalt	Form
folgerichtiger Aufbau sachliche Richtigkeit Vollständigkeit angemessener Schwierigkeitsgrad	Sprachstil Gliederung Rechtschreibung/ Zeichensetzung

Derartig zusammengestellte Aufsatzaufgaben können mit einer Lösungsskizze für die Bewertung der Arbeit ergänzt werden (Tab. 39).

Durch die Abschätzung des Schwierigkeitsgrades sowie der benötigten Zeit für die Aufgabenlösung werden Punktbewertungen vorgenommen. Diese werden bei vollständiger Lösung maximal vergeben. Bei nur teilweise richtiger Lösung wird durch die Vergabe von Zwischenwerten (Punkten) dem Auszubildenden deutlich gemacht, in welchem Umfang er die Aufgabe bewältigt hat.

Die Gewichtung der Bewertungsbereiche Inhalt und Form hängt von der gestellten Aufgabe und den fachlichen Anforderungen ab.

Kurzantwortaufgaben zählen ebenso wie der Aufsatz zu den Aufgaben mit freier Beantwortung, jedoch steht viel weniger Zeit zur Bearbeitung zur Verfügung. Das Ziel beruht weniger auf der sprachlichen Gestaltung als auf der knappen inhaltlichen Wiedergabe, um Kenntnisse abzufragen.

Zur Vorbereitung der Bewertung müssen ebenso wie beim Aufsatz Lösungsskizzen entworfen und Punkteverteilung vorgenommen werden. Liegt das vor, dann ist die Leistungserfassung (Auswertung) und Bewertung weniger problematisch als bei Aufsätzen.

Aufgaben mit gebundenen Antworten dienen der Kenntnisüberprüfung. Mit relativ hohem Aufwand, deshalb selten zu finden, können auch solche Fragen entworfen werden, die höhere Denkleistungen als die Wiedergabe von Wissen verlangen. Die Konstruktion dieser Aufgaben erlaubt eine relativ einfache und genaue Kontrolle, sodass durch sie eine relativ große Auswertungsobjektivität erreicht wird.

Bei Vervollständigungsaufgaben müssen die Auszubildenden Informationen (Wörter, Zahlen usw.) in einen vorliegenden unvollständigen Text (Lückentext) einordnen. Die Suche nach dem richtigen Lösungsbegriff zwingt zum Durchdenken von Sachverhalten. Wegen der notwendigen Deutung des Textes und der freien Wahl der Begriffe besteht die Möglichkeit, mehrere unterschiedlich geeignete Lösungsbegriffe einzutragen, wodurch die Auswertung erschwert wird.

Beispiel

1. Welche Ferkelaufzuchtverfahren sind z. Z. gebräuchlich.
   Beschreiben Sie die Durchführung und skizzieren Sie Vor- und Nachteile.
   (Zeit: 15 Min.)
2. Wie fördert man die Bodengare?
   (Zeit: 10 Min.)
3. Wie wirkt die Kalkung auf den Boden?
   (Zeit: 10 Min.)
4. In welchen Betrieben kann eine Ausbildung zum Gärtner abgeleistet werden.
   Erläutern Sie die Voraussetzungen!
   (Zeit: 15 Min.)

Beispiel

Einige Bakterien können .... aus der Luft organisch binden. Hierzu zählen die in Lebensgemeinschaft mit Leguminosen lebenden ....

Die Mehrfachwahlaufgaben bestehen aus zwei Hauptbestandteilen. Der erste, der sog. „Stamm", enthält eine Problemstellung oder ein Thema, worauf sich die Frage bezieht. Der zweite umfasst eine Reihe von Antwortmöglichkeiten (je nach Aufgabenstellung vier oder mehr), aus denen der Auszubildende eine oder mehrere aussuchen muss. Die Suche der falschen Antwortalternativen (Distraktoren) erweist sich oftmals als schwierig. Geeignete

Distraktoren erscheinen dem Auszubildenden, der die geforderte und bewertete Leistung nicht erbringen kann, vertraut, als vernünftig oder bedeutsam.

> **Beispiel**
>
> Der Arbeitsvertrag enthält nicht unbedingt eine Vereinbarung über
> a) die Festlegung der täglichen Arbeitszeiten
> b) die Kündigungsfristen
> c) die Form der Lohnauszahlung (bar, Scheck, Überweisung)
> d) die Art und den Inhalt der Tätigkeit
> e) die tägliche Anreise zum Arbeitsort

Die Arbeit, Mehrfachwahlaufgaben zu entwerfen, ist anspruchsvoll und benötigt viel Zeit; dafür erfordert die Auswertung relativ geringen Aufwand bei dennoch recht großer Genauigkeit. Im Vergleich zu den anderen Aufgabentypen mit gebundenen Antworten, den Zuordnungs-, Umordnungs- und Richtig-Falsch-Aufgaben ermöglichen es die Mehrfachwahlaufgaben gut, umfangreicheres und vernetztes Wissen bzw. Verständnis zu überprüfen.

Die Richtig-Falsch-Aufgabe (Alternativaufgabe) besteht aus Feststellungen, die der Auszubildende mit richtig oder falsch (ja/nein bzw. stimmt/stimmt nicht) beantworten muss.

> **Beispiel**
>
> Beurteilen Sie folgende Aussage! Kalkstickstoff wird auf Weiden hauptsächlich zur Bekämpfung der Zwergschlammschnecke eingesetzt!
>
> stimmt ☐   stimmt nicht ☐

Aufgaben dieses Typs können rasch entworfen werden. Sie eignen sich zur Abfrage von großen Wissensmengen und lassen sich zudem einfach und schnell auswerten. Allerdings müssen die gestellten Aufgaben eindeutig richtig oder falsch sein; Interpretationsmöglichkeiten sind auszuschließen. Dadurch, dass nur zwei Antwortalternativen zur Verfügung stehen, beträgt die Ratewahrscheinlichkeit 50 %. Leistungsüberprüfungen mit diesem Aufgabentyp benötigen daher eine relativ große Anzahl an Aufgaben.

5.1.4 Integrierte Prüfung

In der Ausbildung soll der Auszubildende lernen, selbstständig durch die Anwendung von Fachwissen, Fertigkeiten und Fähigkeiten sein Vorgehen zu planen, die vorgesehenen Arbeitsschritte auszuführen und die erzielten Ergebnisse zu kontrollieren (Tab. 41). Diese umfassenden Qualifikationen können praktische, mündliche oder schriftliche Prüfungen im Allgemeinen nur in Teilen angemessen überprüfen. Eine integrierte Ausbildung erfordert auch eine integrierte Prüfung. Integrierte Aufgabenstellungen sollen nach folgenden Gestaltungsprinzipien entworfen werden:

1. Vollständige Handlung
Die Erledigung der Prüfungsaufgabe soll eine vollständige Handlung erfordern:
Informieren – Planen – Durchführen – Kontrollieren – Bewerten.

2. Praxisbezug
Die Prüfungsaufgabe muss eng an der Praxis orientiert sein und dabei fachspezifische und -übergreifende Qualifikationen fördern.

3. Ganzheitlichkeit
Eine ganzheitliche Aufgabenstellung
a) fordert den Auszubildenden geistig, sinnlich/gefühlsmäßig und körperlich, also mit allen Bereichen seines menschlichen Wesens;
b) ermöglicht es ihm, sein Handeln in einen größeren Zusammenhang (Arbeitsabläufe) einordnen zu können und
c) gewährleistet, dass Theorie und Praxis, d. h. Denken und Tun, miteinander verknüpft bleiben.

Tab. 41 Beispiel einer integrierten Prüfungsaufgabe	
Aufgabenstellung: Führen Sie eine Pflanzenschutzmaßnahme durch!	
Ablauf	Prüfungssituation
1. Pflanzenschäden anhand von Symptomen (Merkmalen) erkennen; Ursachen ergründen und mögliche Gegenmaßnahmen (Pflanzenschutzmittel und Vorgehensweise) finden. Hilfsmittel: Bestimmungsbücher, Schätzrahmen, Lupen ...	selbstständige, praktische und ggf. schriftliche Ausführung
2. Einen speziellen Behandlungsplan entwerfen, notwendige Berechnungen (z. B. Mengen) durchführen; Hilfsmittel vorbereiten (Maschinen und Geräte vorbereiten z. B. Auslitern der Pflanzenschutzspritze); die Arbeit ausführen, wobei Umweltschutz, Verbraucherschutz und Arbeitsschutzerfordernisse beachtet werden.	Der Prüfling als Fachmann, der Prüfer als Beobachter, der nachfragt.
3. Das Vorgehen erläutern und begründen. Schwierigkeiten darstellen und die Probleme bei der Umsetzung der Theorie in die Praxis bewerten.	Prüfungsgespräch Prüfling und Prüfer führen ein Fachgespräch.

4. Gestaltbarkeit
Durch eine gestaltbare, offene Prüfungsaufgabe/-situation kann der Auszubildende zeigen, wie er selbstständig Bedingungen analysieren, Lösungsmöglichkeiten entwickeln und gestellte Aufgaben bewältigen kann. Hierzu dürfen die Vorgaben nicht eng gefasst sein und Informationen sowie andere Hilfsmittel (Tabellen, Arbeitsmaterial u. a.) müssen frei verfügbar sein.

Integriertes Prüfen setzt sich zum Ziel, einzelne Kenntnisse und Fertigkeiten nicht isoliert, sondern verflochten abzurufen und ihre koordinierte und situationsgerechte Anwendung zu begutachten.

Durch die Kombination von selbstständiger, praktischer und ggf. schriftlicher Ausführung durch den Auszubildenden und ein Prüfungsgespräch, das situationsabhängig prozessbegleitend oder -abschließend geführt wird, erfolgt kombiniert eine auf Theorie und Praxis bezogene Prüfung.

Am konkreten Ergebnis beruflicher Handlungen erweist es sich, wie Praxis und Theorie einander bedingen bzw. wie der Auszubildende das Zusammenwirken verstandesgemäß verarbeiten konnte. Die integrierte Prüfung bietet brauchbare Voraussetzungen für die Erfassung von Qualifikationen, die über die fachlichen Qualifikationen hinaus gehen und breit angelegt sind („Schlüsselqualifikationen").

Die Leistungskontrolle ist auch ein wichtiges Mittel, um die Qualität der Ausbildung und der Leistungen von Auszubildenden zu gewährleisten. Hierzu sind in Kanada und den USA Instrumente zur Leistungsbeurteilung entwickelt worden, die mit dem Begriff „Rubrics" bezeichnet werden. Diese eignen sich nicht nur zur Fremdeinschätzung von Leistungen, sondern helfen auch die Selbstreflexions- und Selbsteinschätzungsfähigkeit der Auszubildenden zu entwickeln, wenn Ausbilder und Auszubildende gemeinsam daran arbeiten.

Rubrics sind eine Art Bewertungsraster in Form von Tabellen, bei denen in der Senkrechten die Kriterien für eine Leistung bestimmt sind und in der Waagerechten die Merkmalsbeschreibungen für unterschiedliche Leistungsniveaus (Indikatoren). Indikatoren werden als beobachtbare Handlungselemente beschrieben, was die eigentliche schwierige Aufgabe der Erarbeitung von Rubrics ist (Tab. 42). Wenn es den Ausbildern gelingt, solche Qualitätskriterien für die angestrebte

Tab. 42 Qualitätsraster (Rubric)

	Niveaustufen				
	A volle Kriterienerfüllung	B zufriedenstellende Kriterienerfüllung	C teilweise Kriterienerfüllung	D unzureichende Kriterienerfüllung	......
Kriterien 1	„Indikator"	„Indikator"	„Indikator"	„Indikator"	......
2					
Arbeits- organisation (Beispiel)	Übernimmt Verant- wortung für seine Arbeit; hat eine sehr gute Übersicht; arbeitet sehr sauber und räumt selb- ständig auf und hilft anderen dabei; gibt sein breites Wissen weiter.	Arbeitet selb- ständig, hält Ord- nung und organi- siert das Verwalten seiner Arbeit selber; pflegt die Arbeits- geräte sorgfältig und setzt sie ohne Mühe ein.	Führt einige Arbei- ten selbständig durch; pflegt Arbeitsgeräte und arbeitet mit ihnen sauber; hält meist Ordnung am Arbeitsplatz	Erledigt Aufgaben nur nach Anleitung; arbeitet unselb- ständig mit wenig Ordnung am Arbeitsplatz; räumt auf	
4					

Leistung den Auszubildenden durchschaubar und nachvollziehbar zu machen, bzw. gemeinsam mit ihnen zu erarbeiten, dann führt das zu folgenden Vorteilen:
- Auszubildende entwickeln eine klare Vorstellung vom Ergebnis ihres Lernens
- Sie erkennen ihre Stärken und Schwächen
- Sie können gezielt üben
- Sie erhalten bedarfsgerechte Rückmeldungen durch den Ausbilder
- Der Ausbildungsprozess wird gezielter und individueller
- Auszubildende können sich gegenseitig unterstützen
- Die eigene Aktivität und Verantwortung stärken die Motivation

Die Arbeit an und mit Rubrics unterstützt und stärkt die Ausbildungsformen, bei denen der Lernende im Mittelpunkt steht (Subjektorientierte Ausbildung/Handlungsorientierung).

5.1.5 Beurteilungsfehler

Bei der Beurteilung von Menschen durch Menschen treten immer wieder Fehler auf. Durch die Kenntnis dieser Fehler und ihre Vermeidung erhöht sich jedoch die Wahrscheinlichkeit einer gerechten Beurteilung. Ein wichtiges Ziel der Beurteilung ist Gerechtigkeit aus zweifacher Hinsicht. Ein unterschätztes Leistungsvermögen eines Auszubildenden beeinträchtigt die Berufschancen am Arbeitsmarkt durch schlechte Zeugnisse erheblich. Eine wohlwollende, zu gute Beurteilung führt leicht zu Überschätzung und Überforderung des Beurteilten durch sich selbst und andere. Diesem Dilemma kann man sich nicht entziehen, indem man auf Prüfungen verzichtet. Das wäre pädagogisch und fachlich ebenso falsch wie unrealistisch. Vielmehr muss die Qualität des Beurteilens von Ausbildungsleistungen durch die Befähigung der Beurteilenden sichergestellt werden. Dazu gehören eine systematische Vorbereitung und die bewusste Kontrolle von Fehlerquellen. Die Fehlerquellen in der Organisation und Durchführung von Ausbildungskontrollen wie z. B. eine unpünktliche Ankündigung, fehlende Hilfsmittel, mangelhafte Sachkenntnis im Umgang mit Beobachtungshilfen, schlechte Rahmenbedingungen usw. lassen sich durch entsprechendes Planungsverhalten und Durchführungskontrollen weitgehend verhindern.

Die Fehlerquellen, die in der Person des Beurteilenden liegen und durch Erfahrungen, Vorurteile, Einstellungen, Erwartungen verursacht werden, bleiben oft unerkannt. Um sie in das Bewusstsein zu rücken, werden einige der Fehlerquellen vorgestellt.

Typische Fehlerquellen bei der Wahrnehmung von Prüfungsleistungen

Der Sympathiefehler
Der Ausbilder lässt sich in seinem Urteil von der Zu- oder Abneigung leiten. Je häufiger die sozialen Kontakte während der Ausbildung sind, desto wohlwollender fällt die Beurteilung in der Regel aus.

Der Kontrastfehler
Der Ausbilder betont jene Merkmale des Auszubildenden, die den sich selbst zugeschriebenen entgegengesetzt sind.
    Ein Ausbilder, der selbst mit hohem Arbeitstempo und großer Genauigkeit arbeiten kann, und daher diesen Maßstab bei anderen anlegt, neigt zu strenger Beurteilung kleinster Abweichungen.

Der Unsicherheitsfehler
Unerfahrenheit und Unsicherheit im Beobachten und Beurteilen führen oftmals dazu, dass der Ausbilder nur Durchschnittsurteile abgibt und zu Durchschnittsnoten neigt.

Der „Halo-Effekt" bzw. Überstrahlungsfehler
Hiervon spricht man, wenn die Beobachtung und Beurteilung eines Verhaltens/einer Eigenschaft – ob positiv oder negativ – zu einer Festlegung eines Gesamtbildes über die Leistungsfähigkeit des Auszubildenden führt. Das heißt ein einmaliger Eindruck bezüglich der Leistung eines Merkmales überstrahlt andere, sodass diese nicht mehr genau erkannt werden.
    Ein „schwieriger Auszubildender", der z. B. „kritisch nachfragt", steht in der Gefahr, mit negativer Tendenz beurteilt zu werden.

„Logischer Irrtum"; Korrelationsfehler
Eine Korrelation stellt eine Beziehung zwischen zwei Merkmalen dar. Als logisch zusammengehörig empfundene Beurteilungsmerkmale müssen in psychologischem Verständnis durchaus nicht zusammengehören. Wer z. B. langsam spricht, ist nicht zwangsläufig ein langsamer Denker; die fehlende Einsatzbereitschaft kann andere Ursachen haben als Willensschwäche und ein äußerlich unordentlicher Auszubildender ist nicht unbedingt ein unordentlicher, planloser Arbeiter.
    Es wäre ein Fehler, nach der Beobachtung des ersten Merkmals auf die Beobachtung des zweiten zu verzichten.

Vorurteilsfehler
Vorurteile, also vorgefasste Meinungen über Auszubildende, die häufig bei der ersten Begegnung entstehen, beeinflussen das Urteil über einen Menschen. Sie lassen sich nur schwer beseitigen, obwohl sie einer Überprüfung nicht standhalten (Beispiel: Jungen sind technisch besser als Mädchen).
    Beurteilungsfehler kommen vor, so vor allem bei schwer messbaren Merkmalen (Schlüsselqualifikationen). Durch die Bereitschaft, sein Handeln als Prüfer grundsätzlich immer wieder auf Rechtmäßigkeit zu befragen, kommt man dem Ziel, gerecht zu prüfen, näher.

5.2 Zur Abschlussprüfung anmelden
In der Regel endet die Ausbildungszeit mit dem Absolvieren der Abschlussprüfung (früher Gesellen- oder Gehilfenprüfung genannt). Den gesetzlichen Rahmen für die Abschlussprüfung bilden das Berufsbildungsgesetz und die von der jeweiligen zuständigen Stelle erlassene Prüfungsordnung.
    Die zuständige Stelle legt in der Regel zwei für die Vorbereitung und Durchführung der Prüfung maßgebenden Termine im Jahr (Win-

ter/Sommer) fest. Der Ausbildende hat mit Zustimmung des Auszubildenden die Anmeldung zur Prüfung unter Verwendung der vorbereiteten Anmeldeformulare und unter Beifügung der geforderten Unterlagen, wie z. B.:
- die Bescheinigung über die Zwischenprüfung,
- das Berichtsheft,
- Nachweise über Ausbildungsmaßnahmen außerhalb der Ausbildungsstätte,
- das letzte Zeugnis der Berufsschule,

schriftlich bei der zuständigen Stelle einzureichen, die die Zulassungsvoraussetzungen feststellt.

Eine Zulassung zur Abschlussprüfung ist auch in besonderen Fällen möglich (§ 45 BBiG). Nicht immer müssen Auszubildende die erforderliche Gesamtausbildungszeit nachweisen. Bei besonderer Qualifikation, die sowohl von dem Ausbildenden als auch von der Berufsschule bescheinigt werden muss, können Auszubildende vorzeitig – bis zu sechs Monaten – zur Prüfung zugelassen werden.

Die Zulassung zur Abschlussprüfung ist weiterhin auch möglich, ohne eine ordnungsgemäße Ausbildung abgeleistet zu haben, wenn die Antragsteller mindestens das Eineinhalbfache der Zeit in dem Beruf tätig gewesen sind, die als Ausbildungszeit vorgeschrieben ist – also viereinhalb bzw. drei Jahre –.

Über die Zulassung sowohl im Regelfall als auch in besonderen Fällen entscheidet die zuständige Stelle. Hält diese die Voraussetzungen für nicht gegeben, muss der Prüfungsausschuss entscheiden.

Die Prüfungen werden von Prüfungsausschüssen der zuständigen Stelle durchgeführt, die sich in der Regel aus Beauftragten der Arbeitgeber und Arbeitnehmer sowie Lehrern an berufsbildenden Schulen zusammensetzen. Der Prüfungsausschuss bereitet die Prüfung vor und wählt die Aufgaben aus auf der Grundlage der Ausbildungsordnung und des im Berufsschulunterricht vermittelten Lernstoffes.

Der Prüfungsteilnehmer erhält von der zuständigen Stelle ein Prüfungszeugnis mit dem folgenden Inhalt:

- Bezeichnung „Prüfungszeugnis nach §§ 37, 49 BBiG",
- Personalien des Prüfungsteilnehmers,
- Ausbildungsberuf, ggf. mit Schwerpunkt,
- Gesamtergebnis der Prüfung und die Ergebnisse in den einzelnen Prüfungsfächern.
- Zusatzqualifikationen,
- Datum des Bestehens der Prüfung,
- Unterschriften des Prüfungsausschussvorsitzenden und des Beauftragten der zuständigen Stelle.

Mit Bestehen der Prüfung ist die Ausbildung und somit die vertraglich geregelte Ausbildungszeit beendet.

Die Abschlussprüfung ist in der Regel nicht bestanden, wenn ein Prüfungsfach mit ungenügend oder zwei Prüfungsfächer der esamten Prüfung mit mangelhaft bewertet worden sind. Hierüber erhalten der Prüfungsteilnehmer, sein gesetzlicher Vertreter und der Ausbildende einen schriftlichen Bescheid, mit Angabe der erbrachten Leistungen in den einzelnen Fächern. Dabei wird auch angegeben, welche Fächer in einer Wiederholungsprüfung nicht mehr wiederholt werden brauchen. Eine nicht bestandene Abschlussprüfung kann zweimal wiederholt werden. Der Auszubildende kann auf sein Verlangen das Ausbildungsverhältnis bis zur Wiederholungsprüfung, höchstens um ein Jahr verlängern. Er kann aber auch bis zur Wiederholungsprüfung anderweitig tätig werden. In jedem Falle sollte der Ausbildungsberater zu Rate gezogen werden.

5.3 Das Berufsausbildungsverhältnis kündigen

Ausbildungs- und Erziehungsschwierigkeiten hat es in der betrieblichen Ausbildung immer gegeben und wird es immer geben. Die Quote für die vorzeitige Lösung der Ausbildungsverhältnisse (immer gemessen an der Anzahl der neu abgeschlossenen Ausbildungsverträge) liegt zur Zeit im Agrarbereich bei 21 %, das entspricht dem Durchschnitt aller Berufe. Hierbei liegen die Forstwirte mit 8 % weit unter dem Mittel, die Pferdewirte mit 39 % weit

Tab. 43 Vorzeitige Lösung des Ausbildungsverhältnisses 2009

Pferdewirt	39 %*
Tierwirt	30 %
Hauswirtschafterin	27 %
Fischwirt	27 %
Gärtner	25 %
Winzer	15 %
Landwirt	14 %
Forstwirt	8 %
Ø im Agrarbereich	21 %

* an neu abgeschlossenen Ausbildungsverträgen

darüber (2009). Die Gründe für die vorzeitige Beendigung sind vielfältig:
- 33 % im gegenseitigen Einverständnis
- 30 % in der Probezeit
- 16 % aus einem wichtigen Grund
- 13 % wegen Berufswechsel
- 8 % aus sonstigen Gründen

5.3.1 Rechtliche Kündigungsmöglichkeiten

Erklären Ausbildender und Auszubildender gemeinsam das Berufsausbildungsverhältnis im gegenseitigen Einvernehmen für beendet, so liegen zwei übereinstimmende Willenserklärungen vor, dies nennt man einen Aufhebungsvertrag. Dieser Vertrag ist nicht an die Schriftform gebunden (er sollte aus Beweisgründen jedoch immer schriftlich abgefasst werden), kann ohne und mit Fristen erfolgen, kann jederzeit abgeschlossen werden, bedarf nicht der Zustimmung des Personalrates, bei Minderjährigen ist die Einwilligung des gesetzlichen Vertreters notwendig.

Während der Probezeit kann das Berufsausbildungsverhältnis von beiden Seiten ohne Einhaltung einer Kündigungsfrist gekündigt werden. Die Kündigung muss schriftlich erfolgen und vor Ablauf der Probezeit zugehen, Gründe brauchen jedoch nicht angeführt werden (§ 22 BBiG).

Nach der Probezeit können Ausbildender und Auszubildender aus wichtigen Gründen ohne Einhaltung einer Frist kündigen. Der nachweisbare Grund muss dabei schon gewichtig sein, ein einmaliger Ausrutscher, jugendliche Unreife oder vorübergehende Spannungen im Ausbildungsklima gelten nicht.

Beispiele für wichtige Kündigungsgründe durch den Ausbildenden sind:
- Straftaten des Auszubildenden in bzw. gegenüber dem Betrieb,
- wiederholte Unpünktlichkeit,
- wiederholtes unentschuldigtes Fehlen,
- Verletzung der Lernpflicht,
- fehlende Eignung,
- Aufgabe des Betriebes.

Wird der Betrieb aufgegeben oder entfällt die Ausbildungseignung, so verpflichtet sich der Ausbildende, sich um einen anderen Ausbildungsplatz für den Auszubildenden zu bemühen.

Beispiele für wichtige Kündigungsgründe durch den Auszubildenden sind:
- Tätlichkeiten oder Beleidigungen durch den Ausbilder,
- mangelhafte Ausbildung,
- Verletzung der Arbeitsschutzvorrichtungen,
- wiederholte Nichtzahlung der Vergütung,
- Verlust der Ausbildungseignung.

Die Kündigung aus einem wichtigen Grund muss innerhalb von zwei Wochen nach Bekanntwerden des Grundes erfolgen, sonst ist sie unwirksam.

Für Auszubildende sieht das Gesetz eine weitere Kündigungsmöglichkeit vor, nämlich bei Aufgabe der Berufsausbildung (z.B. Fortsetzung der schulischen Bildung) bzw. bei Berufswechsel (z.B. von „Landwirt" zu „Gärtner"). Die Kündigungsfrist beträgt dann vier Wochen. Die Kündigung muss schriftlich und unter Angabe des Grundes erfolgen. Es reicht der ernsthafte Wille des Auszubildenden, Nachweise, z.B. dass er tatsächlich einen anderen Beruf ergriffen hat, sind nicht zu führen. Täuscht der Auszubildende jedoch den Berufswechsel nur vor und setzt seine Ausbildung in einem anderen (vorher ausgesuchten) Betrieb des gleichen Berufes fort, so macht er sich schadensersatzpflichtig (§ 23 BBiG):

5.3.2 Der Ausbildungsabbruch und seine Folgen

Wo bleiben die Ausbildungsabbrecher? Laut Erhebungen des Berufsbildungsberichtes werden 75 Prozent von ihnen im ersten Jahr nach der Vertragslösung wieder erwerbstätig, leider ein Drittel davon in einer ungelernten Tätigkeit. Ungelernte Tätigkeiten bieten jedoch langfristig keine gesicherte Beschäftigungsperspektive. Nach Untersuchungen der Bundesanstalt für Arbeit haben viele der arbeitslosen unter 25-Jährigen keine abgeschlossene Berufsausbildung. Für die Ausbildungsabbrecher, die nicht wieder eine Ausbildung fortsetzen und beenden, ist das Risiko, langfristig arbeitslos zu werden, sehr groß.

Der Ausbildungsabbruch ist in der Elternlehre die Ausnahme. Hat die Elternlehre keine Ausbildungs- und Erziehungsprobleme? Konflikte in der Elternlehre sind nicht seltener, sie werden (verständlicher Weise) weniger bekannt. Bei einer Umfrage in Süddeutschland wurden von Jugendlichen folgende Konfliktursachen in der Elternlehre genannt:
- fehlende Distanzierungsmöglichkeit zwischen Jugendlichem und Eltern in der schwierigen Phase des Erwachsenenwerdens,
- Übertragung des familiären Generationskonfliktes in die Ausbildungssituation,
- mangelndes Interesse der Eltern an der Ausbildungsaufgabe,
- mangelnde Fähigkeiten der Eltern Konflikte zu lösen,
- mangelnde fachliche Fähigkeiten der Eltern,
- Unregelmäßigkeiten bei der Auszahlung der Bezüge,
- Unregelmäßigkeiten bei der Freizeitgewährung.

Um Ausbildungsproblemen angemessen zu begegnen und um eine mögliche Vertragslösung zu verhindern, sollten vorbeugend die vier folgenden Maßnahmen beachtet werden:

Intensivierung der Berufswahlvorbereitung seitens des Auszubildenden:
- Berufspraktika in der allgemeinbildenden Schule,
- Berufsberatung in der Schule durch das Arbeitsamt oder die Ausbildungsberatung seitens des Ausbildenden:
- intensives Einstellungsgespräch (Ziele, Erwartungen),
- alle Seiten der betrieblichen Ausbildung zeigen,
- Besonderheiten des Betriebes herausstellen (Tagesablauf),
- Aussprache über Arbeits-, Urlaubs- und Freizeitregelungen

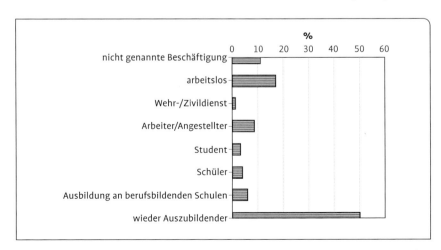

Abb. 63 Beruflicher Verbleib nach Vertragslösung

Hilfestellung bei der Überwindung von Anpassungsschwierigkeiten.

Steter Zeitdruck und wenig Geduld zu Beginn der Ausbildung vergiften das Ausbildungsklima von Anfang an. Lernschwierigkeiten in dieser Ausbildungsphase müssen als normal dargestellt werden. Häufige Anerkennung, gezieltes Lob und Anweisungen mit Begründungen wirken Motivation steigernd. Angemessene Pausen und rechtzeitiger Feierabend sind für Berufsanfänger nicht nur aus gesundheitlichen Gründen wichtig. Die vertraglich vorgesehene Probezeit sollte als solche auch genutzt werden. Eine Vertragslösung in dieser Zeit durchzuführen, ist für beide Seiten günstiger als zu einem späteren Zeitpunkt.

Förderung der Konfliktaustragungsmöglichkeit (siehe auch Kapitel 6.8)

Viele Probleme entstehen und blähen sich auf, weil falsche Vorstellungen bestehen, Unwahres weitergegeben, Mängel überspitzt dargestellt beziehungsweise Vorurteile nicht abgebaut werden. Ein gemeinsames Gespräch der an der Ausbildung beteiligten Personen ist dann unerlässlich. Die Initiative hierzu sollte beim Ausbilder liegen. Indem der Auszubildende erfährt, dass der Ausbilder sich bemüht, aufkommende Ausbildungsprobleme durch Gespräche mit ihm selbst oder mit den Eltern, Berufsschullehrern oder dem Ausbildungsberater zu lösen versucht, wird er die Lehre als ein Ausbildungs- und Erziehungsverhältnis und nicht als ein Arbeitsverhältnis empfinden.

5.4 Ein Zeugnis ausstellen

Bei Beendigung des Berufsausbildungsverhältnisses (Regelfall, Abschlussprüfung, Kündigung) hat der Ausbildende dem Auszubildenden ein Zeugnis auszustellen. Das einfache Zeugnis muss als Mindestangaben enthalten: Art der Ausbildung, Dauer der Ausbildung, Ziel der Ausbildung und die erworbenen Fertigkeiten und Kenntnisse. Es handelt sich hierbei um Tatsachen, nicht um Bewertungen.

Auf Verlangen des Auszubildenden, also nicht regelmäßig, sind auch Angaben über Führung, Leistung und besondere fachliche Fähigkeiten aufzunehmen. Es handelt sich dann um ein sog. qualifiziertes Zeugnis. In

Beispiel: Einfaches Zeugnis

ZEUGNIS

Herr K .... hat auf meinem anerkannten Ausbildungsbetrieb sein erstes betriebliches Ausbildungsjahr im Beruf Landwirt abgeleistet. Die Ausbildung dauerte vom ...... bis zum ....
Herr K .... wird in Kürze an der Zwischenprüfung teilnehmen.
Während der Ausbildung wurden ihm fachliche Grundfertigkeiten und -kenntnisse sowie Berufserfahrungen in den folgenden Arbeitsgebieten vermittelt:
- Umgang mit landwirtschaftlichen Maschinen und Geräten,
- Maßnahmen der Unfallverhütung,
- einfache Arbeiten auf Acker und Grünland,
- Umgang mit Milchkühen und der Nachzucht,
- einfache Speicher- und Hofarbeiten

Ich wünsche Herrn K .... für seine weitere Ausbildung alles Gute.

Bergheim, den ......   Unterschrift

der Formulierung ist der Ausbildende frei, er sollte jedoch das Gesamtbild des Auszubildenden darstellen und nicht einzelne, einmalige Vorfälle für seine Bewertung heranziehen. Das Zeugnis muss der Wahrheit entsprechen, es sollte vom Wohlwollen des Ausbildenden gegenüber dem Auszubildenden getragen werden.

Mit Hilfe des „qualifizierten Zeugnisses" kann die Gesamtbeurteilung eines Auszubildenden umfassender erstellt werden, da auch Informationen gegeben werden können, die über das Berufsschulzeugnis oder das Berufsabschlusszeugnis hinausgehen, wie z. B. Teamfähigkeit, Belastbarkeit, Lerntempo oder Weiterbildungsbereitschaft. Dieses Zeugnis sollte das "Können" des Auszubildenden herausstellen.

Beispiel: Qualifiziertes Zeugnis

ZEUGNIS

(Angaben und Daten zunächst wie in dem einfachen Zeugnis, ergänzend:)

Führung: Herr K .... ist interessiert und aufgeschlossen. Er hat ein gutes Einfühlungsvermögen im Umgang mit anderen. Er ist hilfsbereit und fähig zu guter Zusammenarbeit. Übertragene Aufgaben werden im allgemeinen zuverlässig durchgeführt.

Leistung: Herr K .... beherrscht die fachlichen Fertigkeiten überdurchschnittlich gut und besitzt die erforderlichen Kenntnisse, um die übertragenen Aufgaben zufriedenstellend auszuführen.
Ausbildungsergebnisse liegen nur selten außerhalb der gestellten Qualitätsanforderung. Gestellte Aufgaben bewältigt Herr K .... in einer dem Ausbildungsstand angemessenen Zeit. Er ist ausdauernd, gelegentliche Schwierigkeiten werden überwunden.

Besondere Fähigkeiten: Herr K .... ist besonders geschickt im Umgang mit Maschinen und Geräten. Maschineneinstellungen werden gewissenhaft durchgeführt, Störungen schnell und sicher behoben, die anvertrauten Maschinen werden sorgfältig gepflegt.

Ich wünsche Herrn K .... für seine weitere Ausbildung alles Gute.

Bergheim, den ......   Unterschrift

5.5 Über Fortbildungsmöglichkeiten beraten

Der Grundstruktur des Bildungswesens entsprechend wird die Fortbildung dem Tertiären Bereich zugeordnet. Manche Betriebspädagogen möchten sie ihrer Stellung und Bedeutung wegen einem separaten, eher übergeordneten, einem Quartiären Bereich zu bemessen. Schulpraktisch und schulorganisatorisch gesehen wird die Weiterbildung häufig jedoch dem Sekundarbereich II zugerechnet. Allgemein ist „Weiterbildung, als Wiederaufnahme eines zielgerichteten und geplanten Lernens im Anschluss an eine unterschiedlich ausgedehnte, aber bereits abgeschlossene erste Lernphase, an keine vorgeschriebenen Lernzeiten und an keine öffentlich angeordneten Lernorte gebunden. Sie hat vor allem auf individuelle Bedürfnisse und Bedingungen von spezifischen Zielgruppen mit unterschiedlichen Voraussetzungen durch ein angemessenes differenziertes Leistungsangebot einzugehen. Berufliche Weiterbildung setzt eine Berufsausbildung voraus. Durch die vorausschauende Aneignung bedarfsgerechter, breit und überfachlich angelegter sowie entwicklungsgemäß angepasster Kenntnisse und Fertigkeiten verhindert die berufliche Weiterbildung nicht nur den beruflichen Abstieg und sichert den Erhalt des Arbeitsplatzes, sondern ermöglicht darüber hinaus auch die individuelle Berufskarriere sowie eine allgemeinbildende Erweiterung von Wissen und Können und trägt nicht zu letzt auch zu einer ganzheitlichen Persönlichkeitsentwicklung bei "(Enquete – Commission des Deutschen Bundestages, 1990)".

Aus diesen bildungspolitisch eher neutral formulierten Begriffsdefinitionen und -umschreibungen wird deutlich, dass in einer Maßnahme der berufsbezogenen Weiterbildung inhaltlich auf ein angeleitetes, zweckgebundenes Lernen zur Aneignung von Wissen nicht verzichtet werden kann, andererseits methodisch die Auseinandersetzung mit diesem Wissen durch emanzipatorisches Lernen ermöglicht werden muss. Beide Bedingungen zielen auf die Förderung der Persönlichkeitsentwicklung der Teilnehmer ab, damit sie die notwendigen Kompetenzen erhalten, um die gegenwärtigen und zukünftigen Konfliktsituationen ihres beruflichen und persönlichen Bereiches zu bewältigen.

Immer mehr Erwerbstätige sehen dies ein. Nahmen 1979 23 Prozent der Erwerbspersonen an Maßnahmen der Weiterbildung teil, so waren es 2007 43 Prozent. Dieser Anstieg der Weiterbildungsteilnahme spiegelt sich auch in den finanziellen Aufwendungen für

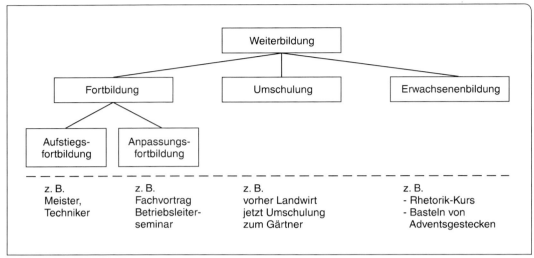

Abb. 64 Systematik der Weiterbildung

die Weiterbildung. Nach Angaben des Institutes der deutschen Wirtschaft gaben die Unternehmen 2007 durchschnittlich 419 € je Mitarbeiter für die direkten Kosten wie Trainerhonorare, Teilnehmergebühren und Lehrmaterial aus.

Bei der Aufschlüsselung der Teilnehmer zeigt sich auch, dass insbesondere diejenigen, die bereits über eine gute Qualifikation verfügen, weiterhin lernwillig sind. So besuchten 61 Prozent der Erwerbstätigen mit Hochschulabschluss Veranstaltungen der Weiterbildung, während es bei denjenigen ohne Ausbildung nur 14 Prozent waren.

Dass sich die berufliche Weiterbildung lohnt, zeigen Studien des Institutes der deutschen Wirtschaft (2011). So verzinst sich der Lohnverzicht in den Ausbildungsjahren für Hochschulabsolventen mit 7,5 %, für Meister und Techniker sogar mit 8,3 %.

Ähnlich sind auch die Erfahrungen im Agrarbereich, wo zum Beispiel bei Landwirten 60 Prozent der Auszubildenden nach der Lehre eine Fachschule absolvieren, ca. 15 Prozent legen erfolgreich die Meisterprüfung ab. Ziel der Weiterbildung im Agrarbereich ist jedoch nicht nur der Erwerb von Aufstiegsqualifikationen (Meister, Techniker) sondern auch die Auffrischung schon erlernten Wissens oder der Erwerb neuen Wissens zur Nutzung des technischen Fortschrittes.

Diese Vielfältigkeit lässt sich in die Systematik der Weiterbildung, verfasst von der Bildungskommission des Deutschen Bildungsrates 1970, wie folgt einordnen:

Im allgemeinen Sprachgebrauch werden die Begriffe Weiterbildung, Fortbildung und Erwachsenenbildung synonym (gr. gleichbedeutend) verwandt. Erst die Frage nach der Art der konkreten Maßnahme klärt über die Zielsetzung auf. Dass ein solcher Begriffswirrwarr besteht, hat auch mit der geschichtlichen Entwicklung des Oberbegriffes zu tun. Bis 1945 sprach man von der so genannten „Volks- oder Arbeiterbildung", von 1945 bis 1970 war der Oberbegriff „Erwachsenenbildung" und seit 1970 eben „Weiterbildung". Der Streit der Berufspädagogen zur besseren Begrifflichkeit hält weiter an. Zu den bedeutendsten Möglichkeiten der beruflichen Weiterbildung im Agrarbereich, der einjährigen und zweijährigen Fachschule, der Fortbildung zum Meister, anderen Fortbildungen mit Qualifikationserwerb und den Maßnahmen ohne Qualifikationsabschluss soll im folgenden Stellung genommen werden.

5.5.1 Die einjährige Fachschule

Einjährige Fachschulen im Agrarbereich wurden 2009 von über 4.500 Schülern besucht, wobei die Schwerpunkte bei den Landwirten (2.700), Gärtnern (700) und Hauswirtschafterinnen (500) lagen. Fachschulen haben im Agrarbereich eine lange Tradition, sie sind heute noch bekannt als so genannte Landwirtschaftsschule, Gartenbauschule, Weinbauschule oder Waldarbeiterschule. Sie befinden sich teilweise in der Trägerschaft der Landwirtschaftskammern. Die erste Landwirtschaftsschule wurde 1797 in Hamburg Groß-Flottbeck von dem Lehrer Lukas Andreas Staudinger gegründet. In der Vergangenheit haben sich in den verschiedenen Regionen Deutschlands unterschiedliche Organisationsformen der Fachschule entwickelt, die teilweise bis heute noch Bestand haben. So existieren Fachschulen, die ganzjährig, halbjährig (im Winterhalbjahr) oder in drei Halbjahren unterrichten. Nach einer Rahmenvereinbarung der Kultusminister soll das Fachschulwesen neu geordnet werden. Die Bundesländer haben in der jüngsten Vergangenheit Maßnahmen ergriffen, diese Empfehlung umzusetzen.

Das Bildungsziel der einjährigen Fachschule ist es, Fachkräfte für den mittleren produktions- und dienstleistungsorientierten Funktionsbereich im Agrarbereich zu befähigen, in beruflichen Situationen selbständig, sachgerecht und in gesellschaftlicher Verantwortung zu handeln. Zu den Aufnahmevoraussetzungen zählen in der Regel:
- mindestens der Hauptschulabschluss,
- eine abgeschlossene Berufsausbildung in dem entsprechenden Berufsbereich,
- der Berufsschulabschluss beziehungsweise das Abschlusszeugnis der Berufsschule,
- eine ein- bis zweijährige Berufstätigkeit (Gehilfenzeit) nach der Berufsausbildung.

Die Unterrichtsorganisation wird in den Bundesländern noch unterschiedlich gehandhabt. Der Unterricht kann in Vollzeitform (an allen Wochentagen) oder in Teilzeitform (an zwei bis drei Wochentagen) erteilt werden. So wird in Sachsen-Anhalt, um den besonderen Bedürfnissen der Wiedereinrichter zu entsprechen, die einjährige Fachschule in drei Wintersemestern

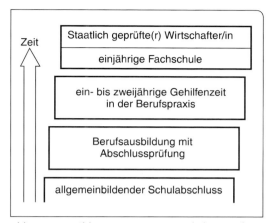

Abb. 65 Der Bildungsgang zum staatlich geprüften Wirtschafter

zu je dreizehn Wochen aufgeteilt. Der Gesamtunterricht sollte jährlich 1.280 Pflichtstunden (entsprechend 32 Wochenstunden) betragen, er teilt sich auf in einen eher allgemeinbildenden, dem so genannten fachrichtungsübergreifenden Bereich (Deutsch/Kommunikation, Politik, Fremdsprache), einem eher fachtheoretischen, dem so genannten fachrichtungsbezogenen Bereich (Betriebsführung, Tierproduktion, Kulturführung oder Vermarktung) sowie in einem Wahlbereich, in dem zwischen verschiedenen Ergänzungskursen wie zum Beispiel Datenverarbeitung, Natur- und Landschaftspflege oder Endverkauf gewählt werden kann.

Während der einjährigen Fachschulausbildung soll der Bezug zur realen Berufssituation intensiviert werden. Dies wird versucht durch unterrichtsbegleitende Projektarbeiten beziehungsweise durch die fachpraktische Ausbildung während des Sommersemesters bei der dreisemestrigen Ausbildung. Die einjährige Fachschule schließt mit der Prüfung zum staatlich geprüften Wirtschafter ab. Dieser Abschluss berechtigt die Absolventen zum Besuch des zweiten Fachschuljahres, wenn die Fachschule in Aufbauform durchgeführt wird, wie zum Beispiel bei der höheren Landbauschule. Die einjährige Fachschule kann auch als eine Vorbereitung auf die Meisterprüfung angesehen werden.

5.5.2 Die zweijährige Fachschule

Der hohe Vernetzungsgrad und die zunehmende Fülle der Informationen, die für die Tätigkeiten im Agrarbereich notwendig sind, führten in den 1970er Jahren zur vermehrten Gründung von zweijährigen Fachschulen, so genannten Technikerschulen, beziehungsweise zur Aufstockung vorhandener einjähriger Schulen um ein zweites Fachschuljahr, wie zum Beispiel zur höheren Landbauschule. Zweijährige Fachschulen existieren im Agrarbereich sowohl in grundständiger Form als auch in aufbauender Form. 2009 besuchten ca. 2.300 Schüler diesen Bildungsgang.

Das Bildungsziel der zweijährigen Fachschule ist es, Fachkräfte beziehungsweise staatlich geprüfte Wirtschafter und Wirtschafterinnen zu Führungskräften in der mittleren Führungsebene agrarwirtschaftlicher Betriebe und Unternehmen heranzubilden. Sie sollen in beruflichen Situationen selbständig, sachgerecht und in gesellschaftlicher Verantwortung handeln. Darüber hinaus sind sie als Ausbilderinnen und Ausbilder tätig und führen ihre Mitarbeiterinnen und Mitarbeiter zielorientiert und situationsgerecht. Die Absolventen können Unternehmen in der produktions- und dienstleistungsorientierten Agrarwirtschaft nach technischen, wirtschaftlichen und umweltverträglichen Gesichtspunkten leiten.

Zu den Aufnahmevoraussetzungen zählen in der Regel:
- mindestens der Hauptschulabschluss,
- eine abgeschlossene Berufsausbildung in dem entsprechenden Berufsbereich,
- der Berufsschulabschluss beziehungsweise das Abschlusszeugnis der Berufsschule,
- eine ein- bis zweijährige Berufstätigkeit (Gehilfenzeit) nach der Berufsausbildung,
- (bei aufbauender Form) der Abschluss zum staatlich geprüften Wirtschafter.

Die Unterrichtsorganisation ist in den Bundesländern relativ einheitlich, der Unterricht wird ganzjährig in Vollzeitform erteilt. Von den 1.280 Jahrespflichtstunden (32 Wochenstunden) entfallen ca. 20 Prozent auf den fachrichtungsübergreifenden Bereich (Deutsch/Kommunikation, Fremdsprache, Personalwirtschaft), rund 60 Prozent auf den fachrichtungsbezogenen Bereich (Markt- und Wirtschaftspolitik, Unternehmensführung) und die restlichen 20 Prozent stehen dem Wahlbereich mit seinen verschiedenen Ergänzungskursen und der Projektarbeit zur Verfügung. Zusätzlich können nach den individuellen Bedürfnissen der Schüler und den Möglichkeiten der Schule so genannte Stütz- und Förderkurse eingerichtet werden.

Mit dem erfolgreichen Abschluss der zweijährigen Fachschule ist die Berechtigung verbunden, die Berufsbezeichnung
- staatlich geprüfter Techniker, zum Beispiel Fachrichtung Forstwirtschaft,
- staatlich geprüfte Betriebsleiterin der ländlichen Hauswirtschaft,
- staatlich geprüfte Ökotrophologin,
- staatlich geprüfter Agrarbetriebswirt

zu führen.

Darüber hinaus wird in einigen Bundesländern mit dem erfolgreichen Abschluss und ggf. einer Zusatzqualifikation auch die Fachhochschulreife zuerkannt. Den Absolventen der zweijährigen Fachschule wird auf Antrag die Befreiung von einer zusätzliche Ausbildereig-

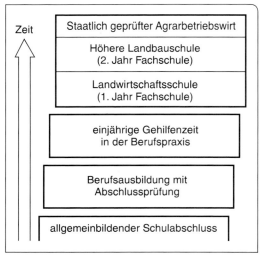

Abb. 66 Der Bildungsgang zum staatlich geprüften Agrarbetriebswirt

nungsprüfung bescheinigt, wenn sie das Fach „Personalwirtschaft" mit wenigstens der Note ausreichend abgeschlossen haben. Nach zwei Jahren praktischer Tätigkeit in ihrem Beruf besitzen sie die Ausbildereignung.

5.5.3 Die Fortbildung zum Meister

In fast allen Agrarberufen ist die Bereitschaft, die Meisterprüfung abzulegen, vorhanden. Nach statistischen Angaben erwarben 2009 10 Prozent derjenigen, die die Abschlussprüfung in einem landwirtschaftlichen Beruf bestanden haben, die Meisterqualifikation.

Das Bildungsziel der Fortbildung zum Meister ist die Vermittlung von Kompetenzen, die von Fach- und Führungskräften im Agrarbereich benötigt werden. Meisterinnen und Meister sind in Produktions- beziehungsweise Dienstleistungsbereichen als selbständige Unternehmer oder als Arbeitnehmer mit Betriebs- beziehungsweise Abteilungsleiterfunktionen tätig. In einem anerkannten Ausbildungsbetrieb können sie zugleich die verantwortungsvolle Tätigkeit eines Ausbilders übernehmen.

Die Durchführung der Fortbildung und der Prüfung zum Meister wurden in Deutschland nach dem Ende des Zweiten Weltkrieges initiiert. Mit Verabschiedung des Berufsausbildungsgesetzes im Jahre 1969 wurde auch eine erste Rechtsgrundlage für die Meisterprüfung geschaffen. Hierin ist auch festgelegt, dass die Zuständigkeit für die Meisterprüfung der zuständigen Stelle obliegt. In einigen Berufen des Agrarbereiches wurden die Meisterprüfungsordnungen erneuert.

Zur Meisterprüfung ist zuzulassen, wer eine Abschlussprüfung in einem landwirtschaftlichen Ausbildungsberuf bestanden hat und danach eine mindestens zweijährige praktische Tätigkeit in dem Beruf nachweist, in dem er die Prüfung ablegen will. Die Praxiszeit beträgt drei Jahre, wenn Berufsabschlussprüfung und Meisterprüfung nicht im gleichen Beruf sondern im Berufsfeld abgelegt werden, z. B. Ausbildungsberuf „Gärtner" und Meisterprüfung im Beruf „Landwirt". Sind Abschlussprüfung und Meisterprüfung aus verschiedenen Berufsfeldern, so sind fünf Jahre Praxiszeit im Beruf der Meisterprüfung nachzuweisen, z. B. Berufs-

abschlussprüfung als „Industriekaufmann" und Meisterprüfung im Beruf „Pferdewirt" (DVO Meisterprüfung 2008). Da als sinnvolle Vorbereitungsmaßnahme der Besuch der einjährigen Fachschule empfohlen wird, erweitern sich die Aufnahmebedingungen dementsprechend noch um wenigstens den Hauptschulabschluss und den Berufsschulabschluss beziehungsweise das Abschlusszeugnis der Berufsschule. In allen Agrarberufen, in denen die Möglichkeit zur Meisterprüfung besteht, wird wenigstens ein so genannter Vorbereitungslehrgang zur Meisterprüfung angeboten, der gezielt auf die verschiedenen Anforderungen der Prüfung ausbildet. Die Dauer derartiger Lehrgänge umfasst ca. 480 Unterrichtsstunden.

Die Prüfungsordnungen gliedern sich meistens in die folgenden drei Inhaltsbereiche:
1. Produktions- und Verfahrenstechnik,
2. Betriebs- und Unternehmensführung,
3. Berufsausbildung und Mitarbeiterführung.

Bei den Landwirten wird der erste Teil in Form eines Projektes praktisch sowie schriftlich und mündlich geprüft. Die schriftlich anzufertigende Hausarbeit bezieht ihre Aufgabenstellung aus dem zweiten Prüfungsteil. Darüber hinaus ist hierzu noch die betriebswirtschaftliche Beurteilung eines Fremdbetriebes vorgesehen, die in einem Gespräch geprüft wird. Der

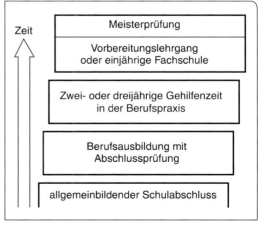

Abb. 67 Der Bildungsgang zum Meister

176 Die Ausbildung abschließen

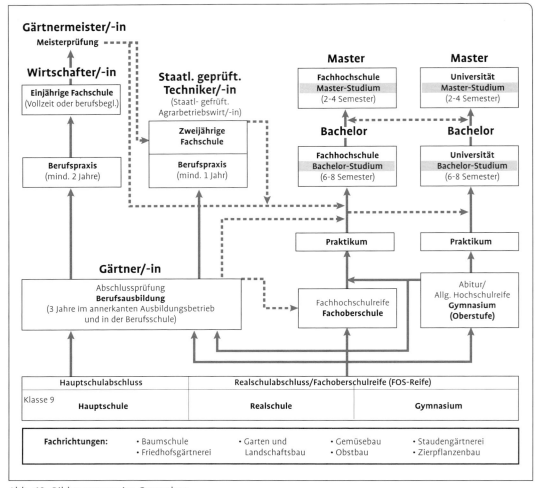

Abb. 68 Bildungswege im Gartenbau

dritte Teil wird schriftlich in Form einer Klausur und mündlich geprüft. Außerdem soll eine vom Prüfling durchzuführende Unterweisung eines Auszubildenden stattfinden.

Die in den vorangegangenen Kapiteln dargestellten Bildungsgänge sind ausgewählte Möglichkeiten von sehr vielfältigen Aus- und Fortbildungswegen. Beispielhaft wird für den Berufsbereich „Gartenbau" eine Gesamtschau der möglichen Bildungswege dargestellt, die jedoch auch grundsätzlich auf viele Berufe des Agrarbereiches übertragbar ist.

5.5.4 Andere Fortbildungsmaßnahmen mit Qualifikation

Neben den bekannten, etablierten Bildungsgängen haben sich in verschiedenen Bundesländern Sonderformen der qualifizierenden Fortbildung entwickelt. Diese Bildungsangebote decken häufig eine aktuelle, regionale oder fachlich begründete Nachfrage nach spezialisierten Bildungsinhalten ab. Diese Maßnahmen finden häufig in Teilzeit- oder Lehrgangsform statt. Die Zeitdauer ist in der Regel kürzer als bei den bekannten Fortbildungsgängen, gleichwohl steht am Ende häufig eine Prüfung und hiermit verbunden auch der Nachweis eines Qualifikationserwerbes.

So wird beispielsweise von der Fachschule Triesdorf eine Fortbildung zum Fachagrarwirt „Erneuerbare Energien – Biomasse" angeboten. Voraussetzung für die Teilnahme ist ein Berufsabschluss in einem grünen Ausbildungsberuf und eine dreijährige Berufserfahrung. Die dreizehnwöchige Zusatzqualifikation beinhaltet allgemeine Grundlagen, aber auch steuerliche und wirtschaftliche Aspekte werden beleuchtet.

Forstwirten, Gärtnern und Landwirten, die praktische Arbeiten bei der Unterhaltung und Pflege von Natur und Landschaft durchführen wollen, wird der Fortbildungslehrgang zum „Natur- und Landschaftspfleger" angeboten. Die Maßnahme dauert vier Monate und wird in zwei Blöcken in Vollzeitform durchgeführt. Lern- und Prüfungsgegenstand sind die allgemeinen Grundlagen der Natur- und Landschaftspflege sowie Spezialgebiete wie Gehölze, Heiden, Trockenrasen, Feuchtgebiete oder besondere Artenschutzmaßnahmen.

Breit gefächert konzipiert ist das Bildungsangebot der so genannten „Berufsfachschule zum Erwerb von Zusatzqualifikationen" (BFQ) in Baden-Württemberg. Für die Bereiche:
- Agrarinformatik,
- alternativer Landbau,
- Ernährungs- und Hauswirtschaft,
- Ferien und Freizeitangebote,
- Landwirtschaft im Nebenerwerb und
- Umweltschutz und Landschaftspflege

wird eine Ausbildung in Teilzeitform durchgeführt, die in zwei Jahren insgesamt 560 Unterrichtsstunden, meistens abends und an Wochenenden, vor allem in den Wintermonaten umfasst. Die Lehrpläne sind nach einem Bausteinprinzip aufgebaut, um möglichst individuell auf die Bildungsbedürfnisse der Teilnehmer einzugehen. Eingangsvoraussetzungen sind der Hauptschulabschluss und die Berufsabschlussprüfung. Die Absolventen der BFQ, die eine ordnungsgemäße, regelmäßige und erfolgreiche Teilnahme nachweisen können, erhalten mit einem qualifizierten Abschluss das Recht zu Führung des Titels „Fachkraft für ... (Schwerpunkt)". Diese Regelung gilt nicht für den Schwerpunkt Landwirtschaft im Nebenerwerb.

Ein Beispiel aus dem Bereich „Hauswirtschaft" ist die Fortbildung zur „Fachhauswirtschafterin für ältere Menschen". Die Maßnahme, die in Teilzeitform ein Jahr dauert, umfasst 300 Unterrichtsstunden mit den Schwerpunkten Haushaltsführung, häusliche Altenbetreuung, Grundlagen der Psychologie sowie Rechts- und Berufskunde. Zur Fortbildung gehört ebenfalls ein achtwöchiges Praktikum. Alle Hauwirtschafterinnen oder solche mit vergleichbaren Abschlüssen, die mindestens ein Jahr in der Hauswirtschaft tätig waren, werden zugelassen. Im Vordergrund dieser Qualifikationsmaßnahme steht die hauswirtschaftliche Versorgung der zu betreuenden Menschen, daneben sollen Hilfestellungen bei den alltäglichen Aktivitäten wie zum Beispiel Anziehen oder Zubettgehen gegeben werden sowie die Pflege sozialer Kontakte ermöglicht und Behörden übernommen werden.

5.5.5 Fortbildungsmaßnahmen ohne qualifizierenden Abschluss

Als Bezeichnungen für diese Gruppe von Weiterbildungsmaßnahmen werden auch die Begriffe „Anpassungsfortbildung" oder „Erwachsenenbildung" in der Literatur verwendet. So unterschiedlich auch diese Weiterbildungsaktivitäten in Form und Methode sind, ihnen sind die folgenden Prinzipien gemeinsam:
- die Orientierung an den unmittelbaren Teilnehmerbedürfnissen,
- das Fehlen verbindlicher Lehrpläne,
- die Freiwilligkeit hinsichtlich Teilnahme, Inhalt, Methode und Organisation,
- das Freisein staatlicher Kontrolle.

Weiterbildungsmaßnahmen ohne qualifizierenden Abschluss haben als inhaltliche Ziele:
- die Auffrischung schon erlernten Wissens (zum Beispiel Vortrag),
- den Erwerb neuen Wissens zur Nutzung des technischen Fortschrittes (zum Beispiel Maschinenvorführung),

- den Erwerb neuen Wissens zur Nutzung bestehender Beratungsangebote (zum Beispiel PC-Lehrgang),
- den Erwerb von Kompetenzen zur Veränderung persönlichen und berufsständischen Handelns (zum Beispiel Rhetorik-Seminar)

Zu den methodischen Zielen solcher Veranstaltungen sollten zählen:
- das Übertragen von Verantwortung für das eigene Lernen (zum Beispiel Ideenbörse und Themenfindung bei Seminarbeginn, Gruppenarbeitsphasen),
- das Zulassen von Auseinandersetzung und Widerstand (zum Beispiel Dialogreferat, Plenumsdiskussion, Kleingruppendiskussion),
- das Fördern von Vertrauen in eigene Fähigkeiten (zum Beispiel Übungs- und Simulationsphasen, Rollenspiel, Erlebnisbericht, Betriebsvorstellung).

Erfolgsmitbestimmend für die Umsetzung dieser inhaltlichen und methodischen Ziele ist eine teilnehmerorientierte Organisation und Durchführung. Erreicht werden kann dies durch:
- eine rechtzeitige und möglichst persönliche Bekanntgabe der Maßnahme,
- eine geeignete Auswahl von Termin und Dauer (zum Beispiel arbeitsruhige Zeiten, tagsüber zwischen 9.00 Uhr 15.30 Uhr, abends zwischen 20.00 bis 22.00 Uhr),
- eine geeignete Auswahl von Ort und Raum (zum Beispiel auf Ortsebene, ruhiger Raum mit guten Arbeits- und Visualisierungsmöglichkeiten),
- Vorbereitung der Lernmittel (zum Beispiel Kurzfassung bei Vorträgen, Gliederungsübersicht, Informations- und Arbeitsblätter),
- Eine günstige Finanzierung (zum Beispiel Nutzung von Fördermittel des Staates oder anderer Einrichtungen).

Neben allen notwendigen vorbereitenden organisatorischen Überlegungen zur Planung und Durchführung muss auch stets die persönliche, individuelle Situation der Teilnehmer berücksichtigt werden. Lernhemmend könnten sich auswirken:
- das fehlende Training im Lernen,
- Vorurteile beziehungsweise negative Vorerfahrungen,
- Kontaktarmut,
- heterogene Zusammensetzung der Lerngruppe hinsichtlich Alter oder Vorkenntnissen,
- Arbeitsstress,
- geprägte Denkstrategien,
- geringes Lerntempo.

An den Veranstalter von Weiterbildungsmaßnahmen wird die Forderung gestellt, das besondere Lernverhalten auch älterer Erwachsener zu bedenken:
- Erwachsene sind erfahrungsgeprägt,
- Erwachsene müssen beim Lernen überzeugt werden,
- Erwachsene bringen eine feste soziale Rolle mit,
- die Lernbedürfnisse Erwachsener sind unmittelbar und artikuliert,
- Erwachsene sehen das Lernen zweckgebunden und problembegrenzt,
- Erwachsene sind für Weiterbildungsmaßnahmen latent bis stark motiviert.

Zu den Einrichtungen, die Weiterbildungsmaßnahmen ohne Zusatzqualifikation anbieten, zählen im Allgemeinen:
- die Volkshochschule,
- Bildungseinrichtungen der Kirchen,
- Bildungseinrichtungen der Parteien und Gewerkschaften,
- Bildungseinrichtungen der Verbände.

Im Agrarbereich liegt die Trägerschaft häufig bei:
- Landvolkshochschulen beziehungsweise Heimvolkshochschulen,
- Verbänden der verschiedenen Berufssparten zum Beispiel Deutscher Bauernverband, Zentralverband Gartenbau, Direktorium für Vollblutzucht und Rennen, Landfrauenverband,
- Ämter für Landwirtschaft beziehungsweise Landwirtschaftskammern,

- ländlichen Erwachsenenbildung e. V.,
- Lehr- und Versuchsanstalten,
- Jugendorganisationen der Verbände,
- so genannten ehemaligen Vereinigungen, zum Beispiel Verband landwirtschaftlicher Fachschulabsolventen.

Misst man die Bedeutung dieser Form der Weiterbildung an den Teilnehmerzahlen, so übertrifft sie die der Fortbildung mit Qualifikation um ein Vielfaches. Trotzdem bleibt zu berücksichtigen, dass rein statistisch gesehen jeder Betriebsleiter nur ca. zwei Veranstaltungen pro Jahr aufsucht. Verantwortliche wissen jedoch, dass nicht wenige Teilnehmer sich weitaus häufiger pro Jahr fortbilden. So ist es eine wichtige zukünftige Aufgabe der Weiterbildungseinrichtungen im Agrarbereich, auch Bildungsangebote für diejenigen zu konzipieren, die bislang gar keinen oder nur einen sehr geringen Kontakt zum Weiterbildungsveranstalter haben.

Um die Akzeptanz des Weiterbildungsangebotes zu erhöhen, ist in der methodischen Gestaltung ein deutlicher Trend fort von Formen, die die Teilnehmeraktivitäten begrenzen wie zum Beispiel Vortragsveranstaltungen, sondern hin zu Formen, die verschiedene Einzelmethoden umfassen (Seminar) und welche die aktive Teilnahme erfordern.

Neben Seminaren und Vortragsveranstaltungen bilden so genannte Lehrfahrten die dritte größere Gruppe von Lernformen in der Weiterbildung. Sie dienen in erster Linie dazu, Neuerungen durch die direkte Anschauung bewusst werden zu lassen, das Lösen von anderen oder gleichen Problemen unter anderen Bedingungen zu demonstrieren, oder aufzuzeigen, dass in anderen Regionen die gleichen Probleme vorkommen. Die Akzeptanz von Lehrfahrten ist aber auch deshalb häufig hoch, da das Reisen selbst motiviert, die Hemmschwelle niedriger als bei anderen Maßnahmen ist und die Fahrt als gesellige Veranstaltung gesehen wird. Diese Einstellung sollte nicht unbedingt negativ bewertet werden, denn die Chance, dass aus der sekundären Motivation (geselliges Beisammensein) eine Primärmotivation (für die Sache) entsteht, ist bei dieser Weiterbildungsform recht groß.

5.5.6 Die Finanzierung und Förderung der beruflichen Weiterbildung

Die berufsbezogene Weiterbildung hat als oberstes Prinzip die Freiwilligkeit, damit verbunden auch das Freisein von staatlichem Einfluss. Für die Frage der Finanzierung bedeutet dies, dass die Kosten grundsätzlich vom Teilnehmer der Weiterbildungsmaßnahme zu tragen sind, zum Beispiel in Form von Seminar-, Lehrgangs- oder Prüfungsgebühren. Glücklicherweise bestehen jedoch in allen Bereichen der Weiterbildung Möglichkeiten der Förderung.

Schüler der ein- oder zweijährigen Fachschulen haben kein Schulgeld, eventuell auch keine Prüfungsgebühren zu zahlen, für ihren Lebensunterhalt können sie wie alle anderen Schüler finanzielle Unterstützung nach dem BAföG beantragen (siehe auch 1.2.2.4) oder wie die Meisteranwärter das sog. Meister-BAföG beantragen. Eine Förderung nach dem Arbeitsförderungsgesetz ist für Meisteranwärter nur in Sonderfällen wie der Rehabilitation und der beruflichen Eingliederung Arbeitsloser möglich.

Bei Umschulungsmaßnahmen können die Kosten durch das Arbeitsamt übernommen werden. Der Antragsteller erhält während der Maßnahme ein so genanntes Unterhaltsgeld als Einkommensersatz. Im Agrarbereich wird darüber hinaus noch eine so genannte Umstellungshilfe gewährt. Der Förderzweck ist hierbei nicht die berufliche Umschulung, sondern vielmehr die Erleichterung der Umstellung des landwirtschaftlichen Betriebes, um den landwirtschaftlichen Unternehmer die erfolgreiche Teilnahme an einer Umschulung und die Aufnahme der neuen außerlandwirtschaftlichen Erwerbstätigkeit zu ermöglichen.

Im Bereich der berufsbezogenen Weiterbildung ohne qualifizierenden Abschluss, also zum Beispiel bei Vortragsveranstaltungen oder Seminaren, decken Gebühren der Teilnehmer die Kosten. Eine Beteiligung an der Finanzierung ist jedoch häufig durch Zuwendungen so genannter Ehemaliger Vereine, wie zum Beispiel der Verein landwirtschaftlicher Fachschulabsolventen, gegeben. In vielen Bundesländern werden die Träger der Weiterbildung,

Tab. 44 Meister-BAföG	
Meister-Bafög, Stand 2009 Teilnehmerinnen und Teilnehmer an Vollzeitlehrgängen erhalten für nach dem 01.07.2009 beginnende Maßnahmen oder Maßnahmeabschnitte vom Staat einen monatlichen Unterhaltsbeitrag zum Lebensunterhalt bis zu folgender Höhe:	
675 €	für Alleinstehende ohne Kind 229 € Zuschuss / 446 € Darlehen
885 €	für Alleinstehende mit einem Kind 334 € / 551 €
890 €	für Verheiratete 229 € / 661 €
1.100 €	für Verheiratete mit einem Kind 334 € / 766 €
1.310 €	für Verheiratete mit zwei Kindern 439 € / 871 €
Für jedes weitere Kind erhöht sich (einkommens- und vermögensabhängig) dieser Betrag auf 210 Euro € und wird zu 50 Prozent als Zuschuss geleistet. Alleinerziehende erhalten darüber hinaus pauschalisiert und ohne Kostennachweis einen Kinderbetreuungszuschlag von 113 Euro monatlich pro Kind.	

wie zum Beispiel die Landwirtschaftskammern oder die ländlichen Bildungswerke, durch die Bereitstellung von Personal- und Sachmitteln seitens des Staates umfangreich unterstützt, so dass bei vielen Weiterbildungsveranstaltungen Kosten für die Teilnehmer nicht erhoben werden. Daneben können bestimmte Maßnahmen durch Landesmittel noch direkt gefördert werden. So werden zum Beispiel in Nordrhein-Westfalen Unternehmen bzw. deren Mitarbeiter, die im vergangenen Jahr an keiner Weiterbildung teilgenommen haben, mit Hilfe des sog. Bildungsscheckes (bis 500 € Zuschuss) zur Teilnahme an Maßnahmen der beruflichen Weiterbildung motiviert.

6 Mitarbeiter führen

> **Beispiel**
>
> Der Betriebsleiter eines größeren Zierpflanzenbaubetriebes mit erheblichen Unterglasflächen und sein Betriebsberater analysieren den neuesten Buchführungsabschluss. Insgesamt sind die Ergebnisse zufriedenstellend, der Kostenaufwand je qm Produktionsfläche ist sogar günstiger als bei Vergleichsbetrieben. Die Analyse der Arbeitsproduktivität zeigt jedoch Schwächen auf. Der Arbeitaufwand ist gemessen am Ertrag zu hoch. Man stellt schnell fest, dass es an der Qualifizierung der Mitarbeiter nicht liegen kann, denn die meisten von ihnen verfügen über Aus- und Weiterbildungsabschlüsse.

Spätestens an dieser Stelle wird der Betriebsleiter sich fragen müssen, ob er als Vorgesetzter seine Aufgaben richtig erfüllt, seine Mitarbeiter in allen wichtigen Situationen führen kann, insbesondere Konflikte vermeiden bzw. lösen kann.

Im Gegensatz zu früheren Zeiten verbringen wir ein Großteil unseres Lebens in Gruppen, sei es bei der Arbeit, beim Lernen oder in der Freizeit. Die meisten dieser Gruppen scheinen Führer nötig zu haben. Man macht sich häufig nicht klar, dass viele Menschen irgendwann einmal selbst in die Lage versetzt werden, Menschen zu führen als Eltern, Pfadfinderführer, Präsident des Verschönerungsvereines, als Kreislandwirt bzw. Kreisgärtnermeister und nicht zuletzt natürlich als Betriebsleiter. Für die 300.000 landwirtschaftlichen Betriebe werden jährlich ca. 10.000 neue Führungspersönlichkeiten benötigt.

Wie viele stoßen bei ihren Bemühungen auf Widerstand, Feindseligkeit, Eifersucht und Unfreundlichkeit? Hat ein Führer Schwierigkeiten mit seiner Rolle, liegt es oft an seiner Unfähigkeit, Gruppen zu leiten. Angesichts der Tatsache, dass nur wenige Menschen jemals für diese Rolle ausgebildet worden sind, kann man verstehen, warum die Führungsrolle sich so häufig als schwierig und enttäuschend erweist. Viele Ausbildungsgänge klammern die Mitarbeiterführung aus. Selbst das Studium ist kein Garant für Führungspositionen.

Viele Unternehmenskrisen lassen sich auf Mängel in der Mitarbeiterführung zurückführen. Fehlt die Koordination oder wechseln Mitarbeiter häufig den Betrieb aufgrund autoritärer Führung, sind schlechte Qualitäten, Absatzprobleme und Preisrückgang die Folge. Erste finanzielle Probleme werden sich einstellen. Gelingt es dem Unternehmer nicht, ein gutes Arbeitsklima aufrechtzuerhalten, beginnen die Mitarbeiter untereinander sich gezielt und systematisch mürbe zu machen (engl. mobbing).

Menschen zielführend einzusetzen, muss man in der Realität des Arbeitsalltages erfahren. Man sollte jedoch vorzeitig sich über sein Führungsprofil im Klaren sein und sich Fähigkeiten aneignen, um
- die richtigen Führungstechniken anzuwenden,
- neue Mitarbeiter auszuwählen (Kapitel 2),
- Mitarbeiter zu motivieren,
- Mitarbeiter zu beauftragen,
- Mitarbeiter zu beurteilen,
- Mitarbeiter zu fördern,
- Besprechungen zu organisieren,
- Teams zu bilden,
- in Konfliktsituationen richtig zu reagieren,
- Mobbing vorzubeugen.

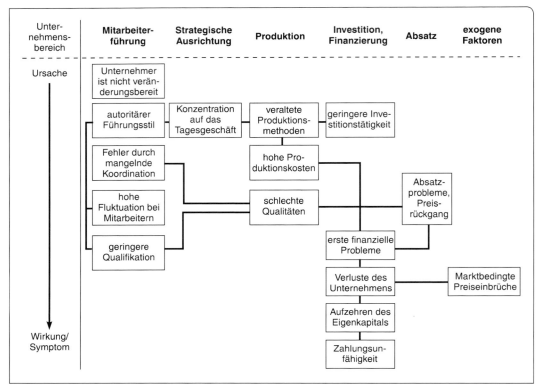

Abb. 69 Beispiel für eine Ursache-Wirkung-Kette im Verlauf einer Unternehmenskrise (Verändert nach TÖPFER 1985)

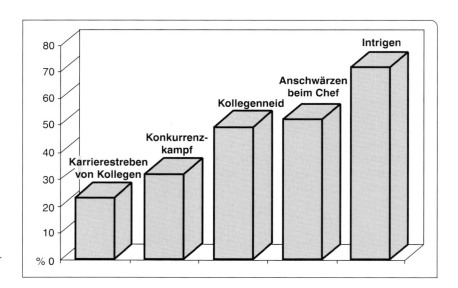

Abb. 70
Je schlechter das Klima, desto mehr wird gemobbt

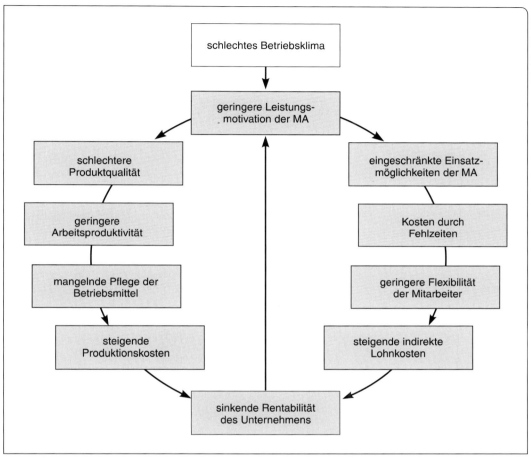

Abb. 71 Auswirkungen von Mobbing auf den Betrieb

Was heisst Führen?

„Bei allen wichtigen Fragen soll der Abt sämtliche Mitbrüder zurate ziehen – sämtliche, weil Gott oft den Jüngeren das eingibt, was das Bessere ist". Regel der Benediktiner, 6. Jahrh.

„Management ist, wenn man die Dinge richtig macht;
Führung ist, wenn man die richtigen Dinge macht!" W. BENNIS, 1985

„Führen heißt vorne stehen und nicht oben." H. H. ACKERMANN, 2001

„Führen ist die Aufgabe, ein komplexes System in einer nicht minder komplexen und sich verändernden Umwelt in eine bestimmte Richtung zu lenken" J. KRÄMER, 2007

6.1 Eigenes Führungsprofil entwickeln

Wer sich Gedanken über sein Führungsprofil macht, muss sein persönliches Führungsverhalten und seine Führungsmethode bestimmen.

6.1.1. Führungspersönlichkeit

„Führer werden geboren, nicht gemacht!" so war lange Zeit die Meinung, bis Sozialwissenschaftler die Führungsrolle zum Forschungsgegenstand erhoben. Bis zum zweiten Weltkrieg gingen Führer in der Regel aus privilegierten Familien hervor.

Wenn Führungsqualitäten nicht eine Frage der Gene sind, dann müssen sie durch Erziehung, Ausbildung oder in der Beziehung zwischen Führer und Gruppe erworben werden können. Um dieser Frage nachzugehen, müssen wir uns mit den Führungsfunktionen, dem Führungsverhalten und den Führungsstilen näher auseinandersetzen.

6.1.1.1 Funktionen

Neben den Ausführungsleistungen oder Routinetätigkeiten (Bedienen von Maschinen, Stalldienst) und Problemlösungsleistungen (Auswahl einer geeigneten Sorte, Aufstellung eines Düngeplanes) hat ein Führender bzw. Betriebsleiter im Agrarbereich auch noch Führungsleistungen (Einsatz der Mitarbeiter oder der Aushilfskräfte) zu erbringen. Ausführende, problemlösende und Führungsleistungen sind für den Betriebserfolg in gleicher Weise notwendig. Betriebsleitern haben im Agrarbereich somit häufig eine fachliche bzw. technische Funktion und eine Führungs-/Managementfunktion.

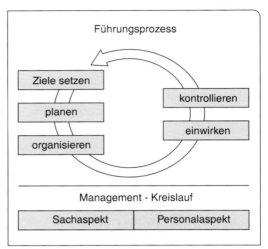

Abb. 73 Führungsprozess

Betriebsstruktur, Ökonomie und Produktionstechnik füllen die fachliche Funktion aus, welche Anforderungen ergeben sich aber für die Führungsaufgaben? Die verschiedenen Führungsfunktionen leiten sich aus der Struktur des Führungsprozesses ab, der sich dem Problemlösungsprozess gleicht.

Am Anfang steht eine Aufgabe, ein Problem, woraus sich die Zielsetzung ergibt (z. B. Silage bereiten). Hierzu wird in der Planung ein Durchführungs- bzw. Handlungsprogramm entwickelt (Mähen, Anwelken, Zetten, Schwaden, Zusammenfahren, Silo Befüllen etc.). Dieses wird in der Organisationsphase in zielgerichtete Führungs- bzw. Handlungsanweisungen umgesetzt (Anweisungen: wer, was, wann zu erledigen hat). Um die Aufgabe aus-

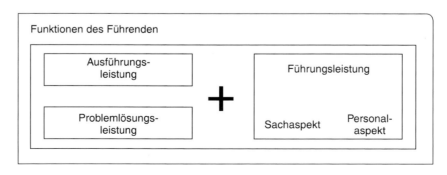

Abb. 72 Funktionen des Führenden

zuführen, muss der Betriebsleiter auf Mitarbeiter einwirken, überzeugen oder verpflichten, dass sie sich entsprechend verhalten und die Handlungen durchführen. Während bei der Umsetzung der Aufgabe der Betriebsleiter nicht immer sich beteiligt, ist die Kontrolle der Ergebnisse eine wichtige Führungsaufgabe (Flächenleistung, Stundenleistung, Qualität des Futters).

Unabhängig davon, ab welcher Phase Mitarbeiter informiert werden, ein Vorgesetzter muss Ziele setzen, planen, organisieren, einwirken und kontrollieren können und das bei einer Aufgabe häufig mehrmals hintereinander. So wird dieser Führungsprozess auch als Management-Kreislauf bezeichnet. Bei diesem Prozess wird der Betriebsleiter sowohl Betriebsziele (qualitativ hochwertige Silage), den sog. Sachaspekt und die Zufriedenheit der Mitarbeiter, den Personalaspekt immer zu berücksichtigen haben.

Der Sachaspekt kommt in der Sachentscheidung über die Handlungsziele zum Ausdruck. Ohne ein Sachziel kann es keine Führung geben. Der Personalaspekt bezieht sich auf die Beeinflussung bzw. Einwirkung auf Menschen, auf das personale Realisieren der Aufgabe. Sach- und Personalaspekt sind in den einzelnen Phasen des Führungsprozesses nicht immer gleich stark. So ist der Personalaspekt beim Einwirken besonders gewichtig (Führen im engeren Sinne), in der Organisations- und Kontrollphase stark, aber bei der Zielsetzung häufig weniger bis unwichtig.

Die Führungsaufgabe beinhaltet häufig eine Menge menschlicher und sozialer Fragen, hier geht es um die vielfältigen und direkten Beziehungen zwischen Betriebsleiter und Mitarbeitern, hier beweist sich das Führungsverhalten.

6.1.1.2 Führungsverhalten

Verhalten ist das beobachtbare und messbare Tun des Menschen. Weil der Mensch dabei mit anderen Menschen in Berührung kommt, ist häufig der größere Teil seiner Aktivität soziales Verhalten. Führungsverhalten ist somit das Tun, das Handeln, die Aktivität der Führungskraft. Es ist ein durch noch zu klärende Merkmale gekennzeichnetes Sozialverhalten.

Bei welchen der beschriebenen Verhaltensweisen handelt es sich um Führungsverhalten?
a) Gärtnermeister Schlau erklärt seinen beiden neuen Auszubildenden die Topfmaschine und weist sie in die Bedienung ein.
b) Auszubildende Blümlein blickt in den Spiegel und ordnet ihre Frisur.
c) In einer Diskussion von Verbandsfunktionären versucht ein Teilnehmer zu überzeugen, dass für eine Steigerung der Lebensqualität Preiserhöhungen notwendig sind.
d) Betriebsleiter Emsig stellt für den Weizenschlag „Sonnenhang" einen Düngeplan auf.
e) Auf einem Betriebsausflug unterhalten sich der Betriebsleiter und die Mitarbeiter über die Fußballbundesliga.
f) Die Hauswirtschaftsmeisterin Gutmütig beauftragt die Mitarbeiterin Fleißig mit der Zubereitung der Mittagsmahlzeit.

Ein Führungsverhalten als ein konkretes Führungshandeln finden wir nur in den Beispielen a) und f), da hier
- andere Personen unmittelbar betroffen sind,
- ein Kompetenzunterschied besteht,
- ein Zielkonzept verfolgt wird.

Das Führungsverhalten ist darauf gerichtet, die Handlungen von
Menschen zielbewusst zu beeinflussen.

Führungsstil

Die Verhaltensweisen der Menschen lassen sich anhand bestimmter, beobachtbarer Merkmale unterscheiden. Das Gesamtbild dieser Merkmale kennzeichnet ein Verhaltensmuster, auch Persönlichkeitsstil genannt. Der Führungsstil ist somit ein Verhaltensmuster, das sich auf der Basis bestimmter Führungsmerkmale zusammensetzt. Die besondere, vielleicht sogar auffällige Ausprägung eines oder mehrerer Merkmale führt dazu, dass man verschiedene Führungsstile voneinander unterscheiden kann. Die vier bekanntesten werden im folgenden kurz beschrieben:
- autoritärer oder führerzentrierte Stil
- bürokratischer Stil
- kooperativer oder gruppenzentrierter Stil
- nachgiebiger oder dezentrierter Stil

Einstellung zum Vorgesetzten		Zufriedenheit mit der Arbeit		%
+	−	+	−	
x		x		22
x			x	12
	x		x	44
	x	x		21

Abb. 74
Der Vorgesetzten-Effekt

Der autoritäre Vorgesetzte nimmt wenig Rücksicht auf seine Mitarbeiter, die Führung ist unpersönlich. Er weiß und kann alles besser. Der autoritäre Führer bestimmt sehr viel, er erteilt Anerkennung und Beanstandung, ohne sachliche, objektive Gründe zu nennen. Diese Führung unterstellt, dass die Mitarbeiter gegen die Arbeit abgeneigt und nicht fähig sind, die Arbeit selbst zu planen und einzuteilen. Strafmaßnahmen gegen sich nicht entsprechend verhaltende Mitarbeiter geschehen durch sog. Kanalisation, d. h. durch Arbeitsbedingungen, die ein korrektes Verhalten erzwingen. Beispielsweise wird einem häufig zu spät kommenden der Hausschlüssel übergeben mit der Anweisung, morgens die Betriebsgebäude aufzuschließen.

Der bürokratische Vorgesetzte trifft ebenfalls alle Entscheidungen alleine, aber unter Beachtung der bestehenden Regeln, Satzungen, Vorschriften und Normen. Das Führungsverhalten ist nicht personengeprägt, sondern unpersönlich, farblos, humorlos und starr. Die Führung der Mitarbeiter erfolgt durch Regeln, nach strengen Vorschriften z. B. schriftlich statt persönlich. Es gilt der Grundsatz, dass es keiner besser hat als der andere.

Der kooperative Vorgesetzte lenkt und koordiniert die Zusammenarbeit im Betrieb, die Mitarbeiter sind Partner. Seine Position ist eine Aufgabe in der Gruppe. Die Führung ist sowohl sachbezogen an der Aufgabe orientiert, als auch personenbezogen an Zusammenarbeit und Gemeinsamkeit. Die meisten Aufgaben und Ergebnisse werden nur als durch die Gruppe vollziehbar angesehen. Der Vorgesetzte erteilt sachliche Informationen und Aufträge anstelle persönlicher Befehle. Er gelangt somit zu Maßnahmen, die von den Mitarbeitern mit entschieden und mit verantwortet werden. Beanstandungen werden begründet und setzen auf Einsicht.

Der nachgiebige Vorgesetzte ist unsicher, auf eine zielgerichtete Führung wird verzichtet. Er verhält sich neutral, um Konflikten aus dem Weg zu gehen. Ihm fehlen Techniken der Gesprächsführung oder die notwendigen fachlichen Qualifikationen oder sogar beides. Die Mitarbeiter sind in vielen Situationen handlungsunfähig, auf Grund fehlender Führung können sie nur Routinearbeiten ausführen.

Diese dargestellten Führungsstile sind idealtypisch, d. h. dass sie in der beschriebenen Form nur selten vorkommen. Auch die Übergänge sind fließend. Schließlich können Vorgesetzte in Abhängigkeit von der Situation auch ihren Stil abändern. Dies ist auch bei einer Beurteilung der Stile zu bedenken, dass ihre Vor- und Nachteile immer in Bezug zur Aufgaben- bzw. Arbeitssituation gesehen werden müssen. So kann in einem Fall ein mehr aufgabenorientierter, im anderen Fall ein mehr mitarbeiterorientierter Stil sinnvoll sein.

Was macht nun aber ein erfolgreiches Führungsverhalten aus?

Bei einer Befragung von 1.500 Arbeitnehmern der Metallindustrie zeigte sich, dass 22 % der Befragten, die eine positive Einstellung zum Vorgesetzten hatten, mit der Arbeit zufrieden waren, bzw. dass 44 % der Befragten , die eine negative Einstellung zum Vorgesetzten besaßen, auch unzufrieden mit der Arbeit waren. Das Verhältnis zwischen Vorgesetztem und seinen Mitarbeitern bestimmt entscheidend über ein erfolgreiches Führungsverhalten.

Führungsqualitäten wurden lange von der Körpergröße einer Person abgeleitet, ein Führender ist ein großer Mann (in der Wirtschaft sind 11,9 % der Spitzenleute Frauen). Hieraus ergibt sich die Frage, ob die Führungsleistung die direkte Auswirkung der Persönlichkeit ist?

Welche der im folgenden aufgezählten Eigenschaften sollte Ihrer Meinung nach ein Vorgesetzter unbedingt besitzen?

a) intelligent
b) überlegt
c) entschlossen
d) selbstkritisch
e) humorvoll
f) ausgeglichen
g) beweglich
h) aggressiv
i) gutmütig
j) vital
k) klug
l) wortgewandt
m) zuverlässig
n) ehrgeizig
o) risikofreudig
p) fachlich sicher
q) groß
r) imposant
s) sportlich
t) jung
u) flexibel
v) freundlich
w) kritisch
x) ausgleichend
y) engagiert
z) selbstbewusst

Die Auswahl besonderer Eigenschaften fällt schwer. Wahrscheinlich sind die meisten der hier aufgezählten Merkmale wünschenswert für einen Vorgesetzten. Auch Eigenschaften, die allgemein zunächst als nicht so wichtig eingestuft werden, können in bestimmten Führungssituationen entscheidend sein. Letztlich sind die aufgelisteten Merkmale nicht nur wünschenswert für Vorgesetzte sondern genauso auch für Mitarbeiter. In der Landwirtschaft werden nach einer Umfrage (2010) als die fünf wichtigsten Eigenschaften der Mitarbeiter angesehen: Fachwissen, Interesse, Zuverlässigkeit, Selbständigkeit und Flexibilität.

Was macht erfolgreiches Führungsverhalten sonst aus?

Angeborene Merkmale, Vorerfahrung und Lerngeschichte, Aufgabe und Situation sowie der Gruppeneinfluss beeinflussen das Führungsverhalten und entscheiden somit auch über die Leistung, den Erfolg. Während man sich zu den drei erst genannten Einflussgrup-

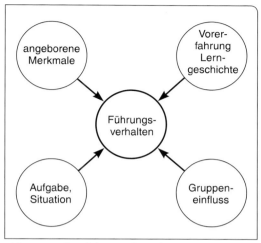

Abb. 75 Einflussfaktoren des Führungsverhaltens

pen noch entsprechende Beispiele vorstellen kann, so dürfte beispielsweise eine gezielte Rhetorikausbildung oder eine intensive betriebliche Erfahrung mit Vorgesetzen das eigene Führen erleichtern, fällt dies für den Faktor „Gruppeneinfluss" schon schwerer.

Nach der modernen Führungsforschung ist die Führungsleistung nicht unabhängig von den Geführten, der Gruppe. Vorgesetzter und Mitarbeiter kommen durch die Führung zueinander in Beziehung, „Interaktion". Niemand kann Führer sein, ohne Gefolgsleute zu haben. Niemand wird sich als Vorgesetzter lange behaupten können, der nur Mitarbeiter hat, die seinen Einfluss, seine Führung und seine Anleitung nicht akzeptieren (siehe Befragung).

Sie werden sich aus ihrem Engagement für den Betrieb, für ihre Aufgaben zurückziehen, sich strickt an die Regelarbeitszeit halten, wenn möglich Freiräume ausdehnen, dem Chef aus dem Weg gehen, Interesse und Einsatzbereitschaft erlöschen. Dieses Verhalten wird als sog. „innere Kündigung" bezeichnet.

Erfolgreiches Führungsverhalten ist somit nicht nur die Verhaltensweise des Vorgesetzten sondern auch das Aktionsmuster der Gruppe. Um eine effektive Führungsarbeit zu leisten, muss der Vorgesetzte die Ziele des Betriebes, der Organisation und die Bedürfnisse der Mitarbeiter zugleich beachten. Dies ist sein Erfolgsrezept, aber auch sein Dilemma. Der Betriebsleiter als Vorgesetzter ist somit ein Bindeglied zwischen Betrieb und Mitarbeitern.

Selbsteinschätzung
Bisher wurde sehr viel zum allgemeinen Führungsverhalten ausgesagt. Wie sieht es aber mit dem eigenen Führungsverhalten aus? Ist es so angelegt, dass ich mich sowohl aufgaben- als auch mitarbeiterorientiert verhalten kann? In welche Richtung müsste ich es abändern, um erfolgreicher zu führen? Zur Einordnung sind die idealtypisch aufgezeigten Führungsstile nicht hilfreich.

Als Hilfsmittel soll das sog. Verhaltensgitter „Grid" (engl. Gitter) der Psychologen Blake und Mouton dienen.

Das Verhaltensgitter besteht aus einem quadratischen Netz, aus je neun senkrechten und waagerechten Linien. Die Ordinate kennzeichnet die Mitarbeiter-, Humanorientierung die Abzisse die Aufgaben-, Leistungsorientierung. So ergeben sich 81 verschiedene Führungsstile, wobei sich als besonders typisch nur 5 (die Formen 1.1, 1.9, 5.5, 9.1 und 9.9) hervorheben. Zu welchem Typ Sie zählen könnten, erfahren Sie durch die Lösung der folgenden Aufgabe (nach Withauer, 1989).

Bewerten Sie die folgenden Abschnitte als eine Beschreibung Ihres Ichs, indem Sie Ihrer typischsten Führungsform die Zahl 1 zuordnen, der nächst typischen Form die Zahl 2 usw. bis 5. Wenn Sie die Wertung abgeschlossen haben, sollte jede Zahl von 1 bis 5 nur jeweils einmal vorkommen. Sie müssen sich jeweils entscheiden und können keine Bewertung auslassen.

a) Ich akzeptiere die Entscheidungen anderer. Ich schließe mich Meinungen, Verhaltensweisen und Vorstellungen anderer an oder vermeide, Partei zu nehmen. Wenn Konflikte auftauchen, versuche ich, neutral zu bleiben oder mich herauszuhalten. Da ich mich neutral verhalte, rege ich mich selten auf. Andere finden in meinem Humor keine Pointen. Ich strenge mich nur soweit wie unbedingt nötig an.

b) Ich lege großen Wert darauf, meine guten Beziehungen aufrechtzuerhalten. Anstatt meine eigene Meinung durchzusetzen, ziehe ich vor, die Meinungen, Verhaltensweisen und Vorstellungen anderer zu akzeptieren. Ich bemühe mich, keinen Konflikt entstehen zu lassen, wenn er aber auftaucht, versuche ich, die Wunden zu heilen und die Menschen wieder zusammenzubringen. Da Spannungen Störungen verursachen können, verhalte ich mich immer verbindlich und freundlich. Mein Humor zielt darauf ab, freundliche Beziehungen aufrechtzuerhalten oder, wenn Spannungen auftreten, die Aufmerksamkeit abzulenken. Ich führe selten, helfe aber, wo ich kann.

c) Ich lege großen Wert darauf, Entscheidungen zu treffen, die auch durchgeführt werden. Ich trete für meine Ideen, Meinungen und mein Verhalten ein, auch wenn ich manchmal jemanden auf die Zehen treten muss. Wenn Konflikte auftreten, beseitige ich sie oder setze mich durch. Wenn etwas schief läuft, verteidige ich mich, leiste Widerstand oder komme mit Gegenargumenten. Mein Humor trifft scharf. Ich treibe mich und andere.

d) Ich bemühe mich, durchführbare Entscheidungen zu erreichen, auch wenn sie nicht immer perfekt sind. Wenn Ideen, Meinungen oder Verhaltensweisen auftauchen, die sich von meinen eigenen unterscheiden, nehme ich eine mittlere Position ein. Wenn Konflikte entstehen, versuche ich, gerecht, aber fest zu bleiben und eine faire Lösung zu erreichen. Unter Spannung fühle ich mich unsicher, welchen Weg ich einschlagen soll oder wie ich meine Meinung ändern soll, um weiteren Druck zu vermeiden. Mein Humor dient dazu mir und meiner Stellung zu helfen. Ich versuche, ein gutes gleichmäßiges Tempo aufrechtzuerhalten.

e) Ich lege großen Wert darauf, gesunde und schöpferische Entscheidungen zu erreichen, die sowohl Verständnis als auch Einverständnis herbeiführen. Ich höre gut zu und suche nach Ideen, Meinungen und Verhaltensweisen, die sich von meinen eigenen unterscheiden. Ich habe klare Überzeugun-

Führungsprofil 189

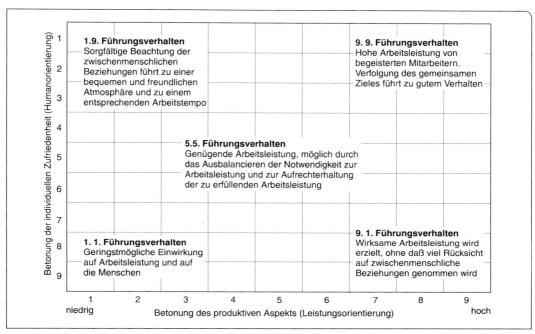

Abb. 76a Das Verhaltensgitter mit Beispielen (BLAKE, MOUTON)

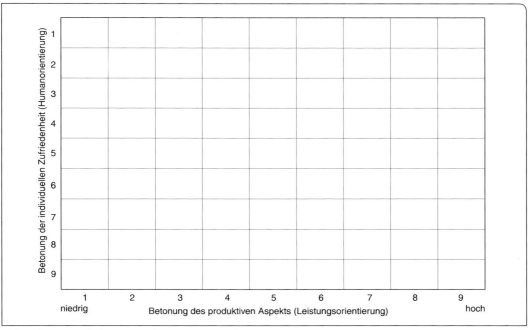

Abb. 76b Das Verhaltensgitter (BLAKE, MOUTON)

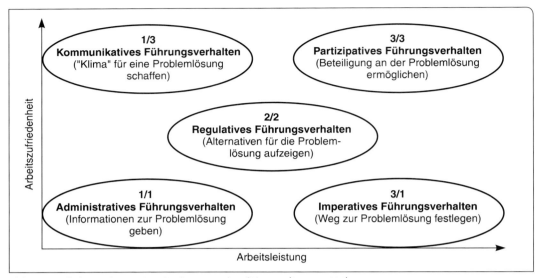

Abb. 77 Verhaltensalternativen in der Menschenführung (SAHM 1981)

gen, reagiere auf gute Ideen dadurch, dass ich meine eigene Meinung ändere. Wenn Konflikte auftauchen, versuche ich, die Gründe dafür herauszufinden und die Folgen zu beseitigen. Wenn ich erregt bin, beherrsche ich mich, obwohl meine Ungeduld sichtbar wird. Mein Humor passt zur Situation und ist richtungsweisend. Selbst unter Spannung bewahre ich mir meinen Witz. Ich lege meine ganze Kraft in die Arbeit, andere folgen mir.

Anhand dieser situativen Beschreibungen dürfte es leichter fallen, sein eigenes Führungsverhalten zu bestimmen. Dabei wird man aber auch festgestellt haben, dass nicht alle Beschreibungen eines Falles insgesamt typisch für einen sind, sondern dass in den verschiedenen Stilen immer wieder Beschreibungen auftauchen, die zutreffend sind. Man erkennt so, zu welcher Führungsrichtung das eigene Verhalten tendiert bzw. welche Verhaltensweisen man ablegen oder sich aneignen müsste, um einen anderen Führungsstil zu bekommen.

Die fünf Beschreibungen sind den fünf Führungsstilen des Verhaltensgitters wie folgt zuzuordnen:

a) = 1.1, b) = 1.9, c) = 9.1, d) = 5.5, e) = 9.9

Die beiden amerikanischen Psychologen favorisierten den Führungsstil 9.9 als optimales Führungsverhalten. Hier setzt aber auch die Kritik an, dass nämlich für alle Situationen und Gruppen ein Führungsverhalten nicht optimal sein kann. Führt beispielsweise nicht in Notfällen das Verhalten 9.1 schneller und sicherer zum Erfolg?

So hat auch der Psychologe SAHM die Systematik des Verhaltensgitters anerkannt, aber er hat die Beschreibungen von Wertungen befreit und sie neutral dargestellt. Hierbei wird der Wirkungsgrad des Führungsverhaltens in bestimmten Situationen auf Leistungserfüllung und Zufriedenheit der Mitarbeiter geprüft.

Wir erkennen, dass auch Führungsverhalten nach 1.1, also ein administratives (verwaltend) Verhalten ausreicht, wenn nur Informationen vom Vorgesetzten zur Problemlösung verlangt werden, ein kommunikatives (Beziehung schaffend) Verhalten zur Gestaltung eines Gesprächklimas beiträgt, ein imperatives (anordnend) Verhalten dazu dient, um aus einer festgefahrenen Situation herauszuführen, ein regulatives (regelnd) Verhalten bei der Suche von Alternativen hilft sowie ein

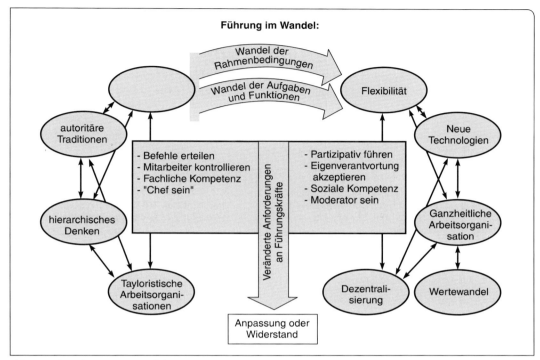

Abb. 78 Die Führung im Wandel

partizipatives (beteiligend) Verhalten ermöglicht, Mitarbeiter an Entscheidungen und Verantwortung des Betriebes zu beteiligen.

Ein optimales Führungsverhalten ist nicht gekennzeichnet durch einen bestimmten Führungsstil, sondern durch die Fähigkeit, das Führungsverhalten entsprechend der Situation abzuändern.

6.1.2. Führungsmethode

Die Führungsmethode meint den Weg, wie Mitarbeiter zu betrieblichen Zielen und zu Zufriedenheit geführt werden. Verschiedene, eigenständige Führungsmethoden im klassischen Sinne wie die Ausbildungsmethoden existieren nicht. Die Unterschiede im systematischen Vorgehen sind häufig gering, so dass man von sog. Führungstechniken spricht. Die Techniken sind nur einsetzbar unter Anwendung bestimmter Führungsmittel wie z. B. die persönliche Ansprache oder die schriftliche Anweisung. Aber auch die Situation oder das Ziel können wie beispielsweise bei Gewinn-Maximierung über die sog. Gewinnbeteiligung zu methodischen, bewusst genutzten Maßnahmen werden. Schließlich ist auch das Führungsverhalten selbst untrennbar von methodischen Schritten zu sehen.

Das Zusammenspiel dieser Einzelfaktoren ergibt eine Vielzahl wenig voneinander abzu-

Führungsverhalten	
Führungstechnik	Führungsmittel
Aufgabe Situation	Ziel

Abb. 79 Bestimmende Bestandteile der Führungsmethode

Tab.45 Führer- bzw. mitarbeiterzentrierte Methode

Beispiel:	Führungsverhalten	= autoritär
	Führungstechnik	= Befehlen
	Führungsmittel	= verbaler Auftrag
	Aufgabe, Situation	= Notsituation
	Ziel	= unverzügliches Handeln, Abwehr einer Gefahr, Erreichung betrieblicher Ziele
= führerzentrierte Methode		
Beispiel:	Führungsverhalten	= partnerschaftlich
	Führungstechnik	= Zielvereinbarung
	Führungsmittel	= Besprechung
	Aufgabe, Situation	= Problembewältigung, Ideensuche
	Ziel	= Erreichung betrieblicher Ziele bei gleichzeitiger Zufriedenheit der Mitarbeiter
= mitarbeiterzentrierte Methode		

grenzender methodischer Möglichkeiten, die in ihren Tendenzen (lat. Richtung, Strömung) als führerzentriert oder mitarbeiter- bzw. gruppenzentriert bezeichnet werden können.

6.1.2.1 Führungsmittel

Die Führungsmittel sind die direkten Mittel des Führenden, um mit den Mitarbeitern in Beziehung zu treten. Vorgesetzte und Mitarbeiter sind über Kommunikation in Verbindung. Als Kommunikation versteht man die über Zeichen vermittelte Wechselbeziehung zwischen Menschen. Diese Zeichen können gesprochene oder geschriebene Wörter (verbale Zeichen) und Taten (nonverbale Zeichen) sein. Wichtige Führungsmittel wären demnach das Gespräch mit Mitarbeitern und die schriftliche Führungsanweisung.

Das Gespräch

Ein Gespräch ist der Austausch von Botschaften. In unserem Beispiel scheinen die Botschaften den jeweiligen anderen Gesprächspartner nicht zu erreichen. Aber selbst wenn zwei Gesprächspartner schweigen, senden sie Botschaften aus, sie „sprechen" mit ihren Körpern. Das bedeutet, man spricht immer. Die Trennung von dem verbalen und dem nonverbalen Verhalten ist im normalen Gespräch nicht möglich. Mit dem verbalen Verhalten werden besonders sachliche Inhalte ausgedrückt, es ist die sachliche Ebene im Gespräch, das nonverbale Verhalten drückt überwiegend Beziehungen, Gefühle aus, es ist die Beziehungsebene.

Der Sachebene ist der rational logische, vernunftsmäßige Teil zuzurechen, bestimmende Faktoren sind hier das Fachwissen, die Gedächtnisleistung, die Analysefähigkeit, das Abstraktionsvermögen (Heraussondern des Wesentlichen vom Unwesentlichen). Zur Beziehungsebene gehört alles, was „gefühlsmäßig" zwischen den Gesprächspartnern läuft. Sichtbarer Ausdruck ist das Gesprächsklima, der Umgang miteinander, die Lautstärke, die Körpersprache.

Vom Verhalten auf der Beziehungsebene hängt es ab, wie man vom Gesprächspartner wahrgenommen wird und ob es gelingt, Vertrauen und Glaubwürdigkeit zu vermitteln.

So werden Argumente oft nur deswegen von jemanden abgelehnt, weil man ihn als Gesprächspartner nicht akzeptiert. So mancher Streit um die Sache ist in Wirklichkeit kein Sachstreit sondern eine versteckt ausgetragene Störung der zwischenmenschlichen Beziehung.

Oder es werden Meinungen gegen die eigene Überzeugung vertreten, nur um sich vom Gesprächspartner abzugrenzen.

Im gezeigten Beispiel reden Vorgesetzter und Mitarbeiter aneinander vorbei. Auf der Sachebene bringen beide Argumente (lat. Beweisgrund), die schlüssig und überzeugend klingen. Ursachen für das Zustandekommen dieses erfolglosen Gespräches können auf der Gefühlsebene liegen, beide missachten einander, oder ihnen fehlt eine überdachte Gesprächsstrategie.

Gesprächsstrategie

Mitarbeitergespräche bestehen nicht nur aus Fragen und Zuhören. In Verhandlungen, Besprechungen und Diskussionen können verschiedene Ratschläge zur Gesprächsstrategie zum Erfolg der Unterredung beitragen. Im Folgenden werden einige kurz angesprochen.

Sorgen Sie für eine angenehme Gesprächsatmosphäre.

Hierzu gehört nicht nur ein freundliches Gesicht sondern auch ein entsprechender äußerer Rahmen wie bequeme Sitzmöglichkeiten, geeignete Sitzanordnung oder Schreibmöglichkeit. Störende Einflüsse – Telefonanrufe, blendendes Licht, verbrauchte Luft oder zu hohe Zimmertemperatur – sollten abgestellt werden. Je nach Bekanntheitsgrad der Gesprächspartner kann der Beginn als sog. warming up (eng. Aufwärmen) mit dem Austausch privater Informationen gestaltet werden.

Erkennen Sie die Argumente des Gesprächpartners an.

Das heißt nicht, dass Sie diesen Argumenten zustimmen, sondern Sie zeigen dem Partner, dass Sie ihn ernst nehmen und versuchen, sich in seine Lage zu versetzen. Hierdurch vermitteln Sie das Gefühl der Anteilnahme und Gleichstellung, aber auch der Objektivität.

Bleiben Sie bei der Sache.

Bereiten Sie das Gespräch gut vor, machen Sie sich ggf. einige Notizen z. B. eine Auflistung der Punkte, die angesprochen werden sollen. Vermeiden Sie Ausschweifungen, diese verwirren oder ermüden ihre Gesprächspartner.

Beispiel

Mitarbeiter:
Das ist eine gute Sache, die uns viele Vorteile bringt.
Vorgesetzter:
Es wird nicht funktionieren.
Mitarbeiter:
Aber natürlich funktioniert es, ich habe es genau durchdacht.
Vorgesetzter:
Es gibt zuviel, das da schief gehen könnte, zuviele Unsicherheiten.
Mitarbeiter:
Nichts wird schief gehen, ich habe es zweimal geprüft.

Vorgesetzter:
Für das, was dabei herauskommt, muss die Firma zuviel investieren.
Mitarbeiter:
Das Risiko ist sehr klein.
Vorgesetzter:
Das können wir nicht machen. Diese Lösung würde bei den anderen Mitarbeitern zuviel Ärger geben.
Mitarbeiter:
Die Lösung wird auch den anderen gefallen, wenn sie erkannt haben, wie viel Zeit sie dadurch sparen.

Lassen Sie sich selbst nicht durch unsachliche Einwände von der Hauptsache ablenken. Beharren Sie auf der Sachebene: „Kommen wir doch lieber zur Sache zurück ..."

Gewinnen Sie Zeit bei unangenehmen Einwänden und Fragen.
Sie brauchen Zeit, um Ihre Argumente noch einmal zu überdenken oder um die Absichten des Partners zu ergründen. Zeit gewinnen Sie, wenn Sie den Gesprächspartner aktivieren können, z. B. durch Nachfragen wie: „Wie sind Sie zu dieser Ansicht gekommen? Kann man das eigentlich generell sagen? Gibt es denn noch mehr Vor-/Nachteile?" Eine andere Ausweichmöglichkeit besteht darin, auf ein anderes (beliebiges) Thema auszuweichen wie z. B." Damit fragen Sie mich eigentlich nach ....." oder „Wenn Sie damit meinen ...."

Bringen Sie das Hauptproblem/Hauptargument zum richtigen Zeitpunkt.
Sie müssen zunächst eine gemeinsame Gesprächsbasis finden, denn Ihr Problem ist nicht unbedingt vergleichbar mit dem des Partners. Deshalb sollten Sie ihn dazu führen, dass er sich für Ihre Sache interessiert. Sie müssen die Vorzüge Ihres Standpunktes ausreichend dargelegt haben bevor Sie Ihr Hauptproblem nennen.

Beispiel

Ausgangslage:
Der Chef eines größeren GaLaBau-Betriebes (V) wird von seinem leitenden Mitarbeiter (M.) um die Zurverfügungstellung eines Einzelbüros angesprochen. M. weiß, dass es schwierig sein wird, aber er erhofft sich dadurch neben besseren Arbeitsbedingungen auch ein höheres Ansehen im Betrieb und bessere Aufstiegsmöglichkeiten.

V: Guten Tag, Herr M, bitte nehmen Sie Platz. Wie geht es übrigens Ihrer Frau nach der Operation?
M: Es geht ihr wieder besser, wir sind froh, das alles gut geklappt hat.
V: Herr M, was kann ich für Sie tun?
M: Ich brauche dringend ein Einzelzimmer. Ich komme nicht zum Arbeiten. Mein Kollege hat zur Zeit regen telefonischen und persönlichen Kundenverkehr. Ich weiß nicht, wie ich die Planung für unseren Messestand schaffen soll.
V: Das ist natürlich nicht schön, wenn man beim Arbeiten gestört wird. Sie wissen wie problematisch bei uns die Bürosituation ist. Ein Einzelbüro ist nicht zu bekommen. Wenn Sie beim Arbeiten gestört werden, gehen Sie doch ins Besprechungszimmer. Sie wissen wie wichtig der Messestand für uns ist. Ich hoffe, Sie enttäuschen mich nicht!
M: Nein, nein! – Aber den Besprechungsraum muss ich immer wieder räumen. Im Büro werde ich häufig dadurch gestört, dass mein Kollege Diskussionen über betriebliche Probleme führt. Er ist ja schließlich Betriebsobmann. Und andere Kollegen haben doch auch ein Einzelbüro bekommen.
V: Wir dürfen die Betriebsratstätigkeit nicht behindern, das ist gesetzlicher Auftrag. Bitten Sie Ihren Kollegen, doch seine Termine demnächst anders zu legen.
M: Das möchte ich nicht. Ich hätte aber gerne ein Einzelbüro. Dann könnte ich auch die längst fällige Umstellung unserer Buchführung auf PC in Angriff nehmen.
V: Ihr Angebot mit der Umstellung finde ich sehr interessant. Aber wie gesagt, es ist unmöglich für Sie ein Einzelbüro zu bekommen. Wenn Sie mich jetzt entschuldigen würden, ich habe gleich einen wichtigen Termin, auf den ich mich vorbereiten muss.

Verfestigen Sie Ihre Argumente beim Gesprächspartner.
Hierdurch setzt sich Ihr Gesprächspartner mit Ihrer Lage auseinander. Sie erreichen dies, indem Sie sich die eindeutigen Vorteile Ihres Standpunktes vom Partner bestätigen lassen, ggf. auch auf einer allgemeineren Ebene wie z. B. „Ist Sparen nicht sinnvoll?". Eine andere Möglichkeit besteht darin, den Partner direkt aufzufordern, sich in Ihre Lage zu versetzen: „Wenn Sie an meiner Stelle wären, würden Sie ..."

Bereiten Sie das Gespräch gedanklich oder schriftlich vor.
Legen Sie die Punkte fest, die angesprochen werden sollen. Überlegen Sie, wo eine gemeinsame Gesprächsbasis mit dem Partner zu finden ist. Ordnen Sie dementsprechend die Reihenfolge Ihrer Argumente. Stellen Sie sich mögliche Einwände vor und entwickeln Sie Entgegnungsmöglichkeiten bzw. Maßnahmen, um Zeit zu gewinnen.

In dem nebenstehenden Übungsbeispiel können Sie überprüfen, welche der genannten Ratschläge berücksichtigt bzw. vernachlässigt wurden.

Herr M. scheint Ratschläge in der Gesprächsstrategie nicht zu kennen. Trotzig beharrt er auf seinem Wunsch nach einem Einzelbüro, dabei sind seine Argumente an sich recht gut. M. versteht es nicht, eine gemeinsame Gesprächsbasis zu finden, so trifft Standpunkt immer auf Gegenstandpunkt. Der Vorschlag mit der Umstellung der Buchführung wäre eine Gesprächsbasis gewesen. M. hat sich auch keine Reihenfolge seiner Argumente überlegt, sie werden wahllos ins Gespräch gebracht, z. B. dass andere Mitarbeiter ein Einzelbüro bekommen haben. M. verankert seine Argumente nicht beim Chef, z. B. „Könnten Sie im Besprechungszimmer arbeiten, wenn Sie es immer wieder räumen müssen." M. hat es nicht geschafft, dass sein Problem „Einzelzimmer" zum Problem des Chefs wurde.

Der Chef, Herr V., sorgt für eine angenehme Gesprächsatmosphäre durch einen privaten Beginn. Er versucht, sich in die Lage von M. zu versetzen. Dem Problem von Herr M. begegnet er mit Alternativvorschlägen und erreicht dadurch, dass es nicht zu seinem Problem wird. V. kann seine Argumente bei M. verfestigen, z. B. „Sie wissen wie wichtig der Messestand für uns ist. Ich hoffe, Sie enttäuschen mich nicht!". V. versucht erfolgreich, M. von den Argumenten abzulenken, z. B. durch die „Betiebsratstätigkeit" von „andere Kollegen haben ein Einzelbüro".

Beim Punkt „Umstellung der Buchführung" zeigt V. Interesse, hier wäre für ihn eine gemeinsame Gesprächsbasis gewesen. Da M. diesen Vorschlag erst so spät bringt, ist V. nicht bereit, näher darauf einzugehen, und beendet das Gespräch.

Schriftliche Führungsanweisung
Als Kommunikationsmittel kommt die schriftliche Führungsanweisung im Agrarbereich selten vor. Auch bei anderen Berufssparten ist sie weniger ein Mittel, um mit Mitarbeitern in Beziehung zu treten, da hier die Informationen nur einseitig fließen können. Sie dient als Träger allgemeiner Bekanntmachungen oder Anweisungen. Eine Führungsanweisung beinhaltet in der Regel organisatorische Vorschriften für eher grundsätzliche Handlungs- oder Arbeitsmethoden und erklärt, wer was wann wie und womit zu tun hat. Das typische Beispiel einer Führungsanweisung ist die sog. Dienstanweisung bei Behörden. Sie ist für einen längeren Zeitraum gültig und entlastet den Vorgesetzten von Einzelanweisungen.

Schriftliche Führungsanweisungen finden wir in den Betrieben beispielsweise zu folgenden Anlässen:
- Verhalten in außergewöhnlichen Fällen (Feuer, Arbeitsunfall)
- Verhalten zu Gewährleistung der Arbeitssicherheit und Unfallverhütung
- Verhalten im Umgang mit Medikamenten oder Pflanzenschutzmitteln
- bei Behörden zu Fragen der Zuständigkeit, des Dienstweges oder Kostenregulierung

6.1.2.2 Führungstechniken

Die Führungstechnik beschreibt die Planung und Anwendung der Führungsmittel nach einem geschlossenen Führungssystem bzw. einheitlichem Führungsziel. Hiernach handeln sowohl Vorgesetzte als auch Mitarbeiter. Entsprechend dieser Definition könnte man auch von Führungsstrategie reden. In der Literatur findet man jedoch häufiger die Bezeichnung „Management-Technik" oder englisch ausgedrückt „Management-by-Systeme".

Seit man sich in der Mitarbeiterführung auch mit methodischen Fragen auseinandersetzt, werden immer wieder neue Techniken entwickelt und empfohlen. Häufig beziehen diese sich nur auf einzelne Führungsaufgaben und gehen von bestimmten Voraussetzungen aus. Eine Führungstechnik kann nur dann erfolgreich angewendet werden, wenn ein ihr angemessenes Führungsverhalten dahinter steht und die notwendigen Führungsmittel beherrscht werden. Bei der Umsetzung der stets als erfolgversprechend angepriesenen Techniken sollte dies berücksichtigt werden.

Im folgenden werden neun verschiedene Führungstechniken (nach HAMBUSCH) kurz beschrieben. Die Reihenfolge spiegelt aus unserer Sicht ungefähr die Rangfolge der Verwendbarkeit wider.

Führen durch Zielvereinbarung
(Management by Objectives)
Die Unternehmensleitung setzt die Ziele fest. Auf dieser Grundlage formulieren Vorgesetzte und Mitarbeiter die Aufgaben für ihre jeweiligen Bereiche. Die Verantwortungsbereiche müssen vorher für alle klar abgegrenzt sein. Ein Mitarbeiter wird ein zusammen mit dem Vorgesetzten oder ein selbst gestelltes Ziel bereitwilliger verfolgen als ein vorgeschriebenes. Er sieht es als sein Ziel an. Entsprechend der Zielvereinbarung werden Soll-Werte festgesetzt, an denen später die erreichten Ist-Werte gemessen werden. Durch Förderungs- und Weiterbildungsmaßnahmen soll der Mitarbeiter soweit qualifiziert werden, dass er die Ziele selbständig erreicht. Ist das nicht der Fall, hilft der Vorgesetzte weiter. Die Leistungsbeurteilung stellt fest, ob die vereinbarten Ziele erfüllt wurden. Gewinnbeteiligungen hängen von dem Grad der Zielerreichung ab.

Führen durch Delegation
(Management by Delegation)
Dieses Modell wurde in der Managerschule Bad Harzburg entwickelt und heißt deshalb auch das „Harzburger Modell". Die Aufgabenbereiche der Mitarbeiter sind in genauen Stellenbeschreibungen und Führungsanweisungen festgelegt, deren Einhaltung vom Vorgesetzten kontrolliert wird. Möglichst viele Mitarbeiter dürfen im Rahmen der ihnen übertragenen Aufgaben und Befugnisse selbst Entscheidungen treffen. Hierdurch wird ihre Leistungsbereitschaft und ihr Verantwortungsbewusstsein gefördert. Der Vorgesetzte darf in den Entscheidungsraum des Mitarbeiters nur eingreifen, um Gefahren abzuwenden oder um zu kontrollieren. Ein partnerschaftlicher Führungsstil ist Voraussetzung.

Führen durch Motivation
(Management by Motivation)
Dieses Modell möchte erreichen, dass die Mitarbeiter aus eigenem Antrieb mehr leisten. Hierzu ist es notwendig, die individuellen Bedürfnisse (Motive) der Mitarbeiter anzusprechen, sowie ein Arbeitsklima zu schaffen, in dem die Mitarbeiter Kreativität, Eigeninitiative entwickeln und sich mit den Unternehmenszielen identifizieren können.

Führen durch Information
(Management by Information)
Jeder Mitarbeiter benötigt für die Erledigung seiner Aufgaben ganz bestimmte Informationen. Darüber hinaus sollten ihm auch weitere unternehmensbezogene Informationen zur Verfügung stehen. Der Vorgesetzte muss das Informationsbedürfnis seiner Mitarbeiter genau kennen und entsprechende Führungsanweisungen erteilen. Bei diesem Modell geht man von der Überlegung aus, dass die Sicherheit der Mitarbeiter, Entscheidungen zu treffen, vom Informationsstand abhängig ist.

Führen durch Neuerung
(Management by Innovation)
Immer neue Produkte, neue Verfahren müssen entwickelt werden, um das Unternehmen konkurrenzfähig zu erhalten. Vorgesetzte und Mitarbeiter müssen bereit sein, umzudenken und Neues hinzuzulernen. Bei diesem Modell steht das Kreativitätstraining im Vordergrund. Verschiedene Methoden der Ideenfindung wie Brainstorming (eng. Gehirnsturm) aber auch Konferenzen und Diskussionen werden zur Erarbeitung neuer Lösungen eingesetzt.

Führen durch Computersteuerung
(Management by System)
Bei diesem System informiert und steuert der Computer, um menschliche Fehler weitgehend auszuschalten. Voraussetzung ist eine strenge Systematisierung aller Arbeitsabläufe in Betrieb und Verwaltung sowie eine umfassende Datenbank mit zahlreichen Datenabrufstationen. Mitarbeiter können sich sehr schnell und umfassend informieren, um schnelle Entscheidungen sicher treffen zu können.

Führen nach dem Ausnahmeprinzip
(Management by Exception)
Mit Hilfe von eindeutigen Richtlinien, abgegrenzten Aufgabenbereichen und häufigen Kontrollen des Vorgesetzten sind die Mitarbeiter in der Lage, alle normalen Entscheidungen selbst zu treffen. Der Vorgesetzte wird von Routinearbeiten weitgehend entlastet. Alle außergewöhnlichen Entscheidungen, alles Interessante entscheidet der Vorgesetzte.

Führen durch Regelungen
(Management by Decision Rules)
In einem Katalog von Entscheidungsregeln kann der Mitarbeiter nachschauen, was er in jedem einzelnen Fall zu tun hat. Er kann schnell entscheiden, ohne beim Vorgesetzten rückfragen zu müssen. Der Katalog ist bindend für Mitarbeiter und Vorgesetzte. Dies ist sehr bequem, verhindert jedoch die Förderung von Eigenverantwortlichkeit und Eigeninitiative.

Führen durch Lenkung und Kontrolle
(Management by Direction and Control)
Der Vorgesetzte bestimmt und kontrolliert. Alle Entscheidungen trifft er. Als Prinzipien gelten Befehlen und Gehorchen, es wird autoritär geführt. Dieses Modell ist nur für Katastrophenfälle geeignet.

Fast alle Modelle haben Vor- und Nachteile, auch sind stets Situationen denkbar, in denen sie trotz möglicher Nachteile dennoch verwendbar erscheinen. Insgesamt betrachtet überwiegen die Vorzüge und auch die Anwendungsvielfalt bei den beiden erstgenannten Systemen.

Bei der „Führung durch Zielvereinbarung" erfolgt die Arbeit konsequent und zielstrebig. Die Mitarbeiter können selbständig handeln und sich informieren. Durch die Zielvereinbarung sind Erfolg und Misserfolg für alle gleich messbar. Störungen werden schnell sichtbar und können behoben werden. Voraussetzung sind qualifizierte und motivierte Mitarbeiter. Da Vorgesetzte und Mitarbeiter nur selten in Beziehung treten, könnte sich die Aussprache zu häufig nur auf Problemfälle konzentrieren. Nicht für alle Betriebe ist es möglich, die Ziele für die Mitarbeiter ausreichend konkret vorzugeben.

Das Modell „Führen durch Delegation" erhöht die Eigeninitiative und Leistungsbereitschaft der Mitarbeiter. Der Vorgesetzte kann sich von der Kleinarbeit befreien, die Mitarbeiter erfüllen auch Routineaufgaben verantwortungsvoll. Hierbei kann der Vorgesetzte qualifizierten Mitarbeiternachwuchs erkennen. Gefahren könnten durch eine Überforderung, mangelnde Information und fehlende Kontrolle der Mitarbeiter auftreten. Insgesamt ist es jedoch ein Modell, das im Agrarbereich vermehrt Verwendung finden sollte.

Die Systeme „Führen durch Motivation, durch Information und durch Neuerung" sind weniger eigenständige Führungstechniken als vielmehr Grundsätze der Mitarbeiterführung. Sie sind beispielsweise notwendige Voraussetzungen, um die beiden erstgenannten Modelle erfolgreich anzuwenden.

In Betrieben mit wenigen Mitarbeitern, so auch im Agrarbereich, wird leider nicht selten nach dem Modell „Führen nach dem Ausnahmeprinzip" vorgegangen. Die Ursache liegt in der Tatsache, dass man auf qualifizierte, erfahrene Mitarbeiter zurückgreifen kann, so dass diese in ihren Aufgabenbereichen selbständig arbeiten. Alles Interessante, alles Neue, alle betrieblichen Veränderungen entscheidet der Betriebsleiter. Motivation und Leistungsbereitschaft der Mitarbeiter würden jedoch gefördert, betriebliche Fehlentscheidungen erheblich vermieden, wenn die zuständigen Mitarbeiter auch an solchen Entscheidungen teilhaben könnten, z. B. beim Maschinenkauf, bei der Produktionsumstellung oder -ausweitung. Ihre Erfahrungen und Bedürfnisse könnten mit einfließen, die Annahmebereitschaft für die Neuerung wäre höher und Einarbeitungszeiten fielen kürzer aus.

6.2 Motivieren

Wir sprechen heute von Mitarbeitern und nicht mehr von Arbeitern. Er ist nicht Befehlsempfänger sondern Mitentscheider. Ein Mitentscheider braucht Einsicht in die Situation. Das bedeutet, dass Mitarbeiter nicht durch Befehlen sondern durch Überzeugen zu aktivieren sind.

Überzeugen-Können setzt einen Auseinandersetzungsprozess voraus. Der Vorgesetzte muss auf der sachlichen Ebene stichhaltige Argumente besitzen (Fachkompetenz, Kreativität), auf der gefühlsmäßigen Ebene muss er die Bereitschaft zum Miteinander haben (partnerschaftliches Führungsverhalten). Letzteres wird auch vom Mitarbeiter gefordert. Wenn ich führen möchte durch Überzeugen, muss ich zunächst Interesse, Bereitschaft beim Mitarbeiter erzeugen, seine Beweggründe (lat. Motiv) ansprechen, ihn motivieren. In diesem Zusammenhang wird auch immer das Gehalt oder erfolgsorientierte Prämien (z. B. in der Ferkelerzeugung eine bestimmte Anzahl aufgezogener Ferkel je Wurf) als mögliche Motivatoren diskutiert. Sicherlich wird ein zu niedriges Gehalt zur Unzufriedenheit beim Mitarbeiter führen. Lohnerhöhungen wirken aber nicht automatisch motivierend, denn die anderen Arbeitsbedingungen müssen auch stimmen, und wenn dann nicht nachhaltig, sie fördern somit nur kurzfristig die Motivation. Für den Vorgesetzten, der motivieren möchte, ergeben sich drei wichtige Fragen:

1. Wie erkenne ich als Vorgesetzter die Motive meiner Mitarbeiter?

Nur durch häufigen Kontakt zu den Mitarbeitern (Beobachtung und Gespräch) kann ich etwas über die Motive erfahren.
- Beobachtung der verbalen Äußerungen, des non-verbalen Verhaltens
- Beobachtung des Verhaltens bei der Arbeit und in Pausen
- Gespräch über berufliche und privaten Bedürfnisse
- Gespräch über die gemachten Beobachtungen

Ein primär motivierter Mitarbeiter dürfte leicht an seiner Arbeitsfreude und Zufriedenheit sowie seiner Betriebstreue zu erkennen sein. Schwieriger ist dies bei Sekundär-Motivationslagen. Folgende Beobachtungen deuten auf das Grundmotiv „soziale Anerkennung" hin:
- verbale Äußerungen: Redet in „Ich"-Form, gebraucht modische Fremdwörter, sieht Gespräch unter dem Gesichtspunkt der Selbstdarstellung.
- non-verbales Verhalten: aufrechte Haltung, modisch gekleidet, stark gestikulierend
- Verhalten bei der Arbeit: Versucht sich in Position, ins Licht zu setzen, karrierebewusst, versteht Schuld abzuwälzen, unterstreicht seine Verdienste, vermeidet Verantwortung zu übernehmen.
- Verhalten in den Pausen: meistens Wortführer, wird initiativ, organisiert Betriebsfeiern, erzählt mehr von Erfolgen als von Problemen (Darstellung: Beobachtungsmerkmale verschiedener Motivationslagen nach CORRELL).

2. Wie erreiche ich als Vorgesetzter, dass die Mitarbeiter primär motiviert sind?

Entsprechend der Motivationstheorie ist eine Primär-Motivation bezüglich der Leistungsbereitschaft der Mitarbeiter am günstigsten. Dem Vorgesetzten stellt sich die Aufgabe, die

Tab. 46 Beobachtungsmerkmale verschiedener Motivationslagen nach Corell

Beobachtung Motiv	Äußere Erscheinung	Verbale Äußerungen	Freizeit Hobby	Verhalten in der Gruppe	Verhalten vor Vorgesetzten	Verhalten zur Zukunft
Soziale Anerkennung	Repräsentative Erscheinung, modisch, extravagant, auffallend.	Spricht in „Ich-Form", theatralisch, lautstark gestikulierend, modische Fremdwörter, effekthaschend.	Mondäne Clubs, extravaganter Sport, ausgefallene Reisen (Großwild-Safari), aparte Frauen.	Führungsanspruch, Initiative, Wortführer, engagiert sich nicht verantwortlich.	Sich in Position setzen, benutzt jeden Anderen, um beim Vorgesetzten im besten Licht zu erscheinen, versteht Schuld abzuwälzen, opportunistisch, ohne Standpunkt	Naiv-optimistisch, sieht keine Gefahr, sorglos
Sicherheit Geborgenheit	Konventionell. Konservativ, traditionsgebunden, solide, bieder, dienend, unterwürfige Haltung durch Streben nach Sicherheit	Zurückhaltend, spricht in „Man-Form", leise und wenig, ruhig, gehemmt, hält sich an die Mehrheit bei seinen Äußerungen.	Unauffällige Hobbys, Gartenpflege, Heimwerker, Modellbau, Briefmarken, Münzen, Wandern, Urlaub auf dem Bauernhof oder einfacher Pension.	Anpassend, unauffällig, risikoscheu, zurückhaltend.	Unterordnend, gefügig, Ja-Sager.	Absichernd, ängstlich, vorsorgend, vorausdenkend
Vertrauen	Ähnlich wie 2. Ausgerichtet auf Bezugsperson	Vorbildsorientiert, ruhig, „Wir-Form", angenehm, teilt seiner Bezugsperson persönliche Probleme mit.	Vereinsmeier, karitative Organisation, Familie, Kegelclub, Stammkneipe.	Kompromissbereit, dienend, abhängig von Bezugsperson.	Loyal, zuverlässig, strebt persönlichen Bezug vor Vorgesetzten an, persönliches Verhältnis zum Vorgesetzten anstrebend.	Versucht durch Freunde und persönliche Beziehungen seine Zukunft zu sichern.
Selbstachtung	Korrekte Kleidung, pedantisch, eitel, pünktlich	Pointiert, absichernd, zitierend.	Politisch engagiert, neigt zu Fanatismus, ausgefallene Sammelei.	Kompromisslos, intolerant, dadurch isoliert, fanatisch.	Distanziert, rechthaberisch, unnachgiebig.	Pessimistisch, skeptisch, ungläubig.
Unabhängigkeit Verantwortung	Offen, aufrecht, salopp, individualistisch, (nicht auffallend)	Zielsicher, bestimmt, vertritt Standpunkt konsequent, überzeugend, sachlich	Einzelsportler mit Risiko, Individualreisen, (mit Landrover durch die Wüste)	Führungsanspruch, falls in der Gruppe auftritt, aufgeschlossen, konstruktiv, tolerant.	Sachlich, realistisch, eigene Meinung, ideenreich.	Positiv, optimistisch, realistisch.

Quelle: CORRELL, W., 1992, Motivation und Überzeugung in Führung und Verkauf, mi-Verlag

Arbeitsbedingungen so zu gestalten, die Mitarbeiter so zu führen, dass sie der Arbeit willen arbeiten. Was dazu beitragen könnte, ist schon in den Kapiteln „Führungsverhalten", „Führungsmittel" und „Führungstechnik" angeklungen. Folgende konkreten Maßnahmen könnten eine Primär-Motivation fördern:
- Anerkennung der Leistungen
- Erfolge ermöglichen und sichtbar werden lassen
- Verantwortung übertragen
- Befugnisse der Qualifikation gemäß erweitern
- Entscheidungen mittragen lassen
- an der Zielvereinbarung beteiligen
- Förderung und Weiterbildung der Mitarbeiter

Pimär-Motivation erreicht man also dadurch, indem der Arbeitsplatz interessanter gestaltet, angereichert wird (eng. Job-Enrichment).

3. Wie motiviere ich Mitarbeiter der verschiedenen Grundmotivationen?

Soziale Anerkennung
Mitarbeiter, deren wichtigstes Motiv die soziale Anerkennung ist, wollen in der betrieblichen „Hackordnung" ganz oben stehen. Eine Motivation ist relativ einfach, wenn man die vom Mitarbeiter gewünschte Leistung oder Verhaltensform als einen Beitrag, als einen Weg zum Prestige-Gewinn (fr. Geltung) aufzeigt. Beispiel:
„Das wird Ihr Ansehen im Betrieb gewiss steigern."

Sicherheit, Geborgenheit
Menschen mit diesem Motiv wollen nichts Auffälliges tun. Sie gehen nur überschaubare Risiken ein, Veränderungen gehen sie aus dem Weg. Um sie dennoch zu aktivieren, muss man ihnen zunächst Bewährtes anbieten. Ausschließlich mit Geduld und in kleinen Schritten werden solche Menschen zur Übernahme von Neuerungen, auch neuartigen Aufgaben bereit sein. Der Vorgesetzte muss die Risiken vorher eindeutig abgeklärt haben. Beispiel:

„Es wird Ihnen mit Sicherheit gelingen, probieren Sie es erst einmal."

Vertrauen
Menschen, die sich sehr nach Vertrautheit sehnen, suchen die Nähe der Mitmenschen, die sie dann als Vorbilder und Bezugspersonen akzeptieren. Sie sprechen gerne über persönliche Dinge, um ihre Offenheit anzubieten und um das Vertrauen der Partner zu testen. Diesen Mitarbeitern könnte man Vertrauenspositionen, Beratungs- und Vermittlungsaufgaben übertragen. Sie sind leicht zu motivieren. Beispiel:
„Sie würden mir dadurch persönlich einen großen Gefallen tun."

Selbstachtung
Exaktheit, Pünktlichkeit, Kompromisslosigkeit, Pflichtbewusstsein, Rechthaberei, in übertriebener Form auch Engstirnigkeit und Prinzipienreiterei sind Merkmale von Menschen mit diesem Hauptmotiv. Sie sind häufig isoliert und Einzelgänger. Eine Motivation ist von außen sehr schwierig. Im Umgang mit ihnen sollte man auf Klarheit, Exaktheit bis ins Detail großen Wert legen. Beispiel:
„Sie werden es bestimmt schaffen. Wenn ich Ihnen die Aufgabe übertrage, weiß ich, dass es klappt."

Unabhängigkeit, Verantwortung
Diese Menschen streben nach eigenen Tätigkeitsbereichen, wollen nicht eng geführt werden. Ihre Aufgaben erledigen sie am liebsten selbständig und eigenverantwortlich. Eine Motivation solch Mitarbeiter ist einfach. Beispiel:
„Wie würden Sie das Problem angehen?"

Für den Vorgesetzten liegt die Problematik beim Motivieren darin, dass er nicht den Bedürfnissen aller Mitarbeiter gleichzeitig entsprechen kann. Trotz aller Bemühungen sind unzufriedene, unmotivierte Mitarbeiter anzutreffen. Motivieren ist nicht eine Führungsaufgabe für bestimmte Zeiten, sondern sie muss immer wahrgenommen werden. Um die „Motivationsarbeit" zielgerichtet zu leisten, sollte

der Vorgesetzte nach den folgenden Schritten vorgehen:
1. Zufriedenheit des Mitarbeiters beurteilen
2. nach Primär- bzw. Sekundär-Motivation unterscheiden
3. Maßnahmen zur Förderung der Primär-Motivation ergreifen bzw.
   bei Sekundar-Motivation mögliche Grundmotive bestimmen
4. Grundmotive nach Aktualität rangieren
5. an führendes Grundmotiv anknüpfen

6.3 Beauftragen

> Der Betriebsleiter betritt eilig die Werkstatt, er ist auf dem Weg zu einem Kunden, er ruft seinen dort reparierenden Mitarbeitern Peter und Paul laut zu: „Eben war die Baumschule Grün da und hat Bäume gebracht. Zählt nach und kontrolliert die Qualität. Ihr müsst die Pflanzen dann einschlagen und sagt im Büro Bescheid!" Nach fünf Wochen beschwert sich die Firma Grün über die nichtbezahlte Rechnung. Der Betriebsleiter ist sauer und brüllt seine Mitarbeiter an.

Die Mitarbeiter werden durch Weisungen verschiedenster Form in den Arbeitsprozess eingeschaltet. Die Art der Weisungserteilung und der Grad der Anerkennung des Vorgesetzten (Autorität) entscheiden darüber, ob der Mitarbeiter diese Weisung richtig und gerne entgegennimmt und ausführt. Weisungen sind eindeutig, verständlich, rechtzeitig, nicht unter Zeitdruck zu geben und zu begründen, um Verständnis und Einsicht zu schaffen. Folgende Weisungsformen werden unterschieden: Befehl, Anweisung, Auftrag und Delegation.

6.3.1 Befehl

Der Befehl ist in der Formulierung knapp, unmissverständlich, sehr fordernd. Der Tonfall ist meistens laut. Der Befehlsgebende verzichtet auf eine Begründung der Weisung. Die Möglichkeit der Nachfrage besteht für den Befehlsempfänger nicht. Wird ein Befehl für mehrere Mitarbeiter bei einer gemeinsamen körperlichen Aktion gegeben, spricht man von dem sog. Kommando.

Befehle sind Zeichen eines dirigistischen Führungsverhaltens. Sie haben deshalb nur

Tab. 47 Frageschema für Anweisungen von Fulda

Frage	Inhalt	Beispiel
1. WER?	Der Mitarbeiter	Peter und Paul
2. WOFÜR?	Der Arbeitszweck	Übernahme von angeliefertem Pflanzenmaterial
3. WAS?	Der Arbeitsgang	Kontrolle und Zwischenlagern
4. WIE?	Das Arbeitsverfahren	Pflanzen untersuchen und einschlagen
5. WOMIT?	Die Arbeitsmittel	Lieferschein, Handwagen, Spaten etc.
6. WIEVIEL?	Die Arbeitsmenge	40 Acer, 40 Corylus, 20 Taxus
7. WIE GUT?	Die Arbeitsgüte	Anzahl und Qualität der Pflanzen überprüfen, sachgerecht einschlagen
8. WO?	Der Arbeitsort	Betriebshof, Einschlagbeet Nr. 2
9. WIE LANGE?	Die Arbeitszeit	Rüst- und Wegezeiten 0.5 h Kontrollieren 0.75 h Einschlagen 0.75 h
10. WANN?	Der Termin	im Laufe des Nachmittags

in Notsituationen eine Berechtigung. Im Führungsalltag sind Befehle Konfliktmacher, führen zu Widerstand und mindern die Leistungsbereitschaft der Mitarbeiter. Unser Beispiel vom Beginn wird im Befehlston gegeben. Da die Anweisung unter Zeitdruck geschieht, sind die Formulierungen fordernd und teilweise ungenau. Mögliche Nachfragen können die Mitarbeiter nicht stellen. So wird die Weisung nur unvollständig ausgeführt.

6.3.2 Anweisung

Die Arbeitsanweisung erläutert einem Mitarbeiter Art, Umfang und Bedingungen eines Arbeitsauftrages so, dass das geforderte Ergebnis nach Menge und Güte in angemessener Zeit erreicht werden kann (FULDA). Es ist das Vorschreiben von Einzelhandlungen einer Arbeitsmethode. Die Anweisung klärt eher unkundige Mitarbeiter über die geforderte Tätigkeit auf und gibt sehr detaillierte Hilfen zur Erledigung. Anweisungen sind somit umfangreich. Sie setzen beim Vorgesetzten ausreichend Zeit, die Fähigkeit für klares Formulieren und Geduld voraus. Um Anweisungen möglichst vollständig zu geben, hat FULDA ein Frageschema entwickelt (Tabelle 47).

Unser Anweisungsbeispiel könnte im Ganzen wie nebenstehend lauten.

6.3.3 Auftrag

Der Betriebsleiter betritt die Werkstatt: „Peter und Paul! Würden Sie bitte für einen Augenblick Ihre Reparaturarbeiten unterbrechen. Die Baumschule Grün hat die bestellten Pflanzen geliefert. Bitte überprüfen Sie nach Beendigung der Reparaturarbeiten anhand des Lieferscheines die gelieferte Anzahl und Qualität der Bäume und Nadelgehölze, pflanzen Sie diese anschließend im Einschlagbeet 2 ein. Reklamationen vermerken Sie bitte auf dem Lieferschein und geben diesen im Büro meiner Frau, damit sie die Abrechnung noch in der Skontofrist erledigen kann. Haben Sie noch Fragen?"

Anwendungsbeispiel

Der Betriebsleiter betritt die Werkstatt: „Peter und Paul! Würden Sie bitte für einen Augenblick Ihre Reparaturarbeiten unterbrechen. Die Baumschule Grün hat die bestellten Bäume und Gehölze geliefert, diese müssen heute noch kontrolliert und eingeschlagen werden. Überprüfen Sie bitte zuerst anhand des Lieferscheines die Anzahl der Pflanzen: 40 Acer, 40 Corylus, 20 Taxus. Kontrollieren Sie dann die Pflanzenqualität besonders hinsichtlich Beschädigungen der Wurzel und des Stieles. Sortieren Sie die stark verletzten Pflanzen aus, diese können wir nämlich reklamieren. Machen Sie hierüber Vermerke auf dem Lieferschein. Mit dem Handwagen transportieren Sie die Pflanzen zum Einschlagbeet 2, dort müsste noch genügend Platz sein. Beim Einschlagen achten Sie bitte auf angemessene Abstände, eine ausreichende Erdabdeckung und eine sorgsame Behandlung der Wurzeln. Die Pflanzen werden in ca. einer Woche gebraucht. Den abgezeichneten Lieferschein bringen Sie ins Büro zu meiner Frau, damit sie die Rechnung begleichen kann, um in der Skontofrist zu bleiben.
Beendigen Sie nun zuerst Ihre Reparaturarbeiten. Um die Pflanzen können Sie sich heute nachmittag kümmern, ich denke, in zwei Stunden müssten Sie das schaffen. Haben Sie noch Fragen?"

Im Vergleich zwischen Anweisung und Auftrag erkennen wir, dass Aufträge knapp, aber informativ formuliert sind. Aufträge stecken den Rahmen ab, in denen Mitarbeiter entsprechend ihrer Qualifikation selbständig handeln können. Aufträge umschreiben somit eher die Zielsetzung einer Arbeit, Hinweise und Hilfen für einzelne Arbeitsschritte oder Arbeitsmittel fehlen. Auch der Anteil an Begründungen ist verringert, da diese bei entsprechend qualifizierten Mitarbeitern überflüssig sind. Im Wesentlichen beinhalten Aufträge die Fragen Wer, Was, Wann tut.

Tab. 48 Allgemeine Merkmale einer Stellenbeschreibung

Allgemeine Merkmale	Beispiel (GaLaBau)
1. Stellenbezeichnung	Baustellenleiter im GaLaBau, mit der Qualifikation eines Meisters
2. Unterstellungsverhältnis	dem Betriebsleiter unterstellt
3. Zielsetzung	Sicherstellung einer qualitativ ausreichenden Baustellenausführung sowie anderer betriebsbezogener Arbeiten
4. Aufgaben	Neuanlage, Bau und Pflege von Grünflächenanlagen Baustelleneinrichtung, Bauabwicklung, Aufmaß und Abrechnung, Maschinen- und Gerätepflege
5. Kompetenzen	Anleitung und Kontrolle von fünf Mitarbeitern und zwei Auszubildenden selbständiges Durchführen der o.g. Aufgaben, selbständiges Beschaffen von Werkzeugen und notwendigen Gerätschaften
6. Zeichnungsbefugnis	Unterschriftsbefugnis bis 1000 €, bei höheren Beträgen ist die Gegenzeichnung des Betriebsleiters nötig
7. Stellvertretung	Mitarbeiter Müller

Aufträge können als Weisungsform nur dann erfolgreich vom Vorgesetzten gestellt werden:
- wenn er Verständnis und Zustimmung beim Mitarbeiter kontrolliert,
- wenn er Einwände und Vorschläge des Mitarbeiters ernst nimmt,
- wenn er die Qualifikation des Mitarbeiters richtig einschätzt,
- wenn er Aufträge selbst und nicht über Dritte erteilt.

6.3.4 Delegation

In der Mitarbeiterführung bezeichnet man als Delegation die Übertragung und Abgrenzung der Zuständigkeit für bestimmte Arbeitsbereiche oder für eine einzelne Aufgabe sowie der entsprechenden Befugnisse für Entscheidungen und Weisungen gegenüber anderen Mitarbeitern. Die Unterschiede zum Auftrag sind fließend. Die Delegation hat meistens für einen längeren Zeitraum Gültigkeit.

Mit der Delegation gibt der Vorgesetzte einen Teil seiner Arbeit und seiner Entscheidungsgewalt an seinen Mitarbeiter ab. Seine Führungstätigkeit wird reduziert. Er hat dadurch mehr Zeit für seine eigentlichen Aufgaben, er braucht nicht mehr jede Aufgabe selbst anzuweisen.

Der Vorgesetzte ist gefordert bei der Zielfestsetzung, die nach Möglichkeit gemeinsam mit dem Mitarbeiter erfolgen soll, und bei der Kontrolle der Zielerreichung. Aus Sicht des Mitarbeiters stellt die Delegation höhere Anforderungen an ihn, andererseits erhält er Gelegenheit, in einem eigenen Aufgabenbereich selbständig zu arbeiten, was ihn mit seinem Betrieb enger verbindet und die Zusammenarbeit fördert.

Damit die Delegation diese Führungsziele erreicht, hat der Vorgesetzte folgenden Voraussetzungen zu beachten:
1. Der Mitarbeiter muss entsprechende Fachkenntnisse und Berufserfahrung besitzen. Die übertragene Befugnis muss ihm klar sein. Er entscheidet und handelt in dem festgesetzten Aufgabenbereich selbständig und ist dafür verantwortlich. Er muss für sein Tun einstehen, er kann dafür zur Rechenschaft gezogen werden.

2. Um im Delegationsbereich handeln zu können, muss dieser Rahmen genau beschrieben sein. In der Mitarbeiterführung bezeichnet man dies als Stellenbeschreibung. Eine Stelle ist ein Bündel von Aufgaben. In der Stellenbeschreibung werden die verschiedenen Aufgaben der Stelle von denen anderer Stellen klar abgegrenzt und die mit der Stelle verbundenen Befugnisse (Kompetenzen) beschrieben.
3. Um nicht mehr jede Aufgabe selbst anweisen zu müssen, sollte der Vorgesetzte jedem Mitarbeiter ausreichende Kenntnisse zum organisatorischen Ablauf der Arbeit schriftlich an die Hand geben. Diese Regelungen bezeichnet man als schriftliche Führungsanweisung (siehe Kapitel 6.1.2.1).
4. Bei der Delegation treten dann immer Probleme auf, wenn Fehler in der Zielsetzung gemacht werden. Werden die Ziele der zu übertragenden Aufgabe nicht gemeinsam (kooperativ) festgelegt, sondern vom Vorgesetzten bestimmt, kann es zu Missverständnissen kommen oder zu einer Minderung der Leistungsbereitschaft. Die gleiche Auswirkung hat eine ungenaue bzw. mehrdeutige Zielvereinbarung. Eine Kontrolle der geleisteten Arbeit wird erschwert oder unterbleibt häufig. Ziele können auch falsch festgelegt werden, indem sie beispielsweise zu hoch angesetzt werden, die Qualifikation des Mitarbeiters aber eine eher kleinschrittige Führung notwendig macht.
5. Die Delegation verlangt eine Kontrolle, durch den Mitarbeiter selbst oder den Vorgesetzten. Hierbei zählt nicht so sehr der Weg zum Ergebnis sondern vielmehr das Endergebnis. Durch Soll-Ist-Vergleiche wird die Richtigkeit der Zielsetzung geprüft. Der Mitarbeiter erhält die Sicherheit, um den durch die Delegation geschaffenen Freiraum im Handeln zielgerichtet und zufriedenstellend auszufüllen. Kontrolle macht den Beitrag des Mitarbeiters zum Betriebserfolg sichtbar.

Die Delegation muss gut vorbereitet sein. Bei der Weisungserteilung mit Hilfe der Delegation könnte der Vorgesetzte nach den folgenden Schritten vorgehen: (Tabelle 49)

Wenn wir diese Einzelschritte zusammenfassen, könnte eine Delegation für unser Beispiel wie folgt lauten:

Tab. 49 Beispiel einer Delegation

Einzelschritte der Delegation	Beispiel
Aussuchen eines geeigneten Mitarbeiters Überprüfen, ob die Stellenbeschreibung zutrifft.	Meister Peter als Meister für den sachgerechten Umgang mit Pflanzen zuständig, Kompetenz anderen Mitarbeitern Weisungen zu erteilen
Festlegen einer eindeutigen Zielsetzung, wenn möglich mit dem Mitarbeiter.	Lieferung überprüfen und Pflanzen versorgen, für diese Routinearbeit ist keine Zielabsprache nötig.
Überprüfen, ob die Führungsanweisungen ausreichen.	bei Routinearbeiten nicht nötig ggf. Arbeitszeitordnung beachten
Überprüfen, ob der Mitarbeiter eine Fortbildung benötigt. Ansprechen und Überzeugen des Mitarbeiters	für diese Tätigkeit nicht kein Befehlston, nicht einengen durch Detailvorschriften, Hilfe anbieten
Vereinbaren einer Kontrolle	bei Routinearbeiten reicht häufig das Anbieten einer Kontrolle

Der Betriebsleiter betritt die Werkstatt: „Peter! Würden Sie für einen Augenblick Ihre Reparaturarbeit unterbrechen. Die Baumschule Grün hat die bestellten Pflanzen geliefert. Veranlassen Sie bitte die ordnungsgemäße Überprüfung der Lieferung und die sachgerechte Versorgung der Pflanzen. Sichern Sie eine fristgemäße Abrechnung. Haben Sie noch Fragen? Wenn Sie möchten, schaue ich es mir an, wenn ich heute abend wiederkomme."

6.4 Beurteilen

Das Beurteilen von Mitarbeitern umfasst einerseits das Kontrollieren im Sinne der Leistungserfassung und -bewertung sowie das eigentliche Beurteilen im Sinne einer auf den einzelnen Mitarbeiter bezogenen Rückmeldung seiner Arbeit.

6.4.1 Kontrollieren

Der Betriebsleiter fragt den Landwirtschaftsgehilfen Hans: „Hallo Hans, hat das Spritzen auf der Weizenparzelle geklappt?"
Hans: „An sich schon, aber ich habe etwas mehr Wuchsstoffmittel benötigt, als wir heute morgen berechnet hatten."
Betriebsleiter: „Dann lass es uns noch einmal nachprüfen. Die Parzelle ist 4.5 ha groß, je ha wollten wir 2 kg des Mittels ausbringen, also für die gesamte Parzelle 9 kg Wuchsstoffmittel. Wie viel kg hast Du tatsächlich gebraucht?"
Hans: „Ich habe insgesamt 10 kg benötigt, also 1 kg zuviel, 2.2 kg je ha."
Betriebsleiter: „Glaubst Du, dass die Übermenge schädlich ist?"
Hans: „Bei unserer Berechnung sind wir von der untersten Dosierung ausgegangen. Der Unkrautdruck ist seit unserer letzten Schadschwellenfestlegung noch größer geworden. So gesehen, dürften Schäden nicht zu befürchten sein."
Betriebsleiter: „Da könntest Du Recht haben. Trotzdem sollten wir gemeinsam überlegen, warum mehr Mittel als berechnet ausgebracht wurde ..."

In diesem kleinen Beispiel werden die Phasen des Kontrollprozesses sichtbar.

Durch die Kontrolle vergewissern sich Vorgesetzter und Mitarbeiter, ob das gesetzte Ziel, das gewünschte Ergebnis erreicht wurde oder erreicht werden kann. Eine Kontrolle ist nicht nur am Ende eines Arbeitsganges möglich, sondern auch aktionsbegleitend.

Ist die Kontrolle Druckmittel oder Hilfsmittel?

Jeder, der kontrolliert wird, empfindet dies als Druck. Das Ergebnis der Kontrolle ist nicht genau vorhersehbar, es kommen Zweifel auf, Befürchtungen entstehen, dass nicht das Arbeitsergebnis sondern die Persönlichkeit Gegenstand der Kontrolle ist, oder man sorgt sich um seine Berufskarriere. Diese Ängste und Zweifel führen zur Verunsicherung.

Eine derartige Verunsicherung kann nicht Absicht der Mitarbeiterführung sein. Der Vorgesetzte muss sich fragen, wie er die Kontrolle als Hilfsmittel darstellen kann. In unserem Beispiel sind schon einige Ansätze zu erkennen:
- Die Kontrollkriterien müssen von vornherein für Vorgesetzte und Mitarbeiter klar, nachweisbar und verbindlich sein.
- Keine Heimlichkeiten! Dem Mitarbeiter müssen Zweck, Art und Weise der Kontrolle bekannt sein.
- Wird der Mitarbeiter bei der Ziel-, der Soll-Wert-Festlegung beteiligt, akzeptiert er eher die Kontrolle oder kann sie sogar selbst durchführen.
- Den Mitarbeiter bei der Kontrolle und der Entwicklung von Korrekturmaßnahmen durch Aktives Zuhören soweit wie möglich beteiligen.

Auf diese Weise durchgeführt, empfindet der Mitarbeiter die Kontrolle nicht als Strafe sondern als Hilfe und sieht die Notwendigkeit ein:
- Sicherstellung von Arbeitsqualität und -quantität
- Verbesserung der Leistung durch ein Verhalten im Sinne der betrieblichen Normen
- Förderung der Arbeitsmotivation durch Bestätigung in der Arbeit
- Festlegung von Verantwortung für mögliche Fehler
- Verbesserung zukünftiger Leistungen

Tab. 50 Phasen des Kontrollprozesses	
Phasen des Kontrollprozesses	Beispiel
• • Ermittlung und Vorgabe bzw. Vereinbarung der Soll-/Ist-Werte	2 kg Wuchsstoffmittel je ha ausbringen
• • Ermittlung der Ist-Werte	2.2 kg Wuchsstoffmittel je ha
• • Vergleich von Soll- und Ist-Werten	Überdosierung von 10 %
• • Analyse und Auswertung der Abweichungen	unterste Dosierung geplant, zwischenzeitlich erhöhter Unkrautdruck, keine negativen Auswirkungen
• • Einleitung und Ermittlung von Korrekturmaßnahmen	Ursachen der Überdosierung feststellen

Je mehr Delegation und Zielvorgabe als Techniken in der Mitarbeiterführung eingesetzt werden, um so notwendiger sind Kontrollmaßnahmen, nicht nur für den Mitarbeiter sondern auch für den Vorgesetzten als sog. Selbstmanagement, im Managerjargon Self-Controlling (eng. Selbstüberwachung).

Auch die Verbraucher und Kunden verlangen zunehmend mehr Nachweise darüber, ob in den Betrieben ausreichend kontrolliert wird, ob das Qualitätsmanagement stimmt. Deshalb lassen Betriebe sich dies zertifizieren durch die Normenreihe ISO 9000 der Internationalen Standardisierungsorganisation (ISO). Die Nor-

Tab. 51 Zwanzig Überprüfungskriterien für ISO 9001

1. *Verantwortung des Managements:* Festlegung auf Grundsätze und Unternehmensziele
2. *Qualitätssicherungssystem:* Alle Einflüsse auf Qualität müssen erfasst werden
3. *Vertragsüberprüfung:* Was wird vom Unternehmer erwartet?
4. *Designlenkung*
5. *Lenkung der Dokumente:* Arbeitsunterlagen müssen vollständig und jederzeit verfügbar sein
6. *Beschaffung:* Der Lieferant muss wissen, was die Firma will
7. *Beigestellte Produkte:* Qualität von Kundenbereitstellungen
8. *Identifikation und Rückverfolgbarkeit:* Die Entstehung der Produkte muss an Hand von Dokumenten nachvollziehbar sein
9. *Prozesslenkung:* Vollständige Überwachung der Produktion
10. *Prüfungen:* Wurde erreicht, was geplant war?
11. *Prüfmittel:* Wie wird die Prüfung vorgenommen?
12. *Prüfstatus:* Geprüfte und ungeprüfte Teile müssen jederzeit unterschieden werden können
13. *Lenkung fehlerhafter Produkte:* Fehler nicht verniedlichen, sondern bereinigen
14. *Korrekturmaßnahmen:* Fehler dürfen sich nicht wiederholen
15. *Lagerung, Verpackung und Versand*
16. *Qualitätsaufzeichnung:* alle Prozesse schriftlich und archivieren
17. *Interne Qualitätsaudits:* Mitarbeiterbefragung über Produktqualität und Verbesserung
18. *Schulung:* Aus- und Weiterbildung der Mitarbeiter
19. *Kundendienst:* Kunden bei der Nutzung des Produkts unterstützen
20. *Interne Statistiken*

men überprüfen die betrieblichen Strukturen und Abläufe, sie betreffen Methoden und Instrumente, mit denen die gleich bleibende Qualität abgesichert wird. Qualitätssiegel auf Produkten wie z. B. „QS" sollen diese systematische Kontrolle für Verbraucher oder Kunde erkenntlich machen.

Betriebe, die sich zertifizieren lassen wollen, müssen zunächst ihre Unternehmensziele, Tätigkeiten und Produktionsmaßnahmen festlegen und in einem sog. Handbuch niederschreiben. Dies ist sehr mühselig, da auch der kleinste Arbeitsschritt und die hiermit verbundenen Möglichkeiten zur Fehlerbeseitigung in diesem Handbuch aufgenommen werden sollen.

Dieses schriftlich fixierte Konzept muss umgesetzt werden. Unabhängige Experten überprüfen in einem sog. Audit an Ort und Stelle die Umsetzung. Wird die Norm erreicht, so wird in einem Zeugnis der Zertifizierungstelle die Einhaltung der Qualität bescheinigt. Regelmäßige Überprüfungen in den Folgejahren kontrollieren das Beibehalten des Qualitätsmanagements.

Die ISO-Normenreihen enthalten also keine Regeln zur Qualitätskontrollen von Produkten, ähnlich wie Handelsklassen, sondern Vorschriften zur Qualitätssicherung bzw. zum Qualitätsmanagement. Seit ihrer Festlegung im Jahr 1987 haben sich alle EU-Staaten und führenden Industriestaaten ihr angeschlossen. In der BRD arbeitet der „Verein für Qualitätsmanagement in der Agrarwirtschaft" als Dachorganisation für den landwirtschaftlichen Bereich. Die Zertifizierung von Qualitätssicherungssystemen führt auf Bundesebene z. B. die AGRI-ZERT GmbH durch, die sich regionaler Zertifizierungsstellen bedienen kann wie z. B. die Landwirtschaftskammern oder regionale Berufsverbände.

Die Notwendigkeit der intensiven Qualitätssicherung als Führungsaufgabe wurde zuerst in Japan in den 50er Jahren erkannt. Sie gilt als eine der Grundsäulen des japanischen Wirtschaftswunders. Oberstes Ziel der japanischen Qualitätsphilosophie ist „Kaizen" – es bedeutet intensive Verbesserung bzw. beinhaltet drei Thesen:

- Nichts ist vollkommen.
- Nichts ist fertig.
- Niemals zufrieden sein.

Diese Philosophie vertreten inzwischen die meisten Unternehmen im weltweiten Kampf um Marktanteile. „Der Kunde soll wiederkommen und nicht das Produkt."

6.4.2 Beurteilen

Die Umsetzung wettbewerbsorientierter Strategien in der Produktion und in der Dienstleistung kann nur mittels qualifizierter Mitarbeiter erfolgen. Der Vorgesetzte benötigt deshalb ein ausreichendes Wissen um die Fähigkeitspotentiale seiner Mitarbeiter. Die Mitarbeiterbeurteilung dient einerseits als Entscheidungsgrundlage für individuelle Leistungsbeurteilungen und Karrieremöglichkeiten, andererseits als Datenbasis für die gesamtbetriebliche Personalplanung, um geeignete Mitarbeiter für höhere Aufgaben und Positionen im Betrieb zu entdecken und frühzeitig zu fördern. Immer wenn Mitarbeiter tätig werden, unterliegen ihre Leistungen einer Beurteilung entweder direkt durch sie selbst, die Kollegen oder den Vorgesetzten bzw. indirekt durch den Kunden oder den erzielten Verkaufspreis. Die Möglichkeiten der Beurteilung reichen von einem beiläufigen Aufdieschulterklopfen (informelles Beurteilen) bis hin zu seitenlangen schriftlichen Gutachten aus einem besonderen Anlass (formales Beurteilen).

6.4.2.1 Informelles Beurteilen

Der Betriebsleiter kommt vom Blumengroßmarkt zurück und berichtet freudestrahlend seinem Gärtnergehilfen Florian: „Hallo Florian! Unsere Saintpaulien (Usambaraveilchen) konnte ich alle verkaufen. Die Qualität stimmt und der Preis ist gut. Du hast die Kultur zum richtigen Zeitpunkt abgeschlossen, obwohl wir leichten Phytophthora-Befall hatten. Das hast Du gut gemacht! Den nächsten Durchgang kannst Du ohne meine Hilfe selbständig kultivieren."

Informelle Beurteilungen wie im letzten Beispiel haben keine bestimmte Form und werden auch ohne formalen Anlass gegeben. Grundlage informeller Beurteilungen ist das Mitarbeiterverhalten in Einzelsituationen. Je nachdem, ob die Beurteilung positiv oder negativ ausfällt, spricht man von Anerkennung oder Beanstandung bzw. Kritik.

Anerkennung
Anerkennung bedeutet, dass Vorgesetzte die Leistungen ihrer Mitarbeiter erkennen und akzeptieren, d. h. bestätigen (Die Qualität stimmt und der Preis ist gut.). Die Anerkennung dient auch der Orientierung des Mitarbeiters, ob er das gesetzte Ziel erreicht oder sogar übertroffen hat. Sie geht auf die Qualität, den Inhalt und Ergebnis der Arbeit ein („Du hast die Kultur zum richtigen Zeitpunkt abgeschlossen, obwohl wir einen leichten Phytophthora-Befall hatten."). Die Anerkennung gibt dem Mitarbeiter das Gefühl der Wertschätzung. Dies bewirkt auch eine indirekte (nicht ausgesprochene) Anerkennung wie z. B. die Erteilung eines Sonderauftrages, die Beteiligung bei Entscheidungen oder die Erweiterung der Kompe-

Tab. 52 Ablauf eines Kritikgespräches

Phasen des Kritikgespräches	Beispiel
1. Phase. Begrüßung und Kontaktaufnahme (positiv und ehrlich beginnen)	Betriebsleiter zum Gärtnergehilfen Florian: Dein Tip, anstelle der Autobahn die Landstraße zu nehmen, um die Baustelle zu umfahren, hat mir heute morgen auf dem Weg zum Blumengroßmarkt viel Zeit gespart. Vielen Dank! Florian: Chef, gern geschehen!
2. Phase Sachverhalt darstellen und Stellungnahme anhören durch aktives Zuhören	Betriebsleiter: Saintpaulien werden seit Tagen gut bezahlt. Unsere sollten doch jetzt verkaufsfertig sein. Warum können wir nicht liefern? Florian: Chef, wir hatten vor 5 Wochen den Phytophthora-Befall, der wirft uns 3 Wochen zurück. Betriebsleiter: Du meinst, der Befall ist der Hauptgrund? Florian: An sich haben wir den Befall früh erkannt und sofort behandelt.
3. Phase Kritik klar und deutlich aussprechen, Konsequenzen aufzeigen. (Versuchen, alles positiv auszudrücken.)	Betriebsleiter: Aus meiner Sicht würde ich sagen, dass die Kultur zu spät auf Endabstand gesetzt und die Bewässerung nicht konsequent durchgeführt wurde. Wie siehst Du das? Florian: Das könnte eine Rolle gespielt haben. Zu dieser Zeit waren die beiden Azubis krank und dann die Feiertage, ich kam mit meiner Arbeit nicht durch. Betriebsleiter: Ich verstehe Dich. Aber aus meinem Blickwinkel betrachtet, geht uns jetzt viel Geld verloren. Florian: Da haben Sie recht. Aber was soll ich machen?
4. Phase Gemeinsame Lösungen erarbeiten.	Betriebsleiter: Unsere Kulturführung darf nicht unter arbeitsorganisatorischen Fehlern leiden. Wo ist Dein Problem? Florian: Als Gehilfe kann ich die anderen nicht anweisen, mir zu helfen. Betriebsleiter: Das ist richtig. Du könntest aber mich informieren, und ich würde die anderen anweisen. Florian: Klar, das ginge!
5. Phase Verabschiedung (positiven Abschluss finden)	Betriebsleiter: Ich denke, wir sollten die Sache damit abschließen. Wie ich Dich kenne, haben wir beim nächsten Kulturdurchgang diese Probleme nicht mehr.

Tab. 53 Checkliste. 16 Punkte für das erfolgreiche Kritikgespräch (nach ROLF H. RUHLEDER 1991)

Nr.		Ja	Nein
1.	War dieses Kritikgespräch überhaupt nötig?		
2.	Haben Sie sich genug Zeit genommen?		
3.	Haben Sie ausreichend Fragen gestellt?		
4.	Haben Sie den Dialog gesucht?		
5.	Haben Sie das Kritikgespräch positiv begonnen und beendet?		
6.	War das Kritikgespräch sachlich?		
7.	Haben Sie sich auch in die Lage des Mitarbeiters versetzt?		
8.	Haben Sie nur die wichtigen Punkte behandelt (Nebensächlichkeiten weggelassen)?		
9.	Hatten Sie eine neutrale innere Einstellung?		
10.	Haben Sie vorher überlegt, welche Konsequenzen das Kritikgespräch für den Mitarbeiter hat?		
11.	Konnten Sie aktiv zuhören?		
12.	Haben Sie ein kooperatives Mitarbeitergespräch geführt?		
13.	Haben Sie Vergleiche mit anderen Mitarbeitern unterlassen?		
14.	Haben Sie ein Protokoll verfasst? (Wenn es vom Vorgesetzten geschrieben wird, so ist es dem Mitarbeiter zum Abzeichnen vorzulegen.)		
15.	Hat Ihr Gesprächspartner guten Willen und Einsicht gezeigt?		
16.	Haben Sie Kontrollen vereinbart?		

tenzen („Den nächsten Durchgang kannst Du ohne meine Hilfe selbständig kultivieren.").

Von der Anerkennung unterscheidet man das Lob. Lob ist mehr als Anerkennung, Lob verdient jede überdurchschnittliche Leistung. Das Lob ist aber stets auf die Person gerichtet, bezieht somit neben dem Arbeitsergebnis die Arbeitsbereitschaft mit ein („Das hast Du gut gemacht!"). Anerkennung und Lob fördern Sicherheit und Selbstvertrauen der Mitarbeiter. Mit dem Lob sollte der Vorgesetzte sinnvoll umgehen. Ein übermäßiges Loben verliert mit der Zeit seine Wirkung, wird nicht mehr ernst genommen. Zum Lob gibt es kaum noch Steigerungsmöglichkeiten.

Beanstandung bzw. Kritik
Die Beanstandung richtet sich nicht gegen den Mitarbeiter, sondern gegen ein schlechtes Arbeitsergebnis. („Unsere Saintpaulien-Kultur konnte nicht zum geplanten Zeitpunkt abgeschlossen werden."). Sie will helfen, künftige Fehler zu vermeiden und die Leistung zu verbessern.

Ein Tadel ist wie das Lob personenbezogen, er richtet sich gegen das Ergebnis und gegen die Arbeitsgesinnung. („Das war mir klar, dass Sie das nicht schaffen würden!"). Der Beurteilende muss jedoch Arbeitsergebnis und Arbeitsgesinnung als zwei verschiedene Kriterien sehen und beurteilen. Es kann sich jemand große Mühe gegeben haben und trotzdem Fehler gemacht haben und umgekehrt. Der Beurteilende sollte auch bedenken, dass es zum Tadel als Steigerungsmöglichkeit nur noch die Versetzung, betriebliche Schlechterstellung oder Kündigung gibt.

Das ist nicht das Ziel der Beanstandung oder des Kritikgespräches. Wenn der zukritisierende Mitarbeiter auch weiterhin gerne im Betrieb arbeiten soll, so ist das Kritikgespräch mitarbeiterorientiert aufzubauen. Ruhleder (1991) weist hierzu auf die Beachtung der folgenden Regeln hin:
- Kritik immer persönlich aussprechen, nicht per Telefon.
- Kritik nur unter vier Augen, nicht vor Dritten.
- Kritik möglichst umgehend, nicht nach Wochen.
- Kritik sachbezogen, nicht sehr persönlich.
- Kritik und Anerkennung klar trennen und deutlich machen.
- Einzelne Kritikpunkte als abgeschlossen betrachten nicht laufend alles wiederholen.

Durch die aktive Beteiligung des Mitarbeiters am Kritikgespräch erreicht der Vorgesetzte am ehesten, dass der Mitarbeiter seinen Fehler einsieht und bereit ist, die Arbeit ggf. nachzubessern oder alles zu tun, um Fehler künftig zu vermeiden. Wenn man diese Regeln bei der Durchführung von Kritikgesprächen beachtet, entwickelt sich der Gesprächsverlauf nach den folgenden fünf Phasen in Tab. 52.

Den Erfolg des Kritikgespräches kann der Vorgesetzte am zukünftigen Arbeitsergebnis bzw. an der veränderten Arbeitbereitschaft ablesen. Dies kann jedoch schon zu spät sein, so empfiehlt Ruhleder (1991) die Prüfung des Kritikgespräches durch den Vorgesetzten selbst mit Hilfe einer Checkliste (Tab. 53).

6.4.2.2 Formales Beurteilen

Das formale Beurteilen setzt einen bestimmten Anlass voraus und erfordert das Vorgehen nach einer bestimmten Form, wobei sich dies sowohl auf das Beurteilungsverfahren als auch auf die Festlegung bzw. Dokumentation des Beurteilungsergebnisses bezieht. Als Anlässe formaler Beurteilung sind möglich:
- Bewerbung
- Einstellung
- Ablauf der Probezeit
- Beförderung, Bitte um Gehaltserhöhung
- Arbeitsplatzwechsel
- Berücksichtigung bei Mitarbeiterförderungsmaßnahmen
- Beendigung des Arbeitsverhältnisses, Entlassung

Bei Beschäftigungen im Beamtenverhältnis ist in diesem Zusammenhang noch die Regelbeurteilung zu erwähnen, die alle drei Jahre erfolgt. Formale Beurteilungen sind somit nicht Selbstzweck, sondern nach der Beurteilung muss etwas geschehen (Anlass), sie sind kein Druckmittel, sondern der Beurteilte aber auch der Vorgesetzte sollten einen Nutzen daraus ziehen können (Orientierungshilfe).

Nachdem der Grund für die Beuteilung abgeklärt ist, stellen sich dem beurteilenden Vorgesetzten Fragen einerseits nach dem Inhalt, der Beurteilungsgrundlage, den Beurteilungskriterien und andererseits nach der Form, den Beurteilungsmöglichkeiten und Beurteilungsverfahren.

Beurteilungskriterien

Grundlage für eine Beurteilung sind die im Tätigkeitsbereich erbrachten Leitungen und gezeigten Verhaltensweisen bezogen auf einen bestimmten Zeitraum. Diese beiden Beurteilungsbereiche sind anhand von Einzelkriterien genauer aufzuschlüsseln. Für die Auswahl solcher Einzelkriterien gelten drei wichtige Anforderungen. Sie müssen erstens objektiv (lat. sachlich, unvoreingenommen) sein, also von dem zu beurteilenden Sachverhalt (Tätigkeit des Mitarbeiters) bestimmt sein und nichts anderem (Vorurteil, andere Meinungen). Die Kriterien müssen zweitens genau und zuverlässig messen (einfach bei Arbeitstempo, schwierig bei Entschlusskraft). Drittens müssen sie das bestimmen, was sie messen sollen (eindeutig und allgemeingültig sein).

Folgende Einzelkriterien finden am häufigsten Verwendung:

Arbeitsleistung
- Arbeitsqualität
- Arbeitstempo, Arbeitsmenge
- Fachwissen
- Auffassungsgabe

- Organisatorisches Geschick
- Verhandlungsgeschick

Arbeitsverhalten
- Arbeitsbereitschaft, Selbständigkeit
- Verantwortungsbewusstsein
- Zuverlässigkeit, Fleiß
- Ausdauer und Belastbarkeit
- Entschlusskraft
- Verhalten Vorgesetzten gegenüber, Kollegen gegenüber, Untergebenen gegenüber, Dritten gegenüber

Beurteilungsverfahren
Das Vorgehen beim Beurteilen kann der Vorgesetzte nicht frei bestimmen, so hat er beispielsweise die Vorschriften des Betriebsverfassungsgesetzes §§ 82 (2), 94 und 95 zu berücksichtigen. Diese schreiben u. a. vor, dass Beurteilungen den Mitarbeitern zu erörtern sind, dass Auswahlrichtlinien oder Beurteilungsbögen der Zustimmung des Betriebsrates bedürfen.

Der Gefahr, dass beim Beurteilen der Vorgesetzte sich durch den allgemeinen Eindruck, durch Symphatie oder durch Vorurteile verleiten lässt, kann nur durch ein systematisches Vorgehen begegnet werden:

1. Schritt
Der Beurteilende legt den Anlass der Beurteilung fest und erfasst den Beurteilungszeitraum.
2. Schritt
Der Beurteilende beschreibt das Aufgabengebiet, Art und Dauer der Tätigkeit und besondere Anforderungen.
3. Schritt
Für die Beurteilung der Arbeitsleitung und des Arbeitsverhaltens werden geeignete Einzelkriterien ausgesucht.
4. Schritt
Der Beurteilende bestimmt den Erfüllungsgrad dieser Einzelkriterien.
5. Schritt
Der Beurteilende wichtet die Bedeutung der verschiedenen Einzelkriterien für die Gesamtleistung.
6. Schritt
Der Beurteilende bildet ein Gesamturteil.
7. Schritt
Der Beurteilende formuliert die Beurteilung.
8. Schritt
Beurteilender (Vorgesetzter) und Beurteilter (Mitarbeiter) erörtern zusammen die Beurteilung.

Auf diesen grundlegenden Schritten der Beurteilung basieren die bekannten Beurteilungsverfahren wie:
- schriftliche Mitarbeiterbeurteilung mit anschließendem Gespräch
- mündliche Mitarbeiterbeurteilung als Mitarbeitergespräch
- situationsorientierte Mitarbeiterbeurteilung mit Hilfe des „assessment-center"

1. Schriftliche Mitarbeiterbeurteilung mit anschließendem Gespräch
Die Möglichkeiten der schriftlichen Mitarbeiterbeurteilung sind vielzählig:
- Freie Beschreibung (ohne Liste vorgegebener Einzelkriterien)
- Personalfragebogen (Beurteilung von Einzelkriterien mit Hilfe eines Fragebogens) Personalbeurteilungsbogen (Vorgegebene Einzelkriterien werden hinsichtlich ihres Erfüllungsgrades mit Punkten oder/und vorformulierten Begriffen bewertet)
- Personalbeschreibungsbogen (Vorgegebene Einzelkriterien werden hinsichtlich ihres Erfüllungsgrades mit situativ vorformulierten Beschreibungen bewertet.)

Alle Möglichkeiten haben ihre Vor- und Nachteile, wenn man sie an den Anforderungen Objektivität, Vergleichbarkeit, Wiederholbarkeit misst. So hat der Beurteilende bei der „Freien Beschreibung" große Freiheit, ist nicht durch ein Schema eingeengt, während der Personalbeschreibungsbogen eine eher einfache Handhabung und eine hohe Vergleichbarkeit verspricht.

Gleich welches schriftliche Beurteilungsverfahren der Vorgesetzte wählt, der Mitarbeiter hat das Recht auf eine mündliche Erörterung. Dieses Gespräch wird vom Vorgesetzten meistens ungern wahrgenommen. Es wird als lästig

Tab. 54 Personalbeurteilungsbogen

Beurteilung				Gewicht	Produkt aus Gewicht und Punkten
2.2 Interesse					
Grad des Interesses für die Aufgabengebiete dieses Ausbildungsabschnittes.					
sehr stark ausgeprägtes Interesse		14	15		
stark ausgeprägtes Interesse	11	12	13		
befriedigend ausgeprägtes Interesse	8	9	10		
ausreichendes Interesse	5	6	7		
mangelndes Interesse	2	3	4		
ungenügendes Interesse		0	1		3
3 Allgemeine Leistungsfähigkeit					
3.1 Auffassung					
Fähigkeit, das Wesentliche von Situationen und Sachverhalten schnell und exakt zu erfassen.					
sehr gute Auffassungsgabe		14	15		
gute Auffassungsgabe	11	12	13		
befriedigende Auffassungsgabe	8	9	10		
ausreichende Auffassungsgabe	5	6	7		
mangelhafte Auffassungsgabe	2	3	4		
ungenügende Auffassungsgabe		0	1		3
3.2 Denk- und Urteilsfähigkeit					
Fähigkeit, Einzelheiten und Zusammenhänge eines Sachverhaltes eigenständig, sachlich und folgerichtig zu durchdenken und nach kritischer Überprüfung zu einem sachgerechten Urteil zu kommen					
sehr sichere Urteilsfähigkeit		14	15		
sichere Urteilsfähigkeit	11	12	13		
zufriedenstellende Urteilsfähigkeit	8	9	10		
ausreichende Urteilsfähigkeit	5	6	7		
mangelnde Urteilsfähigkeit	2	3	4		
ungenügende Urteilsfähigkeit		0	1		4
				Übertrag	

Tab. 55 Mitarbeiterbeurteilung

....
(Vor- und Zuname)   (Geburtsdatum)

Anlass der Beurteilung: ....

Beurteilungszeitraum: ....

I. Beurteilungsgrundlagen

1. **Betriebliche Verwendung im Beurteilungszeitraum:**
   (Aufgabengebiet, Art und Dauer der Tätigkeit, besondere Anforderungen)

2. **Arbeitsleistung:**

a) Arbeitsqualität

b) Arbeitstempo, Arbeitsmenge

c) Fachwissen

d) Auffassungsgabe, Denk- und Urteilsfähigkeit, Einfallsreichtum

e) Organisatorische Befähigung

f) Verhandlungsgeschick

3. **Arbeitsverhalten**

a) Arbeitsbereitschaft, Selbstständigkeit

b) Verantwortungsbewusstsein, Pflichtgefühl

c) Zuverlässigkeit, Fleiß

d) Ausdauer und Belastbarkeit

e) Entschlusskraft

f) Verhalten Vorgesetzten gegenüber

   Kollegen gegenüber

   Untergebenen gegenüber

   Dritten gegenüber

4. **Sonstige Merkmale, die für die Beurteilung von Bedeutung sind:**
   Besondere Fähigkeiten und Kenntnisse
   (z. B. Sprachkenntnisse, Fachkenntnisse auf Sondergebieten, Fortbildung, neben- und ehrenamtliche Tätigkeit, Schwerbeschädigung, Sonstiges)

II. Gesamturteil

....

Vorschlag für weitere betriebliche Verwendung:

Unterschrift des Beurteilenden:

....

Vorstehende Beurteilung ist mir heute eröffnet und mit mir besprochen worden.

.... den ....

....
(Unterschrift des Mitarbeiters)

Tab. 56 Personalbeurteilungsbogen mit situativ formulierten Beschreibungen

I. Beurteilungsgrundlagen (s. Ziffernfolge auf dem Beurteilungsbogen)

I. 1 **Betriebliche Verwendung während des Beurteilungszeitraums**
Hier sind nähere Angaben zu machen über Art, Umfang und Bedeutung des wahrgenommenen Aufgabengebietes.

I. 2 **Arbeitsleistung**

I. 2 a) Qualität der Arbeit
Sorgfältig – gründlich – kontrolliert seine Arbeiten gewissenhaft – an der Arbeit ist nichts auszusetzen – wechselnd in der Leistung – erreicht den Durchschnitt, fällt aber leicht wieder ab – ungenau – unsauber – oberflächlich – flüchtig – nachlässig – macht viele Fehler.

I. 2 b) Arbeitstempo – Arbeitsmenge
Arbeitstempo ist außerordentlich hoch – gestellte Aufgaben werden schneller erledigt als es den Anforderungen entspricht – schafft viel und hält die Leistung auch durch – Arbeitstempo entspricht den Anforderungen – Arbeitstempo ist gering – kommt mit der vorgesehenen Zeit nicht aus – leistet im Ganzen zu wenig.

I. 2 c) Fachwissen
Hervorragend – umfassend – gediegen – angemessen – begrenzt – verbesserungsbedürftig – lückenhaft.

I. 2 d) Auffassungsgabe, Denk- und Urteilsfähigkeit, Einfallsreichtum
Fasst ausgesprochen rasch und sicher auf – aufgeweckt und rege mit Blick für das Wesentliche – geistig beweglich / wendig – stellt sich auf neue Aufgaben und Situationen schnell ein – leicht folgend – begrenzt aufnahmefähig – erfasst nur Einzelheiten ohne Sinn für Wesentliches / für Beziehungen und Zusammenhänge – sprunghaft – verworren – zusammenhanglos – wenig beweglich – denkt langsam – schwer auffassend – schwerfällig;
Klar und sicher im Urteil – bestimmt – ausgewogen – objektiv – unterscheidet das Wichtige vom Unwichtigen – abwägend – schwankend – unsicher – unklar – voreilig – hat kein eigenes Urteil – unsachlich;
Macht sich Gedanken über die Aufgaben und Probleme seines Arbeitsbereiches – entwickelt eigene Ideen – einfallsreich – denkt nur in vorgezeichnetem Rahmen – gedankenarm.

I. 2 e) Organisatorische Befähigung
Praktisch – klare Planung – geschickte Durchführung – gutes Organisationstalent – ungeschickt – wenig praktisch – ohne Übersicht – nicht allzu vorausschauend.

I. 2 f) Verhandlungsgeschick
Verhandlungsgewandt – beredsam, überzeugend, vermittelnd – zurückhaltend – abwartend – nachgiebig – ungewandt.

I. 3 **Arbeitsverhalten**

I. 3 a) Arbeitsbereitschaft und Initiative, Selbstständigkeit
Arbeitsfreudig – greift Aufgaben von selbst auf – geht in der Arbeit auf – zeigt echte Schaffensfreude – entwickelt eigene Pläne und Ideen – löst die ihm übertragenen Aufgaben selbstständig – aktiv – unternimmt von sich aus nur wenig / nichts – bedarf des Anstoßes – meidet besondere Anstrengungen – lustlos – passiv.

I. 3 b) Verantwortungsbewusstsein, Pflichtgefühl
Gewissenhaft – pflichtbewusst – im Allgemeinen verlässlich – schwankend – gleichgültig.

Tab. 56 (Fortsetzung)

I. 3 c) Zuverlässigkeit, Fleiß
Zuverlässig – bedarf gelegentlicher Ermahnung – säumig – unzuverlässig; Eifrig und strebsam – von unermüdlichem Fleiß und Ausdauer – rasch erlahmend.

I. 3 d) Ausdauer und Belastbarkeit
Unermüdlich – zäh – lässt auch bei größten Anforderungen nicht in der Arbeitsleistung nach – beständig – ihm wird nichts zuviel – durchhaltend – auch größeren / länger andauernden Belastungen gewachsen – verausgabt sich schnell – versagt bei größeren Belastungen – kraftlos – gibt leicht auf – wenig Ausdauer.

I. 3 e) Entschlusskraft
Entschlossen – greift Aufgaben von sich aus an und führt sie sicher / energisch durch – entscheidungsfreudig – fasst vorschnelle Entschlüsse – unüberlegt – unsicher – unschlüssig – ohne eigenen Antrieb – richtet sich nur nach Anweisung.

I. 3 f) Verhalten
Vorgesetzten gegenüber
Immer offen und aufrichtig – konstruktiver und positiver Mitarbeiter – aufgeschlossen für Kritik und Anregungen – sachlich, aber vorsichtig in seinen Äußerungen – respektvoll – lässt sich anregen – leicht zu leiten – gegen Kritik wenig empfindlich – sucht sich den Vorgesetzten zu entziehen – lässt sich ungern etwas sagen – undurchsichtig – unaufrichtig – unterwürfig – anbiedernd – überheblich – herausfordernd.

Kollegen gegenüber
Arbeitet gut mit Anderen zusammen – hat das Vertrauen der Kollegen – kameradschaftlich – beliebt – hilfsbereit – fügt sich ein – verträglich – verursacht mitunter Spannungen – steht bisweilen abseits – mitunter reizbar – stört die Zusammenarbeit – verschlossen – abweisend – unkollegial.

Untergebenen gegenüber
Besitzt Überzeugungskraft – wird anerkannt – sicher und bestimmt – energisch – wird als Vorgesetzter geschätzt – tritt als Vorgesetzter wenig hervor, überzeugt aber von der Sache her – gerecht.

Dritten gegenüber
Höflich – korrekt – hilfsbereit – überheblich – anmaßend – wohlwollend – weich – lässt den Dingen ihren Lauf – hartherzig – ungerecht und voreingenommen – lässt keine andere Meinung gelten – herrschsüchtig.

I. 4 Sonstige Merkmale, die für die Beurteilung von Bedeutung sind

a) Besondere Fähigkeiten und Kenntnisse
Sprachkenntnisse
In welchen Sprachen? In welchem Umfang? (fließend in Wort und Schrift – kann sich verständlich machen – Schulkenntnisse); Im Inland oder im Ausland erworben?

b) Fortbildung
Teilnahme an Fortbildungslehrgängen (Art und Dauer der Lehrgänge);

c) Neben- und ehrenamtliche Tätigkeiten
Tätigkeit im Personalrat; Tätigkeit als Schwerbeschädigtenvertrauensmann; Tätigkeit in kommunalen Vertretungskörperschaften und ähnlichen Vertretungen.

> **Tab. 56** (Fortsetzung)
>
> d) Schwerbeschädigung
>   Hier ist die Art und der Grad der Schwerbeschädigung sowie die dienstlich in Erscheinung tretenden Auswirkungen der Schädigung, insbesondere Beschränkungen in der Einsatzfähigkeit, aufzuzeigen, damit sie bei der weiteren Verwendung des Mitarbeiters nach Möglichkeit berücksichtigt werden können.
>
> e) Sonstige Bemerkungen
>   Hier kann auf solche Merkmale hingewiesen werden, die für die Beurteilung von Bedeutung sind, an anderer Stelle aber keine Erwähnung finden (z. B. Umgang mit Kunden, Ausdrucksvermögen).
>
> **II. Gesamturteil**
> - eine alles überragende Spitzenleistung
> - eine Leistung, die die Anforderungen in besonderem Maße übersteigt
> - eine Leistung, die über den Anforderungen liegt
> - eine Leistung, die den Anforderungen voll und ganz entspricht
> - eine Leistung, die den Anforderungen im Wesentlichen entspricht
> - eine bereits mit Mängeln behaftete und nur kurzfristig, aber nicht auf Dauer akzeptable Leistung
> - eine nicht akzeptable, den Anforderungen nicht entsprechende Leistung.

empfunden, da der Mitarbeiter natürlich versucht, seine Interessen wenigstens nachträglich zu formulieren und sein Gesicht zu wahren. Da andererseits der Vorgesetzte dazu verdammt zu sein scheint, seine Beurteilung aufrecht zu erhalten, endet alles schließlich in einem Konfliktgespräch.

Einem Konflikt geht man aus dem Weg, wenn in diesem Beurteilungsgespräch der Nutzen der Beurteilung als Orientierungshilfe deutlich gemacht werden kann. Untersuchungen haben gezeigt, dass sowohl auf negative wie auch auf positive Beurteilungen Leistungsminderungen erfolgen können, wenn keine persönliche Aussprache, kein Angebot von Personalentwicklungszielen wie z. B. Korrekturmaßnahmen, Weiterbildungsmaßnahmen oder Aufstiegsmöglichkeiten erfolgt.

Ein Mitarbeiterbeurteilungsgespräch sollte demnach wie folgt verlaufen:
1. Besprechung der Beurteilung auf der Grundlage der Zielvereinbarung, des Projektplanes oder der Stellenbeschreibung
2. Diskussion über gegenseitige Erwartungen und Vorstellungen im vergangenen Beurteilungszeitraum
3. Planung neuer, realistischer Arbeitsziele
4. Klärung der Anforderungen an diese Aufgaben, ggf. zusätzliche Unterstützung
5. Erarbeitung von Vorschlägen für die Verbesserung der Leistung
6. Diskussion über gegenseitige Erwartungen hinsichtlich der beruflichen Entwicklung und der Laufbahn

Die schriftliche Mitarbeiterbeurteilung, wenn sie nicht zwingend vorgeschrieben ist oder vom Mitarbeiter gewünscht wird (Beendigung des Arbeitsverhältnisses), ist geeignet für Beurteilungen, die einen längeren Zeitraum bewerten (Ablauf der Probezeit) oder die laufbahnrelevante Bedeutung besitzen (Beförderung).

2. Mündliche Mitarbeiterbeurteilung als Mitarbeitergespräch

Ist nicht die schriftliche Form der Beurteilung vorgeschrieben, kann die Beurteilung auch mündlich erfolgen als gemeinsames Gespräch z. B. bei der Bitte um Gehaltsaufbesserung, Arbeitsplatzwechsel oder bei der Berücksichtigung für Förderungsmaßnahmen. Der Vorgesetzte wird von der Last befreit, ein von ihm gefälltes Urteil dem Mitarbeiter im nachhinein plausibel zu machen.

Diese Art der Beurteilung hat als Ausgangspunkt konkrete Arbeitsergebnisse oder eine vorher gemeinsam festgelegte Zielvereinbarung. Im Mittelpunkt des Gespräches steht weniger die Person als vielmehr die Aufgabe mit ihren Ergebnissen und Fragen zu möglichen positiven und negativen Erscheinungen. Ziel des Gespräches ist die Förderung des einzelnen Mitarbeiters im Sinne einer Personalführung nach dem Motto „Jeder kann sich verbessern". Der Gesprächsablauf ähnelt stark dem Modell des Kritikgespräches (siehe Kapitel 6.4.2.1), wobei hier die oben aufgezeigten systematischen Schritte der Beurteilung Inhalt des gemeinsamen Gespräches zwischen Vorgesetztem und Mitarbeiter sind.

Diese Art der Beurteilung beachtet im starken Maße die Selbsteinschätzung des Mitarbeiters. Ist der Mitarbeiter dazu fähig, tritt der Vorgesetzte mehr als Berater nicht als Richter auf. Das Gesamturteil ist das Ergebnis gemeinsamer Überlegungen. Das Konfliktpotential der Situation „Beurteilen" ist auf diese Weise beträchtlich vermindert. Nach Abstimmung mit dem Mitarbeiter sollte der Vorgesetzte zum Abschluss ein Gesprächsprotokoll als schriftlichen Nachweis anlegen.

3. Assessment-Center

Die Mitarbeiterbeurteilung mit Hilfe des „assessment-center" (eng. Beurteilungslabor) stellt ein situationsorientiertes Verfahren unter „Laborbedingungen" dar. Beurteilungsgrundlage ist nicht der Grad der Aufgabenerfüllung in Bezug auf die Stellenbeschreibung oder eine Zielvereinbarung sondern in Bezug auf das Verhalten bzw. die Leistung in aktuellen, simulierten Rollenspielen, Interviews oder Arbeitsproben. Der Beurteilte wird in Situationen oder Sachverhalte gestellt, die charakteristisch für das jetzige oder auch zukünftige Aufgabengebiet sind. Der Mitarbeiter muss zeigen, wie er sich in tagtäglichen Situationen verhält. Hierdurch erhalten Beurteilender und Beurteilter Einblick in seine Rolle, sie gewinnen realistische Vorstellungen über seine Leistung, Eignung und persönlichen Verhaltensweisen.

Die Vorteile dieses Verfahrens liegen auf der Hand, Leistung und Beurteilung erfolgen unmittelbar ohne Zeitverzögerung, die Möglichkeit der Leistungsbeeinflussung von außen ist gering, der aktuelle Leistungsstand wird aufgezeigt, die Eignung für neue, zukünftige Aufgaben kann besser abgeschätzt werden. Insbesondere die Einzelkriterien Entschlusskraft, Selbständigkeit, Fachwissen, Auffassungsgabe, Verhalten anderen gegenüber, organisatorisches und Verhandlungsgeschick können in relativ kurzer Zeit überprüft werden.

Als nachteilig muss der sehr hohe Organisationsaufwand, der geringe Beurteilungszeitraum und die Problematik der Aufgabenauswahl angesehen werden. So finden wir dieses Verfahren der Mitarbeiterbeurteilung bislang nur bei Bewerbungs- und Einstellungsverfahren für höhere Führungspositionen, meistens in Kombination mit den beiden vorher beschriebenen Möglichkeiten.

6.5 Fördern

Ein agrarwirtschaftlicher Großbetrieb mit mehreren Produktionsstätten stellt einen jungen Facharbeiter mit Gehilfenbrief ein. Bisherige berufliche Abschlüsse und Zeugnisse sowie das Einstellungsverfahren und die abgelaufene Probezeit bescheinigen diesem neuen Mitarbeiter ein positives Arbeitsverhalten (Selbständigkeit, Pflichtgefühl, Fleiß und Eigeninitiative). Seine bisherige berufliche Tätigkeit entspricht nicht ganz den Produktionsbedingungen des neuen Betriebes. Es ist geplant, ihn in einen sich im Aufbau befindlichen Produktionszweig einzusetzen. Für diesen ausgelagerten Teilbereich wird zukünftig ein Betriebsleiter erforderlich werden.

Dass das in der Ausbildung erworbene Wissen nicht für ein ganzes Berufsleben ausreicht, dürfte nicht nur dieser junge Mitarbeiter erfahren haben. Sowie die wettbewerbsbestimmenden Anforderungen an die Produktion oder die Dienstleistung steigen, in dem Maße wird auch eine Weiterqualifikation der Beschäftigten notwendig. Den Unternehmen ist bewusst, dass die Stabilität und das Wachstum der Betriebe von der Qualität der Mitarbeiter abhängig ist. Eine systematische Förderung der Mitarbeiter mit Hilfe der Weiterbildung ist die logische Konsequenz.

Unternehmen und die Gesellschaft haben dies erkannt, sie wenden seit Jahren Milliardenbeträge für die Finanzierung der beruflichen Weiterbildung auf. Nach einer Umfrage des Instituts der deutschen Wirtschaft haben 2007 rund 84 % aller Firmen betriebliche Weiterbildungsmaßnahmen angeboten. Für die direkten Kosten wie Trainerhonorare, Gebühren oder Lernmaterial wurden 419 €, für die Lohnausfallskosten 635 € je Beschäftigten ausgegeben. Um international konkurrenzfähig zu bleiben, ist unsere Gesellschaft auf jedes Talent angewiesen. Derzeit gibt es 44 Millionen Erwerbstätige, 2030 werden es ca. 38 Millionen sein. Gleichzeitig wachsen die Anforderungen an die Mitarbeiter. Schon jetzt herrscht in einigen Bereichen Fachkräftemangel, während Geringqualifizierte kaum noch zu vermitteln sind. Der Wirtschaftsstandort Deutschland benötigt gut ausgebildete Jugendliche und Fachkräfte mit der Bereitschaft zum lebenslangen Lernen. Zur Zeit ist man hiervon immer noch weit entfernt, wie Untersuchungen zeigen, nehmen insbesondere besser qualifizierte, männliche Arbeitnehmer im Alter zwischen 25 und 55 Jahren überproportional an Weiterbildungsmaßnahmen teil, während Un- bzw. Angelernte sich selten beteiligen.

Im Agrarbereich sind die Unternehmen in der Regel nicht in der Lage, selbst Weiterbildungsmaßnahmen für ihre Mitarbeiter zu organisieren und durchzuführen. Landwirtschaftskammern, Landwirtschaftsämter oder berufsständige Verbände übernehmen hier diese Aufgabe. Sie bieten meistens im Winterhalbjahr Maßnahmen an, mit deren Hilfe sich die Teilnehmer den betrieblichen Neuerungen anpassen können. Darüber hinaus wird flächendeckend der Besuch von Meisterkursen oder Technikerschulen ermöglicht, um die Voraussetzungen für einen beruflichen Aufstieg zu schaffen (siehe 5.5).

Eine systematische Mitarbeiterförderung mit Hilfe der Weiterbildung beschränkt sich nicht auf die Beseitigung punktueller Wissenslücken, die sich in einem Beurteilungsverfahren auf getan haben, sondern verfolgt eine auf mittel- und langfristige Unternehmensziele ausgerichtete, kontinuierliche Weiterqualifikation. Für ihre konkrete Umsetzung ergeben sich für den Vorgesetzten die drei folgenden Maßnahmen:

1. Maßnahme
Bestimmung der Mitarbeiterqualifikationen, um die mittel- und langfristigen Unternehmensziele zu erreichen.

Diese Aufgabe dürfte für Vorgesetzte zunehmend schwieriger werden, in einer Zeit wo durch den technischen Fortschritt, ein geändertes Umweltbewusstsein oder neue marktpolitische Situationen in immer kürzeren Abständen neue Anforderungen an die Beschäftigten gestellt werden. Je klarer das unternehmerische Ziel festgelegt werden kann, je konkreter kann der Vorgesetzte die Mitarbeiterqualifikation bestimmen. Die Ableitung des Qualifikationsniveaus von den Unternehmenszielen verlangt eine andauernde Überprüfung, damit die Förderungsmaßnahmen dem aktuellen Bedarf angepasst werden können. Für unser Eingangsbeispiel könnte die betriebliche Anforderung bzw. das langfristige Mitarbeiterentwicklungsziel wie folgt lauten:

Tab. 57 Teilnehmerquote von Arbeitnehmern an der betrieblichen Weiterbildung (Moraal 2009)

Führungskräfte	55 %
Techn./Kaufm. Angestellte	52 %
Fachkräfte	44 %
Un- u. Angelernte	19 %

Fachlich versierter (lat. erfahren) Betriebsleiter, der sachliche Probleme eines neuen Produktionszweiges selbständig löst sowie eine reibungslose organisatorische Zusammenarbeit mit anderen bestehenden Betriebsteilen gewährleistet.

2. Maßnahme

Zusammenstellung von Förderungsmaßnahmen, mit deren Hilfe das angestrebte Qualifikationsniveau kontinuierlich erreicht werden soll.

Die Wahl der richtigen Förderungsmaßnahmen ist abhängig von der Ausgangsqualifikation des Mitarbeiters. Eine gezielte Förderung setzt eine genaue Leistungskontrolle voraus. Diese Kontrolle muss nicht zwingend durch den Vorgesetzten erfolgen. Selbstkontrolle als Grundlage einer späteren Förderung, nicht Beförderung, wird vom Mitarbeiter präzise und ehrlich durchgeführt.

Sie steigert die Eigenverantwortlichkeit und die Motivation, Förderungsmaßnahmen auf sich zu nehmen, die häufig neben dem normalen Arbeitsanfall zu erledigen sind. Ist der Mitarbeiter zur Selbstkontrolle fähig, kann er auch aktiv an der Zusammenstellung der Förderungsmaßnahmen beteiligt werden.

Planung und Durchführung der geeigneten Weiterbildungsmaßnahmen müssen stufenweise erfolgen, damit die Förderung nicht zur Überforderung wird. Das Infragestellen der eigenen Leistung, das Aufgeben gewohnter Arbeitstechniken oder Verhaltensweisen verunsichert und ist anstrengend. Führen diese Anstrengungen zu unmittelbaren Erfolgen, werden sie auch fortgesetzt.

Die stufenweise Förderung zwingt zu systematischen Weiterbildungsplanungen und bereitet den Weg für eine kontinuierliche Entwicklung. Weiterbildung ist dann nichts Außergewöhnliches mehr sondern wird zum Bestandteil der Arbeitswelt. Wie müssten für unser Beispiel die Maßnahmen zusammengestellt werden, um die Ziele einer systematischen Förderung zu erreichen?

1. Stufe:
Bestehende Qualifikationsdefizite ausgleichen (neuer Mitarbeiter).
Auf der Grundlage der Ergebnisse der Mitarbeiterkontrolle – durch den Vorgesetzten oder den Mitarbeiter – wird eine innerbetriebliche Weiterbildung durch den Vorgesetzten oder erfahrene Mitarbeiter durchgeführt.

2. Stufe:
Mittelfristiges Qualifikationsniveau für zukünftige Tätigkeit (Mitarbeiter im neuen Produktionszweig) aufbauen. Interesse und Eignung des Mitarbeiters werden für diese Tätigkeit geprüft. Tages- oder Wochenseminare oder Betriebspraktika vermitteln die notwendigen Kenntnisse und Fertigkeiten.

3. Stufe:
Langfristiges Qualifikationsniveau für die zukünftige Tätigkeit (selbständig arbeitender Betriebsleiter) aufbauen. Durch den Arbeitseinsatz können die Inhalte der Weiterbildungsmaßnahmen erprobt und gefestigt werden. Betriebsbesichtigungen, Erfahrungsaustausch mit Beschäftigten in gleicher Arbeitssituation (In der Landwirtschaft wurden hierzu sog. Arbeitskreise gegründet.) oder Weiterbildungsmaßnahmen mit Qualifikation wie die zum Meister oder zum Techniker vervollständigen das langfristige Qualifikationsniveau.

3. Maßnahme

Begleitende Beratung und Betreuung
Die beispielhaft aufgezeigten Förderungsmaßnahmen könnten in einem Zeitrahmen von 3 bis 5 Jahren abgeschlossen sein. Damit der Mitarbeiter den Willen zum Lernen (Berufsleben langen Lernen) nicht aufgibt, bedarf es der begleitenden Beratung und Betreuung durch den Vorgesetzten, z. B. um finanzielle Förderungsmittel des Staates in Anspruch nehmen zu können. Die Gefahr, dass Mitarbeiter die Weiterqualifikation vorzeitig abbrechen, nimmt mit der Dauer, dem Schwierigkeitsgrad der Förderungsmaßnahme, dem Warten auf erste Erfolgserlebnisse und der Furcht vor finanziellen Einbußen (Arbeitsendgeldausfall) zu. Um den weiterbildungswilligen Mitarbeiter finanziell

Tab. 58 Mitarbeiterförderung mit System		
1. Maßnahme	2. Maßnahme	3. Maßnahme
Betimmung der Mitarbeiterqualifikation um die mittel- und langfristige Unternehmensziele zu erreichen, bei Beachtung der aktuellen Veränderungen	Zusammenstellung von Förderungsmaßnahmen, mit deren Hilfe das angestrebte Qualifikationsniveau kontinuierlich erreicht werden kann. 1. Stufe: Bestehende Qualifikationsdefizite ausgleichen. 2. Stufe: Mittelfristiges Qualifikationsniveau für zukünftige Tätigkeit aufbauen. 3. Stufe: Langfristiges Qualifikationsniveau für zukünftige Tätigkeit aufbauen	Begleitende Beratung und Betreuung mit Hilfe des Mitarbeitergespräches

und rechtlich abzusichern, haben einige Bundesländer spezielle Gesetze und Richtlinien erlassen, so z. B. das Land Nordrhein-Westfalen mit dem Arbeitnehmerweiterbildungsgesetz (AwbG) oder den Richtlinien über die Gewährung von Zuwendungen zur berufsbezogenen Weiterbildung in der Landwirtschaft. Die Kenntnis derartiger Gesetze ist eine wichtige Voraussetzung für den Vorgesetzten, um den Mitarbeiter richtig beraten zu können.

6.6 Besprechungen organisieren

Frau Meyer ist Hauswirtschaftsleiterin in einer Landvolkhochschule, in der die Gäste neben der Weiterbildungsmaßnahme auch Verpflegung und Unterkunft erhalten.
Frau Meyer erfährt nun von der Schulleiterin, dass trotz des voll belegten Hauses eine Gruppe von 30 Landfrauen für ein Tagesseminar angenommen wurde. Frau Meyer weiß aus ihrer Erfahrung, dass Landfrauen besonderen Wert auf eine angenehme Atmosphäre im Hause legen und alles, was dazu gehört. Außerdem wird sie gebeten, die Mahlzeiten im Sinne der Vollwerternährung zu gestalten, da dies auch Thema des Seminares ist.
Zur Abwicklung dieses Sonderauftrages plant Frau Meyer eine Besprechung mit ihren Mitarbeiterinnen.

Vorgesetzte können nicht alle Probleme alleine lösen, sie sind selbst bei speziellen Führungsaufgaben wie Planen oder Aufgabenverteilung auf die Unterstützung ihrer Mitarbeiter angewiesen, wenn sie nicht blind agieren wollen. Eine erfolgreiche Zusammenarbeit (Teamarbeit) erfordert im hohen Maße die Ab- bzw. Aussprache. Diese Besprechungen bezeichnet man auch als Konferenzen, Meetings (eng. Zusammenkünfte), Dienstbesprechungen oder Mitarbeiterversammlungen.

Auf Besprechungen kann der Vorgesetzte nicht verzichten, denn sie fördern:
- den Informationsfluss
- die Rückversicherung (Feedback)
- den Gedankenaustausch
- die Ideenfindung
- die Entscheidungsfindung
- die Identifikation mit dem Betrieb
- das Arbeits- und Betriebsklima.

Laut Betriebsverfassungsgesetz haben Vorgesetzte sogar eine Informationspflicht gegenüber ihren Mitarbeitern. In verschiedenen Paragraphen (§§ 81 ff.) dieses Gesetzes werden im einzelnen verschiedene Anlässe, bei denen Informationen zu geben sind, aufgelistet, wie z. B. Veränderungen im Arbeitsbereich, Arbeitsschutzmaßnahmen oder die wirtschaftliche Situation des Betriebes.

Vorgesetzte und Mitarbeiter verbinden mit Besprechungen bzw. Konferenzen leider nicht immer positive Aspekte. So beklagen die Mitarbeiter häufig die Unergiebigkeit und Einseitigkeit derartiger Veranstaltungen. Vorgesetzten missfällt das Desinteresse der Mitarbeiter, das Abweichen bzw. Ausweiten von der Tagesordnung oder die Störung durch Privatgespräche. Bei genauerer Betrachtung erkennt man, dass diese negativen Urteile auf Fehler in der Vorbereitung oder Durchführung von Besprechungen zurückzuführen sind. Zur besseren Planung sollte sich jeder Vorgesetzte bzw. Besprechungsleiter die folgenden Fragen stellen:

1. Welche Aufgabe, welches Ziel hat die Besprechung?
Grundsätzlich dienen Besprechung der Information und/oder der Problemlösung. In unserem obigen Beispiel sollen die Mitarbeiterinnen über den Sonderauftrag informiert werden und gemeinsam mit der Hauswirtschaftsleiterin das Problem lösen.

Der letzte Aspekt steht hier im Vordergrund. Besprechungen zur Problemlösung dienen gemäß dem Problemlösungsprozess:
- der Problemfindung,
- der Suche nach Lösungsmöglichkeiten,
- der Wertanalyse und Entscheidung,
- der Umsetzung der Problemlösung.

Für unser Beispiel müssen alle Gesichtspunkte angesprochen werden. Der Sonderauftrag wird Probleme verursachen z. B. bei der Einkaufsplanung, der Speisenplanerstellung oder der Dienstplangestaltung. Man wird Alternativen für den Speiseplan entwickeln und sich für eine Lösung entscheiden. Schließlich wird man die Aufgaben im Küchen- und Servicebereich gliedern, die Arbeitsfolgen regeln und die Aufgaben übertragen.

Besprechungen, die der Information dienen, werden als Informations- und Gedankentausch durchgeführt. Der Vorgesetzte berichtet beispielsweise über den Besuch einer Ausstellung bzw. Tagung oder die Mitarbeiter schildern aus ihren Tätigkeitsbereichen. Sollten in diesen Berichterstattungen „Probleme" angesprochen werden – das ist häufig der Fall- hat der Besprechungsleiter evtl. nach Rücksprache mit den Mitarbeitern zu entscheiden, ob diese Probleme sofort behandelt werden sollen oder ob sie Gegenstand einer folgenden Besprechung sein sollen.

2. Wer nimmt an der Besprechung teil?
Die Zielsetzung der Besprechung bestimmt die Teilnehmer, es sind grundsätzlich diejenigen, die direkt oder indirekt betroffen sind. Die direkt betroffenen müssen teilnehmen. In unserem Beispiel könnten dies die zuständigen Mitarbeiterinnen für die Einkaufsplanung, Speisenplanerstellung, Dekoration und Reinigung der Seminarräume, des Küchen- und Servicebereiches sein. Indirekt betroffene Mitarbeiter wie z. B. Küchenhelferinnen oder die Schulleiterin müssen nicht unbedingt an einer solchen Besprechung teilnehmen. Die folgenden Kontrollfragen erleichtern die Auswahl:
- Haben sie spezielle Kenntnisse, die für den Erfolg der Besprechung notwendig sind?
- Müssen sie Bescheid wissen, um gute Arbeit zu leisten?
- Haben sie Interesse und Zeit?
- Sind es Mitarbeiter, die sich qualifizieren wollen?

Insbesondere bei Besprechungen, die der Information dienen, steht der Vorgesetzte vor dem Problem, dass manche Mitarbeiter nicht teilnehmen wollen, andere möchten ganz gerne dabei sein. Betroffene müssen teilnehmen! Nicht-Betroffene sollten Gelegenheit haben, sie sind willkommen. Ein solches Verfahren schließt die interessierten Mitarbeiter nicht aus, noch verlangt es von ihnen, unbedingt erscheinen zu müssen, wenn sie keine Lust haben.

3. Wie häufig sind Besprechungen durchzuführen?
Die Häufigkeit der Besprechungen zur Problemlösung ist abhängig von der Anzahl un dem Schwierigkeitsgrad der Probleme sowie von der Qualifikation der Mitarbeiter. In unserem Beispiel dürften eine maximal zwei (1. Besprechung zur Planung, 2. Besprechung zur Abstimmung und Übertragung der Aufgaben) ausreichend sein, wenn man erfahrene

Mitarbeiterinnen voraussetzt, für welche die Erledigung eines solchen Sonderauftrages nicht erstmalig ist.

Besprechungen zur Information sollten in regelmäßigen Abständen, am gleichen Wochentag und zur gleichen Uhrzeit stattfinden. Eine Terminfestlegung über ein halbes bzw. ganzes Jahr ist möglich.

4. Wie lange dauert die Besprechung?

Der Umfang des Problems oder der Information bestimmt die Dauer der Besprechung. Allen Teilnehmern sollte der ungefähre Zeitrahmen mitgeteilt werden. Ohne Pause sind nicht mehr als 1.5 bis 2 Stunden anzusetzen. Im vorliegenden Beispiel dürften ca. 60 Minuten ausreichen.

Mitarbeiter versuchen, die angesetzten Besprechungen auch für den Austausch anderer betrieblicher oder privater Informationen zu nutzen, insbesondere dann, wenn sie sich längere Zeit nicht gesehen haben. Wird hierfür keine Zeit eingeplant zu Beginn, in Pausen oder am Ende der Veranstaltung, muss man mit häufigen Störungen und dadurch mit unerwünschten Verlängerungen der Besprechung rechnen.

5. Hat die Besprechung Vorrang?

Nichts stört eine Besprechung mehr, als wenn Mitarbeiter oder Besprechungsleiter sich herausrufen lassen oder kurzfristig ihre Teilnahme absagen. Tritt dies vermehrt auf, sollte der Vorgesetzte seine Führungsautorität oder wenigstens seine Art, Besprechungen zu leiten, überprüfen. Die Priorität (lat. Erstrecht) der Besprechung legt der Vorgesetzte fest. Besser ist es, dies in Absprache mit den Mitarbeitern mündlich vorher oder allgemeingültig in einer schriftlichen Führungsanweisung festzulegen. In unserem Beispiel dient die Besprechung einer Problemlösung, sie hat somit Vorrang vor anderen Verpflichtungen.

6. Wo findet die Besprechung statt?

Besprechungen in Fluren, Treppenhäusern oder Werkräumen wie z. B. Küchen, Garagen etc. stehen unter Zeitdruck, werden durch Dritte oder laufende Arbeitsgänge gestört, verhindern eine aktive Mitarbeit aller Teilnehmer. Geeignet sind Räume, die ausreichende Sitz- und Mitschreibmöglichkeiten, Ruhe und Bequemlichkeit bieten, sog. Besprechungszimmer.

Es sollte darauf geachtet werden, dass alle Teilnehmer untereinander Sichtkontakt haben und dass Möglichkeiten der Veranschaulichung wie Wandtafel, Tageslichtschreiber (engl. Over-Head Projector) oder Flip-Chart vorhanden sind. Bei länger andauernden Besprechungen sind die Teilnehmer mit Erfrischungen zu versorgen.

7. Wer bestimmt die Besprechungsinhalte (Tagesordnungspunkte)?

Steht für die Vorbereitung der Besprechung genügend Zeit zur Verfügung, sollten alle Teilnehmer die Besprechungsinhalte mitbestimmen können. Der Besprechungsleiter kann diese vorher sammeln und ordnen. Um brauchbare Beiträge zu bekommen, kann der Vorgesetzte im Vorfeld gezielt Aufträge an seine Mitarbeiter verteilen. So können alle aktiv mitwirken und fühlen sich für das Gelingen der Besprechung verantwortlich.

Müssen Probleme kurzfristig gelöst werden oder kann die Problembewältigung weitgehend durch Routinearbeiten erledigt werden, wie in unserem Beispiel, entfällt die vorherige Sammelphase zu Bestimmung der Besprechungsinhalte.

8. Muss ein Protokoll angelegt werden?

Bei Informationsbesprechungen ist kein Protokoll (lat. Verhandlungsbericht) nötig, auch nicht bei kurzfristig zu treffenden Entscheidungen in überschaubaren Problemfällen (unser Beispiel, Sonderauftrag). Ansonsten gilt der Grundsatz, je kürzer das Protokoll ist, umso größer ist die Wahrscheinlichkeit, dass es gelesen wird. Was gehört in ein Protokoll hinein?
- Entscheidungen
- Planungen zur Behandlung ungelöster Probleme
- Probleme, die vertagt werden,
- geplante Maßnahmen
- Aufgabenverteilung

Der Besprechungsleiter sollte nach Möglichkeit nicht das Protokoll selbst führen, er braucht seine Aufmerksamkeit für die ordnungsgemäße Durchführung der Besprechung.

9. Wie ist die Reihenfolge der Besprechungsinhalte zu regeln?

Der Besprechungsleiter bestimmt die Reihenfolge der Tagesordnungspunkte. Vorgesetzte können andererseits zu Beginn der Besprechung die Reihenfolge der Besprechungsinhalte als Orientierungshilfe vorstellen und bei entsprechend interessierten Mitarbeitern um Änderungswünsche oder Ergänzungen bitten. Dies wäre auch für unser Beispiel eine praktikable Lösung. Werden die Besprechungsinhalte im Vorfeld schon bei den Mitarbeitern erfragt, wäre es auch denkbar, dass diese gleichzeitig die Wichtigkeit der Punkte mit angeben würden. Auf diese Weise könnte der Vorgesetzte von vorneherein die Abfolge der Besprechung den Vorstellungen der Mitarbeiter entsprechend gestalten.

10. Sind Regeln für Wortbeiträge notwendig?

In Mitarbeiterbesprechungen ist dies überflüssig. Die Beiträge werden ohne feste Reihenfolge und formlos geliefert. Kennen sich die Teilnehmer einer Besprechung größtenteils nicht, erscheint es zweckmäßig, dass der Besprechungsleiter die Form der Wortbeiträge (Dauer, Reihenfolge, Zeitpunkt) vorher abklärt.

11. Welche Probleme gehören in eine Besprechung und welche nicht?

Der Nutzen und die Zielstrebigkeit einer Besprechung hängt auch davon ab, ob der Besprechungsleiter erkennt, welche Probleme in die Besprechung gehören und welche nicht.

In die Besprechung gehören:
- Probleme, für deren Lösung die Informationen der Mitarbeiter nötig sind,
- Probleme, deren Lösung die Mitarbeiter betrifft,
- Probleme, deren Lösung durch die Mitarbeiter umgesetzt wird.

Für unser Beispiel scheinen alle drei Varianten möglich.

In die Besprechung gehören nicht:
- Probleme, die unwichtig sind (Passt die Tischdekoration zum Thema des Seminars),
- Probleme, die nur einzelne Mitarbeiter betreffen (Absprache der Zeitplanung mit der Schulleiterin),
- Probleme, die in andere Zuständigkeitsbereiche fallen.

12. Wie werden die Tagesordnungspunkte erledigt?

Ein Problem darf nicht in der Schwebe hängen! Besprechungsleiter und die übrigen Teilnehmer müssen ihre Ziele klar äußern, wünschen sie beispielsweise eine Entscheidung, eine Erarbeitung von Lösungsvorschlägen oder eine kritische Rückmeldung. Die Besprechungspunkte können grundsätzlich wie folgt zum Abschluss gebracht werden:
- Das Problem ist gelöst bzw. seine Bearbeitung ist beendet.
- Das Problem wird zur weiteren Bearbeitung an einen Mitarbeiter oder an eine Gruppe weiter gegeben.
- Das Problem wird auf die Tagesordnung der nächsten Besprechung gesetzt.

13. Wie wird der Nutzen der Besprechung beurteilt?

Rein äußerlich könnte man dies mit der Frage abklären: Wie viel Besprechungspunkte wurden in welcher Zeit mit welchem Ergebnis zum Abschluss gebracht? Der Nutzen spiegelt sich auch in der Zufriedenheit der Teilnehmer wider. So ist es sinnvoll, in Zeitabständen die Mitarbeiter selbst nach ihrem Urteil zur Vorbereitung und Durchführung von Besprechungen zu fragen. Die Qualität einer Besprechung ist aber auch während der Durchführung am Mitarbeiterverhalten erkennbar. Diskutieren Mitarbeiter sachlich nicht nur zum Chef sondern auch untereinander, ergreifen sie spontan das Wort oder bemühen sie sich aktiv um den Fortgang der Besprechung, kann man von einem großen Interesse der Mitarbeiter ausgehen. Die aktive, interessierte Auseinandersetzung in Besprechungen führt zu mehr Einfällen, schnelleren Lösungen, schnellerer Akzeptanz und Abstimmung untereinander.

Tab. 59 Checkliste für die Vorbereitung und Durchführung von Besprechungen	
A. Vorbereitung:	B. Durchführung:
1. Welche Aufgabe, welches Ziel hat die Besprechung? 2. Wer nimmt an der Besprechung teil? 3. Wie häufig sind Besprechungen durchzuführen? 4. Wie lange dauert die Besprechung? 5. Hat die Besprechung Vorrang? 6. Wo findet die Besprechung statt? 7. Wer bestimmt die Besprechungsinhalte?	8. Muss ein Protokoll angelegt werden? 9. Wie ist die Reihenfolge der Besprechungsinhalte zu regeln? 10. Sind Regeln für Wortbeiträge nötig? 11. Welche Probleme gehören in eine Besprechung und welche nicht? 12. Wie werden Besprechungsinhalte erledigt? 13. Wie wird der Nutzen der Besprechung beurteilt?

6.7 Ein Team bilden

Das Garten- und Landschaftsbauunternehmen „Grünkorn OHG" beabsichtigt einen eigenständigen Unternehmensbereich als „Gabionen GmbH" zu gründen. Hierfür soll ein Team von ca. sechs Mitarbeitern, einschließlich des verantwortlichen Bereichsleiter aus der vorhandenen Mitarbeiterschaft ausgewählt werden. Dieses Team soll nicht nur die derzeitige Auftragslage eigenständig abwickeln, sondern den Kundenstamm vergrößern und neue Einsatzbereiche für Gabionen erschließen. Unternehmer Grünkorn sitzt mit seinen fünf leitenden Angestellten zusammen, sie überlegen, was alles bei der Bildung eines Teams zu bedenken ist.

6.7.1 Was ist ein Team?

In der Mitarbeiterführung gibt es nur wenige Begriffe, die mit so vielen positiven Eigenschaften und Erwartungen verknüpft sind, wie das Wort „Team", so dass es nicht nur in der Arbeitswelt sondern in vielen gesellschaftlichen Bereichen wie z. B. Sport, Freizeit, Familie, Schule, seine Bedeutung hat. Ein Team besteht danach aus uneigennützigen, begeisterten, hoch motivierten Personen, die das Ziel kreativ, effektiv und außerordentlich gut erreichen. In der Arbeitspsychologie wird diese Auffassung nicht von allen getragen, viele sehen die Begriffe Team und Arbeitsgruppe gleich. Gleich welche Auffassung, in den Betrieben wird Teamarbeit auf Grund der zunehmenden Komplexität und Neuartigkeit der Aufgaben sowie dem steigenden Bedürfnis der Mitarbeiter nach Mitwirkung und Mitbeteiligung als notwendige Voraussetzung für betrieblichen Erfolg und Entwicklung gesehen.

Das Wort Team stammt aus dem Englischen und bedeutet soviel wie Pferde- oder Ochsengespann, es bezeichnet den Zusammenschluss von mehreren Personen, die eine bestimmte Aufgabe lösen bzw. ein bestimmtes Ziel erreichen wollen. Die Teammitglieder tragen mit ihren jeweiligen Fähigkeiten zur Erreichung des Zieles bei, sie sind dadurch auch gegenseitig abhängig. Der Umgang miteinander ist kommunikativ und respektvoll, nach außen wird häufig Verschwiegenheit vereinbart. Das gegenseitige, „blinde" Verstehen und die Unterordnung der eigenen Bedürfnissen hinter denen der Gruppe wird auch als Teamgeist oder „Wir-Gefühl" bezeichnet, der nach außen durch bestimmte Rituale (besonders bei Sportteams) sichtbar wird. Als geeignete Teamgröße wird die Anzahl 2 bis 8 angegeben. Das Zweierteam hat seine Besonderheit in der Beziehungs- bzw. Kommunikationsstruktur, die entweder symmetrisch (gleichartig) oder komplementär (ergänzend) ist. Bei mehr als acht Teammitgliedern besteht die Gefahr der Bildung von Untergruppen. In Arbeitsketten und hierarchischen Strukturen ist bei Routineaufgaben das Arbeitstempo hoch, jedoch die Arbeitsmoral häufig niedriger. In der sog. Vollstruktur ist die Kontakt- und Kommunikationsmöglichkeit der Teammitglieder untereinander besonders

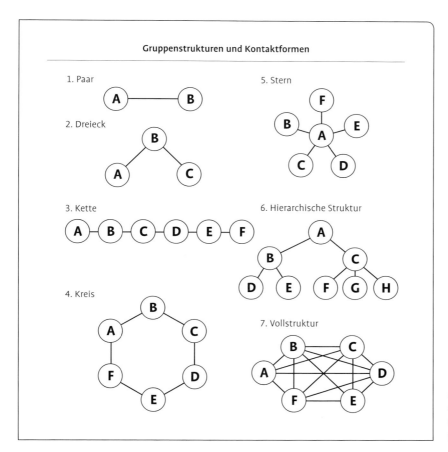

Abb. 80 Gruppenstrukturen und Kontaktformen

intensiv. Ein Team ist auf Zeit angelegt. Ist die Aufgabe erfüllt, kann das Team aufgelöst werden oder eine neue Aufgabe bekommen.

6.7.2 Teambildung

In den Betrieben werden Teams und ihre Mitglieder in der Regel von Vorgesetzten, von außen aufgabenbezogen bestimmt. Man spricht dann von sog. formellen Teams, im Gegensatz zu informellen Teams, die sich selbst finden. Die informellen Gruppen unterliegen nicht der unmittelbaren Kontrolle des Vorgesetzten, dieser sollte sie jedoch beachten. Informelle Gruppen können die formellen Teams ergänzen, aber auch stören. Das kommunikative Netz der informellen Gruppe arbeitet häufig schneller, aber auch ungenauer (Gerüchte).

Ausgangspunkt der Teambildung in Betrieben ist die zu erfüllende Arbeit, das zulösende Problem. Der Teambildner muss den Anforderungen der Arbeitssituation angemessen die notwendigen Kompetenzen und Qualifikationen der Teammitglieder und ihre Anzahl aussuchen. Die Aufgabenart entscheidet, ob die Teammitglieder möglichst homogen (gleichartig) oder heterogen, diversitär (unterschiedlich) in ihren Fähigkeiten sein sollen. Routine, eintönige Aufgaben benötigen eher homogene Arbeitsgruppen, komplexe, bisher ungelöste Aufgaben mehr diversitäre Teams. Teammitglieder unterscheiden sich hinsichtlich ihrer demographischen Merkmale, ihrem Fachwissen und Erfahrung, ihrem Wertesystem, ihrer Persönlichkeit und ihres sozialen Status im Be-

Tab. 60 Merkmale der Unterschiedlichkeit
(Mc Grath, Berdahl, Arrow 1995)

Demographische Merkmale, z. B.:
- Alter
- Geschlecht
- Religion
- Körperliche Konstitution
- Kultureller Hintergrund
- Ausbildung
- Familienstand

Know-how und Erfahrung, z. B.:
- Aufgabenbezogenes Wissen
- Fähigkeiten aus unterschiedlichen Karrierewegen
- Frühere Einsatzgebiete
- Berufserfahrungen

Wertesystem, z. B.:
- Werte
- Glauben / Überzeugung
- Geisteshaltung

Charakter / Persönlichkeit, z. B.:
- Verhalten
- Auftreten
- Ausstrahlung
- Arbeitsorganisation

Sozialer Status, z. B.:
- Rang
- Position / Hierarchie
- Macht / Autorität
- Netzwerkzugehörigkeit
- Meinungsführerschaft

- handlungsorientierte Teammitglieder (Macher, Umsetzer, Perfektionist)
- kommunikationsorientierte Teammitglieder (Koordinator, Teamarbeiter, Wegbereiter)
- wissensorientierte Teammitglieder (Spezialist, Erfinder, Berater)

Es braucht Zeit, bis ein Team ein „Wir-Gefühl" entwickelt. Die Einzelpersonen müssen untereinander Kontakt aufnehmen und sich kennen lernen. Zu Anfang wird man sich gegenseitig beschnuppern und testen. Die Gegensätzlichkeiten werden deutlich, es kommt zu Auseinandersetzungen. Hiernach besinnt, orientiert man sich auf die Gemeinsamkeiten und stellt seine eigenen Bedürfnisse zurück. Beachten alle die aufgestellten Gruppennormen, wird das Team leistungsfähig und arbeitet effektiv. Der Experte Tuckmann bezeichnete diesen Prozess mit dem Bild der Teamuhr.

Bei allen positiven Erwartungen und Erfahrungen an und mit Teamarbeit, es gibt auch Probleme. Nicht jeder Einzelkämpfer wird zum Teamplayer. Der Rollenwechsel ist mit Unsicherheit und Ängsten bei den Mitarbeitern verbunden. Der Verlust der Eigenständigkeit, das neue Aufgabengebiet, Beziehungen auftrieb. Diese Einzelgrößen sind vom Teambildner genau zu beachten.

Die Mehrzahl der Experten ist sich einig, dass Teams dann effektiv arbeiten, wenn sie aus einer Vielzahl heterogener Persönlichkeiten bestehen. Nicht das Expertenwissen einzelner Teammitglieder ist für den Erfolg entscheidend, sondern die Nutzung der gesamten Fähigkeiten und Fertigkeiten auf der sachlichen, kommunikativen und der prozessorientierten Ebene. Nach Belbin (1993) sind Teams dann erfolgreich, wenn die drei folgenden Persönlichkeiten vertreten sind:

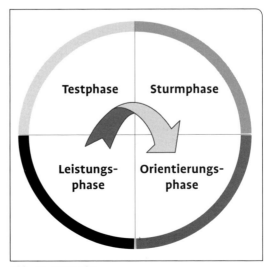

Abb. 81 Teamuhr

bauen und pflegen müssen, anderen vertrauen müssen, dies alles behindert die Mitarbeit im Team. Der Teambildner muss die Befürchtungen der Mitarbeiter thematisieren, sie behutsam einarbeiten. Der eigene Verantwortungsbereich für das gemeinsame Teamziel muss geklärt sein. Die Notwendigkeit und die Vorteile der Teambildung sind allen zu erläutern, positive Beispiele sind aufzuzeigen. Wenn nötig sind auch betriebliche Rahmenbedingungen zu ändern. Letztlich wird man einen guten Einzelkämpfer nicht zur Teamarbeit zwingen, wenn er im Team für den Betrieb wenig effektiv ist, gemäß dem Motto „ein guter Solist ist nicht immer auch ein guter Orchesterspieler".

Widerstand im Team ist dann zu erwarten, wenn Teammitglieder ihre individuellen Ziele über denen der Gruppe stellen, Meinungsverschiedenheiten nicht geklärt werden, wenn Mitglieder zur Teamarbeit ungefragt abgeordnet werden. Der Widerstand ist im Team anzusprechen in Einzel- und Gruppengesprächen. Zu klären ist, was müsste passieren, dass der Widerstand aufgegeben wird, und was könnte Teamarbeit so wichtig machen, dass Widerstand unwichtig wird.

Ein weiteres Problem in Teams ist fehlende Verbindlichkeit, d. h. Teammitglieder halten sich nicht an Absprachen und Regeln. Teamarbeit kann ohne für alle verbindlichen Regeln nicht funktionieren. Teamleiter und alle Mitglieder haben die Einhaltung zu beachten und zu kontrollieren. Die Verantwortung für die Zielerreichung liegt bei allen Teammitgliedern. Konsequenz sichert Verbindlichkeit. Nicht selten geschieht es auch, dass die Mitglieder sich so an Teamarbeit gewöhnt haben, sich regelmäßig zu treffen oder eng zusammen zu arbeiten, dass sie nach Beendigung des Projektes versuchen, für ihr Team eine neue Daseinsberechtigung zu schaffen. Ein Team muss ein klares, angemessenes Ziel vor Augen haben. Ist die Aufgabe gelöst, muss das Team aufgelöst werden.

6.8 Konflikte lösen

Die Mitarbeiterin eines Pferdegestütes möchte am Freitag nach Christi Himmelfahrt Urlaub haben, um ein verlängertes Wochenende mit ihren Freundinnen zu verbringen. An diesem Tag beteiligt sich das Gestüt mit mehreren Zuchtstuten und Fohlen sowie Dreijährigen Stuten an der jährlichen Stutenschau. Ein Helfer fällt wegen Erkrankung aus.
Mitarbeiterin: Ich möchte am Freitag nach Christi Himmelfahrt einen Tag Urlaub nehmen.
Vorgesetzter: Geht nicht! Du weißt, an diesem Tag müssen wir zur Stutenschau wegen der Zuchtbucheintragungen.
Mitarbeiterin: Ja, das war mir klar. Aber ich muss doch nicht unbedingt dabei sein?
Vorgesetzter: Eben doch! Klaus ist krank. Also vergiss Deinen Urlaub!
Mitarbeiterin: Ich wollte mit meinen Freundinnen über das Wochenende an die See fahren. Wir haben schon alles vorbereitet.
Vorgesetzter: Was willst Du schon an der See! Du hättest mich früher fragen sollen.
Mitarbeiterin: Vor zehn Tagen haben Sie noch meine Arbeit gelobt, dass ich die Kolik der Stute Ilonka rechtzeitig erkannt habe und dass die Jährlinge sich so gut entwickelt haben. Ich denke, den Urlaub habe ich mir verdient.
Vorgesetzter: Also hier bestimme immer noch ich, wer Urlaub bekommt und wer nicht!
Mitarbeiterin: Seit Beginn der Abfohlzeit im Januar und während der Decksaison habe ich noch keinen zusätzlichen freien Tag erhalten.
Vorgesetzter: Mir platzt gleich der Kragen! Hör auf mit Deinem Urlaubsgerede, es gibt keinen Urlaub!

Konflikte sind für die Beziehung zwischen Vorgesetzten und Mitarbeiter unerfreulich, für die Betriebe sind sie in der Regel unproduktiv, sie rufen Stress, Leistungsminderung oder Zeitverluste hervor. Nach einer Befragung von KÖNIG verbringen Führungskräfte 25 % ihrer Zeit mit „Conflict-handling" (eng. Konfliktbearbeitung). Trotzdem kommt man

Tab. 61 Phasen des Konfliktablaufes

Ablauf allgemein	Ablauf im Beispiel	
	Vorgesetzter	Mitarbeiterin
1. Phase Konflikt Motiv I ↔ Motiv II	Beteiligung an der Stutenschau, Treffen mit Züchterkollegen	Urlaub mit Freundinnen
2. Phase Frustration	Nicht genügend Mitarbeiter, Stress, keine Aussprache mit Züchterkollegen	kein Spass mit Freundinnen
3. Phase generelle Aktivierung	Suche nach Argumenten	Suche nach Argumenten
4. Phase Ausprägung der Aktivierung als: • Aggression • Depression • Ersatzhandlung • Toleranz	nicht nachgeben, bestimmen, verbieten, aggressiv werden, drohen	nicht einlenken, beharren, trotzig sein

kaum an der Tatsache vorbei, dass manche Konflikte unvermeidlich sind.

In der Psychologie spricht man von Konflikt dann, wenn zwei Elemente gleichzeitig unvermeidbar sind. Dieser Spannungszustand lässt sich durch verdeckte oder offene Gegensätzlichkeiten kennzeichnen. Ein Konflikt ist eine Auseinandersetzung, Meinungsverschiedenheit, ein Streit, ein Zusammenstoß, ein Kampf.

Nach der sog. Antriebstheorie verschiedener amerikanischer Psychologen (z. B. DOLLARD) ist der Ablauf eines Konfliktes in verschiedene Phasen zu unterteilen. Zunächst stoßen in der 1. Phase zwei verschiedene, scheinbar unvereinbare Motive, Bedürfnisse, aufeinander. Dass die angestrebten Ziele nicht realisiert werden können, ruft bei den Beteiligten Frustration (lat. Enttäuschung, Verhinderung) hervor. Diese Enttäuschung mobilisiert bei den Kontrahenten Kräfte (allgemeine Aktivierung).

Diese Kräfte können sich nach außen unterschiedlich bemerkbar machen, als Aggression (lat. Angriff), als Depression (lat. Niederdrücken), als Ersatzhandlung (z. B. Alkoholmissbrauch) oder als Toleranz (lat. Duldsamkeit, Ertragen).

Nicht alle Konflikte lassen sich vermeiden. Ein Fehlen von Konflikten lässt eher auf Gleichgültigkeit, Teilnahmslosigkeit der Mitarbeiter schließen. Die Tatsache, dass die Konflikte wahrgenommen und gelöst werden

Tab. 62 Konfliktarten

Konflikt	Ursachen
Sachkonflikt	• Mangel an Informationen • Unterschiedliche Interpretation von Daten
Interessenkonflikt	• Konkurrenz • Verschiedene Positionen
Beziehungskonflikt	• Starke Gefühle • Fehlwahrnehmungen • Mangelnde Kommunikation
Wertekonflikt	• verschiedene Kriterien zur Bewertung von Ideen und Verhalten • unterschiedliche Einstellungen
Struktureller Konflikt	• ungleiche Rahmenbedingungen • gesellschaftliche Konventionen • Zeitzwänge

und wie sie gelöst werden, sind Zeichen für ein gesundes Betriebsklima.

6.8.1 Ursachen

Wenn Konflikte unvermeidlich sind, wie entstehen sie? Die Ursache eines Konfliktes ist nicht immer eindeutig festzulegen, da sie nur selten von den Konfliktbeteiligten angesprochen wird, sehr lange zurückliegen kann oder mehrere Ursachen spielen gleichzeitig eine Rolle. Im Allgemeinen sind folgende Ursachen zu unterscheiden:
- unterschiedliche Auffassung in der Sache
- unterschiedliche Auffassung in der Entscheidungsfindung

- Es beginnt mit gegensätzlichen Standpunkten, die sich verhärten. Die Beteiligten debattieren und sind darauf bedacht, Punkte zu machen.
- Erste verbale Angriffe, wenn sich der andere Starrkopf nicht überzeugen lässt.
- Wenn alles Reden nichts nützt, helfen vielleicht vollende Tatsachen. Das interpretiert der Andere auf seine Weise und er startet einen Gegenangriff.
- Verbündete werden gesucht, Koalitionen geschmiedet, wer nicht für mich ist, ist gegen mich. Der Gegner ist das Problem, und das gilt es zu demaskieren.
- Der Stress steigert sich kontinuierlich und engt die Sichtweisen auf den Tunnelblick ein.
- Erleidet man nur einen kleinen Schaden, so betrachtet man das schon als Gewinn.
- Das Augenmerk liegt auf der Zersetzung der Gegenseite, im schlimmsten Fall geht es schließlich um die Vernichtung des Feindes, auch wenn es die eigene Existenz kostet.
- Das Motto lautet „Gemeinsam in den Abgrund", eine Gemeinsamkeit – immerhin.

Abb. 82 Wege in die Eskalation (nach F. GLASL)

- keine genaue Vorstellung von den eigenen Zielen
- Problem und Person werden nicht voneinander getrennt betrachtet
- unbeweglich im Verhalten
- unterschiedliche Gefühlslagen
- Übertragung negativer Vorerfahrungen, Vorurteile

In vielen Fällen ist es für einen geschulten Gesprächsbeobachter möglich, die Entstehung eines Konfliktes am non-verbalen oder verbalen Verhalten der Gesprächspartner zu erahnen. Man nennt solche Anzeichen auch die sog. Konfliktmacher. Non-verbale Anzeichen für einen möglichen Konflikt sind:
- angreifende Haltung (Blick, mit Finger auf Partner zeigen, Pistole)
- Trotz-Haltung (Faust)
- Angst, Verkrampfung (verschlossen, verschränkte Arme)
- kindliches Verhalten (Schmollen, Weinen)
- übertriebene Freundlichkeit (Grinsen)
- auf Distanz gehen

Verbale Anzeichen für einen möglichen Konflikt sind nach GORDON:
- befehlen, anordnen (Es gibt keinen Urlaub!)
- warnen, drohen (Mir platzt gleich der Kragen!)
- predigen, moralisieren
- belehren (Du hättest mich früher fragen sollen!)
- zurechtweisen (Hier bestimme ich, wer Urlaub bekommt ...!)
- beschimpfen
- lächerlich machen (Was willst Du schon an der See?)
- ablenken
- etwas nicht wahrhaben wollen (Hör auf mit Deinem Urlaubsgerede!)

Wenn man derartige Konfliktmacher frühzeitig erkennt, wie sollte man darauf reagieren? Ruhe, Gelassenheit, Hervorheben der Sachebene im Problem oder den Gefühlsausbruch des Gesprächspartners offen ansprechen, sind allgemeine Abwehrmaßnahmen, um die Aus-

Tab. 63 Beispiele für Konfliktmacher und Abwehrmaßnahmen

Konfliktmacher	Abwehrmaßnahme
• „Das hätten Sie früher erkennen müssen, Sie Versager."	„Sie sind sehr erregt. Sie glauben, dass es Warnanzeichen gegeben hat?"
• „Verfügen Sie als Gärtner überhaupt über den notwendigen Sachverstand, um dieses betriebswirtschaftliche Problem zu beurteilen?"	„Das ist hier nicht die Frage. Ich sehe das aus meiner Perspektive folgendermaßen …."
• „Das ist alles ganz einfach, die Lösung liegt doch auf der Hand."	„Sie sehen das Problem nur aus einem Blickwinkel. Ich sehe es differenzierter."
• „Wenn das so einfach ginge, wären wir alle Millionäre."	„Sie übertreiben jetzt. Diese Lösung gilt nicht für jeden Betrieb."
• „Sie sind falsch informiert!"	„Ich habe alles genau geprüft. Vielleicht irre ich mich. Wie heißt die richtige Information?"
• „Alle Sachkenner der Materie stützen doch meinen Vorschlag."	„Dann sind es andere Experten, als die ich kenne. Vielleicht nennen Sie mit im einzelnen Ihre Quellen?"

einandersetzung nicht noch durch eigene angreifende Bemerkungen zu verschärfen.

Treten im Betrieb häufig Konflikte auf, sollte der Vorgesetzte auch überprüfen, inwieweit sein Führungsverhalten als Ursache in Frage kommt. Anzeichen für ein konfliktträchtiges Führungsverhalten sind z. B.:
- Befehl anstelle Auftrag
- Bestimmen anstelle aktives Zuhören
- Gerüchte anstelle Information
- Forderung anstelle Förderung
- Monologe anstelle Aussprache
- Häufiger Personalwechsel anstelle treuer Mitarbeiter
- Gleichgültigkeit anstelle Anerkennung oder Kritik
- Konfliktmacher anstelle Nachfragen

Welche Konfliktursache liegt nun in unserem Beispiel vor? Der Vorgesetzte hält anscheinend fachlich viel von seiner Mitarbeiterin. Es treffen zwei nicht vereinbare Motive aufeinander. In seinem Verhalten ist der Vorgesetzte unbeweglich und wenig kommunikationsfähig. Sein Führungsverhalten fördert den Konflikt, indem er bewusst oder unbewusst im Gespräch viele Konfliktmacher einsetzt.

6.8.2 Lösungen

Manche Vorgesetzte haben regelrecht Angst vor Konflikten. Sie empfinden Furcht und Unbehagen. Um jeden Preis den Frieden wahren, sich aus allem heraushalten, das sind für sie die Konfliktstrategien – die Folgen:
- der Groll staut sich auf und entlädt sich später,
- Konflikte werden auf andere Menschen übertragen (nicht im Betrieb sondern Zuhause),
- Meckern und Tratschen hinter dem Rücken des Vorgesetzten.

Der Vorgesetzte muss das Lösen von Konflikten als Führungsaufgabe erkennen. Es darf nicht hinausgeschoben werden, Konflikte müssen umgehend angegangen werden, sie werden sonst nur noch schlimmer.

Wenn zwei Konfliktparteien sich sehr zerstritten haben, die Situation sehr verfahren ist, gelingt eine Lösung häufig durch einen Außenstehenden, einen Schlichter. Warum kann nicht einer der Beteiligten diese Aufgabe übernehmen?

Das Modell des Konfliktablaufes zeigt, dass aus der Frustration heraus Kräfte mobilisiert werden, die zur Aggression, Depression, Er-

satzhandlung oder Toleranz führen können. Gelingt es, die Enttäuschung auszuhalten, zu ertragen, wird man innerlich ruhiger, der Wunsch, unbedingt sein Ziel durchzusetzen, tritt in den Hintergrund. Die Kraft wird nicht in Aggressionen gesteckt, sondern für die Suche nach Lösungen genutzt. Diesen Zustand nennt man in der Psychologie „Frustrationstoleranz", also die erlernbare Fähigkeit, Enttäuschungen zu ertragen. Um Auseinandersetzungen mit Hilfe der Frustrationstoleranz zu lösen, sollte der Vorgesetzte folgende Fähigkeiten besitzen:
- Konflikte wahrnehmen können (Non-verbale, verbale Anzeichen, Konfliktmacher erkennen)
- Empfindungen bewusst machen (aktiv zuhören, verbalisieren)
- Gefühle äußern können (offen sein)
- Verständnisvermögen besitzen(Gesprächsregeln und -techniken beherrschen)
- zum Gespräch bereit sein (Zeit haben, mitarbeiterorientiert ein)

Wie setze ich die Fähigkeit zur Frustrationstoleranz in Konfliktsituationen ein? Nach Sahm ist dies in den fünf beschriebenen Führungsalternativen seines Verhaltensgitters möglich, jedoch mit unterschiedlicher Effektivität. Entsprechend seiner Verhaltensalternativen in der Menschenführung beschreibt Sahm auch fünf verschiedene Verhaltensalternativen in der Konfliktbereinigung:
- 1/1 (Bagatellisieren) Der Vorgesetzte spielt den Konflikt herunter, beurteilt ihn als unbedeutend. Das Ziel ist die Beruhigung der Mitarbeiter. Dieses Verhalten erscheint nur sinnvoll, wenn der Konflikt wirklich sehr gering ist.
- 1/3 (Appellieren) Der Vorgesetzte ruft den guten Willen seiner Mitarbeiter an, versucht sie zu motivieren. Er ist um das Betriebsklima besorgt. Die Lösung liegt in der Hand der Mitarbeiter. Dieses Verhalten ist nur sinnvoll, wenn der Vorgesetzte an der Auseinandersetzung selbst nicht beteiligt ist, wenn das Betriebsklima verbessert werden muss.
- 3/1 (Dirigieren) Der Vorgesetzte bestimmt den Konfliktablauf, er übergeht die Mitarbeiter. Er versucht, Sicherheit zugeben, er führt aus dem Konflikt heraus. Dieses Verhalten ist nur möglich, wenn der Vorgesetzte nicht einer Konfliktpartei angehört.
- 2/2 (Taktieren) Der Vorgesetzte sucht den Ausgleich, zeigt Alternativen auf, um den Mitarbeiter zu überzeugen. Eine aktive Be-

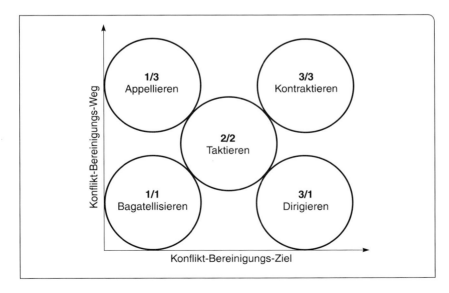

Abb. 83 Führungsverhalten in der Konfliktbereinigung

teiligung des Mitarbeiters an der Lösungssuche ist nicht beabsichtigt. Die Gefahr, dass die Lösung dem Ziel, dem Motiv des Vorgesetzen entspricht, ist groß.
- 3/3 (Kontraktieren) Vorgesetzter und Mitarbeiter sind beide an der Konfliktlösung aktiv beteiligt. Sie finden Argumente und treffen Abmachungen (schließen Verträge). Diese Abmachungen müssen erfüllbar, zumutbar und zeitlich begrenzt sein. Da beide Konfliktparteien die Lösung herbeiführen, wird die Lösung auch beide Motive versuchen zu verknüpfen. Nach SAHM ist dies die effektivste Form der Konfliktbereinigung, da sowohl den Bedürfnissen des Betriebes als auch des Mitarbeiters entsprochen wird. So nennt GORDON dieses Führungsverhalten in Konfliktsituationen auch die „Jeder-Gewinnt-Methode".

Der Vorgesetzte verzichtet bewusst auf seine Macht, allein sein Ziel durchzusetzen. Er versucht, dem Mitarbeiter klar zu machen:
- dass er dessen Bedürfnisse respektiert,
- dass er von seiner Macht keinen Gebrauch machen wird,
- dass er nicht nachgibt, damit der Mitarbeiter gewinnt,
- dass man gemeinsam nach Lösungen suchen wird, bei denen beide gewinnen.

Was passiert aber, wenn annehmbare Lösungen schwer zu finden sind?
- Zeit geben, um Lösungsmöglichkeit zu überdenken,
- Möglichkeit des Ausprobierens in Erwägung ziehen,
- Problem noch genauer analysieren,
- weitere Alternativen suchen,
- Problem neu definieren,
- Außenstehende hinzuziehen

Unser Konfliktbeispiel vom Beginn könnte gemäß dem Kontraktieren bzw. nach der Jeder-Gewinnt-Methode wie folgt ablaufen:

Mitarbeiterin: Ich möchte am Freitag nach Christi Himmelfahrt einen Tag Urlaub nehmen?
Vorgesetzter: Das kann ich verstehen, Du hast seit langem keinen zusätzlichen freien Tag gehabt. Aber an diesem Tag müssen von unserem Gestüt mehrere Stuten und Fohlen zur Stutenschau.
Mitarbeiterin: Ja, das war mir klar. Aber muss ich denn unbedingt dabei sein?
Vorgesetzter: Klaus fällt wegen Erkrankung aus. Marion und Heike sind da. Uns fehlt für das Transportieren, Vorführen und Vorstellen noch eine vierte Person.
Mitarbeiterin: Ich wollte mit meinen Freundinnen übers Wochenende an die See. Wir haben schon alles vorbereitet.
Vorgesetzter: Da bekommt ihr bestimmt viel Spaß. Aber Du weißt selbst, wie wichtig für unser Gestüt dieser Eintragungstermin ist, da brauchen wir jeden.
Mitarbeiterin: Gibt es denn keine andere Lösung?
Vorgesetzter: Dann lass uns mal gemeinsam überlegen? Könntest Du nicht am Freitag Abend nachreisen und dann bis Montag bleiben?
Mitarbeiterin: Wir wollten zu viert in einem Auto fahren. Die Fahrtkosten wären mir sonst zu hoch. Aber vielleicht kann eine Bekannte von mir einspringen, die kennt sich mit Pferden gut aus?
Vorgesetzter: Beim Verladen und Vorführen habe ich nicht gerne fremde Leute. Aber vielleicht können wir's mal versuchen. Du stellst mir Deine Bekannte morgen vor und weist sie dann in die Arbeit ein. Sie kann gleich helfen, mit den Pferden das Vorführen einzuüben.

6.9 Mobbing vorbeugen

Dieter Mayer ist der Betriebsleiter in einer großen norddeutschen Baumschule. Vor einigen Wochen hat er Jeanette Reisch eingestellt, weil er eine Spezialistin für einen ganz bestimmten Kundenkreis (Forstgehölze) braucht. Da sie nicht aus dem Beratungsbereich kommt, muss sie von den Kolleginnen ins Tagesgeschäft eingelernt werden. Nach kurzer Zeit beschwert sie sich bei Dieter Mayer
- dass die Kolleginnen ihre Fragen nur widerwillig beantworten
- dass sie ignoriert wird und
- dass Gerüchte über ihre vermeintliche Unfähigkeit verbreitet würden.

Kein Zweifel: Frau Reisch wird gemobbt.

Dieter Mayer ist irritiert. Das Mobbing muss so schnell wie möglich aufhören. Jeanette Reisch muss rasch in die Gänge kommen, er braucht sie in ihrem Spezialgebiet. Also bietet er ihr an, mal mit den Kolleginnen Tacheles zu reden. Frau Reisch lehnt erschrocken ab. Sie befürchtet, dass die Kolleginnen das als Anschiss missverstehen und Revanche nehmen könnten. Das versteht Dieter Mayer. Andererseits ist Nichtstun keine Lösung. Jeanette Reisch muss rasch eingelernt werden. Also übernimmt Dieter Mayer nolens volens ihre Einarbeitung selbst.

In den nächsten Monaten kneift er sich nicht nur täglich ein, zwei Stunden seiner ohnehin knappen Zeit dafür ab. Er hört sich auch regelmäßig die Klagen der Neuen über das Verhalten der Kolleginnen an. Denn das Mobbing hört nicht auf.
Höhepunkt nach knapp einem Jahr: Die junge Frau ist vier Wochen arbeitsunfähig und – sie kündigt. Just zu dem Zeitpunkt, als sie endlich ihr Spezialaufgabengebiet übernommen hat. Dieter Mayer ärgert sich heftig. Er hat eine jetzt wirklich fachkompetente Mitarbeiterin verloren. Das wirft das Geschäftsfeld um längere Zeit zurück.

Mobbing oder der Kleinkrieg am Arbeitsplatz ist keine Ausnahmesituation in den Betrieben. Experten schätzen, dass in Deutschland 3,5 % der Erwerbstätigen davon betroffen sind, dass hierdurch ein Schaden von 50 Mrd. € jährlich entsteht. Insbesondere Frauen und junge, neue Mitarbeiter sind die Opfer. Mobbing hat längst die Betriebe oder Firmen verlassen und ist in fast allen gesellschaftlichen Gruppierungen eingedrungen. So stellte man 2005 fest, dass in der Schule eins von 25 Kindern gemobbt wird, also 500.000 Kinder in Deutschland. Eine neue Form ist das Mobbing im Internet, auch Cybermobbing oder Cyberbulling genannt. Es gibt Internetportale, die die IP-Adressen der Nutzer nicht speichern oder weitergegeben, so dass die Mobbing-Akteure anonym bleiben, eine Strafverfolgung erschwert ist. Besonders bitter für die Opfer, nicht zu wissen, wer über sie lästert, und dass die Täter nicht mit juristischen Schritten rechnen müssen. Da die Mobbing-Täter jedoch ihre Dominanz den Opfern zeigen wollen, nutzen sie die Möglichkeiten zur Anonymität nicht immer.

6.9.1 Was ist Mobbing?

Nach LEYMANN (1993) stammt der Begriff Mobbing ursprünglich aus dem schwedischen Märchen „Nils Holgerson", worin dieser von Wildgänsen „behackt" und „gemobbt" wird. Mobbing besteht aus systematischen Angriffen, die sehr oft und über längere Zeit ausgeübt werden, durch Einschränkung der Kommunikation, Angriffe auf das Ansehen und Manipulation der Arbeitsaufgabe. An dem Ausgrenzungsprozess sind in der Regel mehrere, eher selten nur einer beteiligt. Zu den Mobbing-Akteuren zählen Vorgesetzte und Kollegen, eher selten sind es Untergebene. In einer Mobbing-Situation kann man 5 Gruppierungen unterscheiden:
- die Aktiv-Mobbenden oder Täter. Sie wählen aggressive Verhaltensweisen, sorgen für die aktive Fortführung des Konfliktes, nehmen negative Konsequenzen für andere bewusst in Kauf, zeigen kein Schuldbewusstsein, sind sogar davon überzeugt, das Richtige zu tun, bringen selber nur Schuld-

zuweisungen vor und denken, sie hätten stets nur reagiert.
- die Unterstützer der Täter. Sie verhalten sich ähnlich wie die Mobbing-Täter. In einer Gruppe Aktiv-Mobbender ist häufig kein Anführer auszumachen.
- die Mobbing-Opfer. Sie sind eher labile Menschen, besitzen nicht konforme (übereinstimmend) Eigenschaften, zeichnen sich entweder durch Passivität in der eigenen Rollenbeschreibung (passiver Opfer) oder durch unkonzentriertes, nervendes Verhalten (provozierendes Opfer) aus, geraten in extrem psychischen Stress, befinden sich im Paradoxum (Widersinnigkeit), auf der einen Seite Verantwortung abzulehnen und auf der anderen Seite zu glauben, alles falsch zu machen.
- die Unterstützer des Opfers. Sie sind eher wenige, häufig den Opfern gleichartig, insbesondere im Hinblick auf deren sonderbare Eigenschaften.
- die Mehrheit. Die Mehrheit nimmt die Mobbing-Situation wahr, nicht selten auch als belastend, wird jedoch nicht aktiv.

Die vier Mobbing-Phasen

Der Ausgangspunkt, falls überhaupt noch feststellbar **die erste** Phase, ist meistens ein ungelöster Konflikt, falsches Führungsverhalten, schlechtes Betriebs- bzw. Arbeitsklima, Arbeitsplatzunsicherheit oder Stressfaktoren wie Über- oder Unterforderung. In unserem Eingangsbeispiel finden sich fast all diese Ursachen wieder. Betriebsleiter Mayer stellt eine branchenfremde Mitarbeiterin ein, übergeht die KollegInnen und überträgt Ihnen eine zusätzliche Aufgabe, führt keine Gespräche und er arbeitet die Neue persönlich ein. Frau Reisch hat kein Stehvermögen, beklagt und beschwert sich direkt beim Chef, ohne mit den KollegInnen zu reden und ist fachlich überfordert. Die KollegInnen fühlen sich übergangen, haben Vorurteile der Neuen gegenüber und sprechen den Chef nicht auf die Probleme an. So findet wie häufig keine Einigung statt, sondern eine Verdrängung der Probleme. Der Konflikt wird personifiziert, mit der Person des Opfers gleichgestellt.

Mobbing – eine praxisrelevante Definition

Mobbing bezeichnet Konflikte:
- bei denen alle nur verlieren.
- bei denen auf die Dauer einzelne Personen deutlich unterliegen. Und zwar nicht nur in Bezug auf diesen Konflikt, sondern mit ihrer ganzen Persönlichkeit.
- die nichts mehr mit der Suche nach Lösungen zu tun haben.
- die aus unsichtbaren, irrationalen Interessen geführt werden.
- bei denen Verhaltensweisen an den Tag gelegt werden, die alle Parteien grundsätzlich verurteilen.
- bei denen die Parteien sich gegenseitig für die Eskalation verantwortlich machen.
- bei denen ein sichtbarer Streitgrund, der rational zu lösen wäre, nicht oder nicht mehr erkennbar ist.
- bei denen alle Beteiligten eine rationale Auseinandersetzung ablehnen und auf den in ihren Augen berechtigten emotionalen Positionen bestehen.
- die sich durch beiderseitige Hilflosigkeit auszeichnen.

In der **zweiten Phase** beginnen die Angriffe (Drohungen, erniedrigende oder überfordernde Arbeitsaufgaben) und Ausgrenzungen (Kontaktverweigerung, Ignorieren). Das Ansehen des Opfers wird durch Klatsch und Trasch geschädigt.
In der **dritten Phase** nehmen die Rechtsbrüche und Angriffe an Stärke zu. Auch Unbeteiligte beginnen nun, gegen das Opfer Partei zu ergreifen.
In der **vierten Phase** haben die Täter ihr Ziel erreicht: das Opfer ist ausgegrenzt und resigniert. Stresssymptome wie blasse Haut, Lustlosigkeit, Durchschlafprobleme, Depressivität werden deutlich und manifestieren sich zu psychischen Erkrankungen.

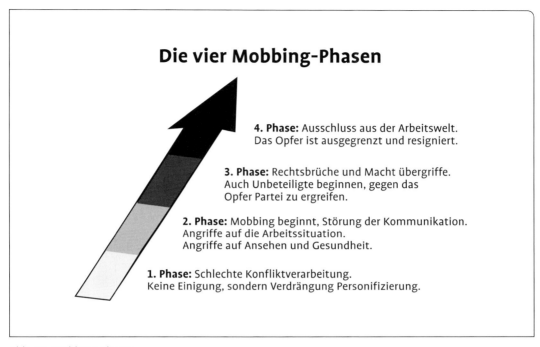

Abb. 84 Mobbing-Phasen

6.9.2 Mobbing lösen und vorbeugen

Wer Mobbing-Situationen lösen will, muss diese zunächst entdecken können. Dies verlangt einen guten Kontakt zu allen Mitarbeitern, Zeichen eines guten Arbeitsklimas erkennen zu können. Alle fünf an der Situation beteiligten Gruppierungen sind zu identifizieren. Der ursächliche Konflikt muss aufgedeckt werden. Zur Bereinigung der Situation bedarf es eines „Waffenstillstandes". Es müssen mit den Betroffenen Einzel- und Gruppengespräche geführt werden. Hierbei ist die Situation ohne Schuldzuweisungen zu analysieren, die gemeinsamen Ziele, Unternehmensziele sind herauszustellen, nicht zuletzt auch den Opfern ihre Mitverantwortung aufzeigen. Nach Expertenmeinung tragen diese 30 % des Konfliktes.

Die Ressourcen der Mitarbeiter sind zu stärken, nach Möglichkeit gemeinsam nach Lösungen suchen. Nicht selten ist die Situation jedoch so verhärtet, dass es notwendig wird, Experten von außen zu Hilfe zu holen.

Um seitens der Betriebsführung dem Mobbing vorzubeugen, bedarf es der Schaffung einer Streitkultur, der Aufstellung einer Verhaltensvereinbarung, wie man bei der täglichen Arbeit, insbesondere in Streitsituationen miteinander umgeht. Diese Vereinbarung muss sich im Unternehmensleitbild und den -zielen wieder finden. Transparente Information und Kommunikation sind zu gewährleisten. Nicht zuletzt müssen Schulungen zur Konfliktbewältigung mit allen Mitarbeitern durchgeführt werden.

Mitarbeiterführung. Kurztest „Mobbing"

1. Wird über Sie öfter gelacht als über andere?
2. Sprechen Sie mit Vorgesetzten über Kollegen?
3. Gehen Sie häufiger mit Kopf- oder Bauchschmerzen zur Arbeit?
4. Verhalten sich Vorgesetze und Kollegen Ihnen gegenüber gleichgültig oder abweisend?
5. Erfahren Sie als letzter von Neuigkeiten in der Dienststelle?
6. Haben Sie sich bei Vorgesetzen über Kollegen beschwert?
7. Haben Sie nur vor oder während der Arbeit Beschwerden und verschwinden diese am Wochenende oder im Urlaub?
8. Werden Ihnen öfter unbequeme oder entwürdigende Aufgaben übertragen?
9. Gehen Sie Gesprächen mit Kollegen lieber aus dem Weg?
10. Werden Sie in Gegenwart anderer Kollegen gerügt?
11. Macht man sich über Sie lustig, weil Sie häufiger krank sind oder langsamer arbeiten?
12. Werden Sie bei Beförderungen oder bei der Vergabe interessanter Aufgaben übergangen?
13. Verschwinden von Ihrem Arbeitstisch Materialien?

Auflösung:

3–5 Ja-Antworten: Sie befinden sich in einem Konflikt, der eskalieren könnte. Dokumentieren Sie Ihr Vorgehen und das Ihrer Widersacher. Versuchen Sie mit Ihrem Widersacher ein klärendes Gespräch zu führen. Werden Sie von Kollegen schikaniert, informieren Sie möglichst bald Ihren Vorgesetzen. Werden Sie vom Vorgesetzten schikaniert, wenden Sie sich an dessen Vorgesetzten und informieren Sie gleichzeitig den Personalrat. Haben Sie 2,6 und 9 mit Ja beantwortet, so überprüfen und ändern Sie Ihr Verhalten.

6–8 Ja-Antworten: Sie werden wahrscheinlich gemobbt. Können Sie den Konflikt nicht mit den Kollegen bzw. Vorgesetzten klären, bleibt nur noch der Weg zum Personalrat und ggf. zur Personalabteilung.

9 und mehr Ja-Antworten: Mobbing in einer kritischen Phase. Der Arbeitsfriede ist zerrüttet. Angezeigt ist nun eine Rechtsberatung.

(aus NÄSER W., 1997, Mobbing am Arbeitsplatz, Marburg)

Schlussbemerkung

In jeder einzelnen Führungsaufgabe beweist sich die Fähigkeit Mitarbeiter zu führen. Ob beauftragen, kontrollieren, bewerten, fördern oder Streitigkeiten lösen, immer wieder wird die Führungsqualität auf die Probe gestellt, immer wieder erneuert sich die Chance, das Führungsverhalten weiter zu formen. Dies verlangt ein der Situation angemessenes Führungsverhalten. Um die Effektivität dieses situativen Führungsverhaltens auszuschöpfen, bedarf es der Verwendung der Führungsmittel wie z. B. der Gesprächsregeln und -strategien im Sinne einer Führungstechnik, die zur Erreichung der betrieblichen Ziele auf die Selbständigkeit, Eigenverantwortlichkeit und Information der Mitarbeiter setzt. Vorgesetzte erfüllen die Führungsfunktion dann optimal, wenn sie sowohl die Ziele des Betriebes als auch die Zufriedenheit der Mitarbeiter erreichen. Man bezeichnet solche Vorgesetzte als „Führungspersönlichkeiten".

Service

Wichtige Adressen
Unter folgenden Adressen finden Sie die zuständigen Stellen für Berufsbildung in landwirtschaftlichen Ausbildungsberufen.

Zuständige Stellen für die Berufsbildung in den Betrieben der Landwirtschaft (§ 79 BBiG)

Baden-Württemberg:
Ministerium für Ländlichen Raum, Ernährung und Verbraucherschutz
Kernerplatz 10
70182 Stuttgart
Telefon: (0711) 126-0
Fax: (0711) 126-2255
E-Mail: Poststelle@mlr.bwl.de

Bayern
Bayerisches Staatsministerium für Ernährung, Landwirtschaft und Forsten
Ludwigstraße 2
80539 München
Telefon: (089) 2182-0
Fax: (089) 2182-2677
E-Mail: poststelle@stmlf.bayern.de
www.landwirtschaft.bayern.de

Berlin
Senatsverwaltung für Integration, Arbeit und Soziales
Oranienstraße 106
10969 Berlin
Telefon: (030) 9028-1388
Fax: (030) 9028-2173
E-Mail: horst.werda@senias.berlin.de
www.berlin.de/sen/arbeit/service/zustaendige_stelle.html

Brandenburg
Landesamt für Ländliche Entwicklung, Landwirtschaft und Flurneuordnung Zuständige Stelle für berufliche Bildung, Landwirtschaft und Hauswirtschaft
Dorfstraße 1
14513 Teltow
Telefon: (0 33 28) 43 62 00
Fax: (0 33 28) 43 62 04
www.lelf.brandenburg.de

Bremen
Landwirtschaftskammer Bremen
Johann-Neudoerffer-Straße 2
28355 Bremen
Telefon: (0421) 5364-170
Fax: (0421) 5364-176
E-Mail: otten@lwk-bremen.de
www.lwk-bremen.de

Hamburg
Landwirtschaftskammer Hamburg
Brennerhof 121
22113 Hamburg
Telefon: (040) 781291-20
Fax: (040) 787693
E-Mail: lwk.reimann@t-online.de
www.lwk-hamburg.de

Hessen
Landesbetrieb Landwirtschaft Hessen
Kölnische Straße 48-50
34117 Kassel
Telefon: (0561) 7299-0
Fax: (0561) 7299-220
E-Mail: zentrale@llh.hessen.de
www.llh-hessen.de

Mecklenburg-Vorpommern
Ministerium für Landwirtschaft, Umwelt und
Verbraucherschutz
Paulshöher Weg 1
19061 Schwerin
Telefon: (0385) 588-0
Fax: (0385) 588-6024
E-Mail: poststelle@lu.mv-regierung.de
www.regierung-mv.de

Niedersachsen
Landwirtschaftskammer Niedersachsen
Mars-la-Tour-Straße 1-13
26121 Oldenburg
Telefon: (0441) 801-0
Fax: (0441) 801-180
E-Mail: info@lwk-niedersachsen.de
www.lwk-niedersachsen.de

Nordrhein-Westfalen
Landwirtschaftskammer Nordrhein-Westfalen
Nevinghoff 40
48147 Münster
Telefon: (0251) 2376-307
Fax: (0251) 2376-521
E-Mail: info@lwk.nrw.de
www.landwirtschaftskammer.de

Rheinland-Pfalz
Landwirtschaftskammer Rheinland-Pfalz
Burgenlandstraße 7
55543 Bad Kreuznach
Telefon: (0671) 793-0
Fax: (0671) 793-1199
E-Mail: info@lwk-rlp.de
www.lwk-rlp.de

Saarland
Landwirtschaftskammer für das Saarland
Dillinger Straße 67
66822 Lebach
Telefon: (06881) 928-0
Fax: (06881) 928-100
E-Mail: poststelle@lwk-saarland.de
www.lwk-saarland.de

Sachsen
Sächsisches Landesamt für Umwelt, Landwirtschaft und Geologie (LfULG)
August-Böckstiegel-Straße 1
01326 Dresden
Telefon: (0351) 2612-0
Fax: (0351) 2612-1099
E-Mail: lfulg@smul.sachsen.de
www.smul.sachsen.de/lfulg

Sachsen-Anhalt
Landesverwaltungsamt Halle (Saale) –
Referat Agrarwirtschaft
Dessauer Straße 70
06118 Halle (Saale)
Telefon: (0345) 514-2463
Fax: (0345) 514-1444
E-Mail: petra.hunold@lvwa.sachsen-anhalt.de
www.landesverwaltungsamt.
sachsen-anhalt.de

Schleswig-Holstein
Landwirtschaftskammer Schleswig-Holstein
Am Kamp 15-17
24768 Rendsburg
Telefon: (04331) 9453-0
Fax: (04331) 9453-199
E-Mail: lksh@lksh.de
www.lksh.de

Thüringen
Thüringer Landesanstalt für Landwirtschaft (TLL)
Weimarplatz 4
99423 Weimar
Telefon: (0361) 3773-8122 (Fr. Grasselt)
Fax: (0361) 3773-9328
E-Mail: lb-bildung@tlvwa.thueringen.de

Literaturverzeichnis

AID, 2008, Berufsbildung in der Landwirtschaft, Heft Nr. 1189

AID, 2011, Arbeitsunterweisung, Heft Nr. 1117

ALBISSER S, BIERI BUSCHOR C. (Hrsg.), 2011, Sozialisation und Entwicklungsaufgaben Heranwachsender, 1. Aufl., Schneider Hohengehren, Zürich

ALEX L., 1991, Beschreibung und Erfassung von Qualifikationen, Zum Qualifikationsbegriff, Berufsbildung2

AMELN V. F., KRAMER J., 2007, Organisationen in Bewegung bringen, Springer Medizin Verlag

APEL H. J., 1989, Optimierung des Lernens, Lernfeld Betrieb 1

ARNOLD R., 1993, Das Duale System der Berufsbildung hat eine Zukunft, BWP Nr. 1

ARNOLD R., 1997, Betriebspädagogik

ARNOLD R., LIPSMEIER A., 1995, Handbuch der Berufsbildung, Leske und Budrich

BARTHELEMY P., 2002, Entwicklung der Beschäftigungssituation in der Landwirtschaft, in Landwirtschaft und Umwelt

BECKER A., BÖHM-FRIESE I., 2009, Berufs- und Arbeitspädagogik, Landwirtschaft Band 5 BLV Verlag

BELBIN R., 1993, Team Roles At Work, Butterworth Heinemann

BERGMANN F., 2010, Kognitive Entwicklungstheorie nach Jean Piaget, Elektronische Ressource, GRIN Verlag GmbH, München

BIBB, 2009, Kosten- und Nutzenerhebung 2007, in BIBB-Report Nr. 8

BITSCH V., 1996, Arbeitszufriedenheit bei Auszubildenden im Gartenbau, Ausbildung und Beratung Nr. 7

BLAKE R., MOUTON J., 1968, Verhaltenspsychologie im Betrieb

BML, Statistik über die praktische Berufsausbildung in der Landwirtschaft der Bundesrepublik Deutschland, 2009

BMBF, 2005, Ausbildung und Beruf

BMBF, 2010, Berufsbildungsbericht 2010

BÖHM A., et al.,1997, Jugendkriminalität -- Herausforderung für Staat und Gesellschaft, hrsg. v. Konrad-Adenauer-Stiftung e. V.

BÖHNISCH L., 1999, Abweichendes Verhalten: Eine pädagogisch-soziologische Einführung, Weinheim, Juventa

BOKELMANN W., RIEDEL W., 1994, Unternehmenskrisen im Gartenbau, TASPO Gartenbaumagazin

BOVET G., HUWENDIEK V., 1994, Leitfaden Schulpraxis, Cornelsen Verlag

BRANDEN N., 2006, Die 6 Säulen des Selbstwertgefühls, München / Zürich, Piper Verlag

BROSCH G., KRONE S., LANGER D. 2010, Das Berufsbildungssystem in Deutschland, VS Verlag

BÜHLER J., 1993, Berufsorientierung in der Landwirtschaft, Ausbildung und Beratung Nr. 12

BÜSCHER K., 1989, Berufs- und Arbeitspädagogik

BUNK G., 1996, Epochen landwirtschaftlicher Berufserziehung in Deutschland, Pädagogische Rundschau

BUNDESINSTITUT FÜR BERUFSBILDUNG, 1993, Berufliche Weiterbildung in der EU

BUSCHFELD D.,EULER D., 1994, Überlegungen zur Kooperation der Lernorte, BWP Nr. 2

CORRELL W.,1991, Menschen durchschauen und richtig behandeln

CORRELL W.,1992, Motivation und Überzeugung in Führung und Verkauf

CRISAND E., 1982, Psychologie der Gesprächsführung

DANNEBERG S., HEIDER D., 2010, Was bewegt den Nachwuchs?, B. u. B. Nr. 6

DAY L., et al., 2011 Differentielle Psychologie, Persönlichkeit und Intelligenz, 2., aktualisierte Aufl., München, Pearson Studium, Imprint der Pearson Education

DEHNBOSTEL P.,1994, Erschließung und Gestaltung des Lernortes Arbeitsplatz, BWP Nr.1

DORSCH K., SCHULZE-STEINMANN M., 2010, Die Lehre im Stresstest, Top Agrar Nr. 11 und 12

EBBINGHAUS M., GÖRMAR G., 2004, Aussagekraft und Validität ausgewählter traditioneller und neuer Prüfungen in der Ausbildung, Bundesinstitut für Berufsbildung Bonn

EDELMANN W., 1993, Lernpsychologie, Psychologie Verlag Weinheim

FINK R., 1993, Arbeitsproben beurteilen, Berufsbildung 19, 23

FREY K., 1984, Die Projektmethode, Beltz Verlag

GEISSLER K.H., 1993, Kommunikation und Konflikt im Lehr- /Lernprozess, Berufsbildung Nr.24

GEISSLER K.H., 1993, Nicht alles was glänzt, hat Zukunft., bbw Nr. 3

GERDS M., POEHLS A., 2010, Was sich Arbeitgeber wünschen.., B. u. B. Agrar Nr. 5

GOLAS H., 1990, Der Mitarbeiter
GÖPPEL R., 2005, Das Jugendalter : Entwicklungsaufgaben, Entwicklungskrisen, Bewältigungsformen, Kohlhammer, Stuttgart
GORDON T., 1990, Managerkonferenz
GRUBER H.M., 1992, Grundwissen Wirtschaftsrecht
GRÜNEWALD U., MOREAL D., 1995, Kosten der betrieblichen Weiterbildung, BIBB
HAMBUSCH R.,1979, Personal- und Ausbildungswesen
HAVIGHURST R., 1971 Developmental Tasks and Education, 3. Aufl., Longman, New York
HECKHAUSEN J., HECKHAUSEN H. (Hrsg.), 2010 Motivation und Handeln, 4. Aufl., Berlin, Heidelberg, Springer
HENNEBRÜDER W., 2010, Gerechte Leistungsbewertung an Schulen, bbw Nr. 10
HERZOG F., 1959, The motivation to work, Wiley
HOLBECK W., 1996, Neue Verordnung zur gärtnerischen Berufsbildung, Ausbildung und Beratung Nr. 4
ILSE F.,1993, Der Beruf ist Teil ganzheitlicher Lebensplanung, Berufsbildung Nr. 22
INSTITUT DER DEUTSCHEN WIRTSCHAFT, 2011, Zeitschrift Pädagogik Nr. 1
IW, 2009, Weiterbildung in Unternehmen, Zeitschrift Pädagogik Nr. 7/8
KNOPPIK S., 2009, Bullying statt Mobbing, Abendzeitung, München
KOMMISSION DER EUROPÄISCHEN GEMEINSCHAFT, 1990, Strukturen der allgemeinen und beruflichen Bildung
KONECNY E., LEITNER M., 2005 Psychologie, 8. Aufl., Wien, Braumüller
KORN S., 2005, Mobbing an Schulen, in Thema Jugend Nr. 4
KULTUSMINISTERIUM DES LANDES NORDRHEIN-WESTFALEN, 1991, Sekundarstufe II
LASCHEWSKI L., SORGE D., 2010, Herausforderungen an das landwirtschaftliche Ausbildungssystem, Forschungsbericht Nr. 3
LAZOLO A., 1991, Beschreibung und Erfassung von Qualifikationen, Berufsbildung Nr. 2
MESCHKUTAT B., 2003, Das Arbeitsklima ist entscheidend, in NDS Nr. 12
MOLCHO S., 1984, Körpersprache
MORAAL D. et al., 2009, Ein Blick hinter die Kulissen der betrieblichen Weiterbildung in Deutschland, Internationale CVTS-3 Zusatzerhebung

N.N., 1990, Schlussbericht der Enquete-Kommission "Zukünftige Bildungspolitik", Deutscher Bundestag Drucksache 11, 7820
N.N., 1994, Es rast der Mob!, Personal Potential Nr. 4
NÄSER W., 1997, Mobbing im Beruf, Marburg
NAUDASCHER B., 1978 Jugend und Peer Group, Klinkhardt, Bad Heilbrunn/Obb.
O'CONNER J., 1995, Neurolinguistisches Programmieren: Gelungene Kommunikation und positive Entfaltung
NICKOLAS R., 2011, Kompetenzmessung und Prüfungen in der beruflichen Bildung, Zeitschrift für Berufs- und Wirtschaftspädagogik, 107. Band, Heft 2
OERTER R., MONTADA L. (Hrsg.), 2008, Entwicklungspsychologie, 6. Aufl., Beltz/ PVU, Weinheim, Basel
PÄTZOLD G., 1993, Lernortkooperation – Begründungen, Einstellungen, Perspektiven, BWP Nr.2
PAHL J., 1993, Jugend und Beruf, Berufsbildung 93
PETERS H., 1989, Devianz und soziale Kontrolle. Eine Einführung in die Soziologie abweichenden Verhaltens, 2. Aufl., Weinheim, Juventa
PWK, 1995, ISO 9000: Das Gütezeichen der Zukunft, Gärtnerkurier Nr. 2
RASCHE H.O., 1994, Bewerberprofil, TASPO Nr. 3
REETZ L., 1999, Zum Zusammenhang von Schlüsselqualifikationen – Kompetenzen – Bildung, Professionalisierung kaufmännischer Berufsbildung, Peter Lang
REINDERS H., 2005, Jugend. Werte. Zukunft., Schriftenreihe der Landesstiftung Baden-Württemberg: 14, Stuttgart
REINHARDT C., 2011, Natura-Biologie für berufliche Gymnasien, Ernst Klett Verlag
ROSENSTIEL v. L. et al., 2003, Führung von Mitarbeitern, Verlag Schäffer Poeschel
RUHLEDER R., 1991, Kritikgespräch – aber richtig!, Lernfeld Betrieb Nr. 5
SAHM A., 1981, Führungsverhalten, Aus- und Fortbildung Band 24
SCHANZ H., 1982, Berufspädagogische Grundprobleme
SCHAUMANN F., 1993, Gleichwertigkeit von Berufs- und Allgemeinbildung, BWP Nr. 1
SCHEITHAUER H., (Hrsg.), 2008, Problemverhalten und Gewalt im Jugendalter, 1. Aufl., Stuttgart, Kohlhammer

Scheithauer H., Bondü R., 2011, Amoklauf und School Shooting, Göttingen, Vandenhoeck & Ruprecht

Scheithauer H., Dele Bull, H., 2008 Fairplayer. manual, Göttingen, Vandenhoeck & Ruprecht

Schelten A., 1993, Zukunftsperspektiven des beruflichen Schulwesens, Die berufsbildende Schule Nr. 9

Schelten A., 2010, Einführung in die Berufspädagogik, Franz Steiner Verlag

Scherr A., 2002, Mit Härte gegen Gewalt? Kritische Anmerkungen zum Anti-Aggressivitäts- und Coolness-Training, Kriminologisches Journal

Schimöller R., 1990, Leistungsforderung und Leistungsbeurteilungalsm pädagogische und gesellschaftliche Aufgabe der Schule, VBE Medien Service

Schmeisser W., 1991, Verhandeln lernen, GdWZ Nr. 2

Schnack J., 2011, Mobbing in der Schule, Zeitschrift Pädagogik Nr. 1

Thiede G., 1994, Europas Landwirte sind unzureichend ausgebildet, Ausbildung und Beratung Nr. 10

Shell Deutschland Holding (Hrsg.), 2010, Jugend 2010, Eine pragmatische Generation behauptet sich, S. Fischer Verlag, Frankfurt am Main

Spiegel-Online Wirtschaft, 2011, Unternehmen lästern über Jugendliche, dpa

Stuhlmann K., 2011, Identitätsentwicklung im Jugendalter und ihre Bedeutung für die spätere berufliche Laufbahn, Projekt 2002 – 2009, Schweizerische Koordinationsstelle für Bildungsforschung und Institut für Erziehungswissenschaft der Universität Zürich

Trautmann M., 2004, Entwicklungsaufgaben im Bildungsgang, VS Verlag für Sozialwissenschaften, Wiesbaden

Volk H., 1988, Lernziel Sozialkompetenz, Zeitschrift für Berufs- und Wirtschaftspädagogik Nr. 3

Walter H., 1993, Mobbing: Kleinkrieg am Arbeitsplatz

Walter J., 1995, Die Objektivitätsproblematik, Zeitschrift für Berufs- und Wirtschaftspädagogik 91, 3

Weidenmann B., 1986, Pädagogische Psychologie, Beltz

Weidenmann B., 1991, Lernen mit Bildmedien, Beltz

Weilböck-Buck, 1991, Zukunftsorientierte Anforderungen an eine arbeitspädagogische Weiterbildung von Ausbildern /-innen in der Industrie, BWP Nr. 1

Wiesmann R., 2011, Den neuen Mitarbeitern im Unternehmen den Start leicht machen, in TASPO Nr. 3

Wilhelm J., 1989, Gespräche erfolgreich führen, Ernst Klett Verlag

Winther E., 2010, Kompetenzmessung in der beruflichen Bildung, W. Bertelsmann Verlag

Withauer K., 1989, Menschen führen

Zeller T., 1984, Der Generationenkonflikt in der Elternlehre, Ausbildung und Beratung Nr. 5

Zeller T., 1996, Aufbaukurs für Nebenerwerbslandwirte, Ausbildung und Beratung Nr. 12

Zuch R., 1975, Grundgesetz für die Bundesrepublik Deutschland und Verfassung des Landes Nordrhein-Westfalen

Stichwortverzeichnis

A
Abschlussprüfung 166
Aggression 149
Allgemeinbildung 15
Anpassungsfortbildung 177
Anweisung 201
Arbeitsplatz 12, 62
Arbeitsunterweisung 118
Arbeitszergliederung 118
Assessment-Center 217
Aufsatz 160
Auftrag 202
Ausbildende 40
Ausbilder 5, 40
Ausbildereignung 41
Ausbildungsabbruch 169
Ausbildungskosten 24
Ausbildungsmotive 9
Ausbildungspflichten 56
Ausbildungsplan 63
Ausbildungsstätte 41
Ausbildungsvergütung 53
Ausbildungsweg 19
Ausbildungszeit 54
Ausbildungsziel 66
autoritär 186

B
Bachelor 23
BAföG 25
Befehl 201
Begriff 107
Behaviorismus 99
Beruf 11
Berufsaufbauschule 23
Berufsausbildung 16, 38
Berufsausbildungsbeihilfe 25
Berufsausbildungsvertrag 50
Berufsausbildungsvorbereitung 38
Berufsbildungsausschuss 39
Berufsbildungsgesetz 37
Berufsfachschule 22
Berufsgrundschuljahr 19
Berufsschule 28
Berufsschulpflicht 29
Berufsvorbereitungsjahr 23
Berufswahl 46, 91

Besprechungen 220
Betrieb 30, 38
Beurteilungsverfahren 209
Bewerbung 47
Bewerbungsgespräch 48
Bewertung 141
Bilder 133
Bildung 13
Bildungsscheck 180
Bildungswesen 13

D
Delegation 203
Drogen 151
duale Berufsausbildung 17

E
ECVET 27
Egoismus 88
Einarbeitung 61
Entwicklungsaufgaben 83
Erwachsenenbildung 172
Eskalation 229
Europa-Schlüssel 142

F
Fachagrarwirt 177
Fachhochschule 23
Fachoberschule 22
Fachschule 173
Fähigkeiten 71
Fertigkeiten 71, 110
Förderungsmaßnahmen 25
Fortbildung 38, 171
Führungsleistung 184
Führungsprozess 184
Führungsqualitäten 187
Führungsstil 185
Führungstechnik 196

G
Gedächtnis 93
Gehirn 93
Gesellschaft 7
Grundgesetz 35

H
Halo-Effekt 166
Handeln 106

Handlungskompetenz 69
Handlungsschema 106
Handlungswissen 108
Hochschule 23

I
Ich-Identität 74
Identitätsentwicklung 86
innere Kündigung 187
Integrierte Prüfung 163
ISO 9000 206

J
Jugendalter 73
Jugendarbeitsschutzgesetz 54
Jugendgeneration 77

K
Kenntnisse 71
Kognitives Lernen 104
Kommunikation 192
Kompetenz 68
Konditionieren 100
Konflikt 228
Konfliktarten 228
Konfliktmacher 229
Kontingenz 102
Kontrolle der Ausbildung 138
Kontrollprozess 205
kooperativ 186
Kritik 208
Kündigung 168

L
Landesverfassung 35
Landwirtschaftsschule 173
Lehrgespräch 117
Leistungsmessung 154
Leittext 123
Lernarten 99
Lernen 91
Lernhilfen 126
Lernort 28
Lernortkooperation 34
Lernprozess 97
Lernprozessberatung 136
Lernziel 71
lineare Berufsausbildung 16
Lückentext 162

M
Master 24
Medien 126
Mehrfachwahlaufgaben 162
Meister-BAföG 180
Meisterprüfung 175
Metawissen 99
Mobbing 233
Mobbing-Phasen 234
Modellernen 103
modulare Berufsausbildung 17
Motiv 113
Motivation 112
motivieren 198

N
Nachahmen 103
nachgiebig 186
Nervensystem 93
Nicht ausbildungsreif 33
normal 144

O
Objektivität 140
Originale 131

P
Passivität 146
Peergroup 78
Pflichten 56, 59
Primär-Motivation 198
Probezeit 52
Projekt 121
Prüfung 154
Prüfungsgespräch 157
Prüfungszeugnis 167
Pubertät 73

Q
Qualifikation 67
Qualitätssicherung 207

R
Regelwissen 108
Reiz 127
Reliabilität 140
Rolle 6
Rollenübernahme 87
Rubrics 164

S
Sachbezüge 53
Schlüsselqualifikation 67
Schulberufssystem 16
schulische Berufsbildung 21
Schulpflicht 29
Schwieriges Verhalten 145
Selbstbewusstsein 77, 85
Selbstdisziplin 148
Selbstvertrauen 77, 85
Selbstwertgefühl 77, 85, 147
Shell Jugendstudie 79
Simulation 158
Sinnkrise 8
Stabilität 145
Stellenbeschreibung 204
straffällig 152

T
Team 224
Teamuhr 226
Technikerschulen 174
Texte 132

U
überbetriebliche Ausbildung 33
Urlaubsanspruch 55

V
Validität 140
Vergessen 98
Verhalten 185
Verhaltensschwierigkeiten 142
Verhaltensstörung 143
Vier-Stufen Methode 118
Vorbild 89
Vorstellung 127
Vortrag 116

W
Wahrnehmung 127
warming up 193
Weiterbildungsmaßnahmen 218
Wertewandel 8
Wertorientierung 79
Wissen 99

Z
Zeugnis 170
Zukunftsperspektive 81
zuständige Behörde 39
zuständigen Stelle 39
Zuständigkeit 37
Zuverlässigkeit 149

Bildquellen
Die Zeichnungen fertigte, wenn nicht anders vermerkt, Artur Piestricow, Stuttgart, nach Vorlagen der Autoren.

Bibliografische Information der Deutschen Nationalbibliothek
Die Deutsche Nationalbibliothek verzeichnet diese Publikation in der Deutschen Nationalbibliografie; detaillierte bibliografische Daten sind im Internet über http://dnb.d-nb.de abrufbar.

Das Werk einschließlich aller seiner Teile ist urheberrechtlich geschützt. Jede Verwertung außerhalb der engen Grenzen des Urheberrechtsgesetzes ist ohne Zustimmung des Verlages unzulässig und strafbar. Das gilt insbesondere für Vervielfältigungen, Übersetzungen, Mikroverfilmungen und die Einspeicherung und Verarbeitung in elektronischen Systemen.

Hinweis: Der Verlag Eugen Ulmer ist nicht verantwortlich für die Inhalte der im Buch genannten Websites.

© 2012 Eugen Ulmer KG
Wollgrasweg 41, 70599 Stuttgart (Hohenheim)
E-Mail: info@ulmer.de
Internet: www.ulmer.de

Lektorat: Werner Baumeister
Umschlagentwurf: Atelier Reichert, Stuttgart
Satz: r&p digitale medien, Echterdingen
Druck und Bindung: Friedrich Pustet GmbH + Co KG, Regensburg
Printed in Germany

ISBN 978-3-8001-1252-4

Selbst reparieren und Geld sparen!

- Über 1200 Fotos und Zeichnungen
- Schritt-für-Schritt-Anleitungen
- Mit der richtigen Pflege Geld sparen

Dieses praktische Handbuch bietet einen Gesamtüberblick und viele Detailinformationen zu den wichtigsten Arbeitsgängen bei der Reparatur von Landmaschinen und Traktoren.

Handbuch für Reparaturen an Landmaschinen und Traktoren. Praktische Selbsthilfe für Wartung, Einstellung, Instandsetzung. Walter Kletzl, Stefan Auer, Manuel Schott. 7., erw. Aufl. 2010. 550 S., 156 Tab., 1215 Abb., geb. ISBN 978-3-8001-5940-6.

- Fehlersuche und Reparatur
- Fachwissen umfassend, präzise und leicht verständlich beschrieben
- Störfalldiagnosen erstellen und Störungen beheben

Zur Erleichterung der Störfalldiagnose dienen Störfallübersichten und 120 Störfallerläuterungen. 139 reichhaltig illustrierte Arbeitsabläufe ermöglichen, dass viele Reparaturen selbst ausgeführt werden können.

Handbuch praktische Traktorentechnik. Grundlagen, Fehlersuche, Selbsthilfe. Heinrich Riedl. 5., erweiterte Auflage 2006. 340 S., 558 Abb., geb. ISBN 978-3-8001-5163-9.

 Ganz nah dran.

Für eine erfolgreiche Betriebsführung

Landwirtschaftliche Erfolgsbetriebe. Von Top-Betrieben lernen - Fehler vermeiden. Heinrich Maurer. 2011. 132 S., 15 Tabellen, kart. ISBN 978-3-8001-5722-8.

Erfolgreiche Unternehmensführung in der Landwirtschaft. Das Fitnessprogramm für Ihren Betrieb. Rainer Langosch. 2012. 123 S., 10 Tabellen, kart. ISBN 978-3-8001-7713-4.

Erfolgreich verhandeln in der Landwirtschaft. Monika Dimitrakopoulos-Gratz. 2012. 128 S., 13 Zeichnungen, 10 Tabellen, kart. ISBN 978-3-8001-7710-3.

Buchführung in der Landwirtschaft. Bilanz, Auswertung, Gewinnermittlung. Franz Schmaunz. 5., überarb. Auflage 2007. 246 S., 23 sw-Abb., 47 Tab., kart. ISBN 978-3-8001-5411-1.

www.ulmer.de

Einkommensquelle Wald

- **Privatwald ökologisch und ökonomisch nutzen**
- **Nachwachsende Rohstoffe als langfristige Einkommensquelle**

Die schonende, ökologische Bewirtschaftung kleiner Privatwaldgrundstücke ist keine Hexerei. Das nötige Fachwissen, um entweder selbst Hand anzulegen oder beauftragte Unternehmer kontrollieren zu können, liefert dieser Ratgeber.

Der eigene Wald. Privatwald optimal bewirtschaften. Peter Wohlleben. 2010. 152 S., 5 Tabellen, 77 s/w-Fotos, 3 Zeichn., kart. ISBN 978-3-8001-5902-4.

- **Herkunft von Samen und Jungpflanzen**
- **Qualitätskriterien**
- **Vermarktungsstrategien**

Dieses Buch behandelt alle wichtigen Themen von der Auswahl der Arten, dem Bezug von Jungpflanzen, der Bodenbearbeitung und Pflanzung über Düngung, Pflanzenschutz und Bestandspflege bis zum Verkauf und den rechtlichen Bestimmungen.

Weihnachtsbäume. Erfolgreich anbauen und vermarkten. Heinrich Maurer. 2., erw. Auflage 2010. 107 S., 12 Tab., 19 Farbf., 43 Zeichn., kart. ISBN 978-3-8001-6958-0.

 **Ganz nah dran.**